Hans J. Markowitsch
Harald Welzer

Das autobiographische Gedächtnis

Hirnorganische Grundlagen und
biosoziale Entwicklung

Klett-Cotta

Klett-Cotta
www.klett-cotta.de
© J. G. Cotta'sche Buchhandlung Nachfolger GmbH, gegr. 1659,
Stuttgart 2005
Alle Rechte vorbehalten
Fotomechanische Wiedergabe nur mit Genehmigung des Verlags
Printed in Germany
Schutzumschlag: heffedesign, Rodgau
Gesetzt aus der Minion Pro von topset Computersatz, Nürtingen
Auf säure- und holzfreiem Werkdruckpapier gedruckt und gebunden
von fgb – freiburger graphische betriebe
ISBN-13: 978-3-608-94406-8
ISBN-10: 3-608-94406-0

Zweite Auflage, 2006

Bibliographische Information Der Deutschen Bibliothek
Die Deutsche Bibliothek verzeichnet diese Publikation in der
Deutschen Nationalbibliographie; detaillierte bibliographische
Daten sind im Internet über <http://dnb.ddb.de> abrufbar.

Inhalt

Bereich I
Das Gedächtnis aus interdisziplinärer Sicht

1. Eine neue Betrachtungsweise des Gedächtnisses 11
2. Konvergenzzonen zwischen den Disziplinen 25
       Box 2.1 Wahre und falsche Erinnerungen 28
3. Warum Tiere kein autobiographisches Gedächtnis haben 40
       Box 3.1 Was das Gehirn des Menschen von dem anderer Primaten unterscheidet 41
       Box 3.2 Evolution und Gehirn – Zusammenhänge zwischen Körpergewicht und Hirnvolumen als Maß intellektueller Reife und Fähigkeiten 52

Bereich II
Die Entwicklung des autobiographischen Gedächtnisses auf Hirnebene

4. Gedächtnis und andere kognitive und emotive Funktionen entwickeln sich interdependent 63
   Die Funktionen des Stirnhirns 63
      Aufmerksamkeit und Konzentrationsfähigkeit 63
      Exekutive Funktionen 66
   Motivation und Emotion – das limbische System 67
       Box 4.1 Die Urbach-Wiethe-Krankheit als Beispiel für die Bedeutung der Amygdala für Affekt 70
       Box 4.2 Der Hippocampus – alter Cortex, der phylogenetisch eine Entwicklung von der räumlichen zur zeitlichen Analyse von Reizen durchmachte 71

Wissen um die Welt – Bewußtsein 69
Was ist Gedächtnis?. 73
    Box 4.3 Sinnessysteme – Geruch als ein besonderes Sinnessystem 75
    Box 4.4 Formen von Lernen 78
Welche Formen von Gedächtnis gibt es? 80
Welche Bereiche im Gehirn haben mit der Verarbeitung von
Information zu tun? 85
Die Entwicklung des Gehirns 88
    Box 4.5 Myelinisierung, Synaptogenese und Pruning als Mechanismen
    der neuronal-funktionellen Ausformung 89
Verlauf der Entwicklung des Nervensystems – Phylogenese und
Ontogenese. 98
    Box 4.6 Plastizität: Umweltabhängige Modifikation neuronaler
    Reifungsprozesse 109
Sprachentwicklung und Sprachlokalisation. 114
Entwicklung der Sprachareale 119
Reifeprozesse auf Hirnebene als Voraussetzung für die Bildung und
Festigung von Gedächtnis 122
Priming versus Bewußtsein: Wie beeinflußbar sind wir? 126

Bereich III
Das autobiographische Gedächtnis: eine lebenslange Entwicklungsaufgabe

5 Entwicklung von Lernen und Gedächtnis pränatal und während der
    ersten Lebensmonate. 131
    Pränatale und transnatale Gedächtnisentwicklung – früheste Formen
    des Lernens. 131
        Box 5.1 Hirnstrukturen für unbewußtes Lernen – Basalganglien und
        unimodale Hirnrinde. 134
    Das Gedächtnis in den ersten Lebensmonaten. 136
        Das prozedurale Gedächtnis 137
        Die Priming-Form des Gedächtnisses. 145
        Das perzeptuelle Gedächtnis 146

    Das Arbeitsgedächtnis 153
    Box 5.2   Hirnstrukturen, die für das Arbeitsgedächtnis wichtig sind – der dorsolaterale präfrontale Cortex und assoziierte Strukturen 154
    Entwicklung von Wissenssystem und Vorstufen von episodischem Gedächtnis. 159

6 Der erste Quantensprung der Gedächtnisentwicklung: Die Neun-Monats-Revolution. 166
    Die Sozialisierung von Gefühlen. 170
    Box 6.1   Primäre und sekundäre Emotionen 171
    Soziale Interaktion und neuronale Entwicklung. 174
    Box 6.2   Chunking 177

7 Der zweite Quantensprung der Gedächtnisentwicklung: Sprache 186
    Protospracherwerb 187
    Protokonversationen. 191
    Spracherwerb 193
    Memory talk. 197
    Theory of Mind – Psychologisches Verstehen. 203
    Box 7.1   Hirnstrukturen, die für Psychologisches Verstehen/Theory of Mind wichtig sind – der orbitofrontale Cortex und die Hirnrinde in seinem Umfeld 204

8 Eine Exploration zum autobiographischen Gedächtnis bei kleinen Kindern 209
    Selbsterkennen. 210
    Erinnerung an ein Ereignis 211
    Örtlicher Kontext eines Ereignisses 212
    Zeitliche Einordnung eines Ereignisses 213

9 Das autobiographische Gedächtnis: ein Wandlungskontinuum 215

10 Das Alter des Erinnerns – Einige Ergebnisse unseres interdisziplinären Forschungsprojektes »Erinnerung und Gedächtnis«. 225

11 Eine formative Theorie der Gedächtnisentwicklung 231
    Box 11.1   Das episodische Gedächtnis in der Definition von Tulving 232

12 Gedächtnis im Alter. 241

Arbeitsgedächtnis, exekutive Funktionen und Langzeitgedächtnis..... 247
Defizite in anderen kognitiven und emotiven Funktionsbereichen..... 253
Benigne Altersvergeßlichkeit, leichte kognitive Beeinträchtigung, Demenz... 256

13 Das autobiographische Gedächtnis: ein biokulturelles Relais zwischen Individuum und Umwelt 259

Literatur... 262
Danksagung.. 302

Bereich I
Das Gedächtnis aus interdisziplinärer Sicht

1 Eine neue Betrachtungsweise des Gedächtnisses

Das Gedächtnis ist es, was den menschlichen Geist von dem anderer Primaten und anderer Säugetiere überhaupt unterscheidet. Genauer muß man sagen: Es ist das autobiographische Gedächtnis, was den Menschen zum Menschen macht, also das Vermögen, »Ich« sagen zu können und damit eine einzigartige Person zu meinen, die eine besondere Lebensgeschichte, eine bewußte Gegenwart und eine erwartbare Zukunft hat. Abstrakter formuliert liefert ihm das autobiographische Gedächtnis das Vermögen, die persönliche Existenz in einem Raum-Zeit-Kontinuum zu situieren und auf eine Vergangenheit zurückblicken zu können, die der Gegenwart vorausgegangen ist. Offensichtlich dient dieses Vermögen, »mentale Zeitreisen« (Endel Tulving) vornehmen zu können, dem Zweck, Orientierungen für zukünftiges Handeln zu ermöglichen. Erlerntes und Erfahrenes kann auf diese Weise für die Gestaltung und Planung von Zukünftigem genutzt werden.

Um diese Orientierungsleistung zu ermöglichen, muß das autobiographische Gedächtnis aber noch drei weitere Merkmale aufweisen: Die Erinnerungen müssen einen Ich-Bezug haben, um sinnvoll genutzt werden zu können – das Kind scheut das Feuer nur dann, wenn es sich selbst verbrannt hat. Damit hängt zweitens zusammen, daß autobiographische Erinnerungen einen emotionalen Index haben, also jeweils mit einem positiv oder negativ bewerteten Gefühl verknüpft sind, das uns anzeigt, welche Schlußfolgerungen aus dem Erinnern oder Wiedererkennen einer Situation sinnvollerweise zu ziehen sind. Und drittens sind autobiographische Erinnerungen »autonoetisch«, das heißt, wir erinnern uns nicht nur, sondern können uns auch dessen bewußt sein, daß wir uns erinnern. Dieses Vermögen zur autonoetischen Erinnerung liefert den unschätzbaren Vorteil eines bewußten, *expliziten* Abrufs von Erinnerungen. Das bedeutet, daß man sich willentlich in längst vergangene Situationen zurückversetzen kann, zum Beispiel, um sich eine Handlung und ihre nicht wahrgenommenen Alternativen vor Augen zu führen, weil man in einer analogen Situation in der Gegenwart ein breiteres Handlungsspektrum nutzen und eine begründete Entscheidung treffen möchte.

Über ein autobiographisches Gedächtnis zu verfügen, bedeutet in evolutionärer Perspektive einen enormen Anpassungsvorteil: Es schafft die Möglichkeit, sich bewußt und reflexiv zu dem zu verhalten, was einem widerfahren ist und wie man darauf reagiert hat. In begrenztem Umfang verfügen auch Tiere über diese Fähigkeit, indem sie sich etwa an Fundstellen von Nahrung »erinnern«, sich Freßfeinde und Gefahrensituationen »merken«. Insofern ist Gedächtnis in einem außerordentlich weitgehenden Sinn konstitutiv für Leben überhaupt: Selbst die einfachsten Lebewesen existieren in einer Umwelt und können in dieser nur dann erfolgreich bestehen, wenn sie bestimmte Anforderungen dieser ihrer Umwelt in ihr Reaktionssystem einbauen. Tatsächlich sind viele entscheidende Erkenntnisfortschritte der Gedächtnisforschung an Untersuchungen darüber gewonnen worden, wie sich die neuronalen Verschaltungsstrukturen sehr einfacher Organismen (z. B. der Meeresschnecke *Aplysia*, vgl. Bailey & Kandel, 1995) aufgrund von Umwelterfahrungen entwickeln und verändern. Auf dieser Ebene ist Gedächtnis zunächst ein Mechanismus, der die Erfahrung mit einer Umwelt in die Struktur des Nervensystems des entsprechenden Organismus umsetzt. So betrachtet, hat Gedächtnis prinzipiell einen Bezug auf die Entwicklung eines Lebewesens in einer spezifischen Umwelt, und diese Entwicklung verläuft erfahrungs- oder nutzungsabhängig.

Die basalen Funktionen von Gedächtnis sind im Grundsatz bei Menschen dieselben wie bei anderen Organismen. Wie wir im Verlauf dieses Buches zeigen werden, entwickeln Menschen neben den Gedächtnisfunktionen, die sie mit anderen Säugetieren und besonders mit anderen Primaten teilen, sowohl phylogenetisch als auch ontogenetisch ein besonderes Gedächtnissystem, das ihnen offenbar einen entscheidenden evolutionären Vorteil verschafft – dieser Vorteil besteht darin, daß sie ihre Erinnerungen in zwei Hinsichten auf eine funktional effizientere Ebene heben. Die Fähigkeit, sich selbst in einem Raum-Zeit-Kontinuum situieren zu können, bedeutet, daß die eigene Umwelt planmäßig erschlossen und ausgewertet werden kann: Während ohne reflexives Gedächtnis Reize und Reaktionen, Anforderungen und Antworten unmittelbar aufeinander folgen, eröffnet die Fähigkeit zum bewußten Erinnern einen prinzipiell unendlichen Raum von Aufschüben zwischen den jeweiligen Anforderungen und den möglichen Reaktionen darauf. Ein reflexives Gedächtnis ermöglicht das Warten auf bessere Gelegenheiten, das Überstehen problematischer Situationen, das Entwickeln effizienterer Lösungen, kurz: Es erlaubt Handeln, das auf Auswahl und Timing beruht. Ein solches Gedächtnis schafft Raum zum Handeln und entbindet vom unmittelbaren Handlungsdruck; es schafft genaugenommen erst jenen Unterschied zum Agieren und Reagieren, den wir als »Handeln« bezeichnen.

Zweitens, und damit zusammenhängend, schafft ein reflexives Gedächtnis die

Möglichkeit, Gedächtnisinhalte zu externalisieren, aus dem Organismus herauszuverlagern: Angefangen bei der einfachen Markierung eines Nahrungsverstecks über die Entwicklung symbolischer Austauschformen durch sprachliche Kommunikation bis hin zur Herausbildung von Schriftsprachen haben Menschen ganz einzigartige Formen der Repräsentation von Gedächtnisinhalten geschaffen, die wiederum zum einen Entlastung von Handlungsdruck, zum anderen die soziale Weitergabe von Erinnertem erlauben. Menschen können Informationen aufbewahren und kommunizieren; sie können sie mit der Erfindung von Schrift schließlich sogar an Menschen weitergeben, mit denen sie räumlich oder zeitlich überhaupt nichts verbindet, womit sich ein Fundus von gespeichertem Wissen auftut, der die Beschränkungen der direkten Kommunikationen radikal überwindet. Der Entwicklungspsychologe Michael Tomasello (2002) hat auf der Basis vergleichender Säuglings- und Primatenforschung die Theorie aufgestellt, daß die Entwicklung symbolischer Kommunikation einen evolutionären Fortschritt ums Ganze bedeutet: Die Schaffung einer Möglichkeit der *kulturellen Weitergabe* von Erfahrungen im Medium der sprachlichen Kommunikation, so argumentiert Tomasello, beschleunigt die langsame biologische Evolution mit den Mitteln des Sozialen. Darauf geht die atemberaubende und sich permanent steigernde Entwicklungsgeschwindigkeit der Evolution menschlicher Existenzformen zurück: Menschen können ihre Erkenntnisfortschritte in der Bewältigung von Umweltanforderungen über Zeiten und Räume hinweg weitergeben, so daß die jeweils folgenden Generationen auf der Basis der gemachten, in soziale Praktiken überführten Bewältigungserfahrungen ihre Entwicklungsmöglichkeiten auf jeweils höheren Erfahrungsniveaus entfalten können.[1]

Diese ungeheure Steigerung von Entwicklungsmöglichkeiten geht zentral auf die Technik zurück, Gedächtnis zu externalisieren und im sozialen Raum verfügbar zu machen. Deshalb spielen sich in den evolutionär extrem kurzen 200 000 Jahren der Existenz des *Homo sapiens sapiens* die rasanten technologischen und kulturellen Fortschritte ab, die wir bei sich immer noch beschleunigender Weitergabege-

---

[1] Dieser Gedanke ist nicht ganz so neu, wie Tomasello glaubt: bereits in den 40er, 50er und 90er Jahren des vergangenen Jahrhunderts sind theoretische Überlegungen in dieselbe Richtung angestellt worden (Huxley, 1941; Huxley, 1951; Elias, 1991), die aber hinsichtlich ihres Einflusses auf die Disziplinen, die sich mit dem Gehirn, dem Bewußtsein, dem Gedächtnis etc. beschäftigen, ziemlich folgenlos geblieben sind. Gegenwärtig scheint es aber aus Gründen der Konvergenz von Forschungsergebnissen aus verschiedenen Disziplinen besonders überzeugend und erfolgversprechend, in Richtung einer sozialen bzw. kulturellen Beschleunigung der biologischen Evolution zu denken.

schwindigkeit buchstäblich Tag für Tag erleben. Alles dieses geht auf jenen Entwicklungssprung zurück, den ein reflexives Gedächtnissystem ermöglicht, und dieses Buch wird sich im Detail mit der Frage beschäftigen, wie dieses Gedächtnis ontogenetisch entsteht. Denn auch wenn sich Menschen nicht nur in einem *räumlich* und *zeitlich*, sondern auch in einem *sozial* bestimmten Universum bewegen, sind sie gleichwohl Organismen mit einer spezifischen biologischen Grundausstattung, die ihre Entwicklungszeiten und -potentiale determiniert. Eine Schwangerschaft dauert nach wie vor meist neun Monate, und die menschliche Entwicklung findet in bestimmten Phasenverläufen statt, die weder historisch noch interkulturell grundlegende Abweichungen voneinander aufweisen. Zwar haben schon Föten ein Gedächtnis, aber das autobiographische Gedächtnis, das distinkte Zonen von Vergangenheit, Gegenwart und Zukunft unterscheidet und die eigene Person dazu in Relation setzt, entwickelt sich ontogenetisch erst recht spät.

Erste Anzeichen autobiographischen Erinnerns – die Verwendung von Personalpronomen und ein erstes Selbst-Erkennen im Spiegel – zeigen sich zwar schon in einem Lebensalter von etwa zwei Jahren; der eigentliche Beginn des autobiographischen Gedächtnisses liegt aber irgendwo zwischen drei und fünf Jahren, in jenem Alter also, aus dem unsere frühesten Kindheitserinnerungen stammen. Die davorliegenden Monate und Jahre sind uns nicht erinnerlich, was man »kindliche Amnesie« nennt (was eigentlich nicht die Amnesie kleiner Kinder bezeichnet, die sich ja durchaus an einiges erinnern können, sondern das Unvermögen von Erwachsenen, sich an die frühen Jahre ihrer Kindheit erinnern zu können). Das Entwicklungsalter des autobiographischen Gedächtnisses fällt mit dem Alter des Spracherwerbs zusammen, und für den Spracherwerb müssen offenbar bestimmte Niveaus der Gehirnreifung erreicht sein – diese Zusammenhänge werden uns in den folgenden Abschnitten dieses Buches eingehend beschäftigen. Aber die Bildung des autobiographischen Gedächtnisses ist eine Entwicklungsaufgabe, die bis in die späte Adoleszenz und in das junge Erwachsenenalter hineinreicht. Gedächtnis erfordert also eine außerordentlich lange Entwicklungszeit, was darauf hindeutet, daß es sich dabei um einen sehr komplexen Vorgang handelt, der von biologischen und soziokulturellen Bedingungen gleichermaßen bestimmt ist.

So alltagspraktisch fraglos es uns erscheint, daß wir eine Autobiographie besitzen und Episodisches oder Episches über unser Leben erzählen können, sowenig selbstverständlich ist das in ontogenetischer Perspektive (und noch weniger selbstverständlich ist es phylogenetisch). Tatsächlich bedürfen fast alle Formen des Gedächtnisses, von denen in diesem Buch die Rede sein wird, einer gewissen Entwicklungszeit; sie stellen erworbene Kompetenzen dar, und die Fähigkeit zum autobiographischen Erinnern und zum Erzählen einer Lebensgeschichte ist die am längsten reifende und zuletzt erreichte dieser Kompetenzen. Wahrscheinlich ist sie die komplexeste Form des Gedächtnisses, weil sie nicht nur individuelle und organismusinterne Funktionen hat, sondern sich zugleich im Zusammensein mit anderen heranbildet und jene Suggestion einer lebenslangen Kontinuität des »Ich bin ich« bereitstellt, die in individualisierten Gesellschaften überhaupt erst Synchronizität, Kommunikation und Verläßlichkeit ermöglicht.

Das autobiographische Gedächtnis in seiner gegenwärtigen Gestalt ist selbst ein Produkt der Moderne: Unter gesellschaftlichen Verhältnissen, die von einem statischen Machtgefüge und einer unumstößlich scheinenden Ordnung geprägt sind, ist die Autobiographisierung ebenso wie die Individualität geringer ausgeprägt. Das liegt daran, daß es weniger an den Ambitionen und Leistungen des einzelnen liegt, wo er seinen gesellschaftlichen Platz einnimmt; dieser Platz hängt ganz einfach davon ab, in welche Situation und gesellschaftliche Lage er hineingeboren wird. Die Dynamisierung und Individualisierung des Lebenslaufs im Zuge der Etablierung moderner Gesellschaften ist also eine Voraussetzung für jene Form des autobiographischen Gedächtnisses, wie wir sie für »natürlich« halten. Soziologische Theorien, besonders die Zivilisationstheorie von Norbert Elias (1969), können zeigen, wie sich historische Veränderungsprozesse in Modifikationen auf der individuellen Verhaltensebene niederschlagen – wie also Veränderungen im Großen, in der Herrschaftsorganisation, der Ökonomie etc., mit Veränderungen im Individuum, seinem Habitus, seiner Subjektivität zusammenhängen. Elias' Theorie geht, in kurzen Worten, davon aus, daß im Zuge der Gesellschaftsentwicklung die Handlungsketten durch Arbeitsteilung und Ausdifferenzierung von Funktionen immer länger werden, was bedeutet, daß die Interdependenzen zwischen den Menschen sowohl qualitativ als auch quantitativ immer weiter anwachsen.

Elias illustriert das zum Beispiel an der sich in der höfischen Gesellschaft ausbildenden Strategie, langfristige Folgen des eigenen Handelns zu antizipieren, woraus eine Verlängerung der Handlungsketten und ein Zurückdrängen direkter Aktions-Reaktions-Intervalle resultierte. Die dafür erforderliche »Langsicht« erzeugte ein anderes, zurückhaltenderes und kalkulierteres Kommunikationsmuster als zuvor (wovon bis heute der Begriff »Höflichkeit« zeugt). Das zugrundeliegende Prinzip wird so beschrieben: »Das Verhalten von immer mehr Menschen muß aufeinander abgestimmt, das Gewebe der Aktionen immer genauer und straffer durchorganisiert sein, damit die einzelne Handlung ihre gesellschaftliche Funktion erfüllt. Der einzelne wird gezwungen, sein Verhalten immer differenzierter, immer gleichmäßiger und immer stabiler zu regulieren« (Elias, 1969, S. 317).

Natürlich ist dieser Vorgang dem einzelnen, der an ihm teilhat, nicht bewußt – diese Regulierungen sind Aspekte von Praxis, nicht von Intention, aber sie äußern sich langfristig in Habitusveränderungen, die auch einen Umbau der inneren Verfassung, der Psychologie der Menschen im Zuge des Zivilisierungsprozesses anzeigen. Elias' Theorie beschreibt eine fortschreitende Veränderung des Verhältnisses, in dem Selbst- und Fremdzwänge zueinander stehen. Wird etwa unter feudalen Verhältnissen gesellschaftliche Macht durch Androhung und Ausübung direkter Gewalt sichergestellt, zeichnen sich moderne Gesellschaften durch ein beständiges Absinken des direkten Gewaltniveaus aus, also durch ein Schwinden von Fremdzwängen. Im selben Zug wachsen aber die Selbstzwänge an, also die Regulierungen, denen jemand folgt, ohne daß er einer direkten Macht unterworfen wäre. Das kann man zum Beispiel mit der Durchsetzung des industriellen Arbeitstags illustrieren: Während, wie von Edward P. Thompson (1987) klassisch beschrieben, die Arbeiter in der Frühphase der Industrialisierung mit Gewalt, also mit Knebel und Peitsche, dazu angehalten wurden, ihre 12 Stunden in der Fabrik zu verbringen, insbesondere montags nicht zur Arbeit erschienen und nicht selten regelrecht dahin geprügelt wurden, wird später der industrielle Arbeitstag in seiner langsam erkämpften 8-Stunden-Rhythmisierung zur scheinbar natürlichen und selbstverständlichen Norm, in deren Synchrontakt die Wach-, Schlaf- und Rekreationsrhythmen aller Gesellschaftsmitglieder, vom Kleinkind bis zur Rentnerin, eingebunden sind. Aus Fremdzwang ist Selbstzwang geworden, und das ist die eigentliche Pointe der Eliasschen Theorie: daß Soziogenese und Psychogenese zwei Seiten desselben Vorgangs sind. Veränderungen im Gesellschaftsgefüge bringen psychisch *andere* Menschen hervor, bei denen etwa das Anwachsen von Schamgefühlen oder solchen der Peinlichkeit die Entwicklung einer Ich-Identität anzeigt, die sich in hohem Maße dessen bewußt ist, daß ihr eigenes Wohlergehen und ihr Erfolg nicht von fremden oder göttlichen Mächten abhängig ist, sondern besonders auch von ihr selbst.

Solche in hohem Maße innengeleiteten Menschen prägen natürlich auch entsprechende Erziehungsstile aus und fördern bei ihren Nachkommen etwa Selbstdisziplin, Ehrgeiz, Durchsetzungsvermögen usw. Wenn man sich zum Beispiel anschaut, daß Disziplinierungspraktiken, die unmittelbar mit der skizzierten Habitusprägung zusammenhängen – wie eine frühe und rigide Sauberkeitserziehung –, direkt im Säuglingsalter, also in frühen Entwicklungsprozessen ansetzen, mag einem klarwerden, wie eng der Zusammenhang zwischen sozialen, psychologischen und biologischen Aspekten der Ontogenese ist.

Übrigens wird mit der wachsenden Interdependenz der Menschen der Justierungsbedarf ihrer komplexen Sozial- und Kommunikationsbeziehungen zu einer immer dauerhafteren Aufgabe, weshalb sich historisch eine Ausdifferenzierung zwischen Kindheits-, Jugend- und Erwachsenenalter mit je unterschiedlichen Verhaltensstandards verzeichnen läßt. Die Phasen vor dem Erreichen des Erwachsenenstatus werden, zumindest in den westlichen Gesellschaften, deshalb immer länger, weil die Einübung in die qualifikatorischen und habituellen Standards der sozialen Umwelt immer mehr Entwicklungszeit erfordert.

Für Elias liegt das auch daran, daß die Kinder »in verhältnismäßig wenig Jahren den vorgerückten Stand der Scham- und Peinlichkeitsgefühle erreichen, der sich in vielen Jahrhunderten herausgebildet hat. Ihr Triebleben muß noch jener strengen Regelung und jener spezifischen Modellierung unterworfen werden, die unseren Gesellschaften das Gepräge gibt, und die sich in der geschichtlichen Entwicklung ganz langsam entwickelten. Die Eltern sind dabei nur die – oft unzulänglichen – Instrumente, die primären Exekutoren der Konditionierung, aber durch sie, durch tausend andere Instrumente ist es immer die Gesellschaft als Ganzes, das gesamte Geflecht der Menschen, das seinen Druck auf den Heranwachsenden ausübt und sich ihn vollkommen oder unvollkommen zurechtformt« (Elias, 1969, S. 198 f.).

Hier deutet sich an, daß Elias, der seine Theorie schon in den dreißiger Jahren des letzten Jahrhunderts entwickelte, ein Anhänger des biogenetischen Grundgesetzes war, das davon ausgeht, daß die ontogenetische Entwicklung die phylogenetische wie in einem Zeitraffer nachbildet. Schon Julian Huxley hat aber darauf hingewiesen, daß dieses Gesetz keineswegs die vollständige Entwicklung umfaßt, sondern lediglich Anfangsniveaus, die dann in differenzierten erfahrungs- und umweltabhängigen Gestalten weiterentwickelt werden. Genau diesen Befund kann man mit dem, was wir eingangs über die kulturelle Beschleunigung der biologischen Evolution gesagt haben, illustrieren: Die ontogenetische Entwicklung findet bei Menschen in einem soziokulturellen Raum statt, der durch den jeweils erreichten Entwicklungsstand der Vorgängergenerationen gestaltet ist. Jede Generation beginnt, wenn man so will, ihre Entwicklung auf einem jeweils höheren Gesamtniveau als ihre Vorgängergeneration. Dieser Vorgang, neuerdings plastisch als »Wagenhebereffekt« (ratchet effect) bezeichnet, kommt allerdings nicht daran vorbei, daß es basale biologische Entwicklungsvoraussetzungen gibt, die – jedenfalls bislang – auch durch noch so beeindruckende kulturelle Innovationen nicht übersprungen werden können.

Ermöglicht wird der Wagenhebereffekt durch den Umstand, daß das menschliche Gehirn auf einzigartige Weise plastisch ist. Seine Entwicklung, Reifung und

Formung hängt in – im Vergleich zu anderen Säugetieren – großem Ausmaß von Einflüssen aus der Umwelt des sich entwickelnden Menschen ab. Dieser Umstand ist schon vor mehr als einem halben Jahrhundert von dem Zoologen Adolf Portmann erkannt worden. Er hat das erste Entwicklungsjahr des Säuglings als »extrauterines Frühjahr« bezeichnet und damit gemeint, daß Menschen – im Unterschied wiederum zu anderen Säugetieren – in dem Sinne zu früh geboren werden, als ihr Entwicklungsstand noch keineswegs ausreicht, um aus eigener Kraft zu überleben. Säuglinge sind – das ist trivial – weder in der Lage, sich Nahrung zu beschaffen noch sich zu verteidigen oder davonzulaufen – sie bedürfen über einen vergleichsweise sehr langen Entwicklungszeitraum hinweg des Schutzes und der von außen kommenden Sicherstellung ihrer elementaren Lebensnotwendigkeiten. Und zwar so lange, bis ihre organische Reifung so weit fortgeschritten ist, daß sie – theoretisch – allein überleben könnten.

Der Umstand, daß Menschen organisch zu früh, also unfertig auf die Welt kommen, bedeutet nichts anderes, als daß in ihrer Entwicklung *genetisch angelegte Ausreifungsprozesse mit sozialen Ausformungsprozessen* zusammenfallen: Die organische und die soziale Entwicklung laufen gemeinsam ab – schon vorgeburtlich, deutlicher aber postnatal. Genau darauf ist die menschliche Gehirnentwicklung ausgelegt: Kein anderes Lebewesen verfügt über eine vergleichbare Neuroplastizität, kein Gehirn ist bei der Geburt so unfertig wie das des Menschen, keines besitzt ein vergleichbar großes Entwicklungspotential für die Adaptierung an verschiedene und sich verändernde Umweltbedingungen.

Es ist eingangs schon darauf hingewiesen worden, daß Gedächtnis basal nichts anderes ist, als die Umsetzung von Umwelterfahrungen in die sich organisierende neuronale Struktur des sich entwickelnden Lebewesens selbst, und dieses Prinzip gilt auch für das Lebewesen, das mit der komplexesten Struktur von allen ausgestattet ist, den Menschen. Das Zentralorgan der Weltbewältigung, das menschliche Gehirn, ist zum Zeitpunkt der Geburt zwar in vielerlei Hinsicht außerordentlich weit entwickelt – Säuglinge können zum Beispiel hören, sehen, riechen, fühlen, schmecken und kommunizieren –, aber es ist, gemessen am erwachsenen Reifezustand und auch im Vergleich etwa zu Primatengehirnen, ausgesprochen unreif.

Ein menschliches Gehirn wiegt bei der Geburt nur rund ein Viertel des Gehirns eines Erwachsenen (Abb. 1.1). Beim Schimpansen, dem genetisch nächsten Verwandten, sind es immerhin 60 %. Die Anzahl der neuronalen Verschaltungen wächst ausschließlich beim Menschen noch nach der Geburt in fötaler Geschwin-

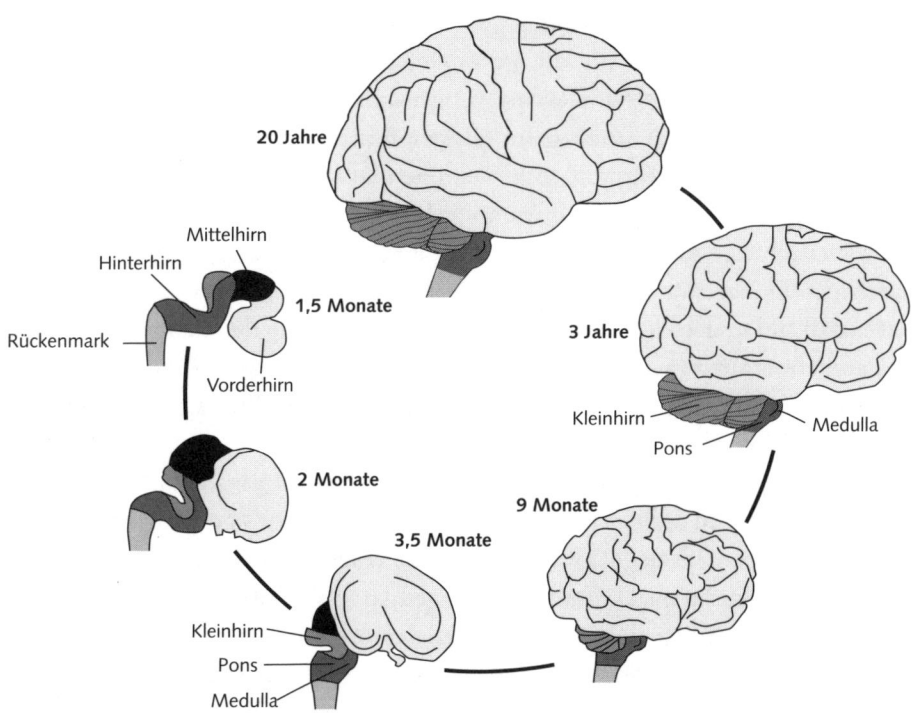

Abb. 1.1 Die Entwicklung des menschlichen Gehirns von den embryonalen Anfängen bis zum Erwachsenenstadium.

digkeit und Größenordnung weiter. In jeder Sekunde entstehen unter jedem Quadratzentimeter der Gehirnoberfläche ca. 30 000 Synapsen (Rose, 1998, S. 17) – und zwar bis etwa zum sechsten Lebensjahr. Zugleich finden wir in der kindlichen Entwicklung Phasen rapider Verringerung der Synapsen – ein höchst faszinierender Vorgang, der damit zu tun hat, daß nur jene Synapsen erhalten bleiben, die Teil bestimmter Verschaltungsmuster geworden sind. Diese Verschaltungen entstehen durch die Verarbeitung von Reizen und Informationen; was an Synapsen in bestimmten Zeitfenstern der Entwicklung nicht genutzt wurde, verschwindet. Dieser Vorgang wird als »Pruning« bezeichnet.

Aber nicht nur auf der Ebene von Synaptogenese und Pruning finden lange Zeit Veränderungen statt. Auch einzelne Gehirnareale und -organe kommen erst mit der Pubertät zur endgültigen Ausreifung (wie das Stirnhirn), andere (wie die Schläfenlappen) erst mit Abschluß der Adoleszenz (Welzer & Markowitsch,

2001). Gerade diese so erstaunlich spät abgeschlossenen Entwicklungsprozesse sind offenbar notwendig für die Persönlichkeitsentwicklung, die Ausformung sicherer Selbst- und Fremddifferenzierungen und für die Entwicklung eines autobiographischen Gedächtnisses. Im übrigen finden sich zunehmend (allerdings umstrittene) Belege dafür, daß sich Neuronen lebenslang neu bilden – eine Erkenntnis, die bis vor kurzem für unmöglich gehalten wurde. Kurz: Wir haben es beim menschlichen Gehirn mit einem außergewöhnlich lange außergewöhnlich unfertigen Organ zu tun. Was Menschen lange schon vor der endgültigen Ausreifung zu tun in der Lage sind, ja, was sie schon vom Tag der Geburt an können, verdeutlicht einmal mehr die Vollkommenheit dieses Organs, des geschmeidigsten und entwicklungsfähigsten Wandlungskontinuums, das die Evolution hervorgebracht hat.

In seinem Entwicklungspotential und seiner Offenheit für die formenden Einflüsse naturaler und sozialer Umwelten liegt der Grund für den Überlebensvorteil der menschlichen Spezies – kein anderes Lebewesen kann sich unterschiedlichen und sich verändernden Umweltbedingungen so gut anpassen wie der Mensch. Genauer kann man sagen: Menschen schaffen erst die Umwelt, in der sie sich entwickeln und existieren können. Gattungsgeschichtlich ist das ein Kennzeichen äußerster Robustheit, aber bezogen auf das Individuum gibt es kein Lebewesen, das weniger robust und überlebensunfähiger wäre als ein kleiner Mensch. Diese Verletzlichkeit ist der Preis dafür, daß das menschliche Gehirn Kapazitäten lebenslang ausbauen und erweitern kann, weil es seiner Struktur und seinen Organisationsprinzipien nach auf Potentialität angelegt ist und nur von dieser Ausgangsstruktur her genetisch determiniert ist. Wir können als Neugeborene so wenig, weil wir später soviel können müssen.

Die epigenetisch geformten menschlichen Fähigkeiten brauchen jede für sich eine bestimmte Entwicklungszeit, und für das Erlernen grundlegender Kompetenzen wie Sehen, Sprechen etc. stehen – worauf wir noch genauer eingehen werden – bestimmte Zeitfenster zur Verfügung, innerhalb derer die Entwicklung sich vollziehen muß. Das Versäumen der Nutzung dieser Fenster ist irreversibel. Wenn etwa, wie ein trauriges historisches Beispiel zeigt, wegen bestimmter Defekte blindgeborene Menschen später operiert werden und sie, technisch betrachtet, ein vollständiges visuelles System haben, stellt sich heraus, daß sie unfähig sind, die nunmehr verfügbaren visuellen Informationen zu sortieren, zu strukturieren, Vorder- und Hintergründe zu differenzieren, kurz: zu verarbeiten, was sie sehen. Das Fenster, das ein kleines Kind bis zum Alter von etwa zwei Jahren nutzt, um seine Sehfähigkeit qua Erfahrung auszubilden und dabei die jeweilige neuronale

Verschaltungsstruktur in seinem Gehirn entsprechend anzulegen, hatte sich bei diesen Patienten längst schon geschlossen.

Ähnliches gilt für die Sprachentwicklung, für die sich ebenfalls kritische Phasen identifizieren lassen. Sprache ist von zentraler Bedeutung für die Entwicklung eines autobiographischen Gedächtnisses, weil sie das Medium ist, das symbolischen Austausch und die Externalisierung von Erfahrung erlaubt und damit die Möglichkeit schafft, daß man sich selbst relativ zu anderen setzen kann. Die Entwicklung des autobiographischen Gedächtnisses beruht darauf, daß ein Kind zunächst passiv, später aktiv über eine repräsentationale Sprache zu verfügen lernt, die es ihm erlaubt, sich jenseits der unmittelbaren Gegenwart zu imaginieren – z. B. als jemand, dem letzte Woche im Kindergarten ein Mißgeschick passiert ist. Diese Stufe, in der Vergangenheit, Gegenwart und Zukunft auseinanderfallen, wird in der Regel irgendwann zwischen dem dritten und dem fünften Lebensjahr erreicht, also in einem Zeitraum, der – in den westlichen Kulturen – mit dem Ende der sogenannten kindlichen Amnesie zusammenfällt.

Die Fähigkeit zur autobiographischen Erinnerung ist insofern eine eindeutig soziale Kompetenz, als sie in der sozialen Kommunikation im Zusammensein mit anderen mittels »memory talk« (Katherine Nelson) und »conversational remembering« (David Middleton) herangebildet wird. Aber sie ist auch deswegen sozial, weil die Autobiographie jenen Fixpunkt im Fluktuieren der Rollen und Situationen bereitstellt, der einem selbst und anderen die Vergewisserung bietet, daß man es über Zeiten und Räume und Geschichten hinweg stets mit ein und demselben Ich zu tun hat und daß dieses auch in Zukunft noch dasselbe sein wird.

Das autobiographische Gedächtnis gehört mithin nicht dem Individuum allein, sondern ist zugleich eine soziale Institution, die die Synchronisierungserfordernisse moderner Gesellschaften sicherstellt. Der bereits erwähnte Umstand, daß funktional differenzierte Gesellschaften im historischen Vergleich immer längere Entwicklungs- und Ausbildungszeiten für ihre nachwachsenden Mitglieder vorsehen, verweist darauf, daß die zu erreichenden Entwicklungsniveaus immer vielfältiger und geschmeidiger werden, womit das autobiographische Projekt des einzelnen über immer weniger Fixpunkte verfügt, d. h. als Leistung komplexer wird. Deshalb kann erst im jungen Erwachsenenalter jene autobiographische Position eingenommen werden, die einem selbst und anderen anzeigt, daß man übertemporal ein und derselbe war, ist und bleiben wird.

Entsprechend kommen Habermas und Bluck (2000) in einem Überblicksaufsatz über die erstaunlich unterentwickelte Entwicklungspsychologie des Kindes- und Jugendalters zu dem Schluß, daß die Fähigkeit, eine konsistente Lebensgeschichte zu erzählen, erst mit Abschluß der Adoleszenz erreicht wird – womit die Entwicklungsspanne des autobiographischen Gedächtnisses mit der des Kindes- und Jugendalters überhaupt zusammenfiele. Sich autobiographisch erinnern zu können ist also eine Kompetenz, die einer langen Lernzeit bedarf, und diese Lernzeit steht unter dem Einfluß vielfältiger sozialer, kultureller, aber eben auch biologischer Determinanten. So ist unlängst eine Studie publiziert worden, die einschneidende Veränderungsprozesse auf Hirnebene während der Pubertät nachweist (Romeo et al., 2002), und insgesamt können wir davon ausgehen, daß die wesentlichen Entwicklungsschritte, mit denen neue individuelle und soziale Kompetenzen erreicht werden, immer auch mit Entwicklungen auf der Ebene des Gehirns korreliert sind (Welzer & Markowitsch, 2005; Markowitsch, 2002a).

Da das Gehirn und mit ihm das Gedächtnis ein Organ ist, dessen Struktur sich selbst erst in Auseinandersetzung mit seiner physischen und sozialen Umwelt organisiert und entwickelt, haben wir es bei der Gehirn- und Gedächtnisentwicklung prinzipiell nicht mit einem autonom ablaufenden biologischen Vorgang zu tun, sondern mit einem biologischen Prozeß, der nach Maßgabe sozialer und kultureller Determinanten geformt und in sozialer Interaktion gestaltet wird. Mit einer solchen Sicht auf die Erfahrungsabhängigkeit der Gehirnentwicklung selbst können wir weder das Gehirn noch das Gedächtnis noch gar das Bewußtsein als etwas konstitutiv Individuelles verstehen. Aber vor diesem Hintergrund können wir die soziale Existenzform von Menschen selbst als eine supranaturale adaptive Umgebung auffassen, in der die nachwachsenden Generationen ihre Entwicklung sozial jeweils auf der Stufe ansetzen, die die Vorgängergeneration erreicht und kultiviert hat. Dies erlaubt eine gegenüber anderen Säugetieren völlig andere Entwicklungsdynamik der Spezies, die mittels Speicherung und Weitergabe von Erfahrung und Wissen, Tradierung und Traditionsbildung erreicht wird.

Das heißt: Wenn wir über die Phylo- und Ontogenese von Menschen sprechen, fallen Natur- und Kulturgeschichte zusammen, und diese Erkenntnis beseitigt aus unserer Sicht gleich zwei der größten Denkhindernisse der modernen Wissenschaftsgeschichte, nämlich zum einen den auf Descartes zurückgehenden Leib-Seele-Dualismus, der viele Philosophen, Psychologen, Kultursoziologen und -historiker genauso wie die Neurowissenschaftler bis heute in Atem hält. Zum anderen werden die Fragen nach Natur und Kultur, Anlage und Umwelt, Instinkt und Lernen usw. obsolet, die prätendieren, es gäbe im Bereich des Humanen das eine ohne das andere. Wenn wir von der Erfahrungsabhängigkeit der Gehirnentwicklung auf der einen Seite und der biokulturellen Entwicklung des Denkens auf der anderen Seite ausgehen, können wir uns darauf konzentrieren, Konvergenz-

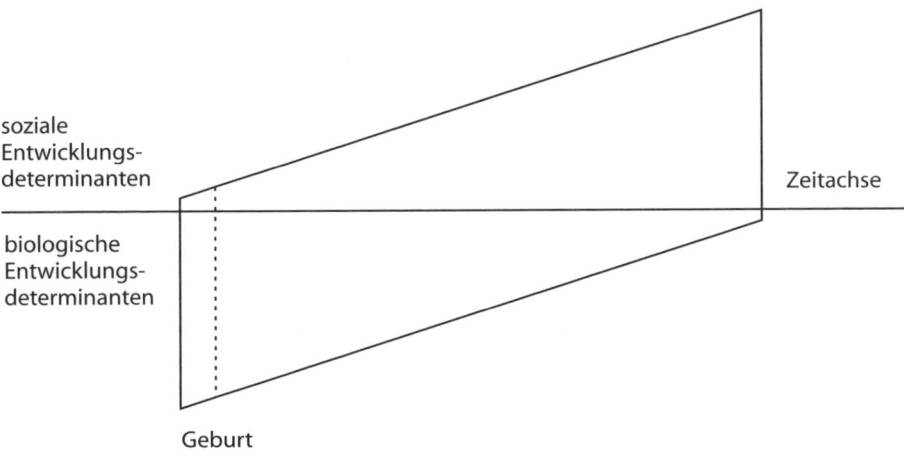

Abb. 1.2   Schematisches Entwicklungsmodell.

felder in den Ansätzen und Befunden der jeweiligen disziplinären Gedächtnisforschung zu identifizieren und fruchtbar zu machen.

Solche Konvergenzfelder sind nur schwer auszumachen, wenn man vom Endprodukt her denkt, also vom Gehirn des Erwachsenen her, vom sozialisierten Individuum, vom autobiographischen Erzähler. Dann entstehen genau jene Dichotomien, die es als denkunmöglich erscheinen lassen, eine Brücke zwischen den biochemischen und elektrophysiologischen Vorgängen im Gehirn eines biographischen Erzählers und dem Inhalt seiner Erzählung zu schlagen: Auf dieser Ebene gibt es keine eineindeutige strukturelle Entsprechung zum Beispiel zwischen einem einschneidenden Liebeserlebnis und einer exakt dafür spezifischen Gehirnaktivität.

Man kann diese Entgegensetzung aber aufheben, indem man den Prozeß betrachtet, der die Entwicklung des Gehirns und die Entstehung des Gedächtnisses beschreibt. Diese Perspektive überbrückt nicht nur den Gegensatz, sondern zeigt, daß in der Gedächtnis-, Identitäts- und Autobiographieentwicklung organische Reifungsvorgänge, psychische Entwicklung, soziale Interaktion und kultureller Kontext lediglich verschiedene Aspekte desselben Vorgangs sind. Mit anderen Worten: Um zu verstehen, wie Gedächtnis, Autobiographie und Identität entstehen, benötigen wir ein bio-psycho-soziales Entwicklungsmodell, das von einem Kontinuum unterschiedlich balancierter biologischer und sozialer Entwicklungsdeterminanten ausgeht – je kleiner und unreifer das Kind ist, desto größer ist der entwicklungsbestimmende Faktor biologischer Voreinstellungen; je weiter es heranreift, desto relativ größer wird der entwicklungsdeterminierende Faktor der sozialen Interaktion in einer Umwelt, zu der das Kind gehört und in die es hineinwächst. Schematisch ist dieser Prozeß in Abbildung 1.2 dargestellt.

Dieses Modell ist höchst schematisch und zu linear, weil die ontogenetische Entwicklung nicht kontinuierlich, sondern in Sprüngen verläuft, in denen sich die relativen Gewichte phasenweise verschieben können. Gleichwohl vermag es das zentrale Argument zu veranschaulichen: Auf keiner Stufe der menschlichen Entwicklung können wir von einem rein biologischen Entwicklungsverlauf sprechen, der unabhängig von sozialen Kontextbedingungen abliefe. Umgekehrt können wir kein Entwicklungsalter identifizieren, dem nicht biologische Reifungsvoraussetzungen zugrunde lägen. Deutlich wird aber zugleich, daß das relative Gewicht des Sozialen, Kulturellen und Historischen in der Gedächtnis- und Identitätsbildung des heranwachsenden Menschen immer mehr zunimmt, womit klar wird, daß das autobiographische Gedächtnis, das sich, wie gesagt, erst ab etwa drei Jahren zu entfalten beginnt, das am stärksten soziale Gedächtnis und als solches in eklatantem Maß sozial, kulturell und historisch bestimmt ist.

2 Konvergenzzonen zwischen den Disziplinen

> »The human brain is the only brain in the biosphere whose potentials cannot be realized on its own. It needs to become part of a network before its design features can be expressed.«
>
> MERLIN DONALD

Die Themen Gedächtnis und Erinnerung erfreuen sich seit gut zwei Jahrzehnten einer anscheinend immer noch steigenden Konjunktur – und zwar über die Grenzen zwischen den natur- und kulturwissenschaftlichen Disziplinen hinweg und bis in Alltagsdiskurse hinein. Die Ursachen hierfür sind vielfältig. So machen die Kontingenzbedingungen und Gestaltungszwänge von Lebensläufen in hochindividualisierten Gesellschaften eine permanente Auseinandersetzung mit der persönlichen Vergangenheit erforderlich; ähnliche Ursachen gelten auch dann, wenn Kollektive auf Geschichtsbestände Bezug nehmen. Besonders die Systemtransformationen Ende des 20. Jahrhunderts haben dabei offenbar ein wachsendes Bedürfnis nach historischer Selbstvergewisserung und Neuerfindung hervorgerufen. Schließlich verdankt sich das wachsende Interesse an Gedächtnis und Erinnerung zum einen den altersdemographischen Veränderungen in den meisten westlichen Gesellschaften: Es gibt – und zwar mit steigender Tendenz – relativ mehr Menschen, die eher zurück- als nach vorn blicken, und die alterskorrelierten Gedächtnisstörungen durch Altersdemenz, Alzheimer-Krankheit etc. stellen die Gesundheits- und Sozialpolitik vor neue Aufgaben. Zum anderen hat die Medizintechnik vor einigen Jahren sogenannte bildgebende Verfahren bereitgestellt, mit deren Hilfe Gehirnaktivitäten »sichtbar« gemacht werden können, was die neurowissenschaftliche Gedächtnisforschung mit einem enormen Schub versehen hat. Während man zuvor auf Tests, Tierversuche und hirngeschädigte Patienten angewiesen war, um Gedächtnissysteme und -funktionen zu differenzieren, haben die Abbildungsmöglichkeiten von aufgabenbezogenen Aktivitätsmustern im Gehirn zu so gewaltigen Fortschritten in der Forschung geführt, daß das letzte Jahrzehnt zum »Jahrzehnt des Gehirns« ausgerufen wurde und die Neurowissenschaften seither wenig schüchtern einen Alleinerklärungsanspruch für Fragen des Bewußtseins, des Willens und des Gedächtnisses für sich reklamieren.

Die Fortschritte in der neurowissenschaftlichen Gedächtnisforschung sind in der Tat beeindruckend. Wir können mit den Verfahren der Bildgebung inzwischen unterschiedlichste Verarbeitungsformen von Gedächtnisaktivitäten differenzieren – wir können zum Beispiel emotionale von neutraler Erinnerung unterscheiden, wir können eine Reihe unterschiedlicher Gedächtnissysteme mit ganz verschiedenen Funktionen identifizieren, wir können die Verarbeitung fremdsprachlicher und muttersprachlicher Erinnerungserzählungen auf Hirnebene unterscheiden und vieles mehr. Neuerdings wird die funktionelle Bildgebung zunehmend zur Aufdeckung von Lügen gegenüber wahren Erinnerungen eingesetzt (Markowitsch et al., 2000; Spence et al., 2001; Ganis et al., 2003; Kozel et al., 2004). Wir können die Rolle der verschiedenen Gehirnorgane wie Hippocampus, Amygdala und Thalamus bei der Einspeicherung, Aufbewahrung und beim Abruf von Erinnerungen viel besser verstehen als früher, und wir können auch – das ist für die Fragestellung dieses Buches besonders wichtig – Verarbeitungsprozesse von Erinnerungsinhalten je nach dem Lebensalter der sich erinnernden Person differenzieren. Dies alles ist nicht nur wissenschaftlich interessant, sondern bietet eine Menge Ansatzpunkte für verbesserte medizinische Interventionen von der Mikrochirurgie bis hin zur Therapie von Alzheimer-Patienten oder Epileptikern.

Darüber hinaus sind die Befunde der neurowissenschaftlichen Forschungen aber auch folgenreich für unser Selbstbild – etwa dann, wenn sich herausstellt, daß Erinnerungen, von denen wir felsenfest überzeugt sind, daß sie auf etwas basieren, was wir selbst erlebt haben, »falsch« sind und aus einer ganz anderen Quelle als unserer Lebensgeschichte stammen. Denn das Gedächtnis kann konstruktive Verknüpfungen herstellen, die mit tatsächlichen Ereignissen nichts oder nur wenig zu tun haben. Als Beispiel sei hier nur genannt, daß auch Opfer von Extremtraumatisierungen nicht notwendigerweise das erinnern, was ihnen faktisch widerfahren ist, sondern manchmal das, wovor sie sich am meisten gefürchtet haben (»greatest fear vision«; Schacter, 1996, S. 207).

Allgemein sind autobiographische Erinnerungen anfällig für das Verwechseln der Umstände von Geschehnissen und der Quellen von Ereignissen. Das geht bis hin zu kryptomnestischen Erinnerungen, also Erinnerungen an Ereignisse, die überhaupt nicht stattgefunden haben. Dieser Befund ist durch eine Reihe von Experimenten mit Personen untermauert worden, denen in Gesprächen Erlebnisse suggeriert wurden, an die sie sich später detailliert erinnern zu können glaubten, obwohl sie sie faktisch nie gehabt hatten (Loftus & Pickrell, 1995; Loftus et al., 1995; Hyman et al., 1995). Am bekanntesten ist inzwischen das »lost-in-the-shopping-mall«-Experiment (Loftus & Pickrell, 1995), in dem den Versuchspersonen eine Reihe von Kindheitserlebnissen vorgelegt wurde, die zuvor von engen Verwandten berichtet worden waren. Eine der jeweils vorgelegten Episoden war allerdings frei erfunden – eine Geschichte, die davon handelte, daß die Versuchsperson als Kind in einem Supermarkt verlorengegangen war. Im ersten Durchlauf des Experiments »erinnerten« sich immerhin 29% der Teilnehmer an dieses Erlebnis, das sie freilich nie gehabt hatten. Besonders interessant an diesem Befund ist, daß das konstruierte Erlebnis in wiederholten Versuchsdurchläufen von immer mehr Testpersonen »erinnert« wurde – offenbar war bereits die Erwähnung des Ereignisses im ersten Testdurchlauf geeignet, einen lebensgeschichtlichen Anknüpfungspunkt, eine Art Importhafen für die eigene Biographie, bereitzustellen. Darüber hinaus wurde das Ereignis im Testverlauf auch immer detaillierter erinnert – es war also zum Bestandteil der eigenen Lebensgeschichte der Probanden geworden. Ihre falschen Erinnerungen fühlten sich für sie offensichtlich genauso an wie ihre echten. Analoge Ergebnisse fand man in Experimenten, in denen es um (erfundene) Ereignisse in einer nächtlichen Notaufnahme im Krankenhaus oder das peinliche Erlebnis ging, bei einer Hochzeitsfeier den Brauteltern Punsch über die festliche Kleidung geschüttet zu haben (Hyman et al., 1995).

In einer eigenen Untersuchung, die Sina Kühnel im Rahmen ihrer Doktorarbeit durchführte, boten wir Probanden Filmausschnitte an, in denen bestimmte, kurze Sequenzen fehlten oder unvollständig waren, beispielsweise das, was in der Phase zwischen dem Aufstehen aus dem Bett und dem bereits bekleideten Stehen vor dem Bett geschah. Ein anderer lückenhaft dokumentierter Handlungsablauf zeigt, wie eine Person in einem Geschäft ein Parfüm in die Hand nimmt und sich in einer zweiten Sequenz etwas vom Handgelenk wischt – der Vorgang des Sprühens selbst fehlt. Wenn wir anschließend Bildmaterial zeigten, das diese fehlenden Ausschnitte enthielt, wurde dieses fälschlich als gesehen identifiziert. Daneben wurden weitere Gedächtnisverzerrungen unterschiedlicher Natur (vgl. Schacters sieben Gedächtnissünden; Box 2.1) begangen, so daß insgesamt mehr als 40% Fehlerkennungen (»false memories«) auftraten – ein Ergebnis, das keiner der Probanden selbst für möglich gehalten hatte.

Elisabeth Loftus, die eine wichtige Rolle in der »false-memory-debate« in den Vereinigten Staaten spielt, in der es im Kern um Beurteilungsmöglichkeiten für wahre und falsche Erinnerungen im Zusammenhang spät entdeckter Kindesmißbrauchsfälle geht, führt das Eigenleben falscher Erinnerungen unter anderem dar-

▶ *Fortsetzung auf Seite 34*

Box 2.1

Wahre und falsche Erinnerungen

Es ist offensichtlich, daß Menschen nicht nur je nach Lebensalter unterschiedliche Formen des Zugriffs auf ihre Erinnerungen zeigen, sondern daß auch diese Erinnerungen selbst Gegenstand höchst vielfältiger Umdeutungen, Umschriften, Neuerfindungen etc. sind. Überhaupt zeigt ein Blick in die Literatur zu »false memories«, daß lebensgeschichtlichen Erinnerungen generell nur mit großen Vorbehalten zu trauen ist. Daniel Schacter hat in einem Aufsatz einige wiederkehrende Fehler oder Probleme beim Erinnern (»Seven Sins of Memory«; 1999) aufgelistet:

1. Das Verblassen von Erinnerungen. Man kann davon ausgehen, daß Erinnerungen dann verschwinden, wenn sie nicht in Anspruch genommen werden; möglicherweise lösen sich die synaptischen Verknüpfungen der entsprechenden Engramme auf, wenn die Erinnerung nie abgerufen wird (Schacter, 1999, S. 184).
2. Eine weitere Problematik des Erinnerns entsteht schon im Moment der Einspeicherung, denn natürlich ist unsere Wahrnehmung in jeder Situation, in der wir uns befinden, höchst selektiv. In das Langzeitgedächtnis werden also überhaupt nur jene Aspekte einer Situation überführt, denen unsere Aufmerksamkeit gegolten hat. Man kann sich das an den Tricks von Varieté-Zauberkünstlern klarmachen, die darauf basieren, daß die Aufmerksamkeit der Zuschauer so sehr auf einen Aspekt der sichtbaren Situation fokussiert wird, daß diese andere Manipulationen selbst dann nicht wahrnehmen, wenn sie ganz unverdeckt vollzogen werden. Eine andere hübsche Evidenz zur selektiven Wahrnehmung liefert ein Experiment, in dem ein Experimentator Studenten auf dem Uni-Campus nach dem Weg zu einem bestimmten Gebäude fragte. In dieser Situation traten zwei Handwerker auf, die eine große Tür zwischen dem Studenten und dem Experimentator hindurchtrugen. In diesem Augenblick der Verdeckung wurde der Experimentator durch eine andere Person ausgetauscht. Lediglich sieben von fünfzehn Testpersonen bemerkten, daß sie nach der Unterbrechung mit jemand anderem sprachen (Simons & Levin, 1998). Hier spielt offensichtlich eine Rolle, daß Personen nach Kategorien wahrgenommen werden; es ist einfach im Regelfall nicht wichtig, sich die Charakteristika

einer Person einzuprägen, die einen nach dem Weg fragt und die man danach nie wiedersehen wird. Kriminalisten können eine unendliche Fülle analoger Erinnerungsfehlleistungen aus Zeugenverhören berichten.

3. Oft scheint der Abruf von Erinnerungen irgendwie blockiert. Hierbei handelt es sich meist um temporäre Schwierigkeiten, etwas klar zu erinnern; man hat das Gefühl, es »läge einem auf der Zunge« (weshalb diese Blockierung auch als TOT(tip-of-the-tongue)-Phänomen bezeichnet wird). Man geht davon aus, daß andere Erinnerungspartikel mit jener Erinnerung interferieren, die man abzurufen beabsichtigt; interessanterweise ist man sich selbst in solchen Situationen ja auch ziemlich sicher, daß man das richtige Wort oder den richtigen Namen, nach dem man gerade sucht, »weiß«, ihn aber nicht abrufen kann. Da der Erinnerungsabruf offensichtlich in der Aktivierung eines assoziativen Musters besteht, würde ein Interferieren anderer Assoziationen einer korrekten Aktivierung tatsächlich auch im Wege stehen. Deshalb fällt einem oft zu einem späteren Zeitpunkt, wenn es um ganz andere Dinge geht, der gesuchte Name ganz von selbst wieder ein (Schacter, 1999, S. 188).

4. Ein sehr weites Feld bilden die Fehlerinnerungen – Irrtümer, Verwechselungen der Quellen, aus denen man eine Erinnerung geschöpft hat usw. Der problemlose Import »falscher« Erinnerungen in das eigene Gedächtnis geht darauf zurück, daß wir uns zwar korrekt an einen Zusammenhang erinnern können, uns häufig aber in der Quelle vertun, aus der wir diese Erinnerung schöpfen – weshalb etwa auch Bücher oder Filme zur Quelle von Erinnerungen werden können, die man als seine eigenen empfindet. Das fataslte Beispiel einer solchen Quellen-Verwechselung (source confusion) lieferte unfreiwillig der Gedächtnisforscher Donald Thompson, der von einem Vergewaltigungsopfer auf das genaueste als der Täter beschrieben und wiedererkannt wurde. Zu seinem Glück hatte Thompson ein gutes Alibi. Im Augenblick des Verbrechens war er nämlich live im Fernsehen zu sehen, wo er ein Interview zum Thema Erinnerungsverzerrung gab. Auch wenn man es kaum glauben kann: Das Vergewaltigungsopfer hatte zufällig unmittelbar vor der Gewalttat gerade diese Sendung mit Thompson gesehen und in seiner Täterbeschreibung eben jene Fehlattribuierung vorgenommen, in der der Täter wie der Interviewte aussah (Thompson, 1988; vgl. Schacter, 1999). Quellenverwechselungen und Quellen-Amnesie spielen gelegentlich auch eine Rolle in urheberrechtlichen Streitigkeiten, etwa wenn die Melodie eines Schlagers anscheinend plagiiert wurde. Auch in

solchen Fällen von »unintended plagiarism« kann die Ursache eine Quellenverwechselung sein und der Komponist ganz unabsichtlich eine Melodie, die er in Wahrheit von irgendwoher kannte, als seine eigene Kreation verstanden haben. In diesem Zusammenhang sei noch auf die Bedeutsamkeit der visuellen Repräsentanz von Erinnerungen hingewiesen: Gerade das, was einem »noch genau vor Augen steht«, wovon man noch jedes einzelne Detail buchstäblich zu sehen glaubt, stattet den sich Erinnernden mit der felsenfesten Überzeugung aus, daß das, woran er sich erinnert, auch tatsächlich geschehen ist. Erstaunlicherweise und subjektiv äußerst schwer nachvollziehbar liegt das aber nicht unbedingt daran, daß sich das Geschehen erst auf der Netzhaut und dann im Gehirn nachgerade eingebrannt hat, sondern daran, daß die neuronalen Verarbeitungssysteme für visuelle Perzeptionen und für phantasierte Inhalte sich überlappen, so daß auch rein imaginäre Geschehnisse mit visueller Prägnanz »vor den Augen« des sich Erinnernden stehen können. Gerade hier ist die Diskrepanz zwischen der subjektiven Überzeugung, sich genauestens zu erinnern, und dem Artefaktischen der Erinnerung am größten.

5. Einen wichtigen Aspekt bei Fehlerinnerungen aufgrund von Quellen-Amnesien und -verwechselungen stellt Suggestibilität dar, die in spezifischen Situationen wie etwa therapeutischen Settings besonders hoch sein kann und zur Generierung von lebensgeschichtlichen Erinnerungen führen kann, die keine Entsprechung in der faktischen Lebensgeschichte haben. Ein besonders spektakuläres Beispiel hierzu stellt der Fall des Schriftstellers Binjamin Wilkomirski dar, der seine Kindheitserfahrungen im Konzentrationslager in einem äußerst erfolgreichen Buch veröffentlicht hatte. Es stellte sich allerdings bald heraus, daß Wilkomirski in Wahrheit Bruno Dösseker heißt, bei Schweizer Adoptiveltern aufgewachsen war und nie etwas mit dem Holocaust zu tun hatte. Allerdings hatte er sich über Jahre hinweg durch Besuche in Lagern, Aneignung der entsprechenden Lektüre und mit einem gewissen suggestiven Feedback aus Therapien eine Opfer-Identität zugelegt, an die er offenbar selbst glaubte (vgl. Assmann, 2001; Koch, 2001).

6. Das Problem verzerrter Erinnerungen ist oben schon im Zusammenhang mit Kategorisierungen angedeutet worden. Grundsätzlich ist es so, daß vorhandene Überzeugungen und Einstellungen in bezug auf Menschen und Situationen uns dazu veranlassen, diese auch entsprechend selektiv wahrzunehmen und gemäß unserer Kategorisierungen zu erinnern. Einer

der frühen Erinnerungsforscher, Frederic Bartlett, hat dazu eine klassische Studie vorgelegt, in der er britischen Studenten eine für sie exotische Geschichte aus einem ethnologischen Forschungsbericht vorlegte, die sie lesen und anschließend nacherzählen sollten. Dabei kamen zwei experimentelle Settings zur Anwendung. In dem einen wurde die Versuchsperson aufgefordert, die Geschichte jemand anderem weiterzuerzählen, dieser hatte sie dann einem Dritten zu erzählen usw. – eine Variante des Kindergeburtstagsspiels »Stille Post«, allerdings mit einem komplexeren Inhalt. Dieses Verfahren bezeichnete Bartlett als »serielle Reproduktion«. In einem zweiten Setting wurde jeweils dieselbe Versuchsperson in Zeitabständen darum gebeten, die Geschichte erneut zu erzählen (»wiederholte Reproduktion«). Bartlett zeichnete die Variationen akribisch auf und notierte im Fall der wiederholten Reproduktion schon bei der zweiten Wiedergabe nach etwa 20 Stunden signifikante Abweichungen von der Originalgeschichte: Erstens wurde die Geschichte kürzer, zweitens wurde ihr narrativer Stil »moderner«, drittens bekam sie eine – aus Sicht der westlichen Kultur – logischere und kohärentere Struktur (Bartlett, 1997 (1932), S. 66). Diese Veränderungen behielten dieselbe Richtung bei, wenn die Versuchspersonen, zum Teil nach Jahren, erneut gebeten wurden, die Geschichte noch einmal zu erzählen, woraus Bartlett den Schluß zog, daß vorhandene kulturelle Schemata die Wahrnehmung und dementsprechend die Erinnerung in so hohem Maße prägen, daß Fremdes auf subtile und vom sich Erinnernden unbemerkte Weise zu Eigenem wird. Das heißt, die Geschichte wurde aller überraschender, merkwürdiger und unlogischer Aspekte entkleidet, zugleich wurden Merkmale (Namen, Objekte) in die Geschichte importiert, die den kulturellen Schemata der Erzähler entsprachen (1997, S. 86 ff.). Im Verfahren der seriellen Reproduktion zeigten sich ähnliche Effekte. Auch hier wurde verkürzt, verdichtet, importiert, rationalisiert. Bartletts Befunde verweisen nicht nur darauf, daß die Wahrnehmung, die Einspeicherung und der Abruf von Erinnerungen kulturellen Schemata folgt, sondern zugleich darauf, daß Erinnerung in hohem Maße konstruktiv ist, indem sie den jeweiligen selbstbezogenen und kulturellen Sinnbedürfnissen der sich erinnernden Personen folgt. In einer Reihe neuerer Studien ist nachgewiesen worden, wie unterschiedliche Informationen über das Ende erzählter Geschichten die Nacherzählungen beeinflussen (z. B. Spiro, 1980; Conway & Ross, 1984) – die Reproduktionen werden in Richtung auf das jeweilige Ende hin »verzerrt« (retrospective bias).

7. Schließlich ist noch das Problem der Persistenz von Erinnerungen zu erwähnen – daß einem also etwas nicht »aus dem Sinn geht«, obwohl man sich nicht daran erinnern möchte. Dieses Phänomen tritt besonders im Zusammenhang traumatischer Erfahrungen oder depressiver Erkrankungen auf und führt etwa dazu, daß die Patienten ständig über negative Ereignisse und schlechte Erfahrungen »nachgrübeln«. In diesen Symptombereich gehört auch die Übergeneralisierung solcher Erinnerungen in der Weise, daß etwa der ganze Lebensabschnitt, in den eine negative Erinnerung fällt, in dieser Tönung gesehen wird (Williams, 1997).

Zusammenfassend hat Wolfgang Hell geschrieben: »Eine emotionale Voreingenommenheit in eine Richtung, wiederholtes Abfragen, Suggestionen und vieles andere kann eine falsche Erinnerung auslösen, die für die Betroffenen so real wie eine richtige Erinnerung ist und die für die Zuhörer dieser Erinnerung durch die Lebendigkeit der Schilderung absolut glaubwürdig wirkt. Bei Kindern ist dieser Effekt noch stärker als bei Erwachsenen« (Hell, 1998, S. 274).

Wir haben uns angewöhnt, scheinbare Dysfunktionen des Gedächtnisses wie Vergessen, Verwechseln etc. als etwas prinzipiell Negatives aufzufassen. Aber vieles von dem, was uns im Alltag als ärgerliches Versagen des Gedächtnisses erscheint, ist – wenigstens seiner Ursache nach – höchst funktional. Vergessen ist konstitutiv für die Fähigkeit des Erinnerns überhaupt, denn wenn wir alles erinnern würden, was im Strom der Ereignisse und im Inventar der Dinge, die in uns in jedem Augenblick umgeben, prinzipiell wahrnehmbar und damit erinnerbar ist, hätten wir nicht die geringste Möglichkeit, uns zu orientieren und Entscheidungen darüber zu treffen, was als Nächstes zu tun ist. Vergessen ist also eine höchst funktionale adaptive Fähigkeit. Auch Blockierungsphänomene gehen wahrscheinlich auf eine adaptive Funktion zurück, nämlich die Inhibierung, die notwendig dafür ist, daß wir beim Abruf von Gedächtnisinhalten genau dasjenige erinnern, was wir gerade benötigen, und eben nicht alles andere auch noch. Blockierung ist mithin lediglich ein kleinerer Betriebsunfall in einem ansonsten höchst funktionalen System des gezielten Abrufs. Dasselbe gilt für die Selektivität der Wahrnehmung. Wir sehen in erster Linie das, worauf sich unser aktuelles Interesse richtet, alles andere verschwindet an den unscharfen Randbereichen unserer Aufmerksamkeit. Jeder weiß, wie eng die Aufmerksamkeit fokussiert ist, wenn man einen bestimmten Gegenstand, etwa einen Zettel mit einer Telefonnummer, in einer Schublade voller Papiere, Notizen, Visitenkarten etc. sucht. Aber auch generell finden aus einer beliebigen Situation nur die allerwenigsten Merkmale Eingang in das Arbeitsgedächtnis, und von dort wandert wiederum nur das wenigste in die Langzeitgedächtnissysteme weiter (vgl. S. 82). Auch in den Vorgängen der Einspeicherung, der Aufbewahrung, des Abrufs und der erneuten Einspeicherung findet Selektion statt: Die Engramme, die Erinnerungen neuronal repräsentieren, können sich auflösen, wenn sie nicht aktiviert werden; in der Abrufsituation geht es gelegentlich nur um einen einzigen Aspekt eines komplexen Erinnerungszusammenhangs; beim Rückspeichern werden Merkmale der Situation, in der die Erinnerung abgerufen wurde, mit abgespeichert. Kurz: Unsere Erinnerungsinhalte unterliegen in hohem Maße gebrauchsabhängigen Veränderungen. Das bedeutet, unser autobiographisches Gedächtnis befindet sich notwendig in einem stetigen Wandlungsprozeß. Das ist der Grund dafür, daß wir, wie eingangs beschrieben, Ereignisse und Erlebnisse in unser autobiographisches Gedächtnis integrieren können, von denen wir in Wahrheit nur gehört oder gelesen haben. Irgendwann ist uns die Quelle abhanden gekommen, aus der wir dieses Erlebnis geschöpft haben, und wir haben es in unsere eigene Lebensgeschichte importiert.

Das geht freilich nur mit solchen Geschehnissen, die genügend Anknüpfungspunkte an den biographischen Verlauf finden, auf den wir zurückblikken – die Erlebnisse müssen gewissermaßen genügend wahrscheinlich sein, um Eingang in unser autobiographisches Gedächtnis zu finden. Auch hier spielt das Moment des Sozialen eine bedeutende Rolle. Im Fall von Kriegserzählungen zum Beispiel können wir eine überraschende Ähnlichkeit der individuellen Erzählungen verzeichnen: Es scheint so etwas wie eine narrative Standardisierung von Erlebniszusammenhängen zu geben, in die sehr viele Menschen verstrickt sind. In einer solchen Standarderzählung formulieren und verdichten sich gruppen- und generationsspezifische Erfahrungen, und umgekehrt bedienen sich die einzelnen Autobiographen mit den passenden Geschichten aus dem Standardinventar und integrieren das eine oder andere daraus in die eigene Lebensgeschichte, ohne das selbst zu bemerken. Das mag abstrakt klingen, aber wir haben in einer Studie, in der Kriegserlebnisse berichtet wurden, die erstaunliche Feststellung machen müssen, daß zahlreiche Erlebnisse, die von Zeitzeugen berichtet wurden, mehr oder weniger deckungsgleich mit jenen Geschehnissen waren, die der Film »Die Brücke« (1959) darstellt (Welzer et al., 2002). Der Autor und Regisseur dieses Films, Bernhard Wicki, war selbst Angehöriger der Kriegsgeneration und hat hier sowohl seine eigenen als auch die von anderen gehörten und aufgezeichneten Erfahrungen und Erlebnisse in einem Kunstprodukt zusammengefaßt, das als verallgemeinerte ästhetische Formulierung einer generationellen Erfahrung gelten kann. Tatsächlich gibt es kaum einen Film aus der Nachkriegszeit, mit dem sich die Generation der letzten Kriegsteilnehmer, der Hitlerjungen, Flakhelfer und jungen Wehrmachtssoldaten, mehr identifiziert hat als mit der »Brücke«. Deshalb kann dieser Film umgekehrt als Reservoir für Erlebnisse gelten, die man gehabt haben *könnte* oder sogar gehabt haben *muß*, will man eine plausible, das heißt soziale akzeptierte Geschichte vom Krieg erzählen. Mit anderen Worten: Eine individuelle Geschichte wird nur dann glaubhaft erzählt werden können, wenn sie den sozialen Erwartungen der unmittelbaren oder medialen Zuhörer entgegenkommt, das heißt sinnhaft und bekannt erscheint. Umgekehrt stieß auf seiten der überlebenden Opfer des Holocaust das Unwahrscheinliche, das unglaublich Grauenhafte der Konzentrationslagererfahrung an eine Grenze des Plausiblen und Nachvollziehbaren, weil es so sehr vom sozial Erwartbaren abwich – weshalb viele Überlebende mit ihren unglaublichen Geschichten allein blieben bzw. sogar erhebliche Mühe hatten, diese in ihre eigene Geschichte zu integrieren (vgl. Welzer, 1997, S. 130 ff.). Dies alles verweist wiederum auf die außerordentlich enge Verwobenheit individueller und sozialer Erfahrungen und darauf, wie tief unsere als so individuell und einzigartig empfundene Autobiographie mit – konkreten und abstrakten – anderen verknüpft ist. Unser eigenes autobiographisches Gedächtnis unterscheidet nicht zwischen »wahren« und »falschen« Erinnerungen; es sind die anderen, die sagen, daß wir uns täuschen.

auf zurück, daß ein fiktives Erlebnis bei intensiver und wiederholter Vorstellung immer vertrauter wird und diese Vertrautheit dazu führt, die falsche Erinnerung mit »echten« Kindheitserlebnissen in Verbindung zu bringen – so daß die falsche Erinnerung gleichsam in das Ensemble der wahren Erinnerungen importiert und mehr und mehr ununterscheidbar von diesen wird. Vor diesem Hintergrund wird auch erklärbar, daß wir in Zeitzeugenbefragungen zu Kriegserlebnissen eine Reihe von Erzählungen gefunden haben, die völlig identisch mit Episoden aus berühmten Spielfilmen zu diesem Thema waren (Welzer et al., 2002) – die Erzähler »docken« hier ihre Autobiographie an spektakuläre und akzeptierte Erzählmuster an und peppen so ihre Lebensgeschichte auf, ohne das selbst zu bemerken: Der Film, so könnte man sagen, paßt ganz einfach zu ihrem Leben. Vieles von dem, was wir für unseren ureigensten Erfahrungs- und Erlebnisschatz halten, haben wir offensichtlich gar nicht selbst erfahren oder erlebt. Dieses Phänomen wird als Quellen-Amnesie bezeichnet.

Im Feld der Gedächtnis- und Bewußtseinsforschung dringen die Naturwissenschaften mit ihren Befunden in die Kernbereiche der Sozial- und Kulturwissenschaften ein, und das ist auch gut so. Denn erstens können diese Wissenschaften, um die es insgesamt ja eher still geworden ist, von den Erkenntnissen der Neurowissenschaften ungeheuer profitieren, und zweitens können sie diese Erkenntnisse mit ihren Mitteln viel besser kontextualisieren und hinsichtlich ihrer Reichweite einschätzen, als das die Neurowissenschaftler allein könnten. Dies ist zum Beispiel dann der Fall, wenn Neurowissenschaftler, wo sie über Bewußtsein, Willen oder Gedächtnis zu sprechen glauben, mit einem sehr eingegrenzten Begriff von »Information« operieren. Menschliche Gehirne verarbeiten aber nicht nur Informationen, also reaktionsauslösende Wahrnehmungsreize, sondern vor allem Wahrnehmungen, die *Bedeutung* haben. Die Fähigkeit, einer Wahrnehmung Bedeutung zu geben, ist wiederum etwas, das nur Menschen eigen ist: Zwischen die unmittelbare Abfolge von Reiz und Reaktion, Impuls und Handlung schiebt sich hier ein Vorgang der Interpretation, der ein optimiertes Ausnutzen der gegebenen Handlungsmöglichkeiten erlaubt. Zwar messen auch Tiere bestimmten Signalen bestimmte »Bedeutungen« bei – sonst würde der Pawlowsche Hund keinen Speichel absondern, wenn die Glocke klingelt –, aber das ist keine reflexive Bedeutung im menschlichen Sinn, sondern Ergebnis von Konditionierungslernen: Dem Hund ist dabei keineswegs bewußt, daß er Appetit bekommt, weil die Glocke läutet, sondern er hat lediglich eine Reizverknüpfung gelernt.

Reflexive »Bedeutung« ist nichts, was die Natur bereitstellt, sondern wird sozial und kulturell gebildet, und zwar, wie wir anhand der Gedächtnisentwicklung noch genauer zeigen werden, vom ersten Lebenstag an in der Interaktion zwischen dem Kind und seiner sozialen Umwelt. Im Fall des menschlichen Gehirns haben wir es bei dem, was unser Bewußtsein und unser Gedächtnis bewegt und unseren Willen motiviert, also mit sozial und kulturell gebildeten Bewußtseins-, Gedächtnis- oder Willensinhalten zu tun, die unsere Wahrnehmung der Welt (und damit auch dessen, was wir erinnern) nach Kriterien von Sinn und Bedeutung selektieren.

Es ist schwer vorstellbar, daß wir auf der Grundlage des Informationsbegriffes ein hinreichendes Verständnis dafür gewinnen können, was menschliches Bewußtsein und Gedächtnis ausmacht. Sich zu erinnern, sich etwas vorzustellen, etwas zu bewerten, etwas zu planen – all das setzt nicht Daten voraus, sondern Bedeutung. An dieser Stelle ist es unabdingbar, die neurowissenschaftliche Perspektive um eine sozialwissenschaftliche zu erweitern: Sobald man sich für *Gedächtnisinhalte* interessiert, befindet man sich in einer Konvergenzzone zwischen den Disziplinen.

Bedeutungen werden nun aber nicht individuell entwickelt oder erworben, sondern in Prozessen sozialer Interaktion, im Zusammensein mit anderen, vermittelt. Katherine Nelson (1986) hat in einer inzwischen klassischen Studie dargelegt, wie ein kleines Mädchen sich in der Interaktion mit ihren Eltern die Bedeutung sprachlicher Ausdrücke erschließt (vgl. auch Welzer, 2002, S. 83 ff.), und wir verfügen inzwischen über eine Unzahl von Untersuchungen darüber, wie die Interaktion mit kleinen Kindern das prägt, woran sie sich später erinnern (Nelson, 1996, 2002). Um also zu verstehen, wie Bedeutung konstituiert wird und damit zum Beispiel unterscheidbar wird, welche Information wichtig oder unwichtig, welches potentielle Verhalten funktional bzw. dysfunktional ist, müssen wir den sozialen Vorgang der interaktiven Herstellung und Weitergabe von Bedeutung verstehen; dieser ist im übrigen ein zentrales Element des schon erwähnten »Wagenhebereffekts« der kulturellen Weitergabe von Wissen und Kompetenzen.

Ein besonders irritierender Aspekt der interaktiven Bildung und Aneignung von Bedeutung ist, daß Kinder schon recht früh lernen, daß dieselben Dinge und Sachverhalte völlig unterschiedlich sein können, wenn sie in unterschiedlichen Kontexten betrachtet werden. So ist es zum Beispiel alles andere als eindeutig, wenn eine Mutter ihrem zweijährigen Kind einen davonhoppelnden Hasen auf einem Feld zeigt und dazu sagt: »Hase«. Denn dieses Wort kann sich auf Tiere ganz allgemein beziehen, auf Säugetiere allgemein, auf diese spezielle Sorte mit den langen Ohren, auf Tiere mit einem braunen Fell, auf etwas, das läuft, usw. usf. Wie der Philosoph Willard Quine (1969, S. 29) anhand dieses klassischen Beispiels dargelegt hat, ist die Reihe logisch möglicher Referenzen, auf die das Wort »Hase« verweisen kann, unendlich – und wir wissen strenggenommen bis heute nicht, wie Kinder eigentlich lernen, einem Objekt den »richtigen«, das heißt kontextangemessenen Namen zu geben und umgekehrt einem Namen das richtige Objekt zuzuordnen. Dasselbe Rätsel zeigt sich dort, wo ein und dasselbe Wort zwei völlig verschiedene Dinge bezeichnet (wie z. B. »Gericht«, »Engländer« etc.). Die Vielfältigkeit der möglichen Betrachtungsweisen ein und desselben Gegenstands verweist einmal mehr darauf, daß Bedeutung immer sozial konstituiert und modifiziert wird. Die Fähigkeit zur Multiperspektivität weist darauf hin, daß wir in der Lage sind, die verschiedensten Bezeichnungen und die unterschiedlichsten Dimensionen desselben Objekts mental abrufen zu können, wenn wir etwas betrachten, über etwas sprechen oder über etwas nachdenken, und daß wir völlig mühelos zwischen den unterschiedlichsten Betrachtungsebenen hin- und herwechseln können. Aber wir können nicht nur einen Gegenstand unter verschiedenen Gesichtspunkten betrachten, sondern uns auch in einer einheitlich scheinenden Situation mit ganz verschiedenen Dingen gleichzeitig beschäftigen: zum Beispiel beim Frühstück ein Brötchen schmieren, während wir die Zeitung lesen, auf Fragen antworten und bei all dem im Sinn haben, daß die Bahn um 9.31 Uhr und die dazu passende U-Bahn um 9.16 Uhr fährt, weshalb man jetzt, um 8.55 Uhr, sich schnell noch eine Tasse Kaffee eingießen kann.

Diese Simultanität des Bewußtseins, die übrigens damit zusammenhängt, daß unser Arbeitsgedächtnis in der Lage ist, etwa vier bis sieben unterschiedliche Informationen gleichzeitig »online« zu halten, steht in heftigem Widerspruch zu einem zentralen neurowissenschaftlichen (und auch philosophischen) Postulat: daß das Bewußtsein einheitlich sei. Dieser Widerspruch ist keine Kleinigkeit, stellt doch eine der größten Herausforderungen der neurowissenschaftlichen Theoriebildung gegenwärtig das »Bindungsproblem« dar, also die Frage, wie das Gehirn es schafft, aus den unterschiedlichsten Sinnesdaten, die durch ganz verschiedene Systeme verarbeitet werden, eine kongruente Wahrnehmung zu erzeugen. Das ungelöste Bindungsproblem würde sich massiv verschärfen, wenn man davon ausgehen würde, daß das Bewußtsein gar nicht einheitlich ist und wir sogar mehrere Objekte, Vorgänge, Sachverhalte zugleich bearbeiten können. Erstaunlicherweise bezieht sich die Neurowissenschaft, die sich ansonsten ja viel darauf zugute hält, Alltagskonzepte vom Bewußtsein radikal in Frage zu stellen, hier auf eine introspektive Alltagserfahrung, die uns das Gefühl vermittelt, der situative Aspekt, den wir fokussieren, sei der einzige, den wir wahrnehmen und bearbeiten. Wie auch immer: Die Kompetenz der multiperspektivischen Betrachtung und der Simultanität von Bewußtseinshandlungen ist gewiß ein Produkt der multimodalen Erfahrung, die man von der Geburt an macht, und der Aneignung einer repräsentationalen Sprache, die die Abstraktion von der Unmittelbarkeit eines gegebenen Objekts oder einer gegebenen Situation erlaubt. Beide Aspekte gehören konstitutiv zur Genese der menschlichen Fähigkeit, Dingen, Situationen, Handlungen, Erzählungen etc. Bedeutungen zuzumessen. Die *Multiperspektivität und Simultanität* der Wahrnehmung und Wahrnehmungsverarbeitung gehört mithin zu den Zonen, in denen disziplinäre Perspektiven konvergieren.

Bedeutung wiederum wird nicht von jeder Generation neu erfunden, sondern intergenerationell tradiert, weiter ausgeformt, ausgehandelt, modifiziert. Essentiell dafür ist Kommunikation (Welzer, 2002). Ein Gehirn allein ist konstitutiv überhaupt nicht in der Lage, Bedeutung zu bilden; es bliebe an voreingestellte Reaktionsmuster gebunden und könnte diese allenfalls, wie es bei Tieren der Fall ist, durch Erfahrungslernen und Beobachtung modifizieren und optimieren.

Nun ist es aber so, daß das epistemische Objekt der Neurowissenschaften das Individuum, also das einzelne Gehirn ist. Untersuchungen mittels bildgebender Verfahren, Vergleichsstudien an hirngeschädigten Patienten und Tierversuche gewinnen Befunde an einzelnen Gehirnen; methodologisch verfügen wir gegenwärtig über keinerlei Möglichkeiten, neuronale Korrelate von Interaktionen zu messen, schon gar nicht *in actu*. Die neurowissenschaftliche Theoriebildung ist daher strikt individualistisch und weist damit eine harte disziplinäre Grenze auf, die inzwischen auch von prominenten Fachvertretern klar benannt wird. Gerald Edelman und Giulio Tononi etwa formulieren in der Einleitung ihrer Untersuchung zur Bewußtseinsentstehung, »daß das Gehirn allein zur Entstehung von Bewußtsein nicht ausreicht, denn wir sind davon überzeugt, daß die höheren Hirnfunktionen Interaktionen sowohl mit der Welt als auch mit anderen Menschen unabdingbar voraussetzen« (2002, S. 8). Wolf Singer hat verschiedentlich ähnlich klar formuliert, daß menschliches Bewußtsein den Dialog zwischen Gehirnen voraussetze und daß etwa die Selbstwahrnehmung, eine autonom handelnde Person zu sein, auf eine kulturelle Konstruktion zurückgehe und deshalb »der neurobiologischen Erklärung nicht direkt zugänglich« sei (2002, S. 62). Die *interaktive Genese von Bewußtseins- und Gedächtnisinhalten* bildet mithin eine weitere Konvergenzzone zwischen den Disziplinen.

Aber weder Edelman und Tononi noch Singer haben aus dieser zentralen Erkenntnis Schlußfolgerungen etwa für die Entwicklung experimenteller Designs zur interaktiven Bildung von Gedächtnis- oder Bewußtseinsinhalten gezogen; das Fehlen der technischen Möglichkeiten für solche Untersuchungen scheint Überlegungen in diese Richtung von vornherein auszuschließen. Andere Disziplinen können aber sehr wohl Verfahren bereitstellen, mit deren Hilfe wir solche Bildungsprozesse auf der Basis von Experimenten, Beobachtungen, Videoaufzeichnungen etc. zumindest rekonstruieren und beschreiben können. Es sind insbesondere die Entwicklungspsychologie, die Sozialisationsforschung und die Neurolinguistik, die mit ihren experimentellen, phänomenologischen und konversationsanalytischen Verfahren zeigen können, wie im Vorgang der sozialen Interaktion bei Säuglingen und Kindern zunehmend die Fähigkeit ausgebildet wird, Erfahrungen nach Bedeutungen zu strukturieren.

In diesen Disziplinen geht es um Entwicklung, und an dieser Stelle kann ein zentrales Postulat für alle Disziplinen, die sich mit Fragen des Bewußtseins, des Gedächtnisses, des freien Willens etc. befassen, formuliert werden: Da wir an

»fertigen« Gehirnen, zumindest im Augenblick und gewiß noch auf absehbare Zeit, nicht ablesen können, welche Korrelation zwischen einer bestimmten neuronalen Aktivierung und der Erinnerung an ein bedeutsames Lebensereignis – den ersten Kuß, das bestandene Examen, eine tiefe Enttäuschung – besteht, müssen wir uns mit sich entwickelnden Gehirnen beschäftigen. An ihnen können wir »beobachten«, wo und wann überhaupt die Entwicklungsbedingungen für Empfindungen, Reflexionen, autonoetische Erinnerungen usw. vorliegen und welches Zusammenspiel von biologischen Reifungsprozessen und sozialen Erfahrungen bzw. Determinierungen dafür verantwortlich ist, wie diese Entwicklungsbedingungen jeweils genutzt werden.

Entwicklung ist per se eine Konvergenzzone zwischen den Disziplinen – ohne neurowissenschaftliche Befunde können wir die Bedingungen der Entstehung eines episodischen Gedächtnissystems nicht verstehen; ohne sozialwissenschaftliche nicht, wie es sich strukturiert und was es verarbeitet. Deshalb sind wir der Auffassung, daß die bislang gemachten Fortschritte innerhalb der jeweiligen Disziplinen in bezug auf das Gedächtnis selbst zu einem Punkt geführt haben, an dem die disziplinären Grenzen verflüssigt werden müssen, um sowohl methodologisch als auch theoretisch vernünftig weiterzukommen. Wir schlagen daher mit diesem Buch einen entwicklungsorientierten bio-psycho-sozialen Zugang zum Phänomen des menschlichen Gedächtnisses vor und hoffen zeigen zu können, daß dieser transdisziplinäre Ansatz, zumindest auf der Beschreibungsebene, den disziplinären deutlich überlegen ist.

3 Warum Tiere kein autobiographisches Gedächtnis haben

Es gibt eine Reihe scheinbar sehr trivialer Aspekte, in denen Tiere sich von Menschen unterscheiden: Tiere haben keine Langeweile und keine Phantasie, sie können sich nichts »vorstellen« und nichts »planen«. Sie existieren in einem totalen Hier und Jetzt, eine Differenzierung zwischen Vergangenheit, Gegenwart und Zukunft gibt es für sie nicht. In ihrem Gedächtnis geht es nicht um Vergangenheit, sondern um die Bewältigung der Anforderungen, die die Gegenwart ihnen stellt: Sie können zum Beispiel darauf zurückgreifen, daß in ihrem Gedächtnis gespeichert ist, wo sie Nahrung versteckt haben, welche Orte oder andere Lebewesen für sie gefährlich sind, welche Begegnungen sie besser meiden, welche Techniken sie zum Angeln von Termiten oder zum Aufknacken einer Nuß anwenden müssen, aber wenn sie diese »Erinnerungen« abrufen, wissen sie nicht, daß sie sich erinnern. Der Abruf erfolgt in direkter Reaktion auf die situativ wahrgenommene Anforderung – daß Nahrung gefunden, ein sicherer Platz gesucht, ein Freßfeind abgewehrt werden muß. Die Erinnerung ist prozedural und exekutiert voreingestellte und/oder erlernte Abläufe. Man könnte sagen, noch die am höchsten entwickelten Säugetiere, also auch die nichtmenschlichen Primaten, verfügen im großen und ganzen lediglich über ein Erfahrungsgedächtnis (»experiential memory«), und wir werden später noch zeigen, daß dies in den frühen Entwicklungsphasen auch beim Menschen nicht anders ist.[1] Dieses Erfahrungsgedächtnis bleibt aber in einem Universum der Unmittelbarkeit befangen, aus dem es sich nicht – durch Innehalten und Nachdenken, durch Aufschub und Planung – lösen kann. Das bedeutet zugleich, daß die Erfahrungen, die gemacht werden, in einem vollständigen Sinn »privat« sind: Sie können nicht ausgetauscht werden,

---

[1] An dieser Stelle kann übrigens darauf hingewiesen werden, daß auch beim Menschen Gedächtnis nur in eng begrenzten Teilbereichen etwas mit Vergangenheit zu tun hat. Funktional richtet sich die Arbeit des Gedächtnisses immer auf die Gegenwart (und manchmal auch auf die Zukunft), auch wenn uns eine wachsende Geschichtsbesessenheit mit der irrigen Vorstellung ausgestattet hat, es ginge um die Vergangenheit, wenn wir uns mit Vergangenheit beschäftigen.

weil die Fähigkeit zur Intersubjektivität, zur Übernahme der Perspektive eines anderen, fehlt. Deshalb ist das Verhaltensrepertoire der nichtmenschlichen Primaten im Vergleich zum Menschen so begrenzt und auch – wie bei von Menschen aufgezogenen Menschenaffen – nur in engen Grenzen erweiterbar. Obwohl wir mit unserem genetisch nächsten Verwandten, dem Schimpansen, ungefähr 99 % des Gencodes teilen, ist die Hirnorganisation nichtmenschlicher Primaten nach allem, was wir bislang wissen, grundsätzlich von der des Menschen verschieden (s. Box 3.1).

▶ *Fortsetzung auf Seite 48*

Box 3.1

Was das Gehirn des Menschen von dem anderer Primaten unterscheidet

Gehirne sind in hohem Maße unterschiedlich anzuschauen, was deren äußere Gestalt, Form und Größe angeht (Abb. 3.1). Dennoch besitzen insbesondere die Säugetiere einen, was die einzelnen Strukturen (Hirnrindenareale, Kerne) angeht, stark ähnlichen Aufbau. Beträchtliche Unterschiede zeigen sich, wenn man einzelne Regionen im Detail analysiert.

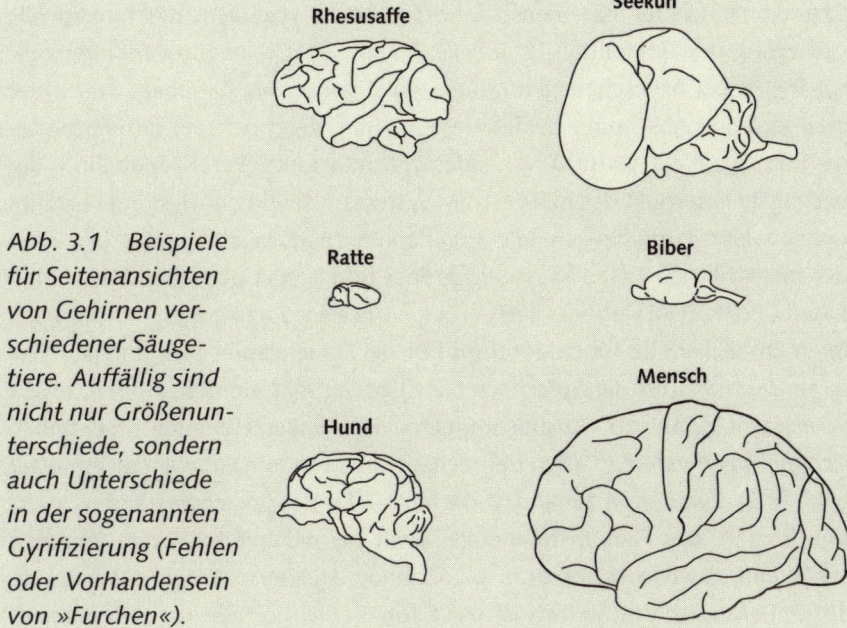

Abb. 3.1 Beispiele für Seitenansichten von Gehirnen verschiedener Säugetiere. Auffällig sind nicht nur Größenunterschiede, sondern auch Unterschiede in der sogenannten Gyrifizierung (Fehlen oder Vorhandensein von »Furchen«).

Trotz der extrem hohen genetischen Übereinstimmung und der nahen Abstammung (Abb. 3.2, 3.4) finden sich in der Hirnorganisation erhebliche Unterschiede zwischen nichtmenschlichen und menschlichen Primaten. Das gilt sowohl für Merkmale der Hirnmorphologie wie für Verbindungen zwischen Hirnarealen, für den Aufbau der Hirnrinde (ihre »Laminierung«, das heißt ihre Unterteilung in drei bis sechs Zellschichten) wie auch für die Verteilung neurochemischer Systeme (vgl. Preuss, 1995).

Reich: Tiere
    Stamm: Wirbeltiere
        Klasse: Säugetiere
            Ordnung: Primaten
                Unterordnung: Anthropoide
                    Überfamilie: Superhominoide
                        Familie: Hominoide
                            Gattung: *Homo*
                                Art: *Homo sapiens*

Abb. 3.2 Traditioneller Stammbaum der menschlichen Spezies (nach Figure 6.2 von Cartwright, 2000).

Charakteristisch für das menschliche Gehirn ist vor allem die funktionelle Aufteilung der Hirnhälften (s. Tabelle 3.3, S. 56). Die rechte Großhirnhemisphäre ist bei Menschen geringfügig voluminöser als die linke. Betrachtet man einzelne Abschnitte beider Hemisphären, zeigt sich ein differenzierteres Bild: Die etwa 100 000 Nervenfasern umfassende Pyramidenbahn – der wichtigste Fasertrakt des motorischen Systems – ist von der Hirnrinde bis zum unteren Hirnstammbereich (die sogenannte Medulla oblongata) bei 87 % der menschlichen Föten linksseitig größer und kreuzt oberhalb des rechten Faserbündels (Nottebohm, 1981). Die corticalen Sprachregionen, die nach ihren Entdeckern als Broca-Zentrum (für die Sprachexpression) und als Wernicke-Zentrum (für die Sprachrezeption) bezeichnet werden, führen, etwas vereinfacht gesagt, zu »Ausbuchtungen« in der linken Hirnrinde – hier finden sich mehr Hirnvolumen als in der rechten sowie andere Hirnwindungsmuster (Abb. 3.3). Zwar weist zumindest die hintere für das Sprachverständnis wichtige Region, das Planum temporale, auch bei nichtmenschlichen Primaten schon eine gewisse Asymmetrie auf (Gannon, Holloway, Broadfield & Braun, 1998; LeMay, 1976), jedoch ist diese funktionell noch wenig determiniert,

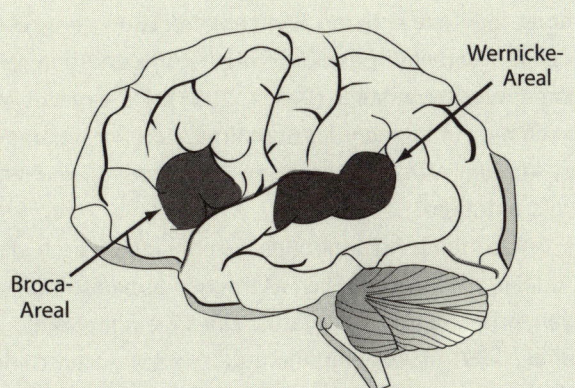

Abb. 3.3 Asymmetrie des menschlichen Großhirns bezüglich Sprache verarbeitender Strukturen.

vielleicht weil Menschenaffen schon aufgrund ihrer Kehlkopfstruktur nicht zu differenzierten Sprachlauten fähig sind. Dennoch findet sich auch bei Schimpansen eine vorwiegende Rechtshändigkeit (Hopkins, Wesley, Izard & Hook, 2004).

Bei menschlichen Föten zeigt sich bereits von der 29. Schwangerschaftswoche an das Planum temporale in der rechten und linken Hemisphäre unterschiedlich ausgeprägt, weshalb man auch von einer prädeterminierten morphologischen Kapazität für die Entwicklung von Sprachfunktionen beim Menschen spricht (Rubens, 1977). Aber auch in den eigentlichen sensorischen Arealen der menschlichen Hirnrinde zeigen sich Links-Rechts-Unterschiede. Sieht man sich etwa die neuronale Feinstruktur, also den zellulären Aufbau der Hörrinde an, so zeigt die Verteilung der Zelltypen und ihr jeweiliges prozentuales Vorkommen deutliche Unterschiede im linken und rechten auditiven Cortex – und das, obwohl die Gesamtfläche des auditiven Cortex auf beiden Seiten ungefähr gleich ist (Galaburda & Pandya, 1982; Galaburda, LeMay, Kemper & Geschwind, 1978).

Die Hirnrinde als Ganze enthält – phylogenetisch betrachtet – mit zunehmender Nähe zum Menschen immer mehr sechsschichtigen Neocortex und immer weniger phylogenetisch alte (drei- bis fünfschichtige) Cortexanteile (Abb. 3.4). In diesem Zusammenhang ist auch von Interesse, daß das Gehirn der Delphine, das ja volumen- und gewichtsmäßig weit über dem unseren liegt, zu einem außerordentlich großen Teil aus phylogenetisch altem Cortex besteht (Glezer, Jacobs & Morgane, 1988).

Insbesondere Anteile des Stirnhirns reifen bis ins Erwachsenenalter und ändern während dieser Zeit auch ihre Konnektivität, also ihre Kommunikationswege mit anderen Hirngebieten (Bourgeois et al., 2000). Auch ändern sich die Verteilung der Überträgerstoffe und deren Faserverbindungen bis in das Erwachsenenalter (Benes, 2001). Dies macht in hohem Maße Sinn, da auch die Funktionen des Stirnhirns – sich in andere Personen hineinversetzen zu können, Witz und Ironie zu verstehen, Mitleid empfinden usw. – sich erst spät entfalten.

Selbst für das Kleinhirn, das ein phylogenetisch alter Hirnbereich ist, gibt es Anteile, die ausschließlich Menschen aufweisen (in einem Teilbereich des sogenannten Nucleus dentatus, eines Kleinhirnkerns; vgl. Hodos, 1988; Leiner et al., 1991, 1993; Matano et al., 1985). Insbesondere Leiner et al. betonen die Unterschiede im Nucleus dentatus zwischen menschlichen und nichtmenschlichen Primaten und heben hervor, daß das menschliche Kleinhirn hier einen Teilbereich aufweist, der im Kleinhirn nichtmenschlicher Primaten nicht

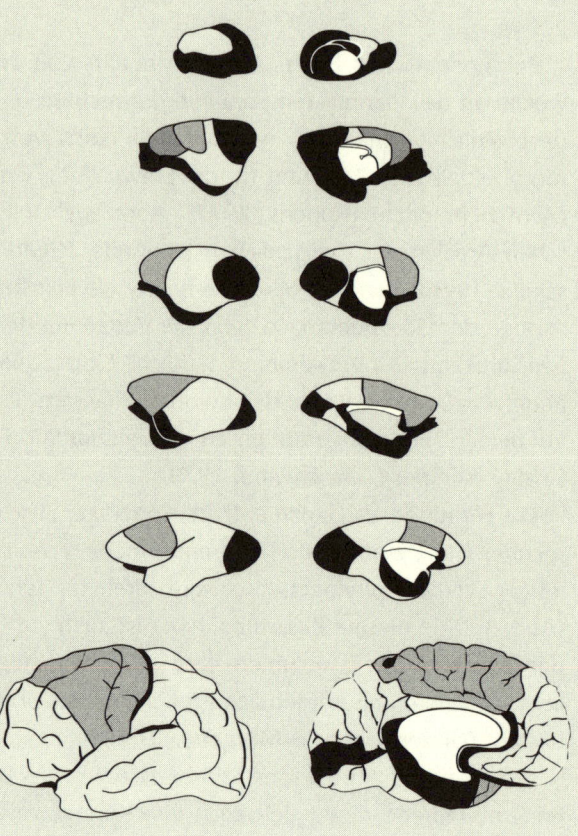

Abb. 3.4 Quasiphylogenetische Entwicklungsreihe innerhalb der Primaten (nach Bonin & Bailey, 1961). Gezeigt sind von oben nach unten die Anteile des phylogenetisch alten Hirnrindenbereiches (»Riechhirn«) in Schwarz bei der Elefantenspitzmaus, dem Spitzhörnchen (Tupaja), zwei Halbaffen (Koboldmaki, Senegalgalago), einem Neuweltäffchen (Pinselohräffchen) und dem Menschen.

ausdifferenziert ist (1991, S. 119) – der, wie sie meinen, eventuell für Bewußtsein wichtige Nucleus neodentatus.

Der Thalamus, der als Zwischenhirnbereich mit seinen Faserverbindungen das »Tor zum Cortex« darstellt, enthält eine Reihe von Kernen, die sich phylogenetisch erst in jüngster Zeit herausgebildet haben und sich gemeinsam mit der Expansion corticaler Strukturen im Stirnhirn (oder präfrontalen Cortex)

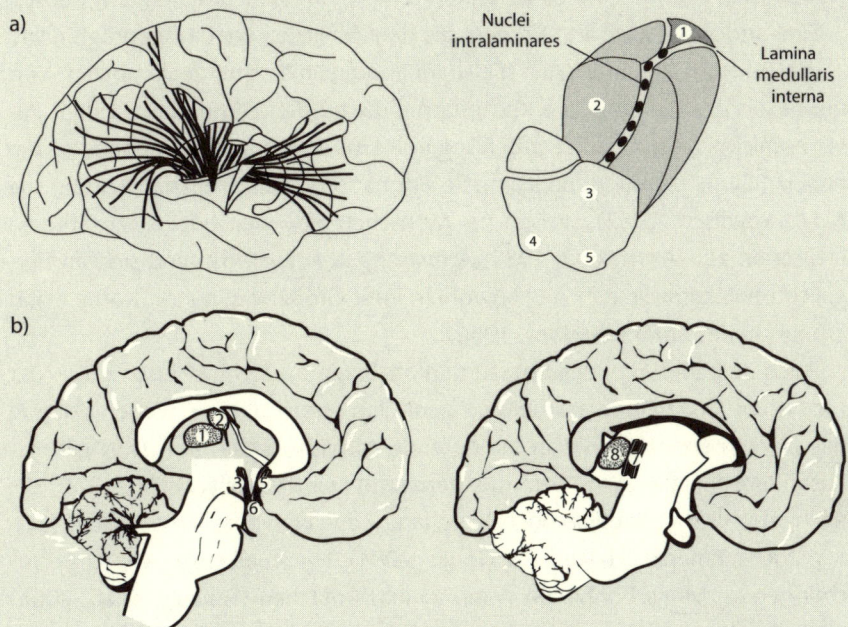

Abb. 3.5 Der Thalamus als Tor zum Cortex (a) und die beim Menschen besonders ausdifferenzierten Thalamuskerne, der Pulvinar und der mediodorsale Kern (b). Der linke Bildteil in (a) zeigt die in den Cortex aufsteigenden Thalamusfasern, der rechte ein dreidimensionales Schemabild des Thalamus. Mit 1 ist die Lage der anterioren Thalamuskerne, mit 2 die des Mediodorsaliskerns, mit 3 die des Pulvinars und mit 4 und 5 die des mittleren und des seitlichen Kniehöckers gemeint. Bildteil b zeigt zwei Sagittalschnitte (»Längsschnitte«) durch die Hirnmitte (links unten), bzw. etwas seitlich davon (rechts unten), die den mediodorsalen Kern zeigen und – in dem parasagittalen Schnitt (ca. 1 cm seitlich der Hirnmitte) – den Pulvinariskern. Bezeichnungen für die numerierten Hirnstrukturen: 1: Mediodorsaliskern, 2: Anteriore Thalamuskerne, 3: Mammillothalamischer Trakt, 5: Fornix, 6: Mammillarkörper, 7: Lamina medullaris interna, 8: Pulvinariskern.

und im hinteren Assoziationscortex weiter entwickelten. Hier sind der mediodorsale Thalamuskern und der Pulvinar zu nennen (Abb. 3.5). So konnte man beim Menschen mehrere Dutzend Unterkerne des mediodorsalen Kerns differenzieren, was gewiß mit der zunehmenden Differenziertheit von Stirnhirnfunktionen (Bearbeitung typisch menschlicher Persönlichkeitsmerkmale wie Altruismus, Mitleid, Humor, »Theory of Mind«-Funktionen – also die Fähigkeit, sich in andere hineinversetzen zu können) in Zusammenhang steht.

Eine andere Gruppe von Kernen, die bei Menschen weit ausgeprägter sind als bei anderen Primaten, sind die sogenannten limbischen thalamischen Kerne. Besonders die anteriore Kerngruppe, die zu den Hirnrindenbezirken Fasern schickt, die mit der Verarbeitung von Emotionen und Gedächtnis zu tun haben (Gyrus cinguli, hippocampale Formation, orbitofrontaler Cortex; Irle & Markowitsch, 1982), weisen bei Menschen eine weit höhere Anzahl von Neuronen auf (Armstrong, 1982; Armstrong & Falk, 1982) und sind im Vergleich etwa zum Orang-Utan sowohl in ihrer Größe wie in ihrer Komplexität erheblich ausgeprägter (Hopf, 1956).

Auch Teile der Hippocampusformation (Lage im Gehirn: Abb. 3.6) – der für unsere Gedächtnisverarbeitung zentralen Hirnstruktur – weisen noch in das Erwachsenenalter hinein bedeutende Modifikationen auf. Dies gilt insbesondere für die Gyrus dentatus genannte Teilstruktur (vgl. Abb. 3.7), die nachgeburtlich vermutlich noch Jahre lang neue Nervenzellen ausbildet (Serres, 2001; Tanapat, Hastings & Gould, 2001), eventuell sogar, wie Untersuchungen an Menschenhirnen wahrscheinlich machen (Tanapat et al., 2001) ein Leben lang. Auch findet sich beim Menschen eine verstärkte Bildung neuer Nervenzellen in der Hippocampusformation nach Ausbruch der Alzheimerschen Erkrankung (Jin et al., 2004). Hierzu ist allerdings anzumerken – wie Pasko Rakic, die Autorität auf diesem Gebiet, dies tat –, daß die Bedeutung dieser Neurogenese noch nicht bekannt ist, ihr Ausmaß insgesamt betrachtet eher gering ist und andererseits auch der Tod von Neuronen seinen Sinn macht (Rakic, 2002a, b; Rakic & Zecevic, 2000) – da u. a. dadurch Interferenzen vermindert werden.

Abb. 3.6 Querschnitt durch das menschliche Gehirn (etwa in Kopfmitte von vorne nach hinten betrachtet). Der Hippocampusbereich befindet sich im inneren Teil des Schläfenlappens wie eine Art aufgerollte Schnecke.

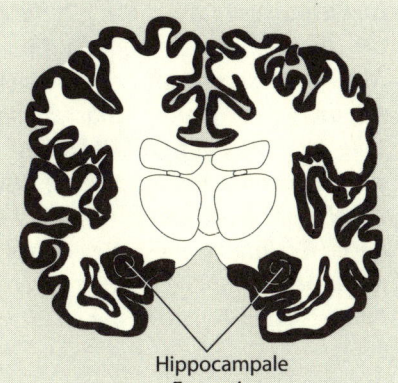

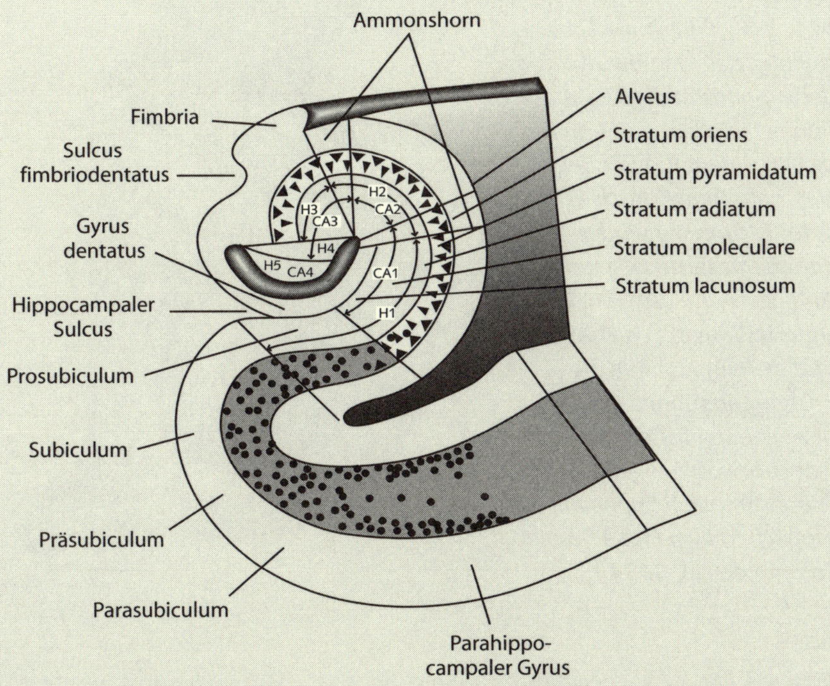

Hippocampale Formation

Abb. 3.7 Schematischer Querschnitt durch den Hippocampus, um die Komplexität seiner Innenstruktur zu zeigen, die aus unterschiedlichen Nervenzelltypen besteht und in eine Reihe von Teilbereichen untergliederbar ist (vgl. die »historische« Abb. 3.8). Die streng gegliederte Architektonik des Hippocampusbereiches hat Forscherinnen und Forscher immer schon zu Spekulationen veranlaßt, weil sie aus dieser Geometrie auf eine exakte funktionell-konzertierte Belegung einzelner Hippocampusabschnitte rückschlossen. Tatsächlich gilt die Hippocampusformation als zentral für die Übertragung von Information vom Kurzzeit- in das Langzeitgedächtnis. Manche Wissenschaftler gehen sogar davon aus, daß der Hippocampus Informationseinheiten schubladenartig oder analog wie bei Postfächern verteile. Während des Schlafs scheint der Hippocampus dabei besonders aktiv die sogenannte Konsolidierung frisch eingespeicherter Informationen vorzunehmen. Auch weiß man, daß bei Sauerstoffmangel (wie bei Zuständen nach Herzinfarkt) die Zellen einzelner Hippocampusabschnitte sehr schnell absterben. Ähnliche Formen von Neuronentod finden sich bei wiederholten epileptischen Anfällen, die im Hippocampusbereich ihren Ursprung haben.

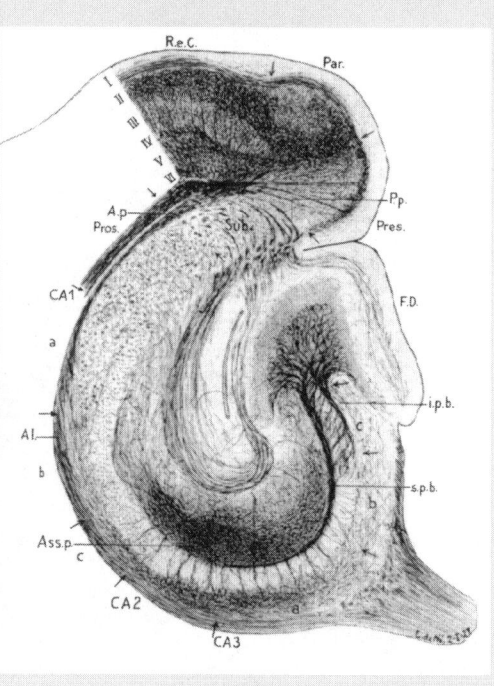

Abb. 3.8 Eine frühe Darstellung des »Innenaufbaus« der Hippocampalen Formation, gezeichnet von Lorente de No, einem Pionier der Neuroanatomie. Auch er betont – wie die moderne Schemazeichnung von Abb. 3.7 – die differenzierte Unterteilung in Schichten und in Teilregionen (CA = Cornu ammonis, die Bezeichnung für das Ammonshorn, den eigentlichen Hippocampus [Hippocampus proper]). (Nach Fig. 3 von Lorente de No, 1934.)

In einer Übersicht hat Tomasello (2002) die kognitiven Fähigkeiten von nichtmenschlichen Primaten in der folgenden Weise zusammengefaßt: Primaten sind in der Lage,

- sich zu »merken, was sich wo in ihrer Umgebung befindet [...];
- die sichtbaren und unsichtbaren Bewegungen von Gegenständen zu verfolgen [...];
- Gegenstände nach wahrgenommenen Ähnlichkeiten zu kategorisieren;

- die Bedeutung kleiner Mengen von Gegenständen zu verstehen und zu vergleichen;
- Probleme durch Einsicht zu lösen« (Tomasello, 2002, S. 26).

Des weiteren listet Tomasello eine Reihe soziokognitiver Fähigkeiten von nichtmenschlichen Primaten auf. Sie sind imstande,

- »Individuen in ihren sozialen Gruppen zu erkennen;
- direkte Beziehungen mit anderen Individuen aufgrund von Verwandtschaft, Freundschaft und des Rangs in der Dominanzhierarchie einzugehen;
- das Verhalten von Individuen anhand ihres emotionalen Zustands und ihrer Bewegungsrichtung vorherzusagen;
- verschiedene Typen sozialer und kommunikativer Strategien zu verwenden, um Gruppenmitglieder im Hinblick auf begehrte Ressourcen auszustechen;
- mit Artgenossen bei Problemlöseaufgaben und bei der Bildung sozialer Koalitionen und Allianzen zu kooperieren;
- sich auf verschiedene Formen sozialen Lernens einzulassen, in denen sie wichtige Dinge von ihren Artgenossen lernen« (Tomasello, 2002, S. 26 ff.).

Wichtig ist an dieser Stelle der Hinweis, daß Lernen sich bei nichtmenschlichen Primaten weitgehend auf das Lernen aus Erfahrung und auf »Emulationslernen« beschränkt. Diese Form des Lernens bezeichnet das Registrieren einer Zustandsveränderung, die ein Artgenosse bewirkt hat, nicht aber der Strategie, die er für diese Zustandsveränderung eingesetzt hat – so etwa, wenn ein Primatenjunges lernt, daß sich unter am Boden liegenden Ästen Insekten befinden können, weil seine Mutter einen solchen Ast anhebt. Nach Tomasello lernt es dabei, daß man an solchen Stellen Insekten finden kann, was aber auch der Fall sein kann, wenn der Ast aufgrund irgendeiner anderen Ursache plötzlich entfernt worden wäre (2002, S. 41). Dieser Punkt ist von enormer Wichtigkeit, weil menschliche Kinder darüber hinaus zum »Imitationslernen« fähig sind, was bedeutet, daß sie das Verhalten und die Strategien anderer beobachten und zu imitieren versuchen, um zu einem bestimmten Ziel zu gelangen. Imitationslernen hat mit einer spezifischen Bezogenheit auf das zu tun, was andere Menschen machen – und wie wir noch ausführen werden, ist gerade das eine Fähigkeit, die Säuglinge schon ausgesprochen früh zeigen. Nichtmenschliche Primaten sind dagegen zum Imitationslernen kaum in der Lage, und es sind vorwiegend Tiere, die in einer menschlichen Umgebung aufgewachsen sind, die rudimentäre Formen von Imitationslernen zeigen. Trotz ihrer vielfältigen und – besonders gegenüber anderen Säugetieren – beeindruckenden Fähigkeiten sind nichtmenschliche Primaten zu einer zentralen kommunikativen Leistung nicht in der Lage: sich an den Aktionen anderer zu orientieren, sie zu imitieren und in diesem Vorgang der Imitation sich selbst neue Fähigkeiten anzueignen. Mit anderen Worten: Sie können keine Intentionen entschlüsseln. Sie leben, wie gesagt, in einer solipsistischen Welt; sie können zwar soziale Relationen erkennen und nutzen, sich aber nicht in ihre Artgenossen hineinversetzen, ihre Perspektive übernehmen, ihre Aufmerksamkeit mit ihnen teilen, kurz: Ihnen fehlt das Vermögen zur Intersubjektivität (weshalb sie, wie Tomasello hervorhebt, zum Beispiel auch nie jemand anderen durch Zeigen oder ähnliches auf etwas aufmerksam machen).

Es wird uns noch beschäftigen, wie dieses Vermögen sich bei Säuglingen und kleinen Kindern sukzessive heranbildet und welche Voraussetzungen auf Hirnebene dafür gegeben sein müssen. An dieser Stelle soll es aber zunächst kurz darum gehen, wie es zur Herausbildung der soziokognitiven menschlichen Fähigkeiten auf phylogenetischer Ebene gekommen sein kann – wobei natürlich deutlich darauf hinzuweisen ist, daß es sich hier um vielleicht plausible, nicht aber um empirisch verifizierbare Überlegungen handelt.

Nach Merlin Donald (1991, 2001) ist unser Vermögen zu Bewußtsein und autonoetischem Gedächtnis das Produkt einer hybriden Entwicklung. Wie Tomasello ist auch Donald der Auffassung, daß die Merkmale, die Primatenverhalten auszeichnen, auch bei der Weiterentwicklung zum menschlichen Primaten erhalten bleiben, aber durch drei Entwicklungsschritte erweitert werden. Primaten leben im skizzierten Sinn in der, wie Donald sagt, »episodischen« Welt einer totalen Gegenwart. Die Existenz nichthumaner Primaten ist um die Befriedigung unmittelbar gegebener Bedürfnisse zentriert. Ihre Planungshorizonte (etwa beim Jagen) sind extrem kurzfristig, ihr Erinnerungsvermögen ist rein instrumentell und weist keine reflexive Dimension auf (Nelson, 2002, S. 6). Im Unterschied dazu entwickelte der Homo erectus vor etwa 2 Millionen Jahren ein kognitives Vermögen, das Donald »mimetisch« nennt. Homo erectus war in der Lage, Steinwerkzeuge herzustellen und Feuer zu nutzen. Diese Fähigkeiten haben zum einen Planungsvermögen zur Voraussetzung und zeigen zum anderen eine offensichtliche Kompetenz zur Optimierung von Techniken – durch Übung und Verfeinerung. Übung bedeutet aber, daß zum Beispiel Techniken der Steinbearbeitung auch jenseits der Zwecke ihrer direkten Anwendung ausgeübt werden und daß man sie an andere weitergeben kann. Nichtmenschliche Primaten sind dazu nicht in der Lage. Donald zufolge etabliert sich in dieser mimetischen Phase auch ein erweitertes

Repertoire von Gesten und Ritualisierungen, was ein neues Niveau sozialer bzw. kultureller Organisation anzeigt. Die Pointe dieser Erweiterung des Handlungsraums durch Übung, Nachahmung und Technikverfeinerung liegt mit Donald darin, daß es sich jeweils um solche Fähigkeiten handelt, die die auf das Außen gerichtete Weltbewältigung zunehmend in interne Modelle übersetzt. Dies stellt eine kognitive Technik des Aufschubs, das Eröffnen eines Raums zwischen Anforderung und Bewältigung dar. Und diese kognitive Technik enthält das Potential einer spezifisch menschlichen Fähigkeit: sich selbst gedanklich zu repräsentieren.

Damit ist nun eine Schlüsselqualifikation in die Welt gekommen, die für die kulturelle Evolution von entscheidender Bedeutung ist, denn hier liegt die Basis dafür, daß man sich selbst und die anderen als intentionale Wesen wahrnehmen kann – also Ziele von Handlungen vorausentwerfen und auch anderen solche Ziele zuschreiben kann. Damit ist zugleich die Möglichkeit geschaffen, daß man aus der Beobachtung der Handlungen eines anderen darauf schließen kann, welches Ziel er dabei vor Augen hat, selbst wenn dieses Ziel – wie bei der Herstellung eines Speeres – unmittelbar noch gar nicht anvisiert wird.

Die Fähigkeiten, die im mimetischen Stadium entwickelt werden, setzen Donald zufolge keineswegs das Vorhandensein einer elaborierten Symbolsprache voraus: Gesten, Laute, Expressionen aller Art, Verfahren des Zeigens und Vormachens genügen bereits für eine rapide Ausweitung und Beschleunigung kultureller Weitergabeprozesse. Die auf der mimetischen Stufe erworbenen Fähigkeiten liefern aber strukturell die Basis für die Innovationen des nächsten Stadiums, das Donald »mythisch« nennt und das durch die Entwicklung symbolischer Kommunikationsformen gekennzeichnet ist. Dies ist das Stadium, in dem der Homo sapiens auftritt, was bekanntermaßen nicht allzulange her ist, etwa 200 000 Jahre.

In Box 3.2 werden Zusammenhänge zwischen evolutionären Entwicklungen und intellektuellen Fähigkeiten ausgeführt, wie sie sich aus der Sicht von Anthropologen und Hirnforschern ergeben.

Die kulturellen Innovationen, die in diesem Stadium geschaffen werden, beinhalten neben der Entwicklung von Symbolsprachen etwa auch die Herstellung komplexer Handwerkzeuge, die Vervollkommnung von Jagdtechniken, die Herstellung von Booten, Behausungen, Waffen, Musikinstrumenten (Donald, 2001, S. 262). Auch werden Begräbnisriten eingeführt, ein deutlicher Hinweis auf ein nunmehr vorhandenes Bewußtsein über Vergangenheit und Zukunft, was das endgültige Verlassen der episodischen Welt zeitloser Unmittelbarkeit der anderen Säugetiere anzeigt.

▶ *Fortsetzung auf Seite 54*

Box 3.2

Evolution und Gehirn – Zusammenhänge zwischen Körpergewicht und Hirnvolumen als Maß intellektueller Reife und Fähigkeiten

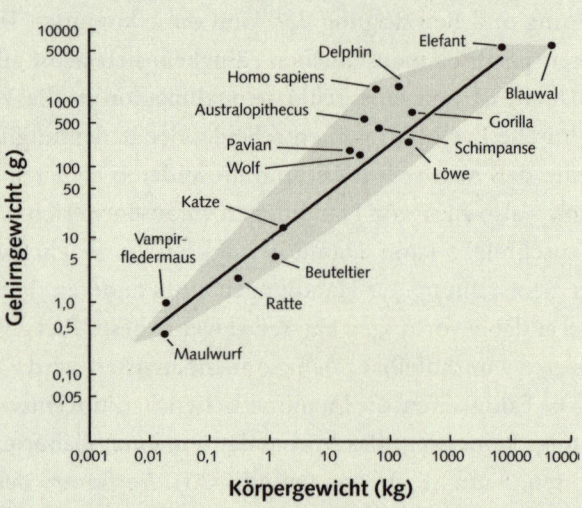

Abb. 3.9 Zusammenhang zwischen Hirngewicht und Körpergewicht bei verschiedenen Säugetiergehirnen (sogenannte doppelt-logarithmische Darstellung). Während die meisten Säuger eng an der Geraden liegen, liegen Mensch und Delphin relativ außerhalb und haben damit relativ zum Körpergewicht überdurchschnittlich viel Hirngewicht.

Die Hirnforschung versuchte und versucht seit langer Zeit, die Sonderstellung des Menschen innerhalb der Evolution nachzuweisen (Preuss & Kaas, 1999). Neben einer Unzahl von Verfahren, in denen intellektuelle Fähigkeiten vergleichend gemessen wurden, widmete man sich dabei insbesondere dem Gehirn. Abbildung 3.9 zeigt zum Beispiel, daß der Mensch am weitesten links außerhalb einer Regressionsgeraden liegt, die das Hirngewicht relativ zum Körpergewicht darstellt. Er besitzt damit *relativ* am meisten Gehirn (*absolut* gesehen haben natürlich Elefant und Blauwal mehr Gehirn). (Modifiziert nach Cartwright, 2000 und Young, 1981).

Auch ein Vergleich der Hirngewichte der am häufigsten in neurowissenschaftlicher Forschung verwendeten Tierarten offenbart die herausragende Position des Menschen (Tab. 3.1). Innerhalb der menschlichen Evolution zeigte sich zwar auch eine Zunahme des Körpergewichts, aber weit stärker eine Zunahme des Hirngewichts (Abb. 3.10).

Tabelle 3.1   Hirnvolumen und Enzephalisationsquotienten von Säugetieren

	Hirnvolumen (ml)	Enzephalisationsquotient (EQ+)
Ratte	2	0,4
Katze	25	1,0
Rhesusaffe	106	2,1
Gorilla	506	1,6
Orang-Utan	413	2,4
Schimpanse	440/410	2,5/3,0*
Mensch	1350	7,3

+ der EQ definiert sich als tatsächliches Hirnvolumen dividiert durch vorhergesagtes Hirnvolumen aus dem 0,12fachen des Körpergewichts hoch 2/3 (S. Jerison, 1973)

*unterschiedliche Quellen

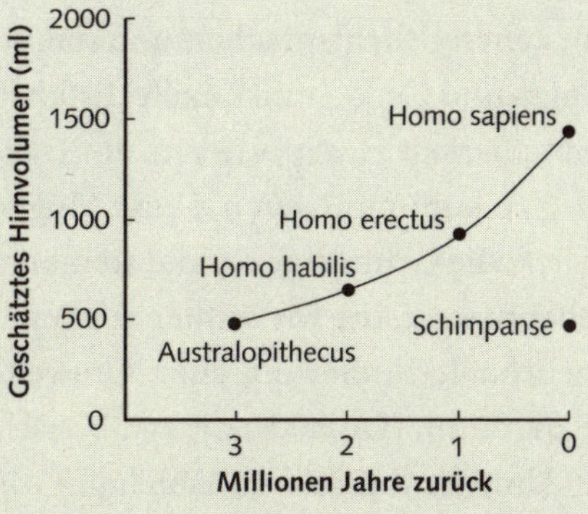

Abb. 3.10   Zunahme des menschlichen Hirnvolumens während der menschlichen Evolution (nach Abb. 3-3 aus Grüsser, 1988).

Obwohl diese Maße und Beziehungen diskutierbar und kritisierbar sind (flugfähige Tiere wie Vögel oder Fledermäuse haben z.B. ein sehr geringes Körpergewicht; andere Tiere, wie Delphine, brauchen relativ viel Gehirn für die dreidimensionale Orientierung im Raum), zeigen sie doch eine gerichtete Entwicklung hin zu mehr Hirn. Innerhalb des Gehirns wiederum nehmen die sogenannten neocorticalen Anteile und damit auch die Hirnregionen zu, die mit flexibler, assoziativer Verarbeitung und Verknüpfung von Information zu tun haben. Dies zeigt eindrücklich Abbildung 3.11.

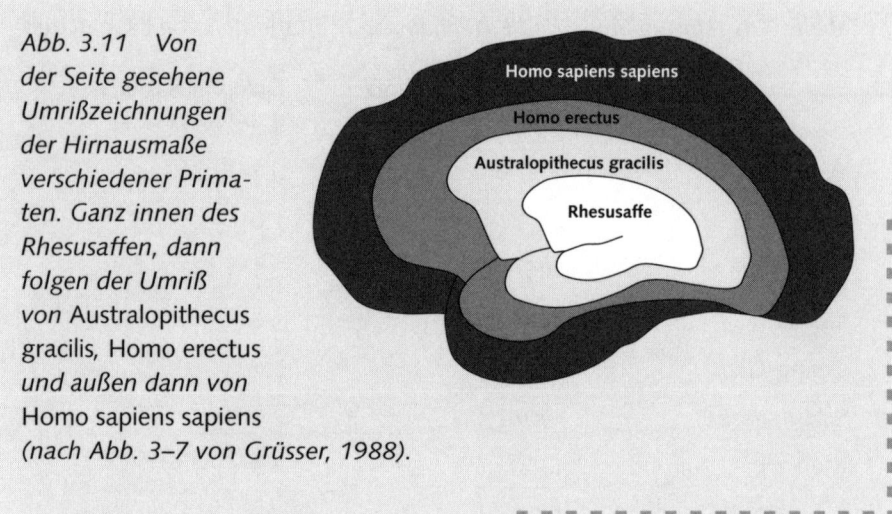

Abb. 3.11 Von der Seite gesehene Umrißzeichnungen der Hirnausmaße verschiedener Primaten. Ganz innen des Rhesusaffen, dann folgen der Umriß von Australopithecus gracilis, Homo erectus und außen dann von Homo sapiens sapiens (nach Abb. 3–7 von Grüsser, 1988).

Die mit diesem Stadium verbundene Kultur ist eine orale Kultur – die mit ihr gegebenen, vergleichsweise dramatisch angewachsenen Potentiale kultureller Weitergabe werden im folgenden Stadium, vor gerade einmal 40 000 Jahren, durch jene Entwicklung noch einmal radikal erweitert, von der bereits eingangs die Rede war: Es entstehen Schriftsprachen und damit Symboltechniken, die es erlauben, Erinnerungs- und Gedächtnisinhalte, Erfahrungen und Wissen aus dem Raum sozialer Unmittelbarkeit zu exportieren, auf Dauer zu stellen und über Räume und Zeiten hinweg zu kommunizieren. Diese Möglichkeit zur Externalisierung von Gedächtnis liefert die Grundlage für die atemberaubende Beschleunigung kultureller Weitergabeprozesse, die wir seither erleben. Man könnte sagen: Neben das Engramm, die neuronale Kodierung einer Umwelterfahrung im Gehirn des einzelnen, tritt das Exogramm (Donald), die symbolische Kodierung einer Erfahrung, die der sozialen Umwelt von da an unabhängig von Zeit und Raum zur Verfügung steht.

Zusammengefaßt erlauben diese drei co-evolutionären Transitionen der kulturellen Weitergabe drei humanspezifische Entwicklungsschritte: eine verbesserte, selbstreflexive Handlungskontrolle in der mimetischen Phase, eine beschleunigte Technik der kulturellen Weitergabe und Abstraktionsfähigkeit durch die Symbolsprache in der mythischen Phase und eine abermals beschleunigte kulturelle Weitergabe durch die Externalisierung von Gedächtnis in einer Phase, die Donald die »theoretische« nennt und die bis in die Gegenwart reicht. Diese Stadien lösen einander aber keineswegs ab, sondern erweitern sich gewissermaßen zueinander, so daß die spezifisch menschliche Form des Bewußtseins und des Gedächtnisses alle vorherigen Formen ebenfalls beinhaltet. Die Evolution der menschlichen Kognition und Kultur sieht im Überblick so aus:

Tab. 3.2 Aufeinanderfolgende Stadien der Evolution der menschlichen Kognition und Kultur. Jedes Stadium behält seine Funktion bei, wenn ein späteres erreicht wird, so daß in modernen Gesellschaften alle Stadien simultan präsent sind (modifiziert nach Donald, 2001, S. 260).

Stadium	Spezies/Periode	Ausdruck	Kompetenzen	Handlungsleitung
EPISODISCH	Primaten	Episodische Ereigniswahrnehmung	Selbstwahrnehmung; Differenzierung von Ereignissen	Episodisch und reaktiv
MIMETISCH (erste Transition)	Frühe Hominiden, *Homo erectus* 2 Mio.–0,4 Mio. Jahre zurück	Handlungen als Metaphern	Gelernte Kenntnisse, Gesten, Gesichtsausdrücke, Imitationen	Sozialer Ausdruck
MYTHISCH (zweite Transition)	*Homo sapiens sapiens* 0,2 Mio. Jahre–Gegenwart	Sprache, symbolische Repräsentation	Orale Weitergabe, mimetische Rituale	Mythen
THEORETISCH (dritte Transition)	Moderne Kulturen	Externale Erinnerungsspeicher, symbolische Welt	Formalismen, Theorien, externe Speichermedien	Tradition, Erziehung, Gewaltmonopolisierung, Lerntechniken

Wenn wir den ganzen Vorgang biologisch betrachten, findet die letzte Veränderung auf Hirnebene im Übergang vom mimetischen zum mythischen Stadium statt. Der Homo sapiens weist einen morphologisch differenzierten Kehlkopf-Sprechapparat auf, wie er den nichtmenschlichen Primaten noch nicht eigen ist, und zeigt auf Hirnrindenebene vor allem eine funktionelle Differenziertheit, die sich aus der weitgehend einseitig angelegten Sprachrepräsentation sowie aus einer Reihe weiterer unterschiedlicher Belegungen beider Cortexhälften ergibt, siehe die folgende Tab. 3.3.

	Linke Hemisphäre	Rechte Hemisphäre
Topographische Planung	+	++
Elementare Handlung	++	+
Planung zur Herstellung von Werkzeugen	+	++
Menschliche averbale Kommunikation	+	++
Bekleidungsgewohnheiten	–	+
Verbale Sprache	+++	(+)
Musikalischer Rhythmus	++	–
Musikalisches Ton- und Harmonieempfinden	–	+
Malen, Zeichnen	(+)	++
Gestalten	(+)	++
Rechnen	++	–
Dichterisches Sprechen	++	+
Lesen und Schreiben	++	–
Zeitliche Segmentierung von Information	+	–
Räumliche Segmentierung von Information	–	+
Intramodale Aufmerksamkeit	+	–
Intermodale Aufmerksamkeit	–	+
Globale, ganzheitliche Datenverarbeitung	–	+
Detaillierte, serielle Datenverarbeitung	+	–
Emotionale Verarbeitung	–	++

–: kein Engagement dieser Hirnhälfte; +: Engagement dieser Hirnhälfte;
(+): Engagement dieser Hirnhälfte bei einer Minderheit der Population;
++: starkes Engagement dieser Hirnhälfte; +++: sehr starkes Engagement dieser Hirnhälfte;
intramodal: auf ein Sinnessystem bezogen; intermodal: zwischen verschiedenen Sinnessystemen

← *Tabelle 3.3   Funktionelle Asymmetrie der beiden Hirnhälften (nach Tabelle 3-3 von Grüsser, 1988, und Abb. 2-2 von Pritzel, Brand & Markowitsch, 2003).*

Seither finden wir biologisch und anatomisch keine Unterschiede zwischen den Menschen der Gegenwart und denen dieser Urzeit. Obwohl uns ca. 4000 Generationen von diesen Vorfahren trennen, sieht unser Gehirn weitgehend so aus wie das ihre, und vermutlich leistet es auch kaum mehr. Dieser erstaunliche Befund gibt in etwa die Dimension der co-evolutionären Beschleunigung durch die menschliche Kultur an. Zugleich bedeutet er, daß man – würde man mit der heutigen Physis aufgrund irgendeines H. G. Wells-Zeitmaschinenwunders in jenes Zeitalter hineingeboren – sich exakt im Rahmen der kulturellen Bedingungen entwickeln würde, die damals herrschten, und es wäre keineswegs ausgemacht, ob man ausgerechnet derjenige würde, der das Rad erfindet. Umgekehrt bedeutet dieser Befund, daß das Kind eines Homo sapiens von vor 4000 Generationen, würde es in unserer Welt aufwachsen, dieselben Fähigkeiten hätte, Jet-Pilot oder Computer-Hacker zu werden, wie jedes andere Kind auch. Alles, was sich in den vergangenen 200 000 Jahren im menschlichen Leben und Zusammenleben getan hat – und das ist offensichtlich eine Menge –, geht auf seine Selbstveränderung in der Veränderung seiner adaptiven Umgebung zurück. Das heißt: Evolution bedeutet biologisch nichts anderes als Vorgang der Genese und Bereitstellung von Potential für Entwicklung (was im übrigen eine ausgesprochen klassische Definition von Evolution ist; vgl. Huxley, 1953). Sie liefert Entwicklungsmöglichkeiten, die so oder so, besser oder schlechter, optimal oder suboptimal ausgewertet werden können. Die humanspezifische kulturelle Evolution nutzt also einfach ein Entwicklungspotential, das die biologische Evolution einer bestimmten Primatenart eröffnet hat.

Wo und wann dafür die nötigen kritischen Entwicklungsschritte zu finden sind – um das zu klären, haben weder die Entwicklungsbiologen noch die evolutionären Anthropologen ausreichend Daten. Irgendwann jedenfalls splittet sich die Primatenentwicklungslinie in unterschiedliche Verzweigungen auf (vgl. Abb. 3.12).

Was immer die Ursache dafür gewesen sein mag, ein zentrales Unterscheidungsmerkmal zwischen Primaten und menschlichen Primaten ist jedenfalls in einer fundamentalen Differenz der sozialen Organisation ihrer Überlebensgemeinschaften zu sehen. Während nichtmenschliche Primaten innerhalb ihrer Überlebensgemeinschaft um Nahrungsmittel konkurrieren und ein Sozialsystem ent-

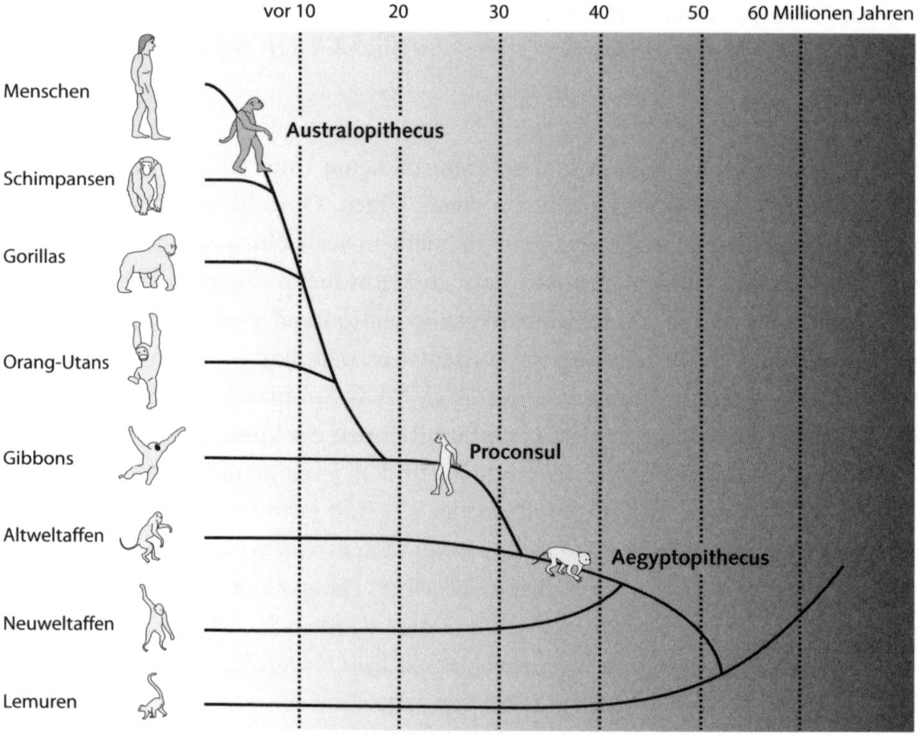

58 *Das Gedächtnis aus interdisziplinärer Sicht*

Abb. 3.12 »Stammbaum« menschlicher Evolution.

wickelt haben, das durch strikte Hierarchisierung und eine unumstößliche soziale Ordnung die Ernährungs- und Fortpflanzungserfordernisse der Gruppe reguliert, setzen menschliche Überlebensgemeinschaften auf ein völlig anderes Prinzip: auf Kooperation. Kooperation steigert die Potentiale der einzelnen, indem sie Fähigkeiten und Kräfte bündeln, kombinieren, kumulieren kann und damit ihrerseits neue Potentiale zu entfalten in der Lage ist. Gerade darum sind menschliche Überlebensgemeinschaften prinzipiell kommunikative Gemeinschaften, denn Kooperation setzt natürlich Kommunikation voraus. Darum ist »readyness for communication« (Colwyn Trevarthen) ein zentrales Ausstattungsmerkmal von Neugeborenen. Sie sind in der Lage, ihre Überlebensbedürfnisse zu kommunizieren, indem sie sie durch Schreien, Mimik und Körperbewegung zum Ausdruck bringen. Sie sind von Anbeginn ihres Lebens in erstaunlichem Maß zu kommunikativen Handlungen in der Lage, was keineswegs gleichbedeutend damit ist, daß sie kommunikative Handlungen von anderen »verstehen« oder gar intersubjektiv operieren könnten. Neugeborene und Säuglinge können eine ganze Menge zum

Ausdruck bringen, was aber nicht heißt, daß sie »wüßten«, was sie tun, wenn sie deutlich machen, daß sie gerade Hunger haben oder sich ängstigen oder freuen. Es heißt nur, daß sie von ihrer biologischen Konstitution her in einer fundamentalen Bezogenheit auf ihre soziale Umwelt existieren und die unablässige Kommunikation mit eben dieser Umwelt sie sukzessive mit jenem Vermögen zur reflexiven Kommunikation ausstattet, das es ihnen – etwa ab dem neunten Lebensmonat – tatsächlich erlaubt, in eine intersubjektive Welt einzutreten, in der sie ihre Aufmerksamkeit und ihre Perspektiven mit denen der anderen teilen können. Die Entstehung dieses reflexiven Vermögens wird nonreflexiv gebahnt, durch asymmetrische Kommunikation und durch Entwicklung von immer besseren Gedächtnisleistungen: vom impliziten, unbewußten Erfahrungs- und Körpergedächtnis hin zum expliziten, bewußtseinsfähigen episodischen und autobiographischen Gedächtnis.

Bereich II
Die Entwicklung des autobiographischen Gedächtnisses auf Hirnebene

4 Gedächtnis und andere kognitive und emotive Funktionen entwickeln sich interdependent

Die Entwicklung des Gedächtnisses kann nicht isoliert von der Entwicklung anderer kognitiver Funktionen betrachtet werden. Im Gegenteil: Sie baut einerseits auf der Ausbildung und Anwendung anderer Funktionen auf, und geht andererseits – in Interdependenz – mit der Ausformung und der verfeinerten Benutzung anderer Fähigkeiten und Fertigkeiten Hand in Hand. Primär sind motorische und sensorische Fertigkeiten, die im Grunde kontinuierlich aktiviert und ausgebaut werden: Auch nachts bewegen sich Säuglinge und empfangen ihre Sinnesorgane Reize. Indem sie Veränderungen äußerer Reizsituationen erleben, werden die ersten Formen von Lernen initiiert: *Habituation* als die Gewöhnung an gleichartig aufeinanderfolgende Reize und *Sensitivierung* als das Aufmerken bei sich ändernden Außenumständen.

Die Funktionen des Stirnhirns
Aufmerksamkeit und Konzentrationsfähigkeit

Das Gedächtnis hat andere geistige Funktionen zur Voraussetzung. Die beiden gerade besprochenen Formen einfachster Lernvorgänge machen deutlich, wie wichtig Aufmerksamkeit als eine kognitive Grundfunktion ist. Sie zeigen, daß wir nur selektiv wahrnehmen und zwischen uns bewußten und nicht bewußten Aspekten der Wahrnehmung differenzieren müssen. Zum anderen aber weisen sie darauf hin, daß wir Reize erwarten bzw. Erwartungshaltungen gegenüber der Umwelt aufbauen. Wir richten unsere Aufmerksamkeit auf etwas aus oder wenden sie von etwas ab. Damit setzen wir die uns zur Verfügung stehenden Ressourcen selektiv ein. Dies bedeutet, daß ein Baby aktiv eine Auswahlleistung trifft, also etwas selektiv will – mit William James (1890) gesagt: »Meine Erfahrung ist das, worauf ich achten will« (»My experience is what I agree to attend to«, S. 402). Obwohl man weder als Baby noch später als erwachsene Person bewußt reflektieren muß, worauf man seine Aufmerksamkeit konzentrieren möchte, trifft man dennoch häufig wesentliche, Lebensgefühl und Ich-Bewußtsein nachhaltig bestimmende Entscheidungen (Pritzel et al., 2003).

Aufmerksamkeitsvorgänge stellen einerseits recht einfach anmutende, weil teilweise unwillkürlich gesteuerte, andererseits komplex ausgerichtete, durch Denkvorgänge hervorgerufene Mechanismen dar, die als Wechselspiel zwischen Individuum und Umwelt eine notwendige Voraussetzung für die Entwicklung von Gedächtnis darstellen. Es ist ganz einfach: Was man beachtet, prägt sich ein, was man ignoriert, wird vergessen.

Aufmerksamkeitsvorgänge sind gleichwohl vielfältig und stellen ein Kontinuum von einfachen bis hin zu komplexen Prozessen dar. Die *Orientierungsreaktion* etwa ist eine auch bei Tieren vorkommende, automatisch ablaufende Reaktion auf plötzlich eintretende (massivere) Änderungen der Umwelt: Wenn es plötzlich an einer Stelle im Raum hell wird, richtet man den Blick auf diese Stelle; wenn ein Geräusch in seiner Intensität anschwillt, versucht man sich von dieser Schallquelle abzuwenden oder ihr zu entfliehen. Die *selektive Aufmerksamkeit* ist eine aktiv gewählte Form der Sinnesauslenkung, die *Daueraufmerksamkeit* eine zeitlich langfristige Auslenkung der Sinne auf ein Ziel. Die *geteilte Aufmerksamkeit* schließlich impliziert die Fähigkeit, sich mehreren Reizquellen (nahezu) gleichzeitig zu widmen, diese zu beachten. Dies gelingt Babys und Kleinkindern sicher nur ansatzweise und erst nach entsprechender Einübung. Voraussetzung für geteilte Aufmerksamkeit ist eine entsprechend ausgebildete *Konzentrationsfähigkeit*.

Andere Differenzierungsmöglichkeiten sind die Unterteilung in strukturelle und energetische Aspekte der Aufmerksamkeit, wobei zu den strukturellen die selektive Aufmerksamkeit (was ist wichtig, was unwichtig) und die geteilte Aufmerksamkeit (mehrere Reizquellen gleichzeitig beachten) gehören und zu den energetischen die Aktiviertheit (tonisch-andauernd, phasisch-schwankend) und die Vigilanz (Niveau der Wachsamkeit und Daueraufmerksamkeit). Während die Aufmerksamkeit schwanken kann und durch Änderungen in der Reizumgebung abgelenkt wird, stellt die Konzentrationsfähigkeit eine vergleichsweise aktive, selbstbestimmte Fähigkeit dar, sich mit Umweltreizen auseinanderzusetzen bzw. sich auf bestimmte Reize zu konzentrieren und andere außer acht zu lassen.

Wie komplex all diese – anscheinend selbstverständlich ablaufenden – Prozesse sind, die sich nach Intensitäts- und Selektivitätsaspekten in unterscheidbare Subkomponenten aufteilen (van Zoemeren & Brouwer, 1994), wird einem deutlich, wenn man es mit hirngeschädigten Patienten zu tun hat, denen diese Fähigkeiten abgehen. Hier gibt es eine ganze Palette von Krankheitsbildern – viele davon nach

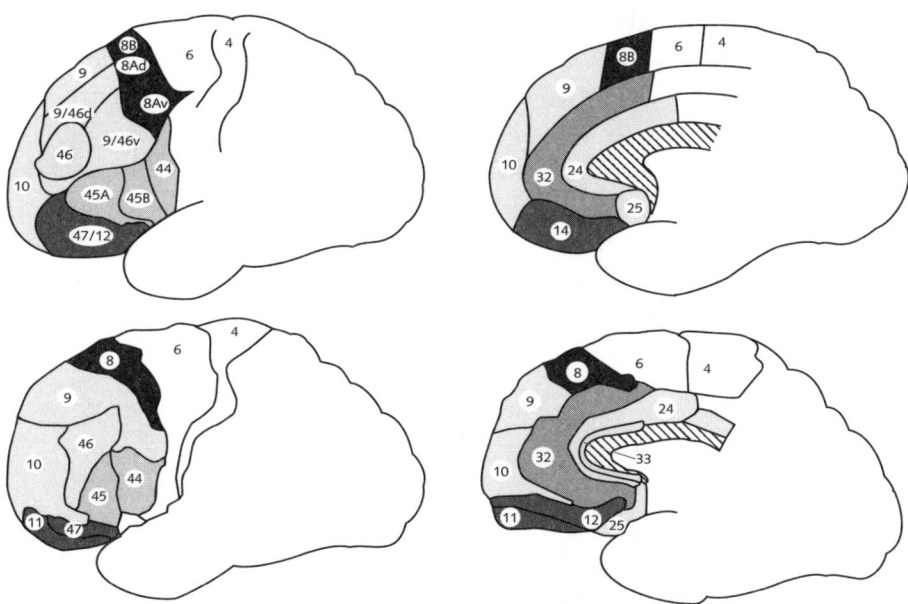

Abb. 4.1 Das Stirnhirn des Menschen und seine Untergebiete in zwei Ansichten von der Seite (links) und von der Mitte (= von innen) gesehen. Die oberen beiden Bilder zeigen die klassische Aufteilung, wie sie Brodmann (1909) entwickelte, die unteren eine neue, von Petrides und Pandya 1994 vorgeschlagene. Man sieht die Größe und Ausdehnung dieses Teilbereichs im Vergleich zum Rest der Hirnrinde. Die hellgrauen Bereiche im vorderen Hirnteil werden als dorsolateraler präfrontaler Cortex bezeichnet und sind vor allem für die Steuerung und Planung von Handlungen und für vorausschauendes Denken wichtig, die dunkelgrauen Anteile im unteren (sowohl innen/medial wie außen/lateral gelegenen) Stirnhirnbereich sind vor allem für Steuerung und Kontrolle von emotionalem und sozialem Verhalten wichtig (z.B. Mitleid, Altruismus) und lassen Persönlichkeitsdimensionen entstehen. Hier, aber auch in dorsolateralen Anteilen, finden sich Korrelate für die Fähigkeit, sich in andere hineinversetzen zu können (s. hierzu den Abschnitt »Entwicklung des Gehirns«, S. 94, und in Kapitel 7 den Abschnitt »Theory of Mind – Psychologisches Verstehen«, S. 203).

Schädigungen im Bereich des Stirnhirns (Abb. 4.1) –, die zur Konsequenz haben, daß Patienten nicht mehr willkürlich ihre Aufmerksamkeit auslenken können oder nicht mehr in der Lage sind, sich von etwas ab- und etwas anderem zuzuwenden. Anton und Zingerle etwa (1902, S. 185) bezeichneten die »willkürliche active Fixierung der Aufmerksamkeit, die zum Denken nöthige Concentration«

als zentrale Funktionen des Stirnlappens. Stirnhirnschäden können dazu führen, daß man nicht mehr in der Lage ist, sich Dingen zuzuwenden (»Neglekt-Phänomene«), oder auch dazu, daß man sich nicht mehr mental von ihnen trennen kann (»Perseveration«). Ein Beispiel hierfür ist ein von Hans Berger[1] im Jahre 1923 beschriebener Patient mit Stirnhirnschädigung, der nicht mehr in der Lage war, einmal eingeschlagene Handlungswege abzuschließen, wie Abb. 4.2 deutlich macht. Festhalten und Loslassen (Hemmung, Inhibition) sind somit wichtige Aspekte von Aufmerksamkeit, die jeweils von Kindheit an gelernt werden müssen und die mit bedingen, wie erfolgreich Kinder sich Information aneignen können.

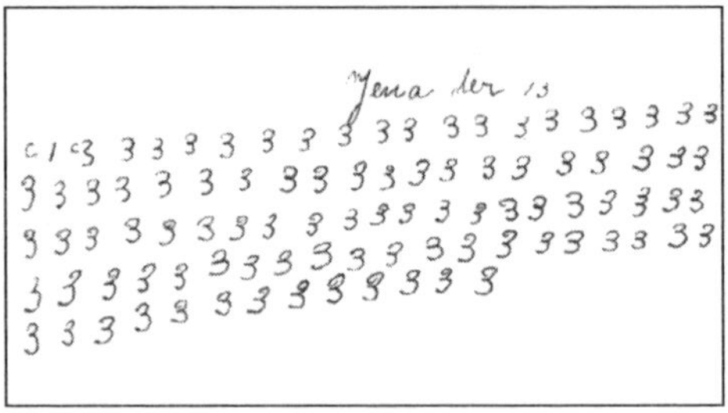

Abb. 4.2   Perseveration beim Schreiben der Datumsangabe bei einem Patienten nach Stirnhirnschaden (Abb. von Berger, 1923).

Betont werden muß, daß – wie Abbildung 4.1 zeigt – das Stirnhirn nicht nur den größten der Hirnrindenbereiche ausmacht, sondern auch in eine Reihe von Teilregionen differenziert werden kann, von denen die meisten unterschiedliche Funktionen steuern oder beeinflussen.

Exekutive Funktionen

Ebenfalls primär dem Stirnhirn zugeordnet werden *exekutive Funktionen*, also Verhaltensweisen, die mit der Vorbereitung, Planung und Ausübung von Handlungen zu tun haben und ebenfalls mit der Fähigkeit, festzuhalten oder loszulassen, im Zusammenhang stehen. Die Absicht, einem sich bewegenden Reiz – etwa einem Mobile – mit den Augen zu folgen, stellt eine exekutive Funktion dar. Dafür ist wiederum Aufmerksamkeit eine notwendige Voraussetzung, und exekutive Funktionen wiederum sind die Voraussetzung für Gedächtnisvorgänge: Nur wenn man plant und vorausschauen kann, was einen erwartet, ist man in der Lage, sich

---

[1] Hans Berger wurde berühmt als Entdecker des Elektroencephalogramms [Berger, H. (1929): Über das Elektroencephalogramm des Menschen. 1. Mitteilung. *Archiv für Psychiatrie und Nervenkrankheiten 87*, 527–570].

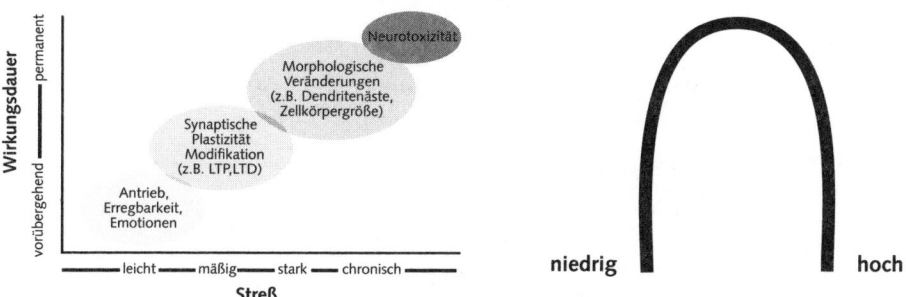

Abb. 4.3 Streß als Beispiel für eine umgekehrte U-Funktion in der Biopsychologie. Im linken Bildteil wird dargestellt, daß Streß je nach Intensität und Dauer positive oder negative Einwirkungen auf das Nervensystem hat. Der rechte Bildteil symbolisiert dies durch die umgekehrte U-Funktion: ein zu niedriges Streßniveau »fordert« das Individuum zu wenig, ein zu hohes überlastet es.

darauf rechtzeitig einzustellen. Auch gilt es zu strukturieren, was man zuerst tun will und was als Zweites und Drittes. Nicht nur Patienten mit Frontalhirnschäden, sondern auch sehr junge und sehr alte Menschen weisen hier Probleme auf (Brand & Markowitsch, 2003; Kliegel, Ramuschkat & Martin, 2003) – die jungen, weil ihr Stirnhirn noch nicht entsprechend ausgereift ist, die alten, weil es schon wieder beträchtlich an Nervenzellen und Nervenzellverbindungen verloren hat.

Motivation und Emotion – das limbische System

Ebenso wie Aufmerksamkeitsprozesse und exekutive Funktionen formen auch motivationale und emotionale Vorgänge unser Gedächtnis. Erst der Wille (das Motiv), etwas zu tun oder etwas zu lassen, läßt unser Interesse erwachen und führt uns somit an den Lernvorgang heran. Gesteigert werden Wille und Interesse dadurch, daß wir der Umwelt nicht neutral gegenüberstehen, sondern emotional berührt werden. Im Wort »Wißbegierde« steckt die Gier und damit das Motivational-Emotionale der Wissensaneignung: Bestimmte Reize lassen das Herz höher schlagen, beschleunigen den Puls und machen uns damit bereiter, sie »mit allen Sinnen« aufzunehmen und zu behalten. Dies gelingt entsprechend einer umgekehrten U-Kurve, die in Psychologie und Physiologie für vieles Gültigkeit hat (Abb. 4.3): Zu wenig Streß beispielsweise unterfordert uns und unser Nervensystem, zu viel Streß überfordert uns, läßt uns in Panik geraten und zerstört Ver-

68 Die Entwicklung des autobiographischen Gedächtnisses auf Hirnebene

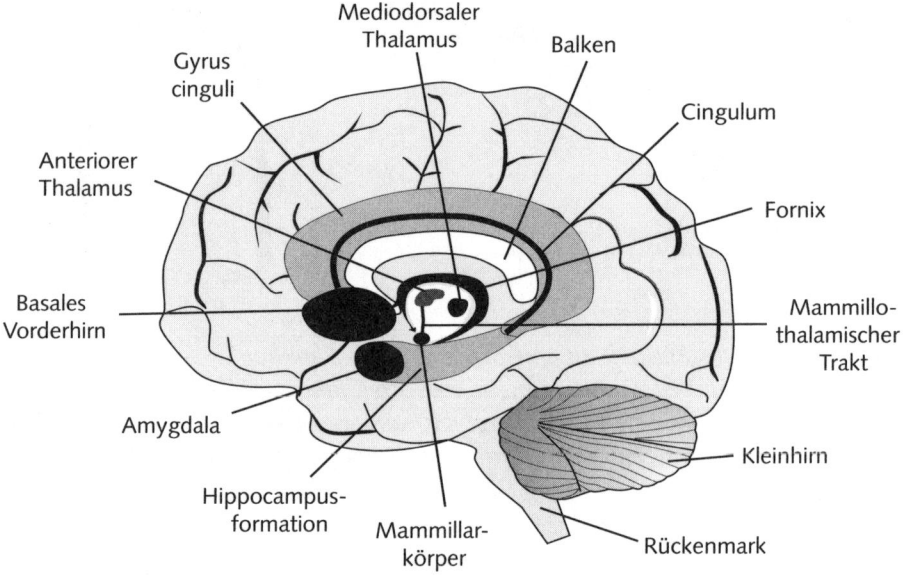

Abb. 4.4 Wesentliche Strukturen des sogenannten limbischen Systems (die Lage von Balken, Kleinhirn und Rückenmark ist zur Orientierung zusätzlich angegeben).

bindungen in unserem Gehirn. Übermotiviertheit engt unsere geistige Flexibilität ein, Desinteresse ebenso. Wir brauchen eine mittlere Form von Stimulation, um optimal zu funktionieren. Diese ist allerdings individuell unterschiedlich – ein Drachenflieger oder Extrembergsteiger braucht andere Formen von Nervenkitzel als eine Stickerin in der Schorfheide. Dies gilt, wenn auch mit geringerer Varianzbreite, auch schon für kleine Babys.

Immer aber ist es das limbische System (s. Abb. 4.4) – eine Ansammlung von Kernen (wie z.B. der Amygdala [Mandelkern]) und phylogenetisch alten oder sehr ursprünglichen corticalen Strukturen (wie dem Hippocampus), die im Zusammenspiel die uns bewegenden Emotionen (Trauer, Furcht, Freude, etc.) mit (kognitiv-)inhaltlichen Konnotationen verbinden und so Ereignisse zur Einprägung bringen.

Im limbischen System kommt es zu einer Aufgabenteilung in der Form, daß einzelne Strukturen eher die affektive Seite der Information, andere die kognitiv-rationale Seite verarbeiten.

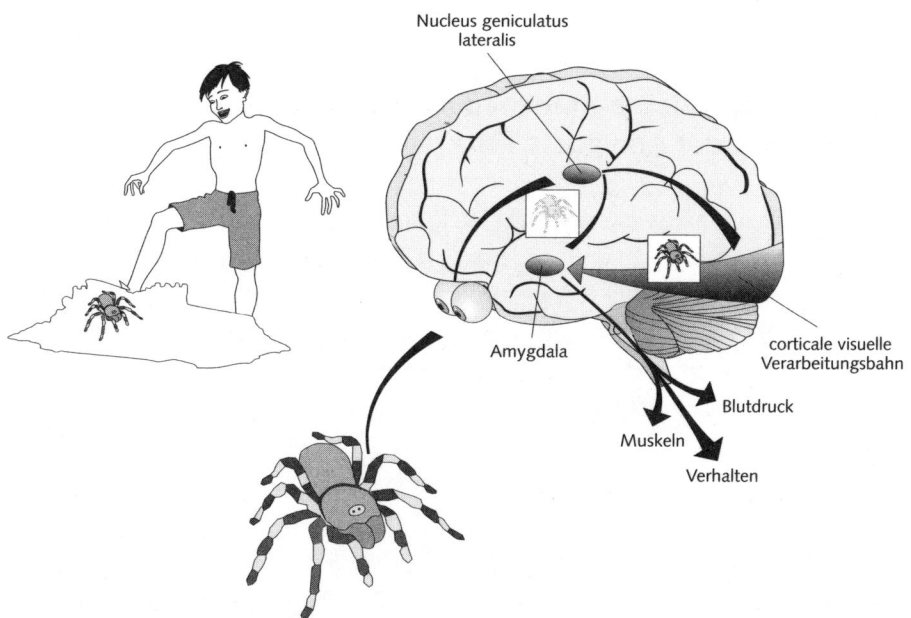

Abb. 4.5 Die Amygdala als zentrale, Emotionen kontrollierende Struktur, die vorverarbeitete sensorische Information auf Bedeutungshaltigkeit bewertet.

Die Amygdala beispielsweise ist für die – häufig schon sehr früh geprägte – Bewertung der Reize zuständig (Abb. 4.5), der Hippocampus für Neuigkeitsaspekte der Reize, allgemein für deren Raum-Zeit-Integration und die Übertragung von neuen Erinnerungsinhalten in das Langzeitgedächtnis (s. Box 4.1 und 4.2). Bei Tieren geht es hier vorwiegend um die räumliche Integration von Reizen, bei Menschen eher um die zeitliche.

Wissen um die Welt – Bewußtsein

Das immer noch größte Rätsel für die Neurowissenschaften wie für die Philosophie ist, wie Bewußtsein in die Welt – und ins menschliche Gehirn – kommt. Ist Bewußtsein ein Alles-oder-Nichts-Prozeß, was hieße, daß (die meisten) Menschen Bewußtsein haben, Tiere aber generell nicht, wie dies der berühmteste lebende Gedächtnisforscher, Endel Tulving, vertritt (Tulving, 2002)? Oder handelt es sich bei ihm eher um einen graduellen Prozeß, der sich phylogenetisch entwickelte,

▶ *Fortsetzung auf Seite 72*

Box 4.1

Die Urbach-Wiethe-Krankheit als Beispiel für die Bedeutung der Amygdala für Affekt

Ein seltenes neurologisches Krankheitsbild stellt die Urbach-Wiethe-Krankheit (Lipoidproteinose) dar. Diese Krankheit ist genetisch bedingt und durch die Ablagerung von Hyalin auf der Haut und im Mund-Larynx-Bereich gekennzeichnet. Bei über der Hälfte der Patienten kommt es darüber hinaus zu einer beidhemisphärisch symmetrischen Mineralisierung der Amygdala und damit zu einer Zerstörung der Funktionsfähigkeit dieser Struktur. Da die Zerstörung vermutlich schleichend vor sich geht, hat das Gehirn über eine lange Zeitperiode die Möglichkeit, sich darauf einzustellen und alternative neuronale Wege zur Verarbeitung von Information zu rekrutieren. Dennoch kommt es zu massiven Störungen der emotionalen Verarbeitung, wie wir an einer Patientengruppe aus Südafrika zeigen konnten (Siebert et al., 2003). Darüber hinaus haben die Patienten durch die Zerstörung der Amygdala Schwierigkeiten, bedeutende von weniger bedeutender Information zu unterscheiden, und erwerben deswegen eher unnötige oder banale als essentielle oder bedeutende Informationsanteile. Dies konnten wir an einem Patienten zeigen, dem eine Geschichte erzählt wurde, in der eine Frau im gelb-schwarz geblümten Kleid einen Raum betrat, wo sie im weiteren Verlauf der Geschichte durch einen unbemerkt von hinten an sie herantretenden Mann erdolcht wurde. Nach einer halben Stunde darum gebeten, die Geschichte wiederzuerzählen, berichtete der Patient ausführlich darüber, was das Opfer anhatte, aber nicht, daß es ermordet wurde (Cahill et al., 1995).

Diese Fallbeschreibung verdeutlicht die Bedeutung von Emotion für Gedächtnis und damit auch das Zusammenspiel limbischer Hirnstrukturen bei der Verarbeitung von Reizmaterial. Zugleich wird deutlich, welche Auswirkungen der Ausfall emotional basierter Deutungen für die soziale Kompetenz der Betroffenen hat. Denn die Deutung, daß der Mord zweifellos wichtiger ist als die Farbe des Kleides, ist ja eine sozial gebildete. Der Patient hätte entsprechend heftige Probleme damit, sich seiner sozialen Umgebung und den dort geltenden Deutungsweisen einzufügen.

Da autobiographische Gedächtnisinhalte immer emotional codiert sind, kommt einer adäquaten Stimulierung des Mandelkerns eine herausragende Bedeutung zu. Dieser Kern bekommt einerseits vorverarbeitete Information von allen Sinnessystemen, andererseits hat er einen besonderen Teilbereich, der speziell für die Verarbeitung von Geruch Bedeutung hat. Da Babys vor allem über den Geruch auf ihre Mutter geprägt sind und eine stabile Bindung an die Mutter die kindliche Entwicklung bedeutend fördert, ist die Amygdala eine zentrale Station für die Verarbeitung emotionaler Gedächtnisinhalte – von den frühen Anfängen einer Geruchskonditionierung (vgl. Box 4.3, S. 75, und Box 4.4, S. 78) bis zu den späten Erinnerungen an affektbesetzte Gerüche.

Box 4.2 verdeutlicht die Wichtigkeit einer anderen limbischen Hirnstruktur – des Hippocampus – für kognitiv-rationale Aspekte der Gedächtnisverarbeitung.

Box 4.2

Der Hippocampus – alter Cortex, der phylogenetisch eine Entwicklung von der räumlichen zur zeitlichen Analyse von Reizen durchmachte

Der Hippocampus ist sogenannter dreischichtiger Cortex, was ihn von der »normalen« (in der menschlichen Hirnrinde zu über 90 % vorkommenden) sechsschichtigen »neocorticalen« Hirnrinde unterscheidet. Offensichtlich stellt er ein Bindeglied zwischen subcorticalen Kernen und der »neuen« Hirnrinde dar, in der wohl unsere Gedächtnisinhalte im großen und ganzen (als netzwerkartig verzweigte Engramme) abgelegt sind. Schon Vögel verfügen über einen Hippocampus und benutzen diesen wohl vorwiegend zur Navigation. Dem menschlichen Hippocampus sagt man andererseits eine primäre Aktivierung bei der Übertragung neuer Information (insbesondere neu erworbener emotional besetzter Ereignisse) in neocorticale Netze nach. Dies basiert vor allem auf den Erfahrungen, die man seit 1953 mit einem Patienten gemacht hat, dem man wegen andersartig nicht behandelbarer Epilepsie seine Hippocampi links und rechts chirurgisch entfernte.

Neue Studien einer britischen Forschergruppe (z.B. Maguire et al., 2000) zeigen, daß sich der Hippocampus volumenmäßig um so mehr vergrößerte, je länger jemand als Taxifahrer durch London fuhr, und daß bei Taxifahrern die Vorstellung, durch die Londoner Innenstadt zu chauffieren, beide Hippocampi stark aktiviert. Dies weist auf die ursprüngliche – phylogenetisch alte – Rolle der räumlichen Integration hin, die dem Hippocampus auch beim Menschen zukommt.

Auf der anderen Seite zeigte der Fall des Patienten H. M. (Markowitsch, 1985; Corkin, 2002), daß jemand ohne Hippocampi nicht mehr in der Lage ist, neue Information bewußt zu behalten, d.h., daß für H. M. die Zeit stehenblieb, was er in dem Ausspruch ausdrückte »Every day is alone, whatever enjoyment I've had, and whatever sorrow I've had«. Da H. M. trotz dieser Hirnschädigung mehr als 50 Jahre weiterlebte, konnte mittels umfangreicher Untersuchungen die Rolle des Hippocampus für Gedächtnisprozesse bei ihm (aber auch bei einer Reihe anderer Patienten) umfangreich analysiert werden.

Die gewonnenen Ergebnisse zeigen, daß zwar gewisse Formen von Information – die dem sogenannten prozeduralen Gedächtnis zugeordnet werden (vor allem der Erwerb motorischer Fertigkeiten) – noch abgespeichert werden können, aber andererseits die Gedächtnisinhalte, die wegen ihrer zeitlichen Determiniertheit und ihrer emotionalen Besetztheit das persönliche, bewußte Gedächtnis ausmachen, nicht mehr so gespeichert werden können, daß sie für das Alltagsleben zur Verfügung stünden. Auch in diesem Fall zeigt sich die Bedeutung von Emotion für Gedächtnis und die Verschränktheit unterschiedlicher Hirnregionen bei der kognitiv-emotionalen Informationsverarbeitung.

in rudimentärer Form vielen Säugetieren eigen ist, bei Anlegung strikter Kriterien aber nur wenigen Tierarten, etwa den Menschenaffen, in weiter Auslegung zugesprochen werden kann, und der auch beim Menschen in unterschiedlicher Ausprägung existiert, bei Kindern oder amnestischen und dementen Patienten weit weniger als bei normal intelligenten Erwachsenen (Markowitsch, 2004a–c). In diese Richtung gehen die Argumente von Forschern, die die ontogenetische Entwicklung menschlicher Kinder mit der von Menschenaffenkindern vergleichen (Tomasello et al., 2003a, b).

In die gleiche Richtung weisen auch Diskussionen, die von unterschiedlichen Formen des Bewußtseins ausgehen, wie sie in Tabelle 4.1 aufgeführt sind (Markowitsch, 2004a–c) und von denen die ersten beiden vielen Lebewesen eigen sind, die anderen aber nur wenigen Arten oder nur dem Menschen.

Tabelle 4.1   Formen von Bewußtsein

Wachheit
gerichtete Aufmerksamkeit
inneres Wissen oder Überzeugung
Gewahrsein von Denkvorgängen
Körperbewußtsein (»der mich umgebende Körper ist mein eigener«)
Gesamtheit des Denkens einer Person
Bewußtsein als mentaler Zustand (hoffen, glauben, fürchten, erwarten, wünschen, leiden)
Selbstreflexion, Zeitgefühl, Proskopie (Vorausschau)

Bewußtsein ist vom autobiographischen Gedächtnis nicht zu trennen: Diese Form des Gedächtnisses ist durch das Vorhandensein eines Ich-Bewußtseins geradezu definiert. Katherine Nelson (2002a, b, 2005; Nelson & Fivush, 2000; Nelson et al., 2002) hat hierzu bahnbrechende Untersuchungen vorgelegt, die zeigen, daß Kinder zuerst ein sehr allgemeines Faktengedächtnis aufbauen und erst nach dem dritten Lebensjahr bewußte Repräsentationsformen aufbauen, die dann zu einer Integration erlebter Ereignisse in die eigene Ichwelt führen und eine zeitlich, inhaltlich und emotional differenzierte Erinnerung möglich machen.

Bevor wir näher auf weitere Determinanten der ontogenetischen Gedächtnisentwicklung eingehen, wollen wir uns mit der allgemeinen Frage auseinandersetzen, worum es sich bei Gedächtnis überhaupt handelt.

Was ist Gedächtnis?

In einer sehr umfassenden neurobiologischen Sicht läßt sich Gedächtnis als konditionierte Veränderung »der Übertragungseigenschaften im neuronalen ›Netzwerk‹« definieren, »wobei unter bestimmten Bedingungen den Systemmodifikationen (Engrammen) entsprechende neuromotorische Signale und Verhaltensweisen vollständig oder teilweise reproduziert werden können« (Sinz, 1979, S. 19). Diese Definition können wir in humanspezifischer Perspektive in der folgenden Weise ergänzen: Gedächtnis verarbeitet Informationen, die aus der Innen- und Außenwelt des Organismus kommen, und repräsentiert emotional und kognitiv bedeutungsvolle Gedächtnisinhalte, die sozial konstituiert sind.

Wie kann man sich die Entstehung höherer Formen von Gedächtnis – also insbesondere bei Säugetieren – vorstellen? Der Grund für die Evolution des Gedächtnisses mag, wie gesagt, in Überlebensvorteilen für Individuum und Art liegen. Ein Individuum, das sich merken konnte, welche Nahrung schmackhaft, welche Schlange zu meiden und welcher Futterplatz am ergiebigsten ist, machte sein Überleben sicherer und verlängerte es. Das Überleben der Art wird dadurch gefördert, daß man sich einprägt, wer in welchem Zustand am ehesten paarungsbereit ist.

Beide Vorgänge – die individuelle Nahrungssuche und die nach Geschlechtspartnern – erfolgen bei Tieren weitgehend über den Geruch und damit über Hirnstrukturen, die das Grundgerüst eines eher alten Hirnbereiches, des limbischen Systems, bilden. Box 4.3 beleuchtet die Sonderrolle des Geruchssinns. Sie verdeutlicht aus der Sicht der Geruchsverarbeitung auf Hirnebene, warum Geruch ein ganz besonders sozialer Sinn ist (»jemanden nicht riechen können«). Watson (2001, S. 210 ff.) weist darauf hin, daß Geruchswahrnehmungen direkt vom limbischen System verarbeitet werden und keine bewußten Bearbeitungsschleifen durchlaufen. Kein Wunder also, daß das Geruchsgedächtnis beim Menschen zwar einerseits kaum symbolisierbar ist, andererseits aber unter Wiedererkennungsbedingungen – wenn der gleiche Geruch nach Jahren wieder auftaucht – zu lebhaften Erinnerungen an die damals mit dem Geruch assoziierte Situation oder Ereigniskonstellation führt. Hier werden als Beispiel aus dem Humanbereich immer wieder die »Petites Madeleines« von Marcel Proust (1953) zitiert, deren Geschmack unwillkürlich eine ganze Kaskade von Erinnerungen (mémoire involontaire) auslöst. Seh- wie Hörsinn sind phylogenetisch jünger als der Geruchssinn und werden hirnphysiologisch anders verarbeitet: »Ein Geruch wird weder räumlich organisiert noch zeitlich moduliert, er ist eine Erfahrung des Augenblicks, frei von den üblichen Bedingungen von Zeit und Raum« (Watson, 2001, S. 215). Encodierungs- und Abrufmodalitäten fallen je nach dem involvierten Sinnesorgan unterschiedlich aus.

Phylogenetisch erklärbar sind auch die Differenzierungen des Gedächtnisses: Je komplexer das Sozialverhalten einer Spezies ist und je länger die Nachkommen von ihren Eltern abhängig sind, desto wichtiger wird das Lernen und Behalten flexibler Handlungsstrukturen wie auch individueller Reize. So benötigen Orang-Utans offenbar eine acht Jahre lange Betreuung durch ihre Mütter, um sich die Vorzüge und Nachteile der tropischen Flora und die in ihrem Territorium not-

▶ *Fortsetzung auf Seite 77*

Box 4.3

Sinnessysteme – Geruch als ein besonderes Sinnessystem

Der Geruchssinn stellt eine Besonderheit dar, weil bei allen anderen Sinnessystemen (Gehör- und Gleichgewichtssinn, Gesichtssinn, somatosensorischer Sinn einschl. Schmerzwahrnehmung, Geschmackssinn) die Verarbeitung von dem peripheren Empfängerorgan (z.B. Retina) zuerst über den Thalamus – die »Herzstruktur« des Gehirns, gelegen in seinem Zentrum oder seiner Mitte – umgeschaltet wird und erst danach die Hirnrinde erreicht. Beim Gesichtssinn also ist der Verlauf ein »Einfachweg« vom Auge in den seitlichen Kniehöcker-Kern des Thalamus und dann in die Sehrinde (Abb. 4.6 und 4.7).

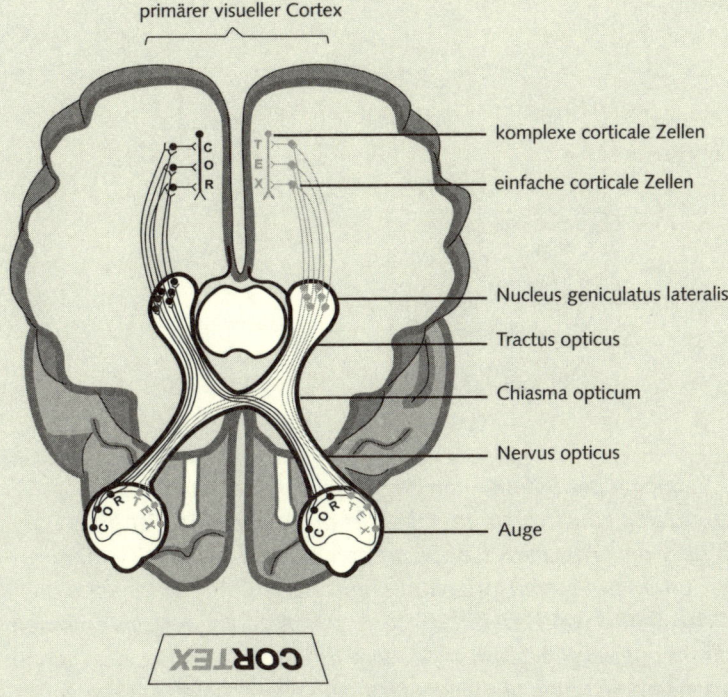

Abb. 4.6 Abbildung eines Außenreizes (des Wortes CORTEX) entlang der verschiedenen Haupt-Sehstationen Retina (im Auge), Thalamus (Nucleus geniculatus lateralis) und Cortex (primärer visueller Cortex) (Horizontalschnitt durch das Gehirn).

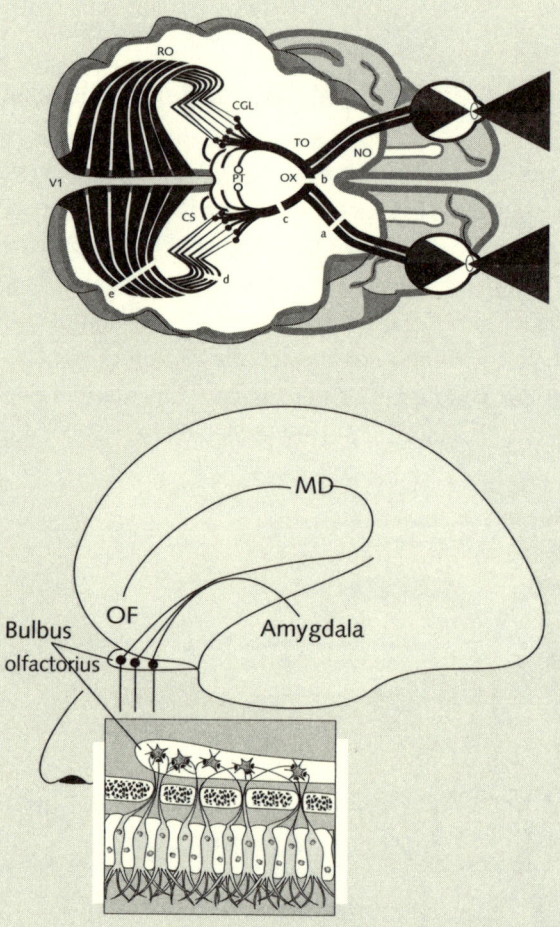

Abb. 4.7 Vergleich der Bahnen von der Peripherie des Wahrnehmungsorgans zu zentralen Hirnstrukturen. Oben ist der Verlauf der Sehbahn von den Augen über den Thalamus (seitlicher Kniehöcker) in die Hirnrinde (cerebraler Cortex) in einem Horizontalschnitt dargestellt. Unten ist ein seitliches Schemabild von Hirn und Nase zu sehen. Sinneszellen verbinden die Nase direkt mit der Riechhirnrinde, dem Bulbus olfactorius, der (genau wie der Hippocampus) eine phylogenetisch alte (dreischichtig aufgebaute) Cortexstruktur darstellt. Von dieser gibt es Bahnen in die Amygdala – eine für die emotionale Bewertung von Sinnesreizen essentielle Kernstruktur (vgl. Abb. 4.5, S. 69) – und, ab dieser Stufe wie bei den anderen Sinnessystemen, eine Verbindung zum Thalamus (MD = mediodorsaler Kern) und dann zum orbitofrontalen Cortex (OF).

> Beim Geruchssinn dagegen verlaufen die Nervenbahnen von der Nase direkt in die Hirnrinde, und zwar in den phylogenetisch alten Bulbus olfactorius, den Riechkolben (Abb. 4.8, S. 79). Von diesem laufen dann Nervenfasern (der Tractus olfactorius) in verschiedene Areale, die im Grunde alle dem erweiterten limbischen System zuzurechnen sind. Somit sind andere Sinnessysteme zuerst einmal vor allem mit den sensorischen Qualitäten wahrgenommener Reize beschäftigt, während der Geruchssinn von Anfang an Wahrnehmungen bewertend (und damit affektbesetzt) codiert. Interessanterweise ist eine der nachfolgenden Hauptstrukturen, die Geruchsreize verarbeiten – die Amygdala –, auch mit der bewertenden (emotionalen) Verarbeitung von Sinnesreizen anderer Modalitäten befaßt (vgl. Abb. 4.5, S. 69).

wendigen Überlebenstechniken anzueignen. Über reines Wiedererkennen hinaus werden Generalisierungen und selbst Konzeptbildungen gelernt; es gibt Ansätze von Imitationslernen bei Schimpansen,[2] Emulations- und Erfahrungslernen, und selbst Ansätze vorausschauenden Denkens (prospektives Gedächtnis) und einsichtsvollen Lernens sind zu verzeichnen. Alle diese Lern- und Gedächtnisleistungen scheinen, bis hin zum Menschen, mit der Größe des Gehirns korreliert zu sein und in ihrer Differenziertheit zuzunehmen.

Die Gedächtnisforschung hat einen ihrer wesentlichen Ursprünge in der Tierforschung, weil man glaubte, über das Lernen bei Tieren wesentliche Grundlagen und Mechanismen von Lernen bei Menschen exemplarisch und detailliert untersuchen zu können. Da die meisten Tiere andere Lernformen bevorzugen als Menschen – vereinfacht gesagt, sich häufig gut dressieren lassen, während Menschen eher durch Beobachtung lernen –, findet sich hier eine Diskrepanz in der Übertragung sogenannter Lerngesetze, wie sie gerade von Tierforschern in die Psychologie implementiert wurden. Neben Pawlow ist hier Burrhus Frederic Skinner zu nennen, der sein Leben lang versuchte, seine an Tieren gewonnenen Befunde (vor allem zur Konditionierung) auf den Menschen zu übertragen (einer seiner Buchtitel: »The behavior of organisms«) und dies u. a. auch an seiner Tochter vorzuexerzieren trachtete. Mehr noch als Skinner versuchten andere Lernforscher – wie C. L. Hull – Lernvorgänge so in Gesetze zu pressen, daß sie in mathematischen

▶ *Fortsetzung auf Seite 79*

---

[2] Allerdings offenbar nur bei Schimpansen, die von Menschen aufgezogen und »sozialisiert« wurden (Tomasello 2002, S. 47).

Box 4.4

Formen von Lernen

(1) Sensitivierung, Habituation (Gewöhnung)
Einfachste Formen der Verhaltensanpassung. Sensitivierung bedeutet, daß Individuen sensibler auf wiederholte gleichartige Reizmuster reagieren; Habituation, daß Individuen auf wiederholte identische Darbietung eines Reizes mit einer Verringerung ihrer Orientierungsreaktion antworten.

(2) Signallernen oder klassisches Konditionieren
Diese Lernform ist auch als Pawlowsches Konditionieren bekannt und basiert auf Pawlows ursprünglichem Experiment, einem Hund zuerst ein Stück Fleisch zu zeigen, was seinen Speichelfluß steigert, dann das Stück Fleisch mit einem kurz zuvor präsentierten Glockensignal zu paaren, was anschließend zur Folge hat, daß der Speichelfluß schon auf das Tonsignal allein hin ansteigt (Abb. 4.8). Grundsätzlich erfolgt beim klassischen Konditionieren der unkonditionierte Reiz unabhängig vom Verhalten des Individuums.

(3) Reiz-Reaktions- oder Reiz-Antwort-Lernen (instrumentelles Konditionieren)
Instrumentelles Konditionieren hängt ab vom Verhalten des Individuums. Das Individuum lernt die Assoziation zwischen einem Reiz und einer Antwort. Am Beispiel: Immer, wenn ein Kolibri auf die gelbe Blume zufliegt, bekommt er Zuckerflüssigkeit als Belohnung, fliegt er dagegen zur blauen Blume, erhält er keine Belohnung.

(4) »Chaining« (einschließlich verbaler Assoziation)
»Chaining« bezieht sich auf eine Serie aufeinanderfolgender, oder aufeinander aufbauender Antworten, wobei jede Antwort die nächste bestimmt. (Dies bedeutet, daß nur mehrere Antworten, die aufeinander aufbauen, zu Belohnung führen.)

(5) Multiple Diskrimination
Lernen, zwischen Reizen zu unterscheiden, die ein oder mehrere Attribute gemeinsam haben.

(6) Konzeptlernen
Lernen, gleichartig auf eine Reihe von Objekten oder Attributen von Objekten zu antworten, die etwas gemeinsam haben.

(7) Lernen von Prinzipien
Sich Kenntnisse aneignen, wie man eine Reihe (Menge) von Problemen meistern kann, die gemeinsame Attribute haben.

(8) Problemlösen
Geeigneten Gebrauch von gelernten Prinzipien machen und Einsicht zeigen (fähig sein, Schlußfolgerungen zu ziehen).

Gleichungen Ausdruck finden und entsprechend als »principles of behavior« postuliert werden konnten. Später – vor allem nach dem Scheitern der menschlichen Konditionierungsutopien im Sinne von Skinner – wandte man sich eher sozialen Bedingungen von Lernen (wie etwa Imitationslernen) zu.

Die Entwicklung und Bedeutung dieser Lernformen kann man sich am besten verdeutlichen, wenn man sich anschaut, inwieweit Tiere dadurch in der Lage sind, sich Information anzueignen. Beispiele für derartiges Lernen sind einfache Konditionierungsvorgänge, wie man sie im Grunde sogar an Rudimenten von Lebewesen schon nachweisen kann, wie Abbildung 4.9 deutlich macht.

Abb. 4.8 Versuchsanordnung von Iwan Pawlow (1953) zur klassischen Konditionierung (zur Beschreibung s. Box 4.4).

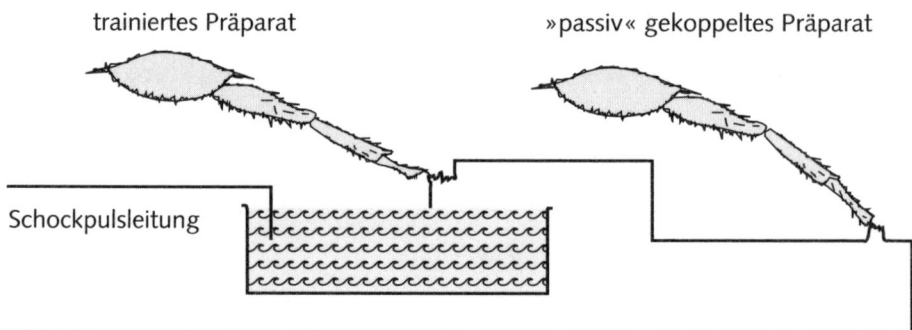

Abb. 4.9 Beispiel für die wahrscheinlich einfachste mögliche Form, bei Lebewesen erfolgreiche Lernvorgänge nachweisen zu können. Gezeigt sind zwei abgetrennte Beine von Küchenschaben. Das Bein links im Bild wird elektrisch geschockt, wenn es sich beugt und damit das Wasserbad berührt oder darin eintaucht. Im jeweils selben Moment erhält das Bein rechts im Bild, das mit dem links durch einen Elektrizität leitenden Draht verbunden ist, ebenfalls ein Elektroschock. Das konsistent auf Wasserberührung geschockte Bein lernt die unangenehme Kontingenz und bleibt zunehmend länger gestreckt, das rechte Bein dagegen verändert seine Streck-Beuge-Zeiten nicht.

Welche Formen von Gedächtnis gibt es?

Eine Alternative zu den bisher dargestellten Lern- und Gedächtnisformen bietet die Einteilung von Tulving (2002, 2005; modifiziert von Tulving und Markowitsch), in der von einem Kurzzeitgedächtnissystem und fünf Langzeitgedächtnissystemen ausgegangen wird. Das Kurzzeitgedächtnis wird im Bereich von Sekunden bis zu wenigen Minuten verortet, das Langzeitgedächtnis betrifft alle darüber hinaus reichenden Zeiträume (Abb. 4.10).

Innerhalb des Langzeitgedächtnisbereichs wird entsprechend Abbildung 4.11 von unabhängig arbeitenden Systemen ausgegangen, die auch auf Hirnebene unterschiedliche Repräsentationsbereiche haben:

(1) Das *prozedurale Gedächtnis* ist ein grundsätzlich auf die Motorik ausgerichtetes Gedächtnissystem, bei dem es um den Erwerb von Fertigkeiten wie Fahrradfahren, Schwimmen, Skifahren, Klavierspielen geht – Fertigkeiten, die weitgehend unbewußt und automatisiert ablaufen. Für das Baby beginnt die Ausformung des prozeduralen Gedächtnisses mit dem Begreifen von und Hantieren

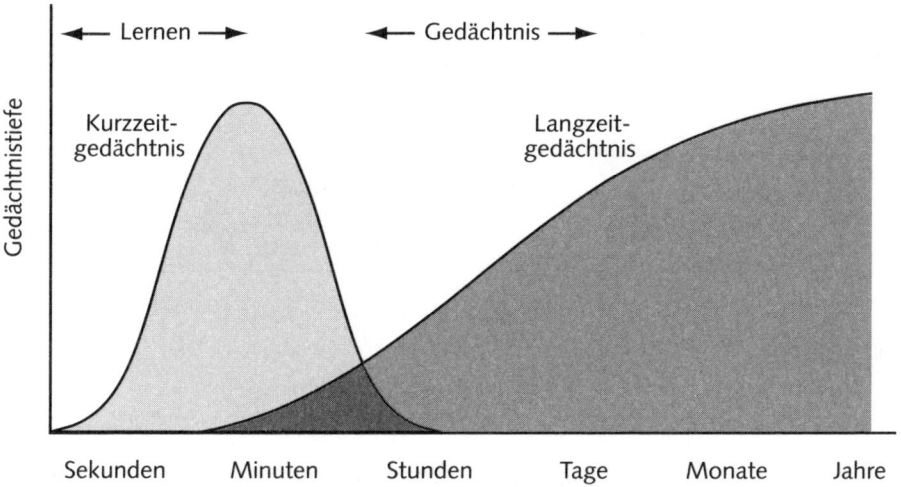

Abb. 4.10 Unterteilung von Gedächtnis in einen Kurzzeitgedächtnisbereich von Sekunden bis Minuten und einen Langzeitgedächtnisbereich, der manche Informationen ein Leben lang speichert.

mit Gegenständen. Für den Erwachsenen gibt es folgendes gutes Beispiel für die unbewußte, quasi automatische Arbeitsweise dieses Systems: Sobald wir uns vergegenwärtigen sollen, was wir zuerst tun müssen, wenn wir beim Autofahren vom 2. in den 3. Gang schalten wollen, antworten die meisten von uns fälschlich mit »Kupplung drücken«. Tatsächlich muß erst der rechte Fuß vom Gaspedal. Hieran erkennt man, wie hochgradig automatisiert das prozedurale Gedächtnis abläuft.

(2) Die *Priming-Form des Gedächtnisses* ist durch eine höhere Wiedererkennungswahrscheinlichkeit für zuvor unbewußt wahrgenommene Reize gekennzeichnet. Zum Beispiel liest man eine Textstrophe, und es fällt einem dazu automatisch die dazu komponierte Liedmelodie ein. Beim Priming-Gedächtnis unbewußt wahrgenommene Reize können nach später wiederholter Darbietung leichter verarbeitet werden und werden leichter wiedererkannt. Auch werden ähnliche Reize in der Folge schneller und besser erkannt. Dieses Phänomen nutzt beispielsweise die Radio- und Fernsehwerbung aus, indem ein Werbespot ausgestrahlt wird, dann zwei, drei Werbespots von anderen Firmen folgen und anschließend nochmals eine meist geänderte, kürzere Fassung des Werbespots

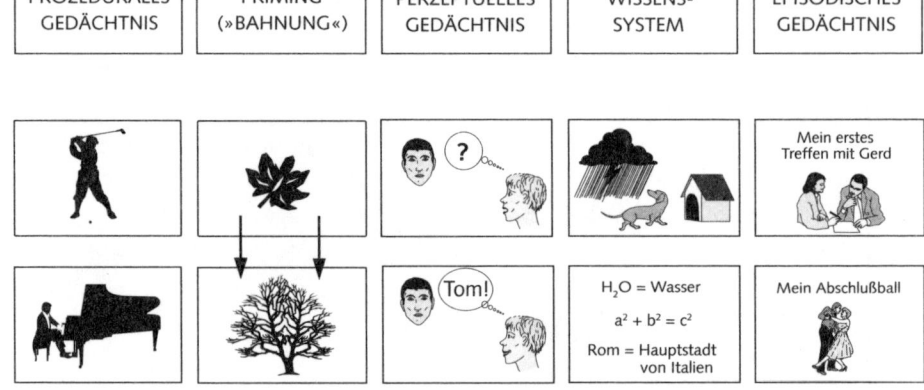

Abb. 4.11 Einteilung des Langzeitgedächtnisses in fünf Systeme. Prozedurales Gedächtnis *steht für (meist motorisch ausgeführte) Fertigkeiten,* Priming *für eine höhere Wiedererkennwahrscheinlichkeit für zuvor unbewußt wahrgenommene Reize,* Perzeptuelles Gedächtnis *für Bekanntheit oder Familiarität mit einem Objekt oder Individuum, das* Wissenssystem *für (kontextfreie) Fakten und das* Episodische Gedächtnis *für kontextbezogene Erinnerungen, die eine mentale Zeitreise erlauben und die an das Selbst und an autonoetisches Bewußtsein gebunden sind (nach Pritzel et al., 2003 und Markowitsch, 2003).*

der ersten Firma kommt. Dahinter steht die Annahme, daß der erste Spot als »Prime« wirkt und vor dem zweiten Erscheinen des ähnlichen Reizmusters eine Art Prägung oder Bahnung stattgefunden hat, so daß der zweite Spot auf die Bewußtseinsebene gehoben wird und dann handlungswirksam werden kann.

(3) Beim *perzeptuellen Gedächtnis* geht es um das Erkennen von Reizen auf Grund von Familiaritäts- oder allgemeinen Bekanntheitsgesichtspunkten. Es gilt bereits als ein noetisches (bewußtes) Gedächtnissystem, während das prozedurale und Priming-System anoetisch (unbewußt) sind. Beim perzeptuellen Gedächtnis geht es um das Kennen oder Identifizieren eines Objektes oder Individuums, ohne daß dieses identisch mit einem vorangegangenen sein muß. Es genügt das Vorhandensein charakteristischer Reizmerkmale, etwa das Unterscheidenkönnen eines Apfels von einem Pfirsich oder einer Birne. Da dieses Gedächtnissystem auf Erfahrung basiert und das Individuum intern Vergleiche anstellen muß, ist es komplexer und entsteht ontogenetisch später als die anoetischen Gedächtnissysteme.

(4) Das *Wissenssystem* basiert auf dem Lernen von Fakten, die man kontextfrei – also ohne das Erinnern an den raum-zeitlichen Kontext, in dem man sie gelernt hat – wiedergeben kann. Bei diesem System geht es, wie der Name andeutet, um Allgemeinwissen, das wir erlernen, ohne uns später erinnern zu können, wann oder wo wir es gelernt haben. Wir wissen aber, daß es so richtig ist oder so gilt. Beispiele können im Erwerb mathematischer Formeln ($[a + b] \cdot [a - b] = a^2 - b^2$), in der Einprägung von Kenntnissen oder in der Aneignung sprachlicher Äußerungen liegen. Der Aufbau des Faktengedächtnisses verläuft in der kindlichen Entwicklung Hand in Hand mit dem Spracherwerb.

(5) Das *episodisch-autobiographische Gedächtnis* betrifft das aktive, bewußte Erinnern von Episoden; in der Regel biographische Episoden, die emotional gefärbt sind und die man kontextgebunden, also in einer Art mentaler Zeitreise, zurückverfolgt. Tulving spricht hier von autonoetischem Bewußtsein und meint, daß sich diese hierarchisch höchste der fünf Gedächtnisformen nur

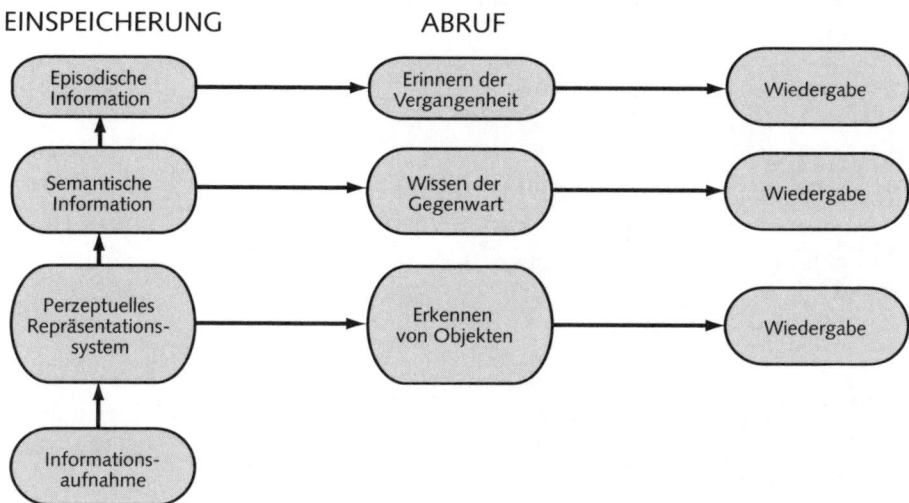

Abb. 4.12 Das Tulvingsche SPI-Modell (1995). Gedächtnis ist hier hierarchisch angeordnet, weswegen Information zuerst durch die einfacheren Gedächtnissysteme »hindurch« muß, bevor sie in die komplexeren gelangen kann. Dieser seriellen Einspeicherung (S) stehen eine parallele Ablagerung (P) und ein unabhängiger Abruf (I = independent) gegenüber. »Unabhängig« bedeutet, daß eine Information unabhängig davon, ob sie über ein hochstehendes Gedächtnissystem eingespeichert wurde, über ein niedrigerstehendes abgerufen werden kann.

beim Menschen zeigt und erst ab dem dritten Lebensjahr aufzutreten beginnt. Er definiert dieses Gedächtnissystem als die Schnittmenge von subjektiver Zeit, autonoetischem Bewußtsein (Markowitsch, 2003) und dem sich erfahrenden Selbst (Tulving, 2005).

Von Bedeutung für das Verständnis dieser Systeme ist, daß sie entsprechend dem Tulvingschen (1995) Modell (Abb. 4.12) beim Einspeichern – und beim frühkindlichen Erwerb (!) – seriell aufeinander aufbauen (also in der oben angegeben Reihenfolge von (1) bis (5)), parallel abgespeichert und unabhängig von der Art der Einspeicherung abgerufen werden.

Für den Abruf ist es wichtig, sich vor Augen zu halten, daß wir in der Regel weit mehr wissen, als wir zu wissen meinen. Im Grunde wird viel Information verdrängt und überlagert, aber nur wenig wirklich aus dem Gehirn gelöscht. Dies macht der in Abbildung 4.13 auszugsweise wiedergegebene Brief einer Dame deutlich, die sich auf ihre alten Tage an Gedichte erinnerte, die sie seit weit mehr als einem halben Jahrhundert nicht mehr aus ihrem Gedächtnis abgerufen hatte.

```
Sehr geehrte Herren Professoren!

ich freue mich, dass im Gesundheitsmagazin endlich mal eine Sendung kam
über das Gehirn, dessen merkwürdige Tätigkeit mir Rätsel aufgibt: Es
geht mir um folgendes.
Ich hielt mich für sehr vergesslich, was zeitnahe Dinge betreffen.
Nun wurde ich an Bismarcks Geburtstag 93 Jahre alt. Und erst im Laufe
der letzten zwei Jahre fallen mir Gedichte ein, die ich vor 75 bis 80
Jahren in der Schule lernte und zwar lückenlos, teils lange Gedichte
wie "Die Bürgschaft" von Schiller der „Des Sängers Fluch" von Uhland.
Nie habe ich in der langen Zwischenzeit an all die Literatur aus dem
Schulunterricht gedacht!
Ich habe zwar ein sehr bewegtes, abwechslungsreiches Leben hinter mir,
bei meinem hohen Alter begreiflich: Schulabschlussprüfungen, Tanz,
Theater, Reisen, Praktikantenjahre, Heirat, zwei Kinder, Umzüge, zwei
Kriege und Hungersnöte, mein Mann vier Jahre im Krieg, gleichzeitig
das zweite Kind geboren, furchtbare Fliegerangriffe mit Tochter und
Baby, Wohnungsverlust, elf Jahre Notwohnung, dann Neubau mit großem
Garten, Schulaushilfen noch mit 60 Jahren, Tod meines Mannes, hier
eine Kleinwohnung, eine Operation, Schmerzhafte Alterskrankheiten,
Gehunfähigkeit, Rollstuhl, schöne Reisevorträge über Auslandsreise mit
meinem Mann.
Und nun ohne eine Veranlassung fallen mir erstmals wieder so viele
Gedichte ein, nach 75 bis 80 Jahren. So lange kann ein Gehirn
speichern, unbewusst? Meine Leute wundern sich auch, dass ich von
frühester Kindheit an noch ganz deutlich Wohnungen und Umgebung vor mir
sehe, an zwei Orten, wo ich nur vor meinem sechsten Lebensjahr war.
Kennen Sie auch solche Ergebnisse von Ihren psychologischen
Untersuchungen? Das würde mich interessieren!
```

Abb. 4.13 Brief einer alten Dame, die sich erstaunt darüber zeigt, nach ca. 80 Jahren mehrstrophige, in der Schule gelernte Gedichte fehlerfrei aufsagen zu können.

Für uns im Alltag zeigt sich der Unterschied zwischen aktivem Parathaben von Information und passivem Gespeicherthaben in den Abfragemodalitäten, die Psychologen in drei Grundformen (Tab. 4.2) untergliedert haben.

Tabelle 4.2   Formen der Informationswiedergabe

Freier Abruf	Abruf ohne Hilfestellung, man muß die Information vollkommen selbständig generieren. *Bsp.: Wie heißt die Königin von England?*
Abruf mit Hinweisreizen	Abruf mit Hilfestellung, beispielsweise durch Darbieten des ersten Buchstaben. *Bsp.: Wie heißt die Königin von England? Der erste Buchstabe ist ein E.*
Wiedererkennen	Die gesuchte Antwort ist im dargebotenen Material vollständig enthalten. *Bsp.: Wie heißt die Königin von England? Man zeigt die Namen Camilla, Diana, Elizabeth, Maria, Victoria.*

Welche Bereiche im Gehirn haben mit der Verarbeitung von Information zu tun?

Zum einen ist das gesamte Nervensystem mit der Verarbeitung von Gedächtnis befaßt, bei den peripheren Nerven und dem Rückenmark angefangen bis hinauf zur Großhirnrinde; zum anderen haben bestimmte Hirngebiete weit stärker als andere mit der Einspeicherung, der Ablagerung und dem Abruf von Information zu tun.

Eine auf den ersten Blick vielleicht etwas verwirrende Vorstellung von der Verarbeitung von Information auf Hirnebene ist in Abbildung 4.14 zu sehen. Hier wird gezeigt, daß die Einspeicherung von Information über die Sinnessysteme verläuft, dann aber unterschiedlich und in Abhängigkeit von dem involvierten Gedächtnissystem weiterverarbeitet wird.

Am einfachsten kann man die Hirnverarbeitung für die Gedächtnissysteme darstellen, die sich zuerst entwickeln, auch bei Tieren vorhanden sind und weitgehend automatisiert ablaufen, also für prozedurales, Priming- und perzeptuelles Gedächtnis. Für sie entfällt die grundsätzliche Unterteilung in ein Kurzzeit- und

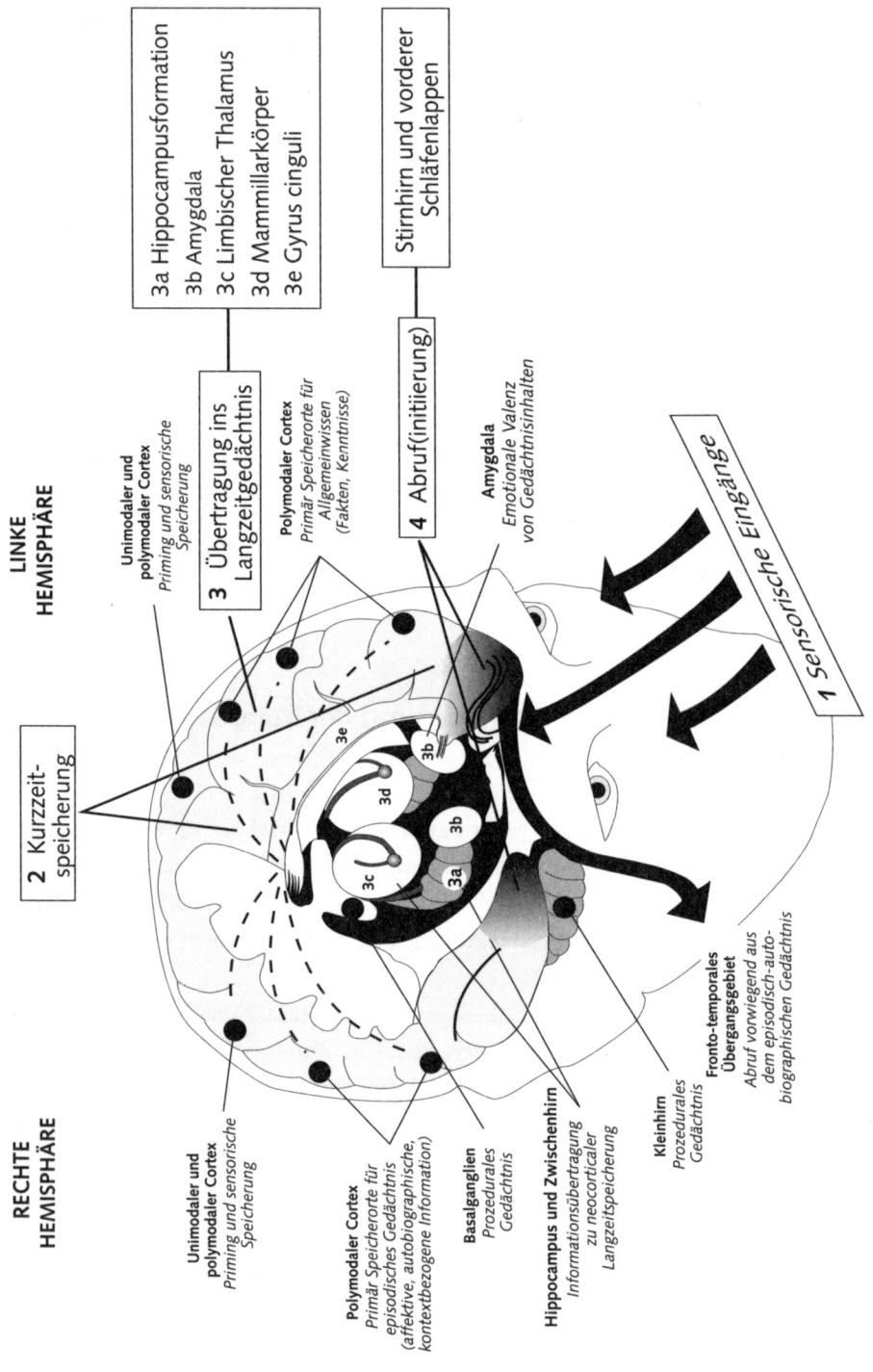

← *Abb. 4.14 Schematische Darstellung der Informationsverarbeitung im menschlichen Gehirn. Die Ziffern 1 bis 4 stehen für die Sequenz der Verarbeitung: 1: Information gelangt über die Sinnessysteme in das Schädelinnere. Dort erfolgt – zumindest für einen Teil der Information – eine kurzzeitige Speicherung (2), die im Bereich von Sekunden bis zu maximal wenigen Minuten liegt. Danach werden, wiederum eingegrenzt auf das Wissenssystem und das episodische Gedächtnis, die zuvor kurzzeitig gespeicherten Inhalte in die – vereinfacht gesagt – in der Hirnmitte befindlichen Strukturen des limbischen System weitergeleitet, wo sie hinsichtlich ihrer biologischen und sozialen Relevanz geprüft werden, assoziiert werden mit schon vorhandener, ähnlicher Information (»Binding-Prozesse«) und von wo sie dann in die Strukturen übertragen werden, die für die langzeitige Speicherung eingerichtet sind. Dies sind vor allem Strukturen in der Großhirnrinde, die als weitverzweigte Netze Inhalte repräsentieren (3). Der Abruf wiederum erfolgt dadurch, daß Regionen im Stirnhirn und im vorderen Schläfenlappen aktiv werden und die Netzwerke zum Abruf bestimmter Inhalte synchronisieren (4). Eine andersartige Verarbeitung findet sich für die Inhalte des prozeduralen und perzeptuellen sowie des Priming-Gedächtnissystems. Vermutlich sind hier grundsätzlich Einspeicher-, Repräsentations- und Abruforte identisch. Diese liegen für das Priming- und das perzeptuelle Gedächtnis in den unimodalen (sich auf die Verarbeitung einer Sinnesmodalität beschränkenden) Hirnrindenarealen und für das prozedurale Gedächtnis in subcorticalen Strukturen, die Basalganglien genannt werden, sowie vermutlich in anderen (auch corticalen) Anteilen des motorischen Systems (s. Markowitsch, 1999a, 2002a).*

Langzeitgedächtnis. Auch scheint – zumindest soweit man heute weiß – eine Unterteilung in unterschiedliche Hirnbereiche für Einspeicherung und Abruf zu entfallen. Statt dessen wird die Information offensichtlich durchweg in jeweils einheitlichen, umgrenzten Hirnbereichen verarbeitet. Dies sind für das prozedurale Gedächtnis vor allem die Basalganglien – große Kerne im vorderen Bereich unter der Hirnrinde –, die früher als hauptsächlich wichtig für die Steuerung motorischer Vorgänge angesehen wurden; daneben vermutlich Teile des Kleinhirns und der prämotorischen Hirnrinde. Für Priming wie auch für das perzeptuelle Gedächtnis werden andererseits wohl hauptsächlich Rindenbereiche im hinteren Hirnbereich aktiviert, sowohl solche, die für Information nur einer Modalität (z. B. Sehen) zuständig sind, als auch solche, die polysensorische oder assoziative Funktionen haben.

Anders verhält es sich beim Wissenssystem und beim episodischen Gedächtnis, für die getrennte Hirnbereiche für Einspeicherung, Ablagerung und Abruf aktiviert werden und bei denen Information zuerst in einen Kurzzeitgedächtnisspeicher gelangt und erst dann zur Weiterverarbeitung in einen Langzeitspeicher überführt wird. Sobald Information über die Sinnessysteme aufgenommen wurde, wird sie in einem wenige Informationseinheiten fassenden Kurzzeitspeicher gehalten, von dort weitergeleitet in Strukturen des limbischen Systems und dort näher analysiert, assoziiert, mit schon vorhandener gleichartiger Information verbunden und hinsichtlich biologischer oder sozialer Bedeutung ausgewertet (Markowitsch, 2002a). Die Abspeicherung der als behaltenswert eingestuften Information erfolgt dann vor allem in weitflächigen corticalen Netzwerken. Hierbei scheint für das Wissenssystem eher die linke Hirnhälfte und für episodische Information eher die rechte Hirnhälfte die Ablagerung zu übernehmen. Für episodische Information wird des weiteren angenommen, daß neben corticalen Netzen des sogenannten Neocortex (vgl. Box 4.2) auch limbische Hirnregionen, die vor allem mit Emotionsverarbeitung befaßt sind, eingebunden sind.

Die Entwicklung des Gehirns

An der Heranreifung des Gehirns sind einige grundlegende Mechanismen beteiligt, die in Box 4.5 geschildert werden.

Grundsätzlich sind die folgenden Faktoren für die Ausreifung des Gehirns zentral:

(a) Die exponentielle Zunahme an Nervengewebe mit fortschreitender Embryonal- und Fötalentwicklung (vom Embryo spricht man während der ersten Schwangerschaftswochen, danach vom Fötus); im Grunde entstehen aus den in den ersten Wochen noch abzählbar wenigen Nervenzellen die ca. 12–20 Milliarden Nervenzellen, die bei Geburt vorhanden sind und die sich nach bisherigem Wissensstand im Laufe des weiteren Lebens eher vermindern denn vermehren.

(b) Die Überproduktion von Nervenzellgewebe um den Zeitpunkt der Geburt herum mit nachfolgender Abnahme (»Pruning«; vgl. Kapitel 1 und Box 4.5).

(c) Die nachgeburtlich andauernde Gewichtszunahme des Nervensystems auf mehr als das Doppelte. Diese ist vor allem durch die Ausbildung von Nervenzellverästelungen – Neuropil genannt – bedingt. Während die Nervenzellen

▶ *Fortsetzung auf Seite 95*

Box 4.5

Myelinisierung, Synaptogenese und Pruning als Mechanismen der neuronal-funktionellen Ausformung

Verschiedentlich wird in diesem Buch auf Prozesse der *Myelinisierung*, der *Synaptogenese* und des *Pruning* eingegangen. Sie alle dienen dazu, Verbindungen zwischen Nervenzellen zu optimieren, und sind primär, wenn auch nicht ausschließlich, im Rahmen der frühen Hirnreifungsvorgänge von zentraler Bedeutung.

Myelinisierung

Unter *Myelinisierung* versteht man die Ausbildung isolierender Markscheiden (Oligodendrogliazellen in Abb. 4.15), die sich als Hüllsegmente isolierend um Axone – die Information weiterleitenden Faser(»Kabel-«)strukturen von Nervenzellen – schließen und damit die Leitgeschwindigkeit von Information beträchtlich erhöhen (bis um das Hundertfache). Es gibt zwei Arten isolierender Markscheiden, die Schwannschen Zellen im peripheren und die Oligodendrogliazellen im Zentralnervensystem. Hierbei handelt es sich nicht um Nervenzellen, sondern um eine im Nervensystem vorkommende Form von Körperzellen. Von diesen sammeln sich relativ viele um ein Axon; zwischen den einzelnen Zellen besteht allerdings ein nicht isolierter Zwischenraum (»Ranvierscher Schnürring«). Bioelektrische Potentiale werden zwischen den Ranvierschen Schnürringen weitergeleitet, »springen« also zwischen diesen, wodurch die Fortleitgeschwindigkeit beträchtlich schneller und beträchtlich präziser wird als bei »hüllosen« Axonen. Löst sich die Myelinisierung auf – wie bei der Hirnkrankheit Multiple Sklerose –, so kommt es zu Fehlschaltungen, Fehlleitungen und damit mangelhafter Informationsübertragung. Dies kann soweit gehen, daß die motorische Handlungsfähigkeit, aber auch die kognitive Verarbeitung von Information beträchtlich eingeschränkt ist.

Während der Ontogenese sind die meisten Nervenzellen anfangs nicht oder nur unvollständig myelinisiert. Dies hat eine nur mangelhafte Integration von Information, die aus unterschiedlichen Hirnbereichen kommt, zur Folge. An einem Beispiel: Wenn man »Fangen« mit einem Kleinkind spielt und, vor ihm herlaufend, einen Haken schlägt, läuft das Kind noch eine Weile geradeaus,

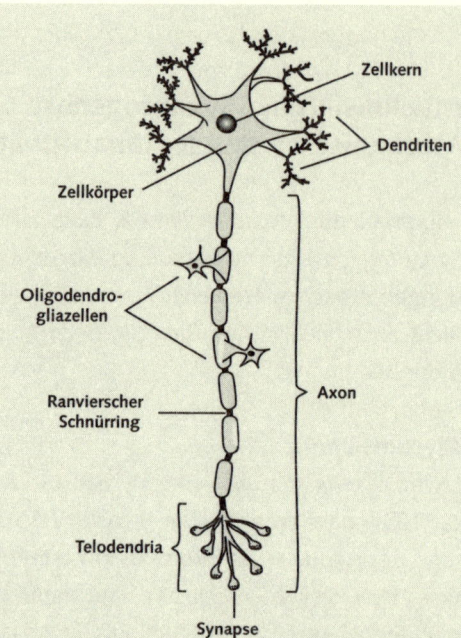

Abb. 4.15 Schematischer Aufbau einer Nervenzelle des Zentralnervensystems. Die Ranvierschen Schnürringe sind die Einschnürungen der Oligodendrogliazellen. Diese wiederum stellen eine Art Isoliermantel dar. Information gelangt vor allem über die Dendriten in die Nervenzelle und wird über die synaptischen Endigungen zu anderen Nervenzellen weitergegeben.

bevor es auch einen Bogen macht. Hier ist zwar die Sensorik ausgebildet – das Kind sieht, daß der Erwachsene einen Haken schlägt – aber die kognitiv-interpretative Verarbeitung des Wahrgenommenen und die Möglichkeiten zur schnellen Hemmung motorischer Akte sind noch unvollkommen, insbesondere langsam. Andererseits vollzieht sich die Myelinisierung großteils in Abhängigkeit von Außeneinflüssen: Erst die Beanspruchung (Rekrutierung) entsprechender Verbindungen und die damit meist verbundenen Prozesse der Assoziationsbildung und Synchronisierung führen zur Ummantelung der Axone. Da manche Hirnregionen erst relativ spät in der Ontogenese in bedeutendem Maße beansprucht werden, bildet sich bei ihnen die Myelinisierung auch erst nach Jahren, im Einzelfall erst nach zwei Jahrzehnten vollständig aus (vgl. Abb. 4.18).

Wie wichtig eine schnelle Informationsübertragung für unser normales Funktionieren ist, wird deutlich, wenn die Isolierschicht allmählich zerstört wird, wie es bei Multipler Sklerose der Fall ist. Je mehr Axone ihre Umhüllung verlieren, desto weniger sind die Betroffenen in der Lage, ganz alltägliche Handlungen zu vollbringen, was im Einzelfall bis zu einer Geh- und Stehunfähigkeit führen kann. Umgekehrt sorgt im Laufe der Gehirnentwicklung die voranschreitende Isolierung der Nervenbahnen dafür, daß das Gehirn immer mehr Funktionen übernehmen kann. Die Nervenbahnen, die den Hirnstamm mit anderen Hirnregionen, mit Muskeln und Organen verbinden, sind zum Zeitpunkt der Geburt fast vollständig mit Myelin umhüllt. Dagegen findet man in solchen Hirnregionen, die »höhere« kognitive Funktionen wie planerisches Denken, Selbstreflexion oder auch Sprache steuern, bei der Geburt noch kaum Myelin vor (Brody, Kinney, Kloman & Gilles, 1987; Gibson, 1991; Klingberg, Vaidya, Gabrieli, Moseley & Hedehus, 1999; Yakovlev & Lecours, 1967).

Synaptogenese
Ein zweiter, insbesondere während der Ontogenese außerordentlich bedeutender Mechanismus ist der der *Synaptogenese*. Synapsen stellen die Verknüpfungselemente von einer Nervenzelle zu einer anderen dar. An den synaptischen Endigungen wird Überträgerstoff (Neurotransmitter) ausgeschüttet, der dann auf der sogenannten postsynaptischen Seite von Rezeptoren der anderen Nervenzelle aufgenommen wird (vgl. Abb. 4.15 und 4.16). Synapsen stellen also die zentralen Elemente zur Kommunikation zwischen Nervenzellen dar. Unter Synaptogenese versteht man die Bildung von Synapsen. Diese beginnt schon im Mutterleib und setzt sich nach der Geburt noch bis zu zwei Jahre fort, wobei in Spitzenzeiten bis zu 15000 Synapsen pro Sekunde an jedem Neuron entstehen können (Huttenlocher, 1990). Ähnlich wie bei der Myelinisierung besteht ein mehr oder weniger direkter Zusammenhang zwischen der Synaptogenese an einem Ort des Gehirns und dessen »Benutzung« zu (oder ab) einem bestimmten Zeitpunkt: Je früher eine Hirnregion gebraucht wird, desto eher kommt es auch zu einer Synaptogenese in dieser Region. Im Säuglings- und Kleinkindalter findet sich allerdings die Besonderheit, daß weit mehr Synapsen produziert als später gebraucht werden. Als überschüssige Synapsen stellen sich dann die heraus, die nicht oder nicht ausreichend benutzt werden; diese werden dann wieder abgebaut. Auch gibt es Änderungen in der Konstellation zwischen Nervenzellen, die sich dann einstellen, wenn eine Region abstirbt oder geschädigt wird (Abb. 4.17). Die Synaptogenese ist somit in hohem Maße von Umwelteinflüssen abhängig.

Der Prozeß der Synaptogenese spielt auch in *kritischen* oder *sensiblen Phasen* eine bedeutende Rolle: Nur wenn während kritischer Perioden in der Entwicklung des Neugeborenen oder Kindes entsprechende Umweltrei-

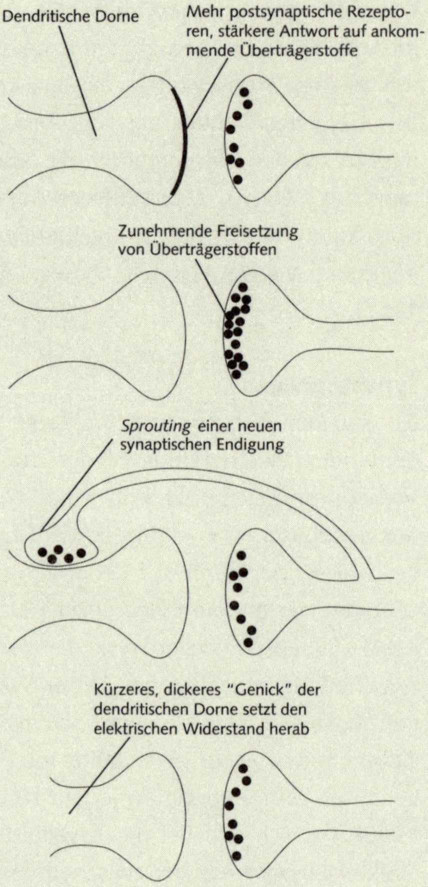

Abb. 4.16 Darstellung der Verbindungsmöglichkeiten und z. B. durch entsprechende Umweltreize sich ändernden Konstellationen zwischen zwei Nervenzellen. Rechts befindet sich die Synapse der »ankommenden«, links der dendritische Dorn der Information »aufnehmenden« Nervenzelle. Wahrscheinlich treten derartige Änderungen beispielsweise bei Lernvorgängen auf und bilden sich insbesondere in früher Kindheit heraus.

Dendritische Dorne — Mehr postsynaptische Rezeptoren, stärkere Antwort auf ankommende Überträgerstoffe

Zunehmende Freisetzung von Überträgerstoffen

Sprouting einer neuen synaptischen Endigung

Kürzeres, dickeres "Genick" der dendritischen Dorne setzt den elektrischen Widerstand herab

ze angeboten werden, kommt es auf Hirnebene zur Synaptogenese und auf Verhaltensebene zur Ausbildung entsprechender Funktionen oder Verhaltensweisen. Dies hat man beispielsweise bei jungen Katzen nachgewiesen, deren Nervenzellen in der Sehrinde eine Umweltstimulation brauchen, um entsprechend geprägt werden zu können. Ähnliches findet man unter dem Stichwort »Kaspar-Hauser-Syndrom« bei Kindern, die vor der Pubertät nicht ausreichend mit sprachlichen Reizen konfrontiert wurden.

In einer Hirnregion muß zuerst eine kritische Dichte von Kontaktstellen entstehen, um bestimmte Funktionen zur Entfaltung zu bringen. Die synaptische Dichte ist somit ein gutes Maß für den Entwicklungsstand einer Hirnregion.

Interdependenz von Gedächtnis und anderen Hirnfunktionen 93

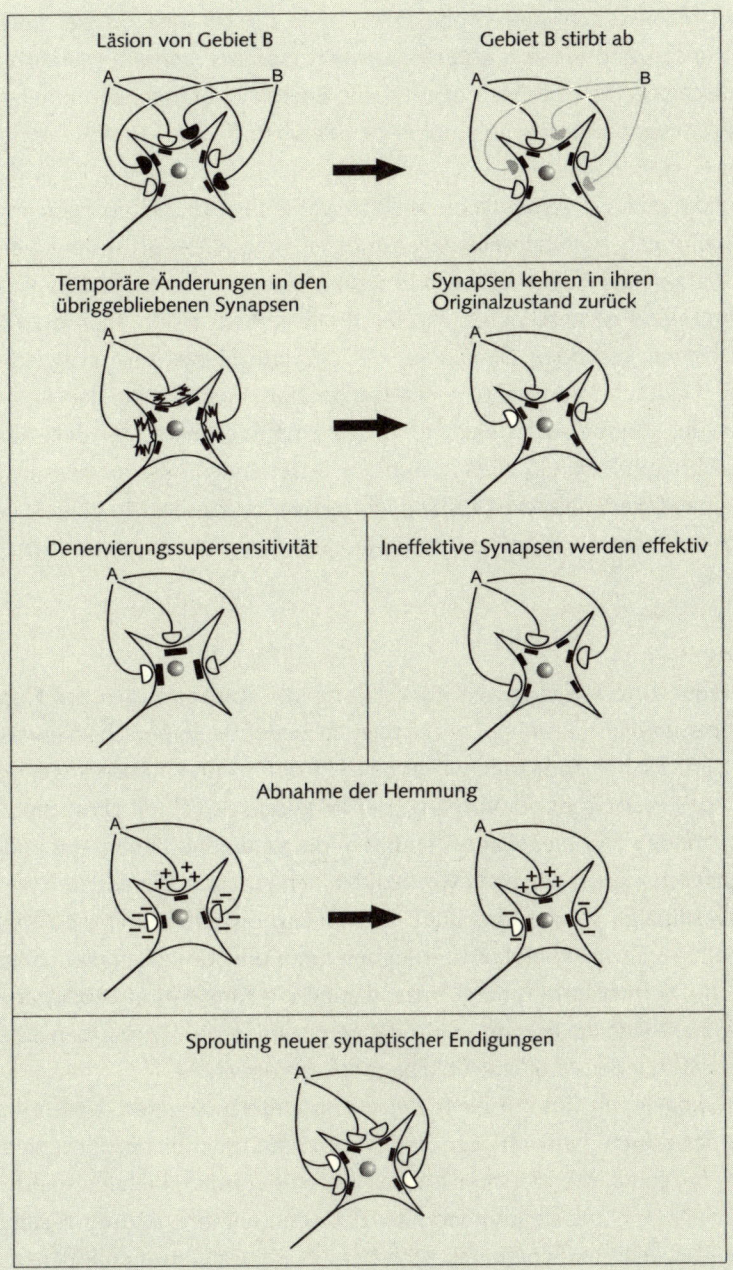

Abb. 4.17 Beispiele für mögliche Anpassungen zwischen Nervenzellen, wenn eine Region abstirbt oder geschädigt wurde.

Da Synapsen wegen ihrer Größe selten auch nur für eine umgrenzte Hirnregion ausgezählt werden können, benutzt man als indirektes Maß für die synaptische Dichte einer Hirnregion deren Energieverbrauch, der mittels Positronen-Emissions-Tomographie über den Sauerstoff- oder Glukoseverbrauch gemessen werden kann.

Abbildung 4.17 verdeutlicht, welche Varianten an Änderungen in den Aufschaltungen zwischen Hirnzellen möglich sind. Gezeigt ist eine Nervenzelle, die axonale Aufschaltungen von den Hirnregionen A und B bekommt. Die Hirnregion ist geschädigt. Mit ihrem Absterben gehen auch die Axone unter, die im gesunden Gehirn auf die gezeigte Nervenzelle aufgeschaltet hätten. Dadurch kann es zu einer temporären Verstärkung der Aufschaltungen aus Region A, zu einer erhöhten Empfänglichkeit der Zelle für die aus A übriggebliebenen Aufschaltungen (»Denervierungssupersensitivität«; Wirksamkeit/Bedeutsamkeit bislang ineffektiver Synapsen), zu einer Verminderung der Hemmung oder zum Aussprossen (»sprouting«) neuer Synapsen kommen.

Pruning

Der umgekehrte Vorgang, die Rückbildung von Kontaktstellen auf Nervenzellebene, wird als »Pruning« bezeichnet. Es bedeutet eigentlich so etwas wie einen Zurückschneideprozeß, wie er beim Pfropfen von Bäumen angewendet wird. Auch Pruning ist ein Vorgang, der im Wechselspiel mit Umweltprozessen stattfindet. Nur diejenigen Dendriten, die genügend häufig von anderen Nervenzellen »angesprochen« werden, bleiben erhalten, die anderen werden als »überflüssig« wieder abgebaut. Das Gehirn erreicht damit die Möglichkeit, Netzwerke für komplex zu integrierende Funktionszusammenhänge zu schaffen. Die meisten Pruning-Prozesse sind bis zum dritten Lebensjahr abgeschlossen. Danach kommt es für die Mehrzahl der Verbindungen zu einer grundsätzlich lebenslang stabil bleibenden Verkoppelung.

Katharina Braun fand in einer Reihe von Untersuchungen, daß Pruning-Phänomene auch dann wirksam sind, wenn man sie in dieser Form nicht erwartet: Jungtiere, die von ihrer Mutter entfernt wurden, bildeten mehr dendritische Dornen aus als Jungtiere, die zufrieden mit ihrer Mutter zusammen waren – bei ersteren bildete sich nach der Zusammenführung mit der Mutter das Dornengeflecht zurück (s. Braun & Bock, 2003; Ovtscharoff & Braun, 2001; Poeggel et al., 2003).

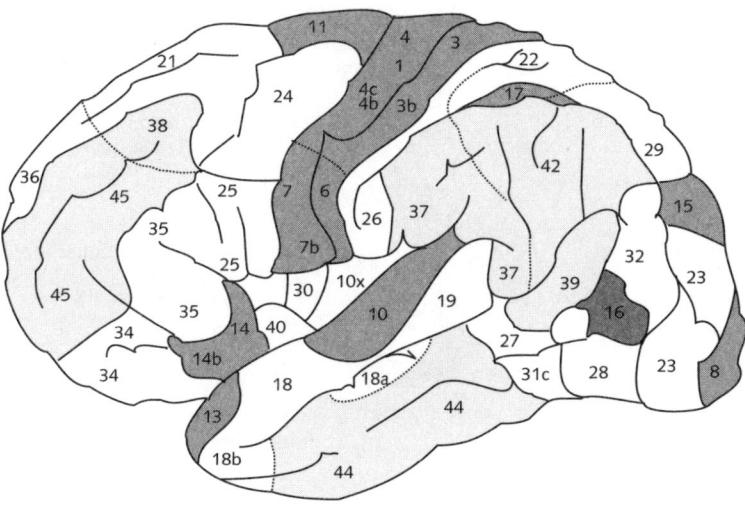

Abb. 4.18 Flechsigs Hirnkarte (Seitenansicht der Großhirnrinde), die die unterschiedliche Reifung einzelner Areale zeigt: Die weißen Areale brauchen am längsten zur Ausreifung, die hellgrauen weniger Zeit, und die schwarzen sind praktisch schon bei der Geburt des Kindes ausgereift. Die weißen Regionen stellen vorwiegend die sogenannten Assoziationsregionen der Hirnrinde dar, die für höhere kognitive Funktionen wichtig sind und vor allem im Stirnhirn, im Schläfenlappen und im Scheitellappen liegen. Flechsig kam zu seinen Erkenntnissen, indem er das Hirngewebe vor und nach der Geburt studierte (Flechsig, 1896a, b).

als solche grundsätzlich in ihrer Zahl konstant bleiben, vermehren sich das dendritische und axonale Gewebe und die Anzahl der Stütz- und ernährenden Zellen (Gliazellen; *glia* bedeutet Leim, Kleister) beträchtlich. (Es gibt inzwischen aber auch Hinweise darauf, daß auch nachgeburtlich aus Gliazellen Nervenzellen entstehen können; Götz, 2003).

(d) Die selektive Ausreifung einzelner Hirnregionen, wobei gerade die Regionen und Verbindungen, die am wichtigsten für die höheren geistigen Funktionen – und damit für das autobiographische Gedächtnis – sind, die längste Zeit brauchen, um ihre vorläufige Endgestalt anzunehmen (und andererseits meist am schnellsten wieder absterben). Diesen selektiven Reifeprozeß hatte ein berühmter Nervenarzt schon im 19. Jahrhundert beschrieben (Flechsig, 1896; Abb. 4.18).

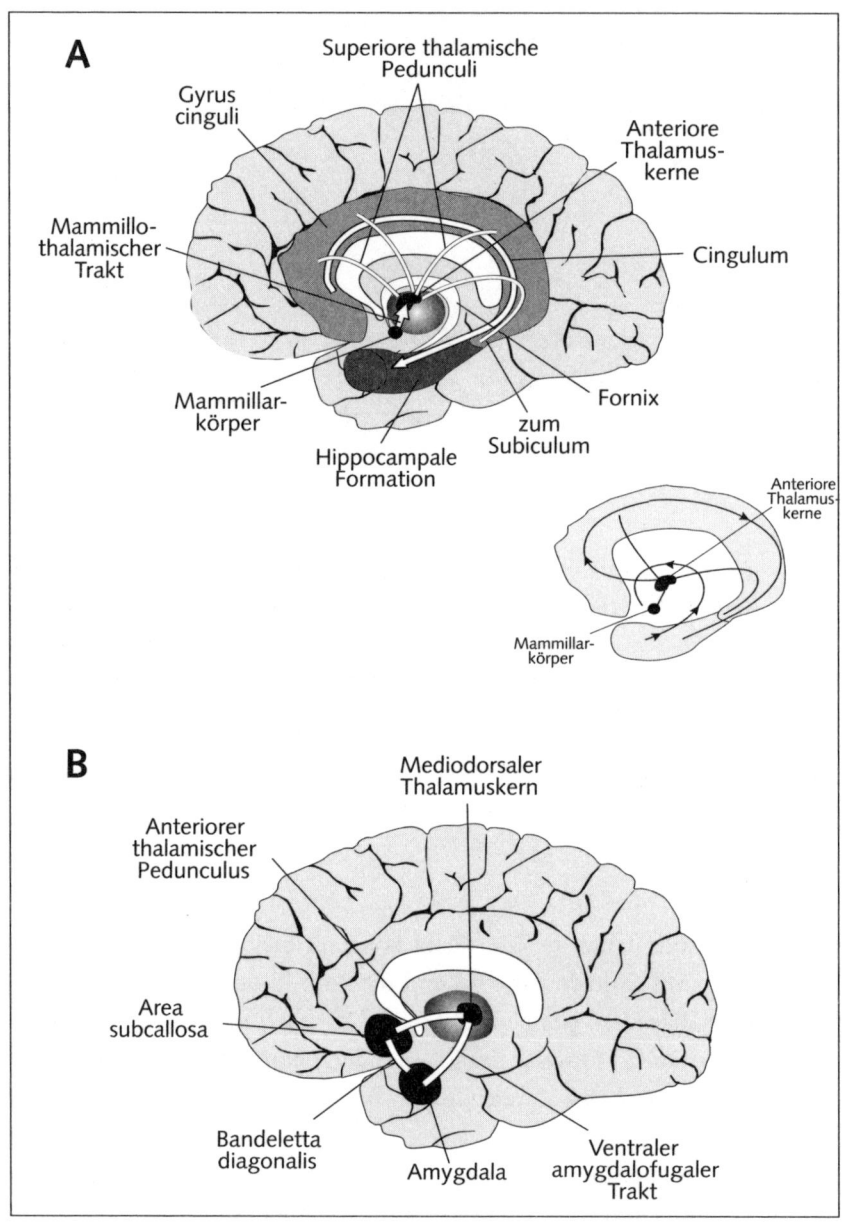

Abb. 4.19 Der Papezsche (A) und der basolateral-limbische Schaltkreis (B). Beide dienen insbesondere der Einspeicherung episodisch-autobiographischer Ereignisse, daneben aber auch der von Fakten. Hierbei ist der basolateral-limbische Kreis vermutlich stärker als der Papezsche Schaltkreis an der emotionalen Bewertung von Erlebnissen beteiligt.

(e) Die relative Größen- oder Volumenzunahme einzelner Strukturen innerhalb der Säugetierreihe. Hier ist weniger verwunderlich, daß die Großhirnrinde und insbesondere die Stirnhirn- und Schläfenlappenbereiche sich stark vergrößert haben. Erstaunlich ist dagegen, daß Strukturen sich teilweise enorm vergrößert haben, die phylogenetisch schon recht alt sind, aber in der Säugetierevolution offensichtlich einen zumindest teilweisen Funktionswechsel oder eine Funktionserweiterung durchgemacht haben. Beispiele sind die Mammillarkörper – sehr kleine, tief unten im Zwischenhirn am Hirngrund (Hypothalamus) liegende paarige Kerne – und die anterioren Thalamuskerne, die von den Mammillarkörpern Aufschaltungen bekommen (s. dazu Abb. 3.5, S. 45, und Abb. 4.4, S. 68) (Armstrong, 1986; Rapoport, 1990; Stephan, 1975). Beide Strukturen bilden Komponenten des Papezschen Schaltkreises (Abb. 4.19), der für die Gedächtnisverarbeitung (Bewertung und Übertragung ins Langzeitgedächtnis) zentral ist. Ähnliches gilt für die Ausweitung einer ansonsten auch eher ungeordneten Struktur im limbischen System, die eingegliedert in einen zweiten, für die Gedächtnisverarbeitung und insbesondere für die Integration von Emotion und Gedächtnis bedeutenden Schaltkreis, den basolateralen limbischen Kreis (Abb. 4.19), wichtig ist – das Septum, oder genauer, die Septumkerne (Andy & Stephan, 1976; Stephan, 1975; Cramon & Markowitsch, 2000). Diese gehören zum basalen Vorderhirn und enthalten Nervenzellen mit dem Überträgerstoff Azetylcholin, der einerseits für Lern- und Gedächtnisvorgänge sehr wichtig ist und andererseits über weite Bereiche der Hirnrinde Projektionsfasern aussendet.

(f) Die herausragende Bedeutung adäquater Umweltreizung für die Entwicklung und den Ausbau des Nervengewebes (»kritische« oder »sensible Perioden«, z. B. für Ausreifung des Gesichtssinns und für die der Sprache). Hierzu ist bekannt, daß beispielsweise eine normale Sprach- und Sprechfähigkeit von Menschen nicht mehr erlernt werden kann, die bis zur Pubertät keinen Kontakt mit Sprachlauten hatten (»Kaspar-Hauser-Syndrom«). Analog wissen wir aus dem Alltag, daß Kinder Fremdsprachen in der Kindheit viel schneller und weitgehend ohne Akzent lernen können; je älter sie aber werden, um so mehr verlieren sie diese Gabe. In die gleiche Richtung gehen tierexperimentelle Untersuchungen, bei denen junge Katzen nach den ersten Lebenswochen einer sehr einseitigen visuellen Reizumgebung ausgesetzt wurden. Später konnten diese Tiere nicht mehr »normal« sehen und hatten deswegen Schwierigkeiten, sich in ihrer Umgebung zurechtzufinden (Abb. 4.20).

Abb. 4.20 Beispiel für sogenannte Kaspar-Hauser-Versuche. Ein Kätzchen wird in einer restriktiven visuellen Reizumgebung gehalten, was zur Folge hat, daß seine Nervenzellen in der Sehrinde auf nur diese Reizart (senkrecht stehende schwarz-weiße Streifen) geprägt werden.

Verlauf der Entwicklung des Nervensystems – Phylogenese und Ontogenese

Unser Gehirn entwickelt sich sozusagen von hinten nach vorne oder von unten nach oben. Zuerst entstehen aus einem eher amorphen Neuralrohr die Bereiche unseres Rückenmarks, dann weiter aufsteigend die Bereiche von Hinterhirn, Mittelhirn, Zwischenhirn und Vorderhirn (Abb. 4.21 und 4.22).

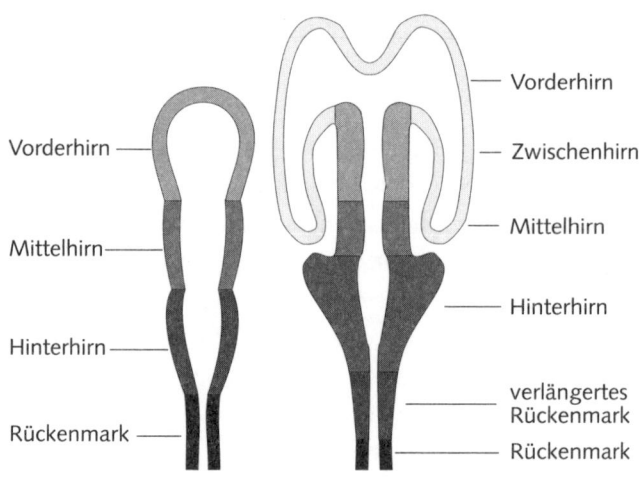

Abb. 4.21 Die Entwicklung des Nervensystems vom Neuralrohr zur Ausdifferenzierung, die dem Stadium des neugeborenen (und damit auch des erwachsenen) Gehirns entspricht.

Interdependenz von Gedächtnis und anderen Hirnfunktionen 99

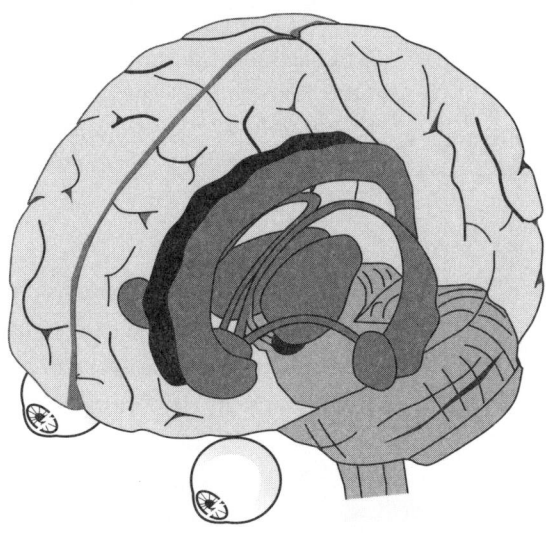

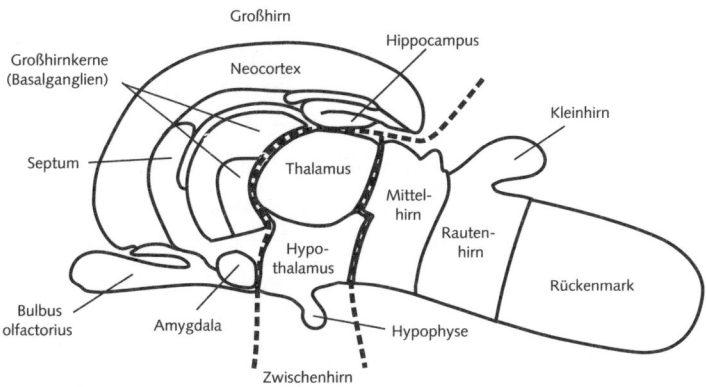

Abb. 4.22 Normaldarstellung des menschlichen Gehirns (oben) und im Vergleich dazu ein prototypisches Säugetiergehirn im Längsschnitt (unten). Die Lage der größeren Abschnitte des Gehirns, die in konventioneller Weise unterteilt wird, ist angegeben. Die Großhirnrinde wölbt sich im Grunde über alle Strukturen außer über das Rückenmark, das entlang der Wirbelsäule den Rücken abwärts verläuft.

Bis zu einem gewissen Entwicklungspunkt entsprechen sich dabei Ontogenese und Phylogenese. Wie sich das Gehirn von niederen zu höheren Tieren entwickelte (in der Phylogenese z. B. vom Fisch zum Affen), so vollzieht sich im menschlichen Fötus seine Ausdifferenzierung. Allerdings stellt diese Entwicklung nur das Grundgerüst – sozusagen das Skelett – dar. Zum einen wird das pilzartig die

100 Die Entwicklung des autobiographischen Gedächtnisses auf Hirnebene

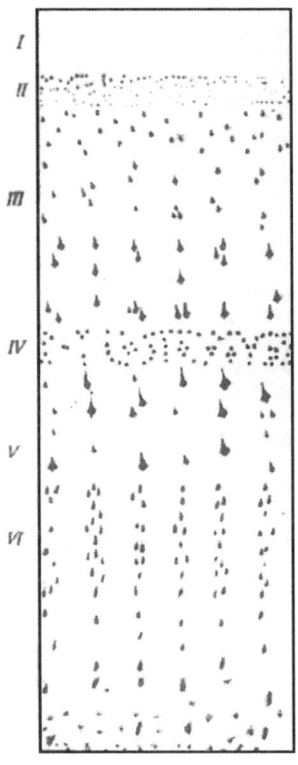

⬅ Abb. 4.23 Der sechsschichtige Grundaufbau der Säugetierhirnrinde. Die erste Schicht ist fast nervenzellfrei. Die anderen Schichten enthalten unterschiedliche Nervenzelltypen: kleine Punkte sind Körnerzellen, größere Pyramidenzellen.

anderen Strukturen überwuchernde Großhirn im Laufe der postnatalen Entwicklung noch wesentlich größer und schwerer, zum anderen bilden sich in der Hirnrinde (Abb. 4.18, S. 95) noch viele kleine Furchen aus, die die Gesamtoberfläche vergrößern, und außerdem gibt es gerade im menschlichen Gehirn eine sehr große Anzahl von Regionen und Faserstrukturen (d. h. verbindenden Elementen), die teilweise lange Jahre nach der Geburt – im Extremfall bis in die dritte Lebensdekade – weiter wachsen, bei denen vor allem deren Nervenkabel (die Axone) noch Isolierschichten ausbilden, die eine verbesserte Kommunikation und damit auch eine verbesserte Speicherung ermöglichen. Zu den Gehirnarealen, die sich vor allem in Abhängigkeit von Außeneinflüssen entwickeln, gehören zum einen Regionen des limbischen Systems (Abb. 4.4, S. 68) und zum anderen die sogenannten Assoziationsregionen der Hirnrinde (Abb. 4.19, S. 96).

Reifung des limbischen Systems.
Verglichen mit dem Neocortex, der sechsschichtigen Hirnrinde (Abb. 4.23), haben die corticalen Strukturen des limbischen Systems in der Regel weniger als sechs Schichten, manchmal – wie beim Riechhirn (Bulbus olfactorius) und beim Hippocampus – nur drei. Dies spricht für eine recht frühe Ausreifung, da phylogenetisch alte Strukturen meist eher ihr Entwicklungsstadium beendet und ihr »Reifestadium« erreicht haben als die phylogenetisch neuen. Paul MacLean (1970) – ein berühmter Erforscher des limbischen Systems um die Mitte des letzten Jahrhunderts – sprach gar vom »dreieinigen Gehirn« und stellte das limbische System dabei in die Mitte (Abb. 4.24).

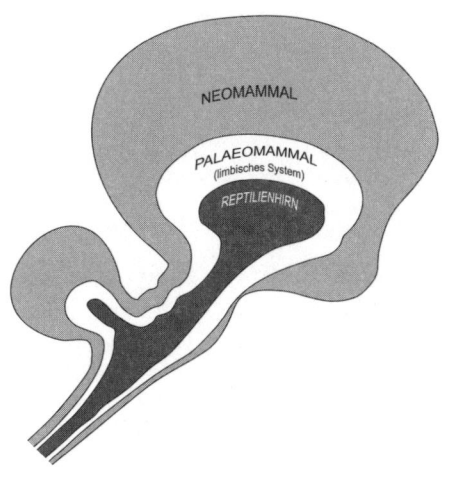

Abb. 4.24 MacLeans (1970) schematische Ansicht des zwiebelschalenartigen Aufbaus des Säugetiergehirns. Das limbische System befindet sich in der Mitte zwischen dem darunter liegenden Hirnstamm, der die überlebenswichtigen Funktionen steuert, und dem darüber liegenden Neocortex (neue, sechsschichtige Hirnrinde; vgl. Abb. 4.23), der für die Detailverarbeitung von Sensorik und Motorik und für höhere geistige Funktionen wichtig ist.

Innerhalb des limbischen Systems ist die Mehrzahl der Strukturen tatsächlich relativ früh ausgereift, einzelne erreichen aber erst spät ihr Endstadium. Unter den spät ausreifenden Strukturen sind vor allem der Bereich des Hippocampus und die größte Faserverbindung, die aus dem Hippocampusbereich heraus- und teilweise auch wieder in ihn hineinführt, zu nennen: der Fornix (vgl. Abb. 4.4, S. 68). Innerhalb des Hippocampusbereichs gibt es einzelne Abschnitte, die relativ streng gegliedert erscheinen – was dazu führt, daß man hier von einer besonderen »Architektur« spricht (Abb. 3.7, S. 47, und Abb. 3.8, S. 48). Der als Gyrus dentatus bezeichnete Neuronenabschnitt des Hippocampus etwa generiert noch fast ein Jahr lang postnatal Nervenzellen. Dendritenentwicklung und Synapsenbildung dauern auch noch Jahre nach der Geburt an (Serres, 2001). Neuere Forschungen gehen sogar von einer lebenslangen Neubildung oder Ersetzung alter, abgestorbener Nervenzellen in diesem Bereich aus.

Die Nervenfasern, die den Fornix bilden, ummanteln sich erst nach dem zweiten Jahr mit Hüllschichten aus Myelin. Die Ummantelung setzt sich noch bis in die späte Kindheit fort (Brody et al., 1987; A. Diamond, 1990; Yakovlev & Lecours, 1967). Dies bedeutet, daß der wohl wichtigste Schaltkreis des menschlichen Gehirns, der mit der Bewertung einkommender Informationen und mit deren Übertragung zur Langzeitabspeicherung zu tun hat, der sogenannte Papezsche Schaltkreis (Abb. 4.19, S. 96), erst im Laufe der kindlichen Entwicklung adäquat arbeitet.

Das Gehirn hat ab dem dritten Lebensjahr wesentliche »Pruning-Prozesse« abgeschlossen (vgl. Box 4.5, S. 94). Es erlangt damit in dieser Zeit eine Vernet-

Tabelle 4.3 Oberfläche der Regio frontalis (in mm²) und ihre Beziehung zur Gesamtfläche der Großhirnrinde (in %) für einige Säuger (nach Brodmann, 1912).

Ordnung	Tierart	Gesamtcortex-fläche einer Hemisphäre (in mm²)	Anteil der Regio frontalis an der gesamten Hirnrinde	
			(in mm²)	(in %)
Primaten	Mensch, Homo sapiens	135470	39287	29,0
	Schimpanse, Pan troglodytes	39572	6719	16,9
	Großer Gibbon, Symphalangus syndactylus	16302	1839	11,3
	Mandrill, Papio sphinx	21321	168	10,1
	Pavian, Papio hamadryas	20594	967	9,5
	Pavian, Papio cynocephalus	20376	2111	10,3
	Moor macaque, Macaca maurus	15308	1733	11,3
	Guenon Ceropithecus sp.	14641	1625	11,1
	Kapuzineraffe, Cebus capucinus	13682	1260	9,2
	Pinselohräffchen Callithrix penicillata	1649	148	8,9
Halbaffen	Rotbauchlemur, Lemur rubriventer	4054	337	8,3
	Großer Zwerglemur, Cheirogaleus major	921	70	7,2
Fledermausartige	Flughund, Pteropus edwarsi geoffroy	1097	26	2,3
Raubtiere	Hund, Canis familiaris	9527	657	6,9
	Katze, Felis domestica	4474	152	3,4
Hasenartige	Gemeines Kaninchen, Oryctolagus cuniculus	1627	36	2,2

Ordnung	Tierart	Gesamtcortex-fläche einer Hemisphäre (in mm²)	Anteil der Regio frontalis an der gesamten Hirnrinde	
			(in mm²)	(in %)
Insektenfresser	Igel, *Erinaceus europaeus*	575	–	–
Edentata	Haariger Armadillo, *Chaetophractus villosus*	2010	–	–
Marsupialia	Weißohropossum, *Didelphis albiventris azarae*	804	–	–

zung, die im Grundsatz das kommende Leben über stabil bleibt. Hierzu zählt die Integration der verschiedenen Hirnebenen: Der phylogenetisch alte Hirnstamm, der für basale, für das Überleben des Individuums essentielle Funktionen zuständig ist, verbindet sich funktional mit den Strukturen des limbischen Systems, die unsere Befindlichkeit steuern. Die limbischen Hirnstrukturen wiederum werden mit den kognitiv-neocorticalen zusammengeführt, so daß eine integriert reifende Persönlichkeit entsteht. Kommt es in diesem Stadium, das in der Grundschulzeit eintritt, zu starken emotionalen Verwerfungen – etwa durch den plötzlichen Verlust eines Elternteils oder durch Gewaltexzesse (z. B. sexuellen Mißbrauch) – mißlingt die Integration der limbischen und kognitiven Hirnebenen. Es kommt zu sogenannten dissoziativen Persönlichkeitsstörungen, im Extremfall zur Ausbildung von »Doppel-« oder »Mehrfachpersönlichkeiten«; die betroffenen Personen können keine symbiotische Verbindung zwischen ihren rational-kognitiven und ihren affektbesetzten, emotionalen Vorstellungen erzielen: Die emotionale Ebene drängt sich in den Vordergrund und unterdrückt die überlegend-kognitive, wodurch meist eine interne Ausdrucksmöglichkeit (»Verbalisierungsfähigkeit«) von Gefühlen und Gedanken mißlingt. Solche Patienten sind in stereotypen, unkontrollierbar wiederkehrenden Vorstellungen, im Einzelfall sogar in Wahnwelten verhaftet (Fujiwara & Markowitsch, 2003).

Mit diesen Beispielen wird deutlich, daß eine integrierte Verknüpfung zwischen den Ebenen Hirnstamm – limbisches System – Neocortex notwendige Voraussetzung für das von MacLean so bezeichnete dreieinige Gehirn darstellt (vgl. Abb. 4.24).

Reifung des Neocortex

Wie schon oben erwähnt, nimmt die phylogenetische Ausdifferenzierung der Hirnrinde insbesondere in den Assoziationsgebieten beträchtlich zu. Besondere Bedeutung kommt dabei vor allem dem Stirnhirn zu, das sich sowohl in seinen orbitofrontalen wie in seinen dorsolateralen Anteilen beträchtlich ausdifferenziert (vgl. Abb. 4.1, S. 65). Die Entwicklung des Stirnhirns wird je nach angelegten Kriterien unterschiedlich bewertet. Die klassische Definition richtet sich an der Zytoarchitektur aus, also am Auftreten und der Verteilung bestimmter Nervenzelltypen. Dieses vor allem von Korbinian Brodmann propagierte Instrument zur Beschreibung (Brodmann, 1909) stellt die menschliche Hirnrinde mit Abstand an die Spitze der Säugetierreihe (Tab. 4.3; Brodmann, 1912). Damit entspricht seine auf der Anatomie basierende Einschätzung dieser Region einer schon sehr früh – 1854 – von Huschke geäußerten Einschätzung – die später häufig wiederholt wurde (Markowitsch, 1990) –, daß das Stirnhirn Sitz der Intelligenz sei. Andere haben Brodmanns Maß kritisiert und statt dessen die thalamo-corticale Verbindung – im Falle des Stirnhirns das Projektionsareal des mediodorsalen Thalamuskerns – als Kriterium empfohlen (Rose & Woolsey, 1948), was aber von Dritten als ebenfalls fehlerhaft in Frage gestellt wurde (Markowitsch & Pritzel, 1979).

Bei allem Für und Wider kann festgehalten werden, daß das menschliche Stirnhirn nicht nur besonders viel an der Gesamthirnrinde ausmacht, sondern diese Masse noch durch die funktionelle Asymmetrie der Hirnhälften potenziert wird (Geschwind & Galaburda, 1982; Springer & Deutsch, 1989). Diese »Verdoppelung« wird nicht nur in der morphologisch meßbaren Brocaschen Sprachregion sichtbar (s. Abb. 4.28), sondern auch beispielsweise in den neuen, durch die Ergebnisse der funktionellen Bildgebung gewonnenen Erkenntnissen zur in den beiden Stirnhirnhemisphären unterschiedlichen Verarbeitung von Gedächtnisfunktionen. So schlugen Tulving und Mitarbeiter (1994) das HERA-Modell vor. Dieses Kürzel steht für »Hemispheric-Encoding-Retrieval-Asymmetry« und meint (unter anderem), daß die linke Stirnhirnhälfte für die Einspeicherung und die rechte für den Abruf von episodischer Information von zentraler Bedeutung ist.

Einhergehend mit der Hemisphärendominanz, die sich im Stirnhirn auch in der Verarbeitung von Weltwissen (semantischem Gedächtnis; linke Hirnhälfte) und autobiographischem Gedächtnis (rechte Hirnhälfte) zeigt (Kroll, Markowitsch, Knight & von Cramon, 1997; Markowitsch, 1999b), kommt der Wirkung der Umwelt und damit auch kulturellen Einflüssen eine besondere Bedeutung bei der Ausbildung der funktionellen Belegung der Großhirnhälften zu. Neben der Gedächtnisverarbeitung zeigt sich dies in erster Linie auf dem Gebiet der Sprachverarbeitung, wo eine Unzahl von Studien belegt, daß Menschen ostasiatischer Kulturkreise mit Schriftzeichen, die Wörter oder größere Worteinheiten symbolisieren, eine stärker beidhemisphärische Wortverarbeitung aufweisen als Menschen westlicher Kulturkreise (Dong et al., 2000; Hellige & Yamauchi, 1999; Kamada et al., 1998; Matsuo et al., 2000). Hier scheinen sich, wie Zilles und Mitarbeiter (2001) belegten, ethnische, aber auch das Geschlecht betreffende Eigenschaften auf die Gestalt des Gehirns auszuwirken. Das Geschlecht stellt natürlich auch insgesamt eine sehr bedeutende Variable dar, was die funktionelle Hemisphärenbelegung betrifft (Pritzel & Markowitsch, 1997). Sowohl im gesunden Individuum zeigen sich hier Unterschiede in der Verarbeitung von Sprache, Emotionen und Kognitionen (Canli, Desmond, Zhao & Gabrieli, 2002; Davatzikos & Resnick, 1998; Gur et al., 1999), im Hirnvolumen des Stirnhirns gegenüber dem limbischen Schläfenlappenbereich (Gur, Gunning-Dixon, Bilker & Gur, 2002) und in der Hirnbiochemie, (Kaasinen, Nagren, Hietala, Farde & Rinne, 2001), aber auch hinsichtlich der Hirnreifungsprozesse in Abhängigkeit von Umwelteinflüssen (De Bellis & Keshavan, 2003).

Was die Hirnreifung angeht, läßt sich insgesamt folgendes festhalten: Wie zu erwarten, bleiben die alten Hirnanteile des Stammhirns (»Reptilienhirn« in Abb. 4.24, S. 101) am konstantesten. Limbische Hirnregionen, die phylogenetisch betrachtet ja auch eher zu den alten Hirnbereichen zählen – manche limbischen Anteile gibt es schon bei Salamandern –, machen im Lauf der Ontogenese aber schon eine beträchtliche Wandlung durch, die zumindest teilweise mit einer Änderung in ihrer funktionellen Belegung einhergeht. Die jungen Anteile des Neocortex schließlich erfahren sowohl strukturell als auch funktionell die größten Erweiterungen und Veränderungen: Innerhalb des Neocortex zeigt sich dabei im Schläfenlappen und mehr noch im (dorsolateralen) Stirnhirn (vgl. Abb. 4.1, S. 65) ein Maximum an Ausdifferenzierung.

Hinweisen wollen wir in diesem Zusammenhang noch auf eine der »menschlichsten« Kognitionen – sich in andere hineinversetzen zu können. Auf diese Funktion, deren kindliche Entstehung und Bedeutung in Kapitel 7 im Abschnitt »Theory of Mind – Psychologisches Verstehen« behandelt wird (siehe auch Perner, 2000; Perner & Dienes, 2003; Perner, Lang & Kloo, 2002), soll hier aus funktionell-anatomischer Sicht hingewiesen werden. An erster Stelle scheint das psychologische Verstehen, das ja eine hochsoziale Verhaltensweise ist, an orbitofrontale, teilweise aber dorsolaterale Anteile des Stirnhirns (vgl. Abb. 4.1, S. 65) gebunden zu sein (Abu-Akel, 2003; Bird, Castelli, Malik, Frith & Husain, 2004; Calarge, Andreasen & O'Leary, 2003; Channon & Crawford, 2000; Gregory, Lough, Stone, Erzinclioglu & Martin, 2002; Rowe, Bullock, Polkey & Morris, 2001; Shallice, 2001; Siegal & Varley, 2002; Stone, Baron-Cohen & Knight, 1998; Stuss, Gallup & Alexander, 2001). Daneben spielt interessanterweise eine Kernstruktur, die bei Primaten und damit auch beim Menschen ebenfalls eine starke Ausdifferenzierung und Erweiterung in Teilkerne erfahren hat (Stephan, 1975), nämlich die Amygdala (vgl. Abb. 4.4, S. 68), eine bedeutende Rolle (Fine, Lumsden & Blair, 2001; Shaw et al., 2004; Siegal & Varley, 2002; Stone, Baron-Cohen, Calder, Keane & Young, 2003).

Eine Reihe sehr aufschlußreicher Studien hierzu wurde von Julian Keenan und Mitarbeitern an der Harvard-Universität durchgeführt. Den Versuchspersonen wurden Gesichter fremder Menschen und das eigene Gesicht gezeigt (Keenan et al., 1999; Keenan, Wheeler, Gallup & Pascual-Leone, 2000). In der interessantesten Studie dieser Serie untersuchte man die Versuchspersonen mittels funktioneller Bildgebung, während ihnen auf einem Bildschirm Gesichter von Prominenten (z. B. Bill Clinton) gezeigt wurden, die sich langsam (in 20 Stufen) hin zur Abbildung des eigenen Gesichts veränderten. Sobald die Versuchspersonen sich erkannten, kam es zu einer selektiven Aktivierung im rechten seitlich-unteren Stirnbereich und damit zu einem Korrelat für das Sich-selbst-Erkennen. Eine andere Arbeitsgruppe (S. C. Johnson et al., 2002) beschäftigte sich mit der Untersuchung neuraler Korrelate von Prozessen, die mit selbstreflektierendem Verhalten einhergehen. Versuchspersonen mußten für sich entscheiden, ob Satzaussagen wie »Ich habe ein aufbrausendes Temperament« oder »Ich bin stets freundlich zu anderen« auf sie zutrafen. Zutreffende Aussagen führten zu einer Aktivierung medialer Stirnhirnanteile. Dieses Ergebnis spiegelt somit die Bedeutung des Stirnhirns für die eigene Persönlichkeit wider. Es bestätigt ähnliche Studien, die Veränderungen in Stirnhirnanteilen (Stoffwechselreduktionen, Gewebsveränderungen) mit antisozialem und kriminellem Verhalten in Zusammenhang bringen (Blair, 2004; Pontius & Yudowitz, 1980; Raine, Lencz, Bihrle, LaCasse & Colletti, 2000; Raine et al., 2003; Raine et al., 1998a; Raine, Stoddard, Bihrle & Buchsbaum, 1998b). Und es unterstreicht die Schlußfolgerungen von Eslinger, Flaherty-Craig und Benton (2004), daß insbesondere frühe Einwirkungen auf das Stirnhirn die Integration und das Zusammenspiel kognitiver, emotionaler, selbstregulativer und exekutiver/metakognitiver Prozesse signifikant beeinträchtigen.

In welchem Ausmaß Reifeprozesse Stirnhirnfunktionen beeinflussen, zeigte eine Reihe von Studien von Patricia Goldman-Rakic und Mitarbeitern. Sie hatte unter dem damals vorherrschenden Leitbild des Kennard-Prinzips (Kennard, 1938, 1940, 1942) zusammen mit ihrer Mitarbeiterin Galkin intrauterin Stirnhirnabtragungen an Affenföten vorgenommen (Abb. 4.25). Das Kennard-Prinzip (s. Box 4.6, S. 109) besagt, daß die Gehirne junger Individuen auf Hirnschäden weit adaptiver reagieren als die von erwachsenen Individuen. Wie sich herausstellte, unterschieden sich die Tiere, nachdem sie per Kaiserschnitt auf die Welt gekommen waren, auf verschiedene Weisen von Tieren, die als erwachsene derartige Läsionen bekommen: Bei erwachsenen Affen würde es nach solchen Schäden zur Degeneration der zugehörigen mediodorsalen thalamischen Nervenzellen kommen; diese waren jedoch bei den intrauterin lädierten Affen erhalten. Das Phänomen läßt sich auf verschiedene Weisen erklären, wie Abbildung 4.25 veranschaulicht. Erstaunlicher noch war, daß die Affen, wenn sie Aufgaben lernten, deren Bewältigung durch erwachsene Affen mit Stirnhirnläsionen fast unmöglich ist, nicht beeinträchtigt waren. Insofern schien sich das Kennard-Prinzip voll zu bestätigen: Der Hirnschaden wird zumindest teilweise kompensiert, zu Änderungen im Lernverhalten kommt es nicht. Wie sich jedoch später herausstellte, zeigen diese Tiere ab dem Pubertätsalter massive Störungen in ihrem Sozialverhalten, insbesondere, wenn es um Partnersuche und Partnerkontakte geht (Goldman-Rakic, 1987).

Wir machten eine ähnliche Erfahrung bei einer Studentin, die wegen zweier nächtlicher epileptischer Anfälle in die Klinik kam. Eine Untersuchung mittels Computer- und Kernspintomographie ergab, daß sie an sogenannter neuronaler Heterotopie litt, einem seltenen Krankheitsbild, bei dem es zu einer Fehlentwicklung der Hirnrinde kommt, die während der Embryonalentwicklung nicht nach außen wandert, sondern fetzen- und fleckenartig subcortical »hängenbleibt«. Meist tritt diese Fehlentwicklung beidhemisphärig auf und geht dann mit schweren Intelligenzminderungen einher. Bei dieser Patientin war die Schädigung jedoch auf die linke Hirnhälfte begrenzt, und sie hatte zum Beispiel keine Probleme, zu studieren. Folglich würde man im Sinne des Kennardschen Prinzips auch hier von einer erstaunlichen Kompensationsfähigkeit des sich entwickelnden Gehirns sprechen. Tatsächlich stellte sich heraus, daß sie als Kind unter Spracherwerbsproblemen gelitten hatte, die eine Logotherapie notwendig gemacht hatten, und eine Untersuchung mittels Positronenemissionstomographie ergab, daß ihre Sprachregionen rechtshemisphärisch angesiedelt waren. Neuropsychologische Untersuchungen und Persönlichkeitstests erbrachten dann – analog zu den Ergebnissen von Goldman-Rakic und Galkin (1978) – daß ihre soziale und emotionale Reife eher der eines Kindes als eines Erwachsenen entsprach. Es zeigt sich also, daß auch das kindliche Gehirn an eine kompensative Kapazitätsgrenze kommt. Wir erklären das damit, daß die größeren Anforderungen im frühen Kindesalter offensichtlich auf die Bewältigung der Sprachfähigkeit ausgerichtet waren und dadurch die

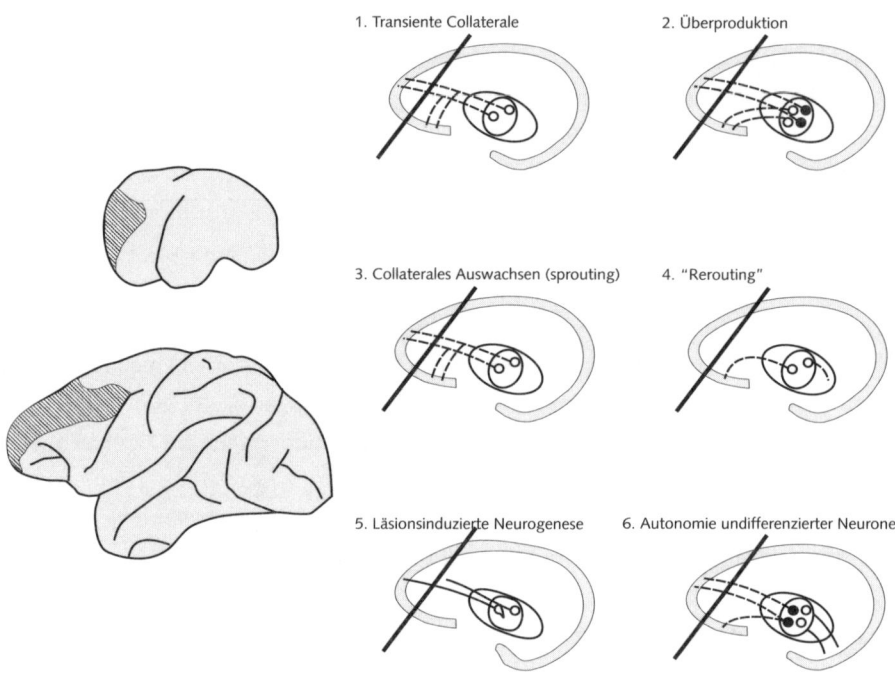

Abb. 4.25 Links: ein fötales Gehirn (oben) und ein Gehirn eines erwachsenen Rhesusaffen (unten). Die abgetragene Region im dorsolateralen Stirnbereich, die normalerweise für die Bewältigung von Lernaufgaben, die mit dem Bemerken von Richtungswechseln zu tun haben, äußerst wichtig ist, ist dunkel markiert. Rechts: Schematische Längsschnitte (»Parasagittalschnitte«) durch ein Affengehirn, außen ist die Hirnrinde, das große Oval innen ist der Thalamus, das kleine der Mediodorsaliskern – der Kern, dessen Nervenzellaxone in das geschädigte Stirnhirn projizieren. Daß die Nervenzellen des Mediodorsaliskerns trotz der Schädigung des Stirnhirns intakt blieben, bedarf der Erklärung: Mögliche, läsionsabhängig hervorgerufene Routenänderungen von Nervenfaserverbindungen zwischen dem mediodorsalen Thalamuskern und dem Stirnhirn sind eingezeichnet (1–5); ebenso ist auf die Möglichkeit der Neubildung von Nervenzellen hingewiesen (6). In 1. wird angenommen, daß die Axone sich gabeln und deswegen noch den unteren, nicht geschädigten Stirnhirnbereich erreichen; in 2. wird von einer Überproduktion ausgegangen, so daß noch genügend »aktive« Zellen übrig bleiben; in 3. wird von einer schädigungsinduzierten Routenänderung der Axone, in 4 von völligem Neuwachstum der Axone in eine andere Richtung ausgegangen. Punkt 5 skizziert das Entstehen neuer Nervenzellen, Punkt 6 das Bestehenbleiben von Nervenzellen, die keine festgelegten Ziele oder Funktionen haben.

Sprache nach rechts »verlagert« wurde. Dies reduzierte dann wohl die sonst von der rechten Hirnhälfte vorwiegend vorgenommene Feinabstimmung der emotionalen und sozialen Fertigkeiten und führte so zu der Beeinträchtigung, die wir dann bei ihr als 21jähriger messen konnten.

Die im späteren Leben zur Verfügung stehende Verhaltenspalette scheint also wesentlich von einer uneingeschränkten Ausreifung präfrontaler Strukturen abzuhängen, wie neben den eben genannten Arbeiten eine ganze Reihe weiterer Studien belegt (Case, 1992; Dawson, Panagiotides, Klinger & Hill, 1992; Dennis, 1991; Eslinger & Grattan, 1991; Eslinger, Grattan, Damasio & Damasio, 1992; Grattan &

▶ *Fortsetzung auf Seite 114*

Box 4.6

Plastizität: Umweltabhängige Modifikation neuronaler Reifungsprozesse

Der Ausdruck »neuronale Plastizität« ist fast zu einem Modewort geworden und hat vor ein paar Jahren auch zur Gründung einer Zeitschrift gleichen Namens (»*Neural Plasticity*«) geführt. Unter Plastizität wird die Formbarkeit oder Veränderbarkeit von neuronalem Gewebe in Abhängigkeit von Reifeprozessen und – mehr noch – Umwelteinwirkungen verstanden. Wie ein Muskel sich durch Training oder fehlende Benutzung vergrößert oder verkleinert, so ändern sich Nervenzellen im Ausmaß ihrer Verästelungen (ihres Neuropils, vgl. oben S. 110).

Eine Vielzahl von Studien belegt die Faszination, die der Begriff weiterhin ausübt (Bateson et al., 2004; Buonomano & Merzenich, 1998; Finger & Almli, 1984; Finger & Stein, 1982; Kolb, 1989; Kolb & Whishaw, 1998; Röder et al., 1999; Rosenzweig & Bennett, 1996; Stein, Rosen & Butters, 1974). Der Ursprung dieser Forschung ist in den 30er und 40er Jahren zu suchen. Margaret Kennard (1938, 1940, 1942) hatte an Affen unterschiedlichen Alters – von ganz jungen bis zu erwachsenen Tieren – Hirnläsionen vor allem in der motorischen Hirnrinde vorgenommen und einen Gradienten gefunden: Je jünger das Tier, desto schneller erholte es sich von den Läsionsfolgen und desto geringer und eingegrenzter waren die bleibenden Defizite. Junge Tiere konnten nach dem Eingriff bald wieder ihre körperliche Balance halten, laufen, nach Futter greifen usw. Erwachsene Tiere mit vergleichbar großen Hirnschäden am selben Hirnort (motorischer Cortex) blieben dagegen häufig über Monate

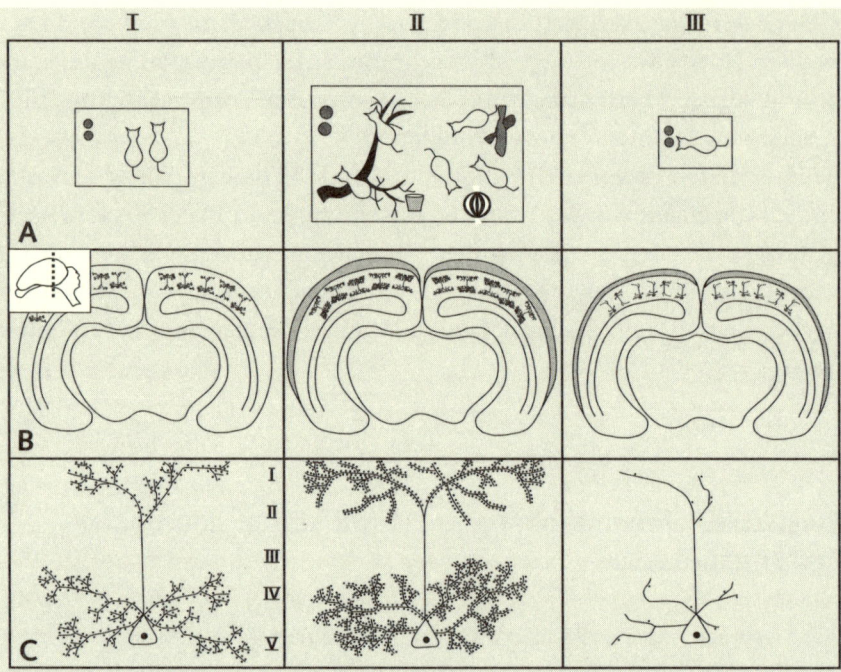

Abb. 4.26 Schematische Darstellung von erwachsenen Ratten, die in unterschiedlicher Umgebung leben (A), und der neuroanatomischen Veränderungen, die offensichtlich umweltbedingt die Struktur des Nervensystems beeinflussen (B, C). A: Die Raumgröße pro Ratte ist in etwa gleich unter der Standardbedingung I (2 Ratten, Futter- und Wasserplatz), der angereicherten Umgebung II (5 Ratten, zusätzliche Gegenstände, Futter- und Wasserplatz) und der »deprivierten« Umgebung III (Einzelhaltung der Ratte). Die verschiedenartigen Aufzuchtbedingungen beeinflussen die Entwicklung der Dicke der Hirnrinde (Cortex) und die Ausdifferenzierung der mit ihrem Zellkörper in Cortexschicht V gelegenen Pyramidenzellen (P), nicht aber die der Sternzellen (S) (zur Schichtenbeschreibung s. Abb. 4.23, S. 100). In B sind die Frontalschnitte auf dem im Inset angedeuteten Niveau des Rattengehirnes gezeigt. Links sind Sternzellen, rechts Pyramidenzellen im Cortex dargestellt. Gegenüber der Standardbedingung (I) nehmen der Cortex und die dendritischen Verzweigungen der Pyramidenzellen von unter Bedingung II aufgewachsenen Ratten jeweils zu, unter Bedingung III jeweils ab. Wie ausgeprägt die Unterschiede (bzw. Gemeinsamkeiten) sein können, ist in C für eine Pyramidenzelle (P) und eine Sternzelle (S) gezeigt: Während das Erscheinungsbild der Sternzellen von den Aufzuchtbedingungen I–III unbeeinflußt bleibt, führt Bedingung II offensichtlich zu einer größeren Verzweigung distaler dendritischer Endigungen und damit zu einem enormen ▶

Anstieg der Kommunikationsmöglichkeiten mit anderen Neuronen. Unter Bedingung III bleibt das grundsätzliche Erscheinungsbild der Pyramidenzelle zwar gleich (1 apikaler, 4 basale Dendriten), die Verästelungen und die Anzahl der durch Punkte symbolisierten Dornen (auf die die Synapsen anderer Zellen aufschalten können) sind jedoch sehr gering; auch reicht der apikale Dendrit nicht bis in die Cortexschicht I hoch (Cortexschichten I–V sind im linken unteren Quadranten symbolisiert). Diese Abbildung verdeutlicht Ergebnisse von M. R. Rosenzweig, E. L. Bennett und M. C. Diamond (1972) sowie einer Reihe weiterer Autoren, die übereinstimmend Einflüsse der Umwelt auf die Ausbildung (oder Rückbildung) neuronalen Gewebes nachwiesen.

weitgehend gelähmt oder konnten, wenn die Hirnschädigung nur in einer Hirnhälfte vorgenommen worden war, die Muskeln der gegenüberliegenden Körperhälfte nicht mehr bewegen. Das Kennardsche Prinzip erwies sich als robustes Phänomen, was sich auch auf sensorischer Ebene nachweisen ließ und deswegen generalisiert wurde. Fallschilderungen an Patienten betonen immer wieder, »daß die klinische Erfahrung zeigt, daß sich Kinder von Kopfverletzungen besser als Erwachsene erholen« (Zuccharello, Facco, Zampieri, Zanardi & Andrioli, 1985, S. 161; unsere Übersetzung).

In späteren Jahren wurden vor allem die Untersuchungen von Rosenzweig und Mitarbeitern (1972) berühmt. Diese Autoren zeigten, daß erwachsene Ratten Nervenzellverbindungen in ihrem Gehirn sehr deutlich verändern, je nachdem, ob sie sozusagen in Isolationshaft dahinvegetieren, in einer Paarbeziehung leben oder in einer größeren sozialen Gruppe mit vielgestaltiger Umgebung agieren können (Abb. 4.26).

Wie weit Plastizität geht, zeigen die unterschiedlichsten Studien: Bei Patienten, die einen Wahrnehmungssinn verloren haben, schlägt die Hirnrinde kompensativ die zugehörige Region den verbliebenen Sinnen zu. An anderer Stelle erwies sich, daß motorisches Training die motorischen und somatosensiblen Areale auf der Hirnrindenoberfläche vergrößert (De Volder et al., 1997; Knecht et al., 1998; Liotti, Ryder & Woldorff, 1998; Musso et al., 1999; Pantev & Lütkenhöner, 2000; Papathanasiou, 2003). Mittels funktioneller Bildgebung ließ sich außerdem feststellen, welche Hirnareale nach Verlust von Hirngewebe bis hin zur vollständigen Entfernung einer Großhirnhälfte sensorische und motorische Funktionen übernehmen (z. B. Bernasconi et al., 2000).

Trotzdem gilt es insbesondere bei dem im Vergleich zu Ratten und Rhesusaffen wesentlich komplexeren menschlichen Gehirn zu berücksichtigen, daß dieses weiteren altersabhängigen Prozessen unterliegt, wie beispielsweise einer geschlechtsabhängigen Reifung: Gehirne von Jungen und Mädchen reifen unterschiedlich schnell (Heller, 1993), und die durch Steroidhormone induzierten Verhaltensweisen kommen während der Ontogenese zu unterschiedlichen Zeitpunkten zum Tragen. Deshalb ist sowohl eine Unterscheidung von vorgeburtlicher Anlage und späterer Ausdifferenzierung als auch eine mindestens zehn bis zwölf Jahre dauernde unterschiedliche Entwicklung der beiden Geschlechter in Rechnung zu stellen. Während dieser Zeit werden bestimmte Verhaltensweisen, z.B. kognitive Strategien, erworben, die in ihrem zellulären Substrat mit unterschiedlichen morphologischen Vorgaben interagieren, d.h. die Plastizität des Gehirns unterschiedlich nutzen. Ein Beispiel hierfür sind geschlechtsspezifische Unterschiede in den Gedächtnisinhalten aus der frühen Kindheit. Mädchen haben aus dieser Lebensphase eher emotionale und Jungen eher handlungsbetonte Erinnerungen (Friedman & Pines, 1991).

Was die Verschränktheit von Hirnentwicklung und Verhaltensausprägung betrifft, konnte man nachweisen, daß Menschen mit besonderen Begabungen (die sie zumindest teilweise auch trainierten) auch besondere Ausprägungen auf Hirnebene zeigen, die diesen Begabungen entsprechen. Musikalität und mit ihr zusammenhängende Funktionen führen beispielsweise zu einem größeren Durchmesser des Balkens, der größten Querverbindung zwischen den Hirnhälften, die für die Koordination musikalischer Teilfunktionen, wie Rhythmik und Tonverständnis, wichtig ist (Schlaug, Jäncke, Huang, Staiger & Steinmetz, 1995). Bei lernbehinderten Kindern wird erwogen, den Balken als Maß zur Differenzierung kognitiver Fähigkeiten heranzuziehen (Njiokiktjien, de Sonnevill & Vaal, 1994; Zaidel, 1989). Die neuere Forschung auf diesem Gebiet hat gezeigt, daß umweltinduzierte Plastizität und Adaptivität universelle Vorgänge sind, die sich gleichermaßen auf sensorischer, motorischer und kognitiver Ebene feststellen lassen, sowohl im heranreifenden wie im erwachsenen und alternden Individuum von Bedeutung sind und eine Erklärung liefern für Individualität und Besonderheiten, wie sie sich gerade bei menschlichen Individuen in größter Vielfalt zeigen – man denke nur an Schachgenies, Künstler, Philosophen oder Akrobaten. Diese Erkenntnisse betonen einmal mehr die Verschränktheit von Natur und Kultur oder Biologie und Psychologie (Neville & Bavelier, 2000; Li, 2003).

Allerdings muß man auch die andere Seite funktioneller Plastizität hervorheben, die dazu führen kann, daß Kinder im Vergleich zu Erwachsenen anfälliger sind gegenüber umweltinduzierten negativen Erfahrungen, beispielsweise der Trennung von der Mutter (Cirulli, Berry & Alleva, 2003) oder zu wenig Schlaf (Frank, Issa & Stryker, 2001). Von Interesse sind in diesem Zusammenhang insbesondere Fallbeschreibungen von Patienten, die – meist im frühen Erwachsenenalter – ein sogenanntes mnestisches Blockadesyndrom erleiden. Wir haben eine Reihe derartiger Patienten intensiv mit neuropsychologischen Tests und funktionellen bildgebenden Verfahren untersucht: In nahezu allen Fällen ließen sich massive Probleme in der kindlichen und jugendlichen Entwicklung nachweisen, was uns in Übereinstimmung mit einer ähnlichen These zur Entstehung von Depressionen (Aldenhoff, 1997) zu der Auffassung bringt, daß negative frühkindliche Erfahrungen zu einer Art »biologischer Wunde« führen, wenn das Individuum keine adäquaten Schutzmechanismen aufbauen konnte: zu einer Veränderung in der Arbeitsweise von Überträgerstoffen auf der Hirnebene und damit zu einer Fehlverarbeitung, die zu Gedächtnisstörungen im Abruf autobiographischer Erinnerungen führt (dissoziative Amnesien; Markowitsch, 2001a; Markowitsch et al., 1997a, 1999b; Markowitsch, Fink, Thöne, Kessler & Heiss, 1997b; Markowitsch, Kessler, Van der Ven, Weber-Luxenburger & Heiss, 1998). Derartige Patienten wirken äußerlich normal, meist auch nicht weiter emotional gestört oder betroffen, können sich auch neue Information bleibend aneignen (in der Regel allerdings eher als neutrales Faktenwissen denn als emotional codiertes episodisches Gedächtnis) und erinnern sich an allgemeines Wissen (wer Bundespräsident ist, wie man rechnet, schreibt, liest, sich sozial verhält). Die fehlende Autobiographie kann zwar in Form von Fakten neu erworben werden, hat aber nie die Affektbesetztheit, die autobiographischen Erinnerungen ansonsten eigen ist.

Plastizität stellt ein januskopfartiges Gebilde dar: Sie kann schädliche Einwirkungen verringern, aber auch verstärken. Wichtig, was die Konsequenzen betrifft, sind die Art der Einwirkungen und der Zustand des Organismus zum Zeitpunkt der Einwirkungen. Hierauf hat neben Goldman-Rakic (1987) und Calabrese et al. (1994) eine Reihe von Autoren aus unterschiedlichen Blickwinkeln hingewiesen (Corkin, Rosen, Sullivan & Clegg, 1989; Isaacson, 1975, 1988). Einflußreich war dabei insbesondere der Artikel von G. E. Schneider (1979), der den Titel trug »Is it really better to have your brain lesion early? A revision of the ›Kennard principle‹«, in dem er auf mögliche Spätschäden trotz anfänglich überdurchschnittlich guter Erholung hinwies.

Eslinger, 1991, 1992; Marlowe, 1992; D. Williams & Mateer, 1992). Wahrscheinlich läßt sich am Stirnhirnbereich wie an keiner anderen Hirnregion demonstrieren, daß eine frühe Hirnschädigung zu weitgefächerten Ausfällen im Erwachsenenalter führt, die vor allem auch den sozialen Bereich betreffen und Einsicht, Vorausschau, soziales Urteilsvermögen, Empathie und komplexes Schlußfolgern einschließen (B. H. Price, Daffner, Stowe & Mesulam, 1990). Instruktiv sind in diesem Zusammenhang Vergleiche zwischen dem Verhalten von Stirnhirngeschädigten und Kindern. Kolb, Wilson und Taylor (1992) fanden, daß eine dem Erwachsenenniveau entsprechende Leistung im Erkennen, Differenzieren und Verstehen von Gesichtsausdrücken erst ab dem 14. Lebensjahr zu finden ist und daß sich Kinder im Alter von 8 bis 13 Jahren ähnlich wie präfrontal geschädigte Patienten verhalten.

Sprachentwicklung und Sprachlokalisation

Sprache ist eine dem Menschen eigene Fähigkeit, und Symbolsprachen ermöglichen erst das ganze Universum von Kultur und Tradition, das unsere co-evolutionäre Entwicklungsumwelt bildet. Entsprechend kritisch werden natürlich Untersuchungen betrachtet, die bei Menschenaffen eine Kommunikation mittels Zeichensprache (Taubstummensprache) etabliert haben wollen. Und vollends kritisch gesehen werden Berichte wie der von Kaminski, Call und Fischer (2004), der schon im Titel suggerierte, daß Hunde Wörter lernen könnten (»Word learning in a domestic dog: evidence for ‚fast mapping'«). Hier wurde in kritischen Repliken bemerkt, daß der beschriebene Hund, der über 200 Objekte differenzieren konnte, die ihm als Namen (»Sirikid«) zugerufen wurden, rein »holophrastisch« (undifferenziert, phrasenhaft) assoziiert, während Kinder Wörter in unterschiedlichen Kontexten und mit Referenz zu Objekten lernen (Markman & Abelev, 2004; vgl. Bloom, 2000).

Das Broca-Zentrum und das Wernicke-Zentrum, die für die Sprachbearbeitung zuständig sind (vgl. Abb. 3.3, S. 43), gibt es in dieser spezifischen Form denn auch nur im menschlichen Gehirn (für das Wernicke-Sprachzentrum findet sich allerdings ein Vorläufer schon bei Menschenaffen; s. Box 3.1, S. 41). Beide Hirngebiete wurden im 19. Jahrhundert durch Paul Broca und Carl Wernicke entdeckt und gelten seither als diejenigen Regionen, die für die motorische Sprechfähigkeit (Broca-Zentrum) und für die Sprachrezeption (Wernicke-Zentrum) zentral sind. Einem damals eher einfachen »Weltbild« folgend, nahm man an, daß beide Re-

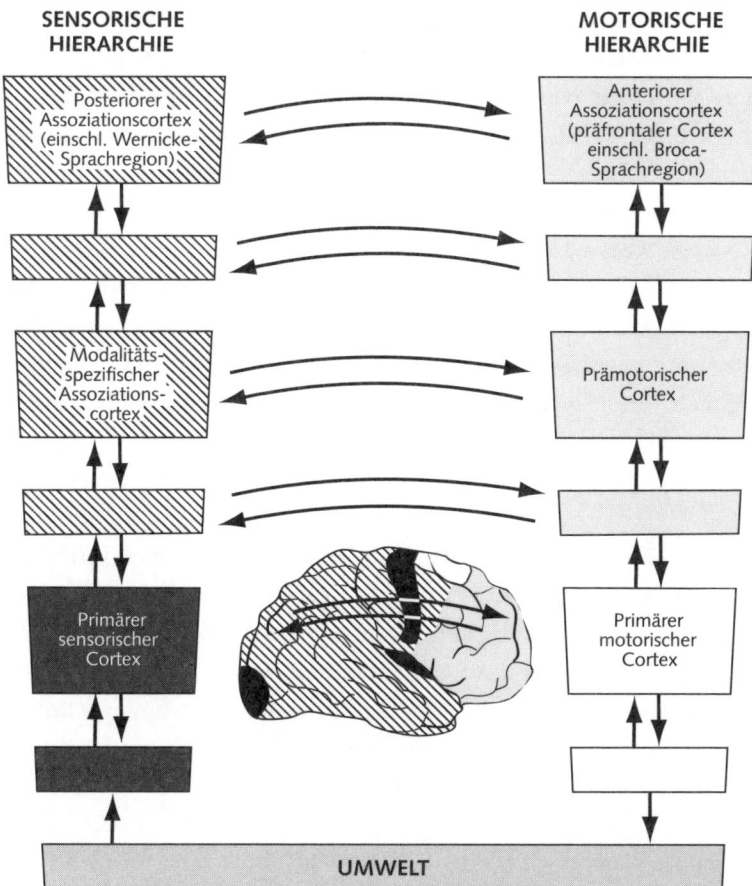

Abb. 4.27 Schematische Darstellung der Hirnaufteilung zwischen posterioren sensorischen und anterioren motorischen Cortexbereichen (nach Fuster, 1997a, b). Dieses Abbildungsschema soll demonstrieren, daß es – vereinfacht gesehen – eine Zweiteilung der Hirnrinde gibt: vorne (anterior) die Regionen, die alles im Umfeld der Motorik regeln (Körperbewegungen, Handlung, Planung), und hinten (posterior) die empfangenden Regionen, die alles verarbeiten, was wir mit unseren Sinnen aufgenommen haben.

gionen bei über 95% der Menschen in der linken Hirnhälfte zu finden seien und relativ dichotom arbeiteten. Diese Ansicht wurde natürlich grundsätzlich dadurch unterstützt, daß man vereinfacht sagen kann, daß der vordere Hirnbereich grundsätzlich für die Motorik und die mit Motorik zusammenhängenden Funktionen wichtig ist und der hintere für die Sensorik und mit ihr zusammenhängenden Funktionen (Abb. 4.27).

Heutzutage gelten die Zusammenhänge zwischen Sprachverarbeitung und Sprachregionen als komplizierter – Geschlechtsunterschiede, Verbindungsstränge und weitere Variablen »verwässern« eineindeutige Orts-Funktions-Beziehungen. Trotzdem bleibt weiterhin gültig, daß die Sprach- und Sprechfunktionen sich zeitabhängig postnatal herausbilden. Schon zwei Monate alte Kinder richten ihre Aufmerksamkeit innerhalb von einer Viertelsekunde auf ihnen bekannte Wörter aus (»Priming«; vgl. Abb. 4.11, S. 82) (Thierry, Vihman & Roberts, 2003). Und schon Neugeborene trennen Tonströme unterschiedlicher Frequenzbereiche (Winkler et al., 2003). Diese weitgehend angeborenen Funktionen machen uns als Menschen vergleichbar und unterscheiden uns von den Tieren, bei denen die Voraussetzungen für Sprach- und Spracherwerb in mehrfacher Hinsicht fehlen. Ausnahmen sind beispielsweise die Lautimitierungsfähigkeiten bestimmter Vogelarten, die aber mit Sprachverständnis und sinnhafter Anwendung der Sprachlaute nichts zu tun haben.

Nach Brocas Hypothese sind im Brocaschen Sprachgebiet Programme zur Lautbildung gespeichert. Sprache wird erzeugt, wenn diese Programme den benachbarten Gyrus praecentralis aktivieren, der die Muskulatur von Gesicht und Mundhöhle kontrolliert. Für das Sprachverständnis zeichnet umgekehrt das Wernicke-Areal verantwortlich. Es liegt im hintersten obersten Teil des linken Schläfenlappens, direkt hinter der primären Hörrinde, die allgemein an der Verarbeitung akustischer Signale beteiligt ist (Ojemann, 1998).

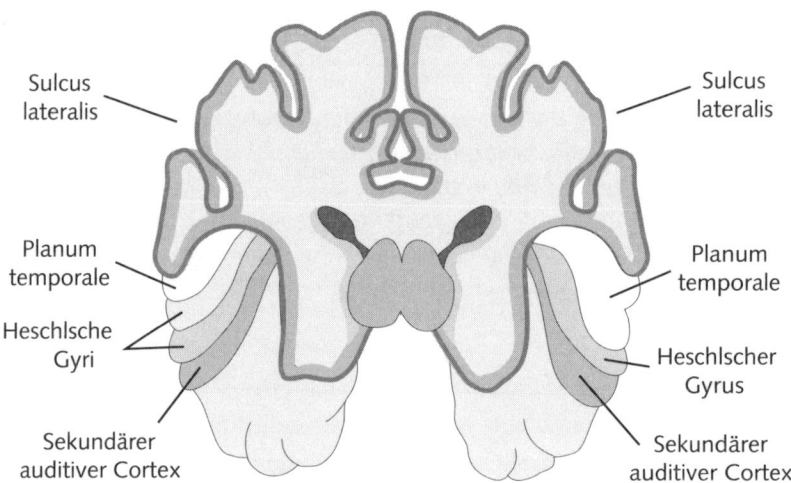

Abb. 4.28 Die Lage des Wernicke-Sprachareals (Planum temporale) in der linken Großhirnrinde (linke Bildseite = linke Hirnseite).

Die angeborene Prädisposition der linken Hirnhälfte für Sprache findet sich am deutlichsten im Bereich des »Planum temporale« repräsentiert, einer Hirnregion, die wesentlich für unser Sprachverständnis ist und die ein breites Dreieck an der Grenze zwischen Schläfen- und Scheitellappen bildet, das auch das Wernicke-Zentrum mit einschließt (Abb. 4.28). Das Planum temporale ist bei fast allen Menschen von Geburt an in der linken Hirnhälfte stärker ausgeprägt als in der rechten. Die rechte Hirnhälfte scheint vor allem eine Rolle für die Wahrnehmung und Produktion der Sprachmelodie zu spielen. Auch nimmt man an, daß vor allem die rechte Hirnhälfte beteiligt ist, wenn es darum geht, Emotionen im sprachlichen Ausdruck des Gegenübers zu erkennen (Ojemann, 1998), da die rechte Hirnhälfte grundsätzlich weit stärker an der Emotionsverarbeitung beteiligt ist als die linke.

Vor allem die klassische Neuropsychologie hat bei der Untersuchung von Patienten mit umgrenzten Hirnschädigungen versucht, Aussagen über die Funktionen der geschädigten Hirnbereiche im gesunden Individuum zu machen. Trifft man derartige Schlußfolgerungen, so darf man dabei die Warnungen Chows (1967) nicht außer acht lassen: Wenn eine Hirnläsion auf eine bestimmte Aufgabe oder Funktion keine Auswirkungen zeigt, läßt sich daraus nicht ableiten, daß dieser Hirnbereich bei Nicht-Hirngeschädigten für diese Aufgabe oder Funktion unwichtig ist. Wenn zweitens eine Hirnläsion die Leistung in einer Aufgabe beeinflußt, so bedeutet das noch nicht, daß diese die einzige neuronale Struktur ist, die mit dieser Funktion zu tun hat. Drittens – und das ist vielleicht der gewichtigste Einwand – kann die Ablationsmethode (gemeint sind hier vor allem bei Tieren durchgeführte Abtragungen von Hirngewebe) deswegen nicht zum Ziel führen, weil sie das Objekt, nämlich die Hirnregion, die es zu studieren gilt, entfernt.

Man kann dennoch festhalten, daß Schädigungen des Broca-Areals zu einem Syndrom führen, das man als »Broca-Aphasie« bezeichnet. Die Betroffenen verstehen zwar geschriebene und gesprochene Sprache, auch behält ihre Sprache weitgehend die Bedeutung, doch sie ist langsam, mühsam, abgehackt und schlecht artikuliert. Menschen, die unter Broca-Aphasie leiden, verwenden vor allem Hauptwörter und vermeiden komplexere grammatikalische Ausdrucksformen. Wenn nur das Broca-Areal betroffen ist, sind die Defizite häufig nur vorübergehend, so daß die Betroffenen ihr normales Sprachvermögen weitgehend zurückerlangen können. Dagegen führen weitflächigere Schäden, die auch die an die Broca-Region angrenzenden Gebiete umfassen, oft zu anhaltenden Sprachstörungen.

Schwerwiegender als umgrenzte Schäden des Broca-Areals sind solche der Wernicke-Sprachregion, da es hier zu einem Aphasie-Syndrom kommt, dessen Symptome primär rezeptiver Natur sind: Die betroffenen Patienten scheinen unfähig, gesprochene oder geschriebene Sprache zu verstehen. Patienten mit Wernicke-Aphasie haben zwar keine Mühe, Sprache zu produzieren, doch meistens ergibt das, was sie sagen, keinen Sinn. Sie benutzen falsche Worte, die nur ihrem Klang nach richtigen Worten ähneln oder reihen eigene Wortschöpfungen aneinander. Dabei weist ihre Sprache Struktur, Rhythmus und Intonation normaler Sprache auf (Ojemann, 1998).

Wie schon oben angedeutet, wird die klassische Einteilung, wie sie eben skizziert wurde – Spracherzeugung über das Broca-Areal, Sprachrezeption über das Wernicke-Areal –, inzwischen in Frage gestellt: Offensichtlich unterteilen die beiden Regionen die Sprache nach Semantik und Syntax. Das Broca-Areal ist vor allem bei der grammatikalischen Verarbeitung aktiv, während das Wernicke-Areal aktiviert wird, »wenn es darum geht, die Bedeutung von Wörtern zu erfassen. Zum Beispiel wird das Broca-Areal aktiv, wenn eine Versuchsperson zwei Sätze miteinander vergleicht, deren Aussage identisch ist, die jedoch in der Wortfolge, also in der syntaktischen Struktur, voneinander abweichen« (Eliot 2001, S. 512). Bei Personen mit Schädigungen des Broca-Areals ist nicht die Spracherzeugung selbst beeinträchtigt – wie von Broca ursprünglich angenommen –, sondern die Grammatik. Die mühsame und abgehackte Sprache ist Resultat der Schwierigkeit, Verben richtig zu konjugieren und Artikel und Präpositionen wie der, die, das; von, zu, in im richtigen Kontext zu gebrauchen. »Die betroffenen Personen sind jedoch durchaus in der Lage, Sprache zu verstehen, weil Verben als Bedeutungsträger weniger unverzichtbar sind. So kann beispielsweise jeder Bewohner der westlichen Länder die folgende verblose Aufeinanderfolge verstehen: Ich ... Mittagessen ... McDonalds ... Big Mac ... Pommes ... Cola. Viel schlimmer hingegen ergeht es den Aphasie-Patienten, deren Wernicke-Zentrum geschädigt ist. Sie haben zwar die Regeln behalten, nach denen Wörter miteinander verbunden werden – die Konjugation der Verben, den Gebrauch der Präpositionen und Konjunktionen –, doch sind in ihrem beschädigten geistigen Wörterbuch einfach nicht mehr genügend Wörter vorhanden, als daß sie etwas Sinnvolles sagen (oder verstehen) könnten« (Eliot, 2001, S. 513).

Entwicklung der Sprachareale

Die Spezialisierung der linken Gehirnhälfte für Sprache setzt schon lange vor der Geburt ein (Eliot, 2001, S. 525).[3] Genetisch bedingte Sprachstörungen können schon in der Embryonalentwicklung ihre Anfänge haben, obwohl sie erst lange nach der Geburt bemerkbar werden (Trevarthen, 1998). Auch haben frühe Ereignisse während der Gehirnentwicklung einen starken Einfluß auf die spätere Sprachentwicklung.

Unerwarteterweise ist Sprache beim Kleinkind bis zum sechsten Lebensjahr nicht in den gleichen Hirnarealen lokalisiert wie beim Erwachsenen; die frühkindlichen neuroanatomischen Sprachregionen stellen somit keine unreife Form der Sprachregionen des Erwachsenen dar, sondern sind von diesen grundsätzlich verschieden. Sie müssen erst viele Entwicklungsschritte durchlaufen, bis sie sich diesem annähern (Nobre & Plunkett, 1997; Trevarthen, 1998). Obwohl das Planum temporale als neurales Korrelat der Sprachlateralisation schon bei seiner Entstehung eine klare Asymmetrie zur linken Hirnhälfte aufweist, zeigt das Gehirn des Kleinkindes bis etwa zum Alter von zwei Jahren keine linkshemisphärische Dominanz bei der Verarbeitung und Produktion von Sprache (Nobre & Plunkett, 1997). Vielmehr ist die rechte Hirnhälfte zunächst stärker entwickelt als die linke und zeigt in elektrophysiologischen Studien zur Hirnaktivität bis etwa zum zweiten Lebensjahr eine stärkere Aktivierung bei der Sprachverarbeitung als die linke Hirnhälfte (Chiron et al., 1997). Eine mögliche Erklärung für die stärkere rechtshemisphärische Aktivierung bis zum zweiten Lebensjahr sieht Trevarthen (1998) in der stärkeren Beteiligung der rechten Hirnhälfte bei der Verarbeitung prosodischer (Sprachmelodie, Intonation, Rhythmus) und emotiver Sprachmerkmale, die für das Kleinkind eine größere Rolle spielen als die Sprachbedeutung an sich.

Weitere Hinweise auf die fehlende Lateralisierung von Sprache bis zum zweiten Lebensjahr findet man in einer Vielzahl von Studien, bei denen Kinder mit Läsionen der linken Gehirnhälfte untersucht wurden (z. B. Hertz-Pannier et al., 2002; Vargha-Khadem et al., 1991). Ein Großteil der Kinder, bei denen es sehr früh zu einer Schädigung der linken Hirnhälfte kommt oder die linke Hirnhälfte aus medizinischen Gründen entfernt werden muß, zeigt eine normale Sprachentwicklung. Je später die Schädigung oder Operation stattfindet, desto größere Be-

---

[3] Was übrigens auch mit der Phylogenie übereinstimmt, wie an Menschenaffengehirnen gezeigt werden konnte (Hopkins, Marino, Rilling & McGregor, 1998; Marshall, 2000; vgl. Box 3.1).

einträchtigungen in der Sprache haben sie zu Folge. In der Regel zeigen Kinder, deren linke Gehirnhälfte vor dem zweiten Lebensjahr verletzt wird, eine relativ gute Spracherholung (Liégeois et al., 2004; Vargha-Khadem et al., 1991, 2003). Allerdings findet man bei genauer Betrachtung häufig subtile Beeinträchtigungen in der Grammatik der produzierten Sprache (Aram, Ekelman, Rose & Whitaker, 1985; Trevarthen, 1998). Man muß diese Ergebnisse allerdings insofern relativieren, als sie meist an Patienten mit hochgradiger Epilepsie oder angeborenen einseitigen Hirnschäden erhoben wurden (Bernasconi et al., 2000; Duchowny, 2004; Empelen, Jennekens-Schinkel, Buskens, Helders & van Nieuwenhuizen, 2004; Kossoff, Buck & Freeman, 2002; Leonhardt et al., 2001), und damit auf Grund der in der Regel sehr frühen einseitigen Hirnschädigung die andere Hirnhälfte auch schon sehr früh kompensatorische Funktionen übernahm.

Plastische Phänomene (siehe Box 4.6, S. 109) wie Reifeprozesse und Umwelteinwirkungen spielen besonders herausragende Rollen bei der Entwicklung von Sprache und Sprechen. Die an der Sprachverarbeitung und Sprachproduktion beteiligten Hirnareale bilden sich nach einer frühen linkshemisphärischen Schädigung in der rechten Hirnhälfte aus (Ojemann, 1998; Vargha-Khadem et al., 1991). Die Fähigkeit des Gehirns, bestimmte Funktionen nach Hirnschädigungen wiederherzustellen, ist von dessen neuronaler Plastizität abhängig, d. h. von der Möglichkeit, sich in Interaktion mit der Umwelt zu verändern. Eine wichtige Voraussetzung für neuronale Plastizität ist die hohe Dichte an neuronalen Kontaktstellen (Synapsen) während der ersten Lebensjahre. Im Stirnhirn, das eine wichtige Rolle bei der Sprachproduktion spielt, ist die synaptische Dichte bis zum siebten Lebensjahr sehr hoch und nimmt erst danach allmählich ab. In der Pubertät hat sich die Zahl an Kontaktstellen dann auf ein Niveau reduziert, das bis ins hohe Alter relativ stabil bleibt (Huttenlocher, 1994; Huttenlocher & Dabholkar, 1997).

Die hohe Plastizität des Gehirns während der ersten sieben Lebensjahre ist eine Voraussetzung dafür, daß wir Sprache normal erlernen können, und das gilt für die Muttersprache ebenso wie für Fremdsprachen (Newport, 1990). Die Zahl an synaptischen Verschaltungen bestimmt darüber, wie formbar unser Gehirn ist. Bis zum Alter von sechs und sieben Jahren ist die Zahl an Kontaktstellen sehr hoch und das Gehirn am besten in der Lage, sich Sprache anzueignen – insbesondere die Regeln der Grammatik. Bis zur Pubertät nimmt die Fähigkeit zum Erlernen der Grammatik stetig ab, und im frühen Erwachsenenalter hat sich die Zahl an Kontaktstellen so weit reduziert, daß eine neue Sprache – vor allem deren Grammatik – nur noch sehr schwer erlernt werden kann (Eliot, 2001, S. 518). Wie für die visuelle Entwicklung gibt es also auch für die Sprache ein Zeitfenster, in dem äußere Reize besonders gut auf das Gehirn einwirken und es formen können – bleiben die Reize in diesem Zeitraum aus, kann sich das Gehirn nicht mehr normal entwickeln und es kommt zu bleibenden Beeinträchtigungen, wie etwa die Fälle von »wilden Kindern« zeigen (Eliot, 2001, S. 516 ff.). »Die für Sprache zuständigen Schaltkreise im Gehirn entstehen nur dann regulär und dauerhaft, wenn das Kind während der sensiblen Periode mit der konsistenten Kombination von Lauten, Bedeutung und Grammatik einer bestimmten menschlichen Sprache konfrontiert wird« (Eliot, 2001, S. 515).

Je weiter die Sprachentwicklung im frühen Kindesalter voranschreitet, desto stärker übernehmen Areale in der linken Hirnhemisphäre sprachrelevante Funktionen (Nobre & Plunkett, 1997; Trevarthen, 1998). Im Broca-Areal kommt es im Alter zwischen 18 und 36 Monaten zu einer erhöhten dendritischen Verzweigung, zeitgleich mit dem Erlernen erster Silben- und Wortkombinationen (Trevarthen, 1998). Man nimmt an, daß sich das Wernicke-Areal und der Rest der rückwärtigen Sprachregion früher als das Broca-Areal entwickeln. Die Zahl der Synapsen erreicht in der linken Schläfen-Scheitellappen-Region (Sitz des Wernicke-Areals) zwischen dem achten und dem 20. Monat ihren Höchststand – im Broca- Areal ist es erst zwischen dem 15. und dem 24. Monat soweit. Auch ist das Broca-Areal erst lange nach dem Wernicke-Areal vollständig myelinisiert: Im Alter von zwei Jahren ist in allen Cortexschichten des Wernicke-Areals Myelin nachweisbar, im Broca-Areal dagegen erst mit vier bis sechs Jahren (Gibson, 1991). Mills et al. (1991) konnten mittels Messungen der Hirnaktivität zeigen, daß bei 20 Monate alten Kindern eine Verschiebung der für das Sprachverständnis relevanten Areale von der rechten in die linke Hirnhemisphäre stattfindet.

Mit dem allmählichen Erlernen der Syntax erhöhen sich im Alter zwischen zwei und fünf Jahren die axonalen Verbindungen zwischen dem linken Stirnlappen (Sitz der Broca-Region) und der linken Schläfen-Scheitellappen-Region (Sitz der Wernicke-Region) (Trevarthen, 1998; Eliot, 2001, S. 515). Im Alter von fünf Jahren, wenn die wesentlichen Grundzüge der Sprache erlernt sind, zeigen sich im Gehirn nur noch wenige Veränderungen. Die Sprachproduktion und das Sprachverständnis werden jetzt bei der großen Mehrzahl der Individuen von Arealen in der linken Gehirnhälfte gesteuert (Trevarthen, 1998).

Zusammenfassend läßt sich sagen, daß das Gehirn während der frühen Kindheit im Zusammenhang mit der Sprachentwicklung starke Veränderungen durchläuft. Zunächst ist die rechte Hirnhälfte bei Sprachproduktion und Sprachverständnis aktiver als die linke Hirnhälfte. Mit fortschreitender Entwicklung der Sprachfähigkeiten bilden sich zunehmend mehr sprachrelevante Hirnareale in der linken Hirnhälfte aus, bis Sprache schließlich fast vollständig dort lokalisiert ist und die rechte Hirnhälfte nur noch bei der Verarbeitung der Prosodie und des emotiven Charakters von Sprache beteiligt ist. Trotz Befunden zu einer anfänglich stärker entwickelten und aktiveren rechten Hirnhälfte vermuten viele Forscher, daß die linke Hirnhälfte eine angeborene Prädisposition für Sprache hat. Hinweise hierauf geben die angeborene Asymmetrie des Planum temporale und die subtilen Sprachbeeinträchtigungen nach linkshemisphärischen Schäden im frühen Kindesalter.

Reifeprozesse auf Hirnebene als Voraussetzung für die Bildung und Festigung von Gedächtnis

Die Entwicklung der Sprache kann als eine der wichtigsten Voraussetzungen für die Bildung und Festigung höherer Formen von Gedächtnis (vgl. Abb. 4.11, S. 82) gelten. Da wir unsere ganze belebte und unbelebte Welt zu benennen pflegen und praktisch von Geburt an auch über Lautäußerungen (Weinen, Lachen) kommunizieren, stellt die Verankerung unserer Umwelt im sprachlichen Ausdruck ein Charakteristikum unseres Intellekts dar. Tulving (1995, 2002, 2005; Tulving & Markowitsch, 1998) geht – vor allem auf der Basis der Forschungen von Katherine Nelson (Nelson, 1973, 1974, 1989, 1993, 1996, 2002; Nelson, Monk, Lin & Carver, 2000; Nelson & Fivush, 2001) – von einer hierarchischen Entwicklung und Ausformung der Gedächtnissysteme aus: Zu Anfang stehen die motorisch kontrollierten Akte (z. B. Greifen, Halten), die sich im sich früh entwickelnden prozeduralen Gedächtnis eingraben. Es folgt das schnellere, längere, sicherere Wiedererkennen von Reizen über das Priming-Gedächtnis. Dann werden auf präsemantischer Ebene Perzepte erlernt (z. B. das Gesicht der Mutter, des Vaters, von Geschwistern etc.). Das semantisch organisierte Gedächtnis (Wissenssystem) braucht auch dann noch eine gewisse Zeit, bis es über den Erwerb von Wörtern entsteht. Auf Grund der oben besprochenen, über Jahre anhaltenden Ausreifung (Myelinisierung, funktionellen Belegung) der Hauptsprachzentren sind auch noch weit in die kindliche Sprachproduktion hinein die Verankerung von Wörtern, ihre Generierung und ihre Aufnahme in einem labilen Zustand. Kein Wunder also, daß wir Episoden, die wir in diesem Zeitraum aufgenommen haben, in der Regel nicht behalten (vgl. Kap. 7, Abschnitt »Theory of Mind – Psychologisches Verstehen«, S. 203).

Insbesondere kann nicht genug betont werden, wie wichtig unser innerer Zustand – momentan und längerfristig – für unsere Erinnerungsfähigkeit ist. Dies

Interdependenz von Gedächtnis und anderen Hirnfunktionen   123

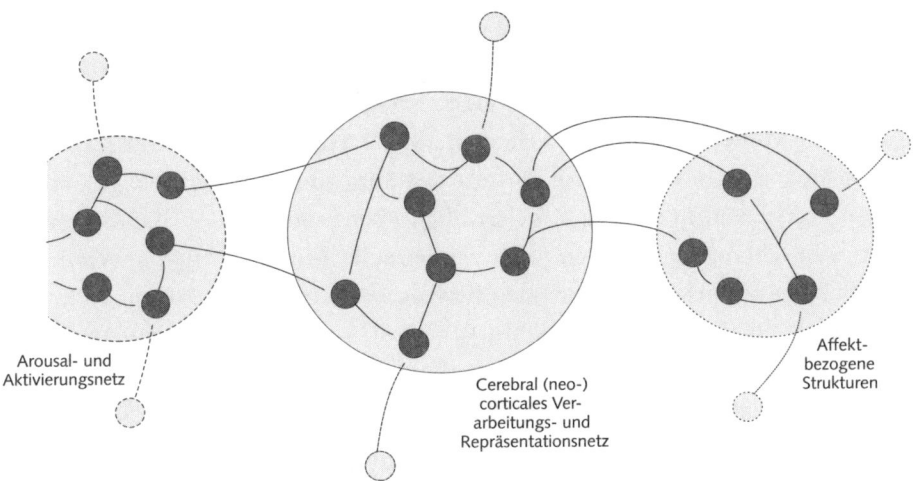

Abb. 4.29 Um eine integrierte Repräsentation und einen integrierten Abruf autobiographischer Gedächtnisinhalte zu bekommen, ist es notwendig, daß auf Hirnebene mehrere Netzwerke synchron interagieren: ein Netz, das für allgemeine Wachheit und Reaktionsbereitschaft wichtig ist und weitgehend vom Hirnstamm aus agiert, ein neocorticales Netz, das die kognitiven Anteile der Erinnerungen repräsentiert hat, und ein Netz aus Strukturen, das die emotionale Bewertung beisteuert.

kommt nicht nur in dem in Box 4.6 beschriebenen mnestischen Blockadezustand zum Ausdruck, sondern im Grunde in allen Situationen. Wir sind Erinnerungsfälschungen, Erinnerungsdistorsionen und weiteren unser Gedächtnis beeinflussenden Faktoren weit mehr ausgeliefert, als uns im Alltag bewußt wird. Liegt nun, wie beim Erinnern an frühkindliche Erlebnisse, ein langer Abschnitt zwischen der damaligen und der jetzigen Zeit und ist die physische Konstitution des Gehirns dazu noch sehr verschieden von der gegenwärtigen, so ist ein bewußtes Erinnern nicht mehr möglich. Andererseits zeigen im späten Lebensalter wieder hervortretende, lange Zeit nicht erinnerte Episoden, daß unser Gedächtnis dann, wenn es sich wieder dem früheren – unreifen – Zustand annähert, auch wieder an frühe Erinnerungen kommen kann (s. Abb. 4.13, S. 84).

Die für das autobiographische Erinnern entscheidende Voraussetzung ist die synchrone Zusammenführung von Kognition und Emotion. Das Kind muß den Schritt tun von der Sammlung neuer Ausdrücke und dem Beherrschenlernen motorischer Fertigkeiten hin zu einer Bewertung des neu Aufgenommenen und dazu, das neu Erworbene auf sich als Individuum zu beziehen und zu vergleichen. Die Schnittmenge von subjektiver Zeit, autonoetischem Bewußtsein und dem sich erfahrenden Selbst bildet, so Tulving (2005), die Definition von episodisch-autobiographischem Gedächtnis. Das Kind muß sich als Individuum mit Vergangenheit und begrenzter Zukunft erfahren können; es muß wissen, daß es unabhängig von seiner Mutter und anderen Personen auf der Welt ist, und es muß sich selbst beobachten können – also beispielsweise den Sinn von »Auf Regen folgt Sonnenschein« verstehen. Erst wenn es gelernt hat, über Emotionen zu reflektieren, sie in ein Zeitschema einzupassen (»Ich werde nicht immer traurig bleiben«), und Handlungen mit primär emotionalen Beweggründen von Handlungen mit rational-kognitiven Beweggründen trennt, kann es Erinnerungen so speichern, daß sie *grundsätzlich* wieder als Erlebnisse abrufbar sind. Grundsätzlich deswegen, weil es damit noch keine Freikarte für einen gleichartigen und dauerhaften Abruf gibt; dem steht immer noch die Zustandsabhängigkeit des Gedächtnisses entgegen und damit die Erfahrung, die man machen kann, wenn man etwa ein eigenes Kind über die kindliche Lebensspanne beobachtet: Die Vierjährige kann über ein Jahr alte Erlebnisse berichten, die Sechsjährige aber hat schon »vergessen«, was im Alter von drei Jahren geschah. Erinnerungen verblassen, weil wir uns ändern, und weil Kinder sich schneller verändern als Erwachsene, verblassen auch ihre autobiographischen Gedächtnisinhalte schneller. Es sei denn, sie werden durch späteres Wiederholen bzw. Wiederabrufen neu eingespeichert und damit erneut – und mit den gegenwärtigen Konnotationen von Zeit, Ort, Person – in den Erinnerungskreislauf eingespeist.

Wir erleben im Alltag selten eine Diskrepanz zwischen kognitiven und affektiven Merkmalen unserer Erinnerung. Diese tritt jedoch vielfach in sehr dramatischer Weise bei Patienten mit sogenannten dissoziativen Amnesien zutage (vgl. Box 4.6). Bei diesen ist die Erinnerung an ihr Allgemeinwissen weitgehend erhalten, die an ihre persönliche Vergangenheit aber weitgehend ausgelöscht. Das liegt wahrscheinlich an der Dissoziation, also am Auseinanderdriften von emotionalen und kognitiv-rationalen Anteilen biographischer Gedächtnisinhalte (vgl. Box 4.1 und Box 4.2), das einen integrativ-synchronen Abruf beider Gedächtnisanteile unmöglich macht und deswegen in vielen Fällen auch zu einem Auseinanderbrechen der Persönlichkeitsstruktur und damit zu einem »Vergessen« der eigenen Identität führt (Markowitsch, 2000a) (Abb. 4.29).

Die vielfältigen Beispiele von Patienten mit dissoziativen Amnesien (Markowitsch et al., 1997a, b, 1998, 1999b; Markowitsch, Kessler, Weber-Luxenburger, Van der Ven & Heiss, 2000) machen deutlich, wie entscheidend gelingende Reifungsprozesse für die Entwicklung des autobiographischen Gedächtnisses sind. Störungen im Kindesalter in Form von psychischen Streß- und Traumaerlebnissen führen zu einer »biologischen Wunde« auf Hirnebene, die das Gehirn streßanfällig macht, die normalen Übertragungsfunktionen für biographische Gedächtnisinhalte stört, sie eventuell vollständig blockiert und das Gleichgewicht von Überträgerstoffen und Hormonen ins Pathologische verschiebt (Markowitsch, 2001a; Fujiwara & Markowitsch, 2003). Gerade neueste Forschungsergebnisse an Tier und Mensch unterstreichen die für eine adäquate Entwicklung emotionaler und kognitiver Verhaltensaspekte essentielle Bedeutung von gelingenden Mutter-Kind-Interaktionen in der frühen Kindheit und zeigen, daß frühkindliche Streßerlebnisse sich ein Leben lang negativ auswirken können (De Bellis & Keshavan, 2003; De Bellis & Thomas, 2003). Durch derartige frühe Negativerlebnisse reduziert sich die strukturelle Plastizität (vgl. Box 4.6) von Hirnregionen wie dem Hippocampus, der dann nicht mehr in der Lage ist, im späteren Lebensalter adäquat auf Streß zu reagieren (Mirescu, Peters & Gould, 2004).

Eine andere neurologische Patientengruppe, deren Untersuchungsergebnisse diese Argumente unterstützen, sind Patienten mit Urbach-Wiethe-Krankheit, die auf Grund eines direkten, genetisch bedingten Hirnschadens im Bereich der Amygdala nicht in der Lage sind, Affekt und Kognition zu synchronisieren (s. die ausführliche Beschreibung dieses Krankheitsbilds in Box 4.1). Beide Gruppen – die mit neurologisch bedingten Hirnschäden und die mit dissoziativen Gedächtnisstörungen – zusammengenommen unterstreichen die Bedeutung einer adäquaten Hirnentwicklung im Kindes- und Jugendalter als Voraussetzung für Ausbildung und Verstetigung des autobiographischen Gedächtnisses. Auch untermauern sie die Bedeutung einer Verschränkung von Umwelt und Hirninnenwelt (neuronale Reifungsprozesse) für die Ausbildung und Aufrechterhaltung von Funktionen. Neuen Forschungsresultaten zufolge schaffen Reifeprozesse auf Hirnebene die Voraussetzungen dafür, daß das Individuum in bestimmter Weise mit der Umwelt in Beziehung treten kann und eine derartige Kommunikation mit der Umwelt wiederum Verbindungen (»Kommunikationsstränge«) auf Hirnebene ausbildet und festigt (M. H. Johnson, 2001, 2003; S. P. Johnson, 2003). Es kann während der Übung oder dem ersten Auseinandersetzen mit neuen Verhaltensweisen zu anderen Aktivierungsschwerpunkten auf Hirnebene kommen als während der späteren, gefestigten (»routinierten«) Verhaltensausführung (vgl. Fig. 1 in M. H. Johnson, 2003). Dies läßt sich für einfachere Verhaltensweisen wie das Lösen simpler algebraischer Gleichungen (Qin et al., 2004) genauso wie für komplexe Fähigkeiten wie Empathie oder psychologisches Verstehen zeigen (Saxe, Carey & Kanwisher, 2004). Auf der anderen Seite hinterlassen negative Erlebnisse

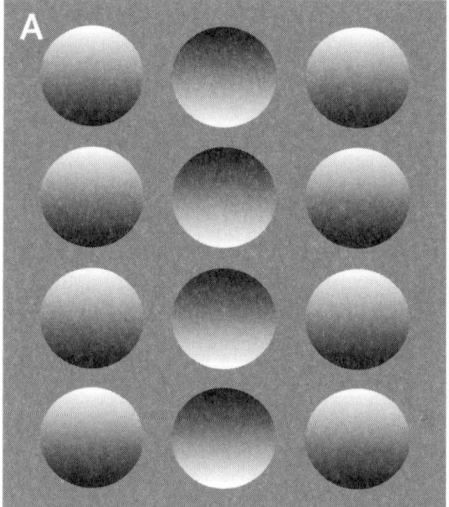 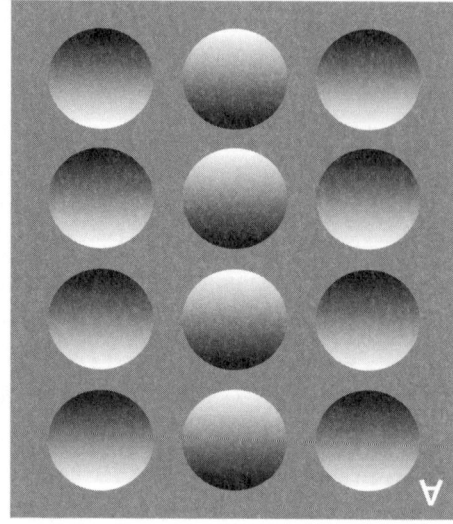

Abb. 4.30 Wahrnehmungstäuschung: Dreht man die Abbildung um 180°, so werden aus den konvexen Reihen konkave und aus der konkaven eine konvexe. Das liegt daran, daß wir es gewohnt sind, Licht als von oben leuchtend wahrzunehmen und die Schatten dementsprechend bei Vorwölbungen unten zu sehen.

mindestens ebenso nachhaltige Spuren in unserem Körper und Geist: Sie bilden ein »Gedächtnis des Körpers« (Bauer, 2002).

Priming versus Bewußtsein: Wie beeinflußbar sind wir?

Die Kontexteinbettung des autobiographischen Gedächtnisses ist nicht dasselbe wie eine kontextbezogene Informationsaufnahme: Bei ersterer stellt das Individuum bewußte Überlegungen hinsichtlich seiner Person, seiner Beziehung zur Umwelt und hinsichtlich seiner Befindlichkeit an, während eine Informationsaufnahme wenig auf Selbstreflexion und Bewußtmachung ausgerichtet ist, im Extremfall sogar unbewußt vonstatten geht. Erst in jüngster Zeit wurden systematische Untersuchungen dazu angestellt, daß unsere Wahrnehmung durch unser Wissen, unsere Erinnerungen, unsere Vorurteile und durch den Kontext der von außen dargebotenen Reize beeinflußt ist – es also durchaus möglich ist, einem ein X für ein U vorzumachen. Beispiele aus der Wahrnehmungspsychologie, die früher nur Fachleuten bekannt waren, finden sich heute in den Wissenschaftsseiten von Tages- und Wochenzeitungen (Abb. 4.30 und 4.31).

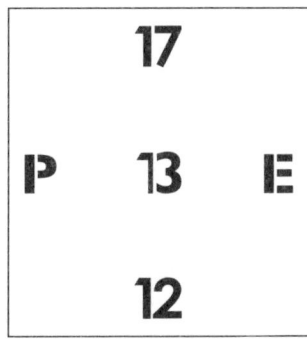

Abb. 4.31 Je nachdem, ob man die mittlere Zeichenkombination innerhalb der horizontal oder der vertikal angeordneten Reihe liest, identifiziert man sie als B oder 13.

Aber auch ein Blick in die Literatur belegt unsere Kontextmanipulierbarkeit, etwa wenn Shakespeare im fünften Akt des Sommernachtstraums schreibt: »... in the night, imaging some fear/How easy is a bush suppos'd a Bear?« Die Werbung nutzt diese bleibenden Stärken emotionaler Assoziationen, indem sie zu Autoreifen leicht bekleidete Frauen drapiert. Wissenschaftliche Untersuchungen belegen in zum Teil abstrakter Weise, daß wir in unterschiedlichen Kontexten zu unterschiedlichen Entscheidungen kommen oder unterschiedliche Meinungen entwikkeln. Beispiel ist die »Labov-Illusion«: Je nach Kontext wird ein Gegenstand einmal

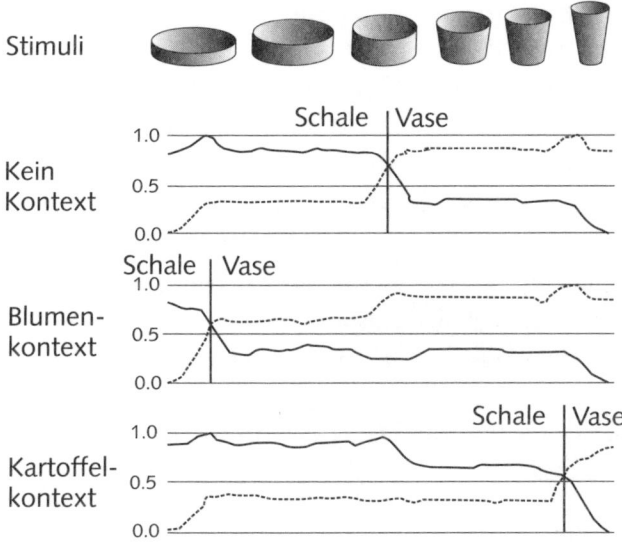

Abb. 4.32 Die sogenannte Labov-Illusion. Je nach Kontext (Inhalt) werden in der oben abgebildeten Reihe von Behältern unterschiedlich viele als Schale oder als Vase angesehen.

eher als Schale, das andere Mal eher als Vase interpretiert: Sind Kartoffeln darin, wird auch etwas Länglich-Hohes noch als Schale angesehen, sind Blumen darin, wird auch ein rundlich-bauchiger Gegenstand schon bald zur Vase (Abb. 4.32).

Hirnforschung und Kognitionswissenschaften sind sich auch darin einig, daß Menschen dann am leichtesten beeinflußbar sind, wenn sie ohnehin bereits zielgerichtet motiviert sind (z. B. auf der Suche sind, eine Erwartungshaltung aufgebaut haben). Fehlt dann ein entsprechendes Angebot, wird alternativ zum »Nächstliegenden« gegriffen – man will einer Intention die Tat folgen lassen, einen Abschluß erzielen. In der Psychologie wird in diesem Zusammenhang der »Zeigarnik-Effekt« beschrieben: Man will etwas Begonnenes zum Abschluß bringen – und umgekehrt wird Erledigtes, Abgeschlossenes schnell vergessen.

Auf Hirnebene ist es in erster Linie unser Stirnhirn (oder Teile davon), das uns zu diesem Verhalten veranlaßt (s. Abb. 4.1, S. 65). Da das Stirnhirn zu den jüngsten Anteilen des Saugetiergehirns zählt und erst beim Menschen seine jetzige Ausprägung und Größe bekommen hat (vgl. Abb. 3.11, S. 54), ist die Bedeutung dieses Hirnrindenbereichs für unser kognitives, soziales und emotionales Verhalten enorm und wird durch entsprechende Umweltanreize im Laufe des gesamten Lebens weiter geformt. Jeder »normale Mensch« hat zeitweise Phasen verminderter Einsicht und Selbstkontrolle und höherer Suggestibilität: Schon mangelnder Schlaf, eine erhöhte Ablenkbarkeit – z. B. durch häusliche oder berufliche Probleme – können die Empfänglichkeit für Außenreize erhöhen und Verhalten lenken. Aber selbst in Situationen, in denen wir glauben, uns frei von solchen Einflüssen zu fühlen, unterliegen wir vielfältigen äußeren Kontexteinflüssen, und nur dadurch, daß wir diesen Prozeß graduell und kontinuierlich erleben, nehmen wir ihn in der Regel nicht wahr (Markowitsch, 2004a–c).

Dies bedeutet andererseits, daß vieles, was wir aufnehmen, uns nur teilweise bewußt wird und zu großen Teilen entsprechend nicht über das episodische, sondern über das weit früher entwickelte, aber auch im höheren Lebensalter immer noch bedeutende Priming-Gedächtnis verarbeitet wird. Wir sind also immer nur teilweise Herr im eigenen (Gedächtnis- oder Gehirn-)Haus.

Bereich III

Das autobiographische Gedächtnis: eine lebenslange Entwicklungsaufgabe

5 Entwicklung von Lernen und Gedächtnis pränatal und während der ersten Lebensmonate

Pränatale und transnatale Gedächtnisentwicklung – früheste Formen des Lernens

Nicht nur die Zeit um die Geburt (Boksa & El-Khodor, 2003) und danach ist für eine gesunde kognitiv-emotionale Entwicklung entscheidend – auch schon vorgeburtlich können im Mutterleib Prägungen durch Umwelteinflüsse Weichen so stellen, daß sich später eine entweder höhere oder geringere Sensitivität herausbildet. Die Mutter-Kind-Symbiose von der frühen Fötalentwicklung bis zu den ersten Lebensjahren stellt die entscheidendste Voraussetzung für eine stabile Entwicklung des Kindes dar und hat eine außerordentlich hohe Bedeutung für die Vermeidung von Entwicklungsstörungen bis hin zur Psychopathologie und für eine gelungene Ausreifung des Nervensystems (Cirulli et al., 2003).

Die einfachsten Formen des Lernens lassen sich im Tierreich schon bei Planarien nachweisen und finden sich ausgeprägt ebenso bei Regenwürmern (Dahl, 1922) wie bei Rückenmarkspräparaten von Säugetieren – es handelt sich um Habituation und Sensitivierung (vgl. Box 4.4). Diese Formen zeigen sich auch schon beim sich entwickelnden Fötus im Mutterleib. Habituation oder Gewöhnung bedeutet die allmähliche Anpassung an einen wiederkehrenden Reiz. Die anfängliche Reaktion auf einen bestimmten Stimulus, sei es ein Geräusch, eine Berührung oder ein Geruch, nimmt mit mehrfacher Wiederholung allmählich ab. Offenbar hinterläßt der Reiz ein Abbild im Gedächtnis, das dann mit dem erneut präsentierten Reiz verglichen wird. Sind nun das innere Abbild und der Reiz deckungsgleich, wie es bei Reizwiederholung der Fall ist, dann wird dieser als bekannt erlebt und die Reaktion darauf wird abgeschwächt oder bleibt völlig aus.

Gewöhnung vollzieht sich ohne jede Beteiligung des Bewußtseins. Das Wiedererkennen einer bestimmten Reizkonfiguration äußert sich hier allein durch eine Veränderung der körperlichen Reaktionen auf den Reiz, ohne daß sich das Individuum dessen bewußt wäre. Wir als ausgereifte Individuen werden uns auch erst dann bewußt, daß wir uns an einen Reiz gewöhnt haben, wenn dieser plötzlich ausbleibt oder sich in seinen physikalischen Charakteristika – z. B. Lautstärke, Tonhöhe, Reizdauer – ändert; dann »dishabituiert« man. Aus evolutionsbiologischer Sicht hat Gewöhnung insofern einen adaptiven Charakter, als sie es dem Organismus erlaubt, zwischen neuen – und damit potentiell gefährlichen – und bereits bekannten Reizen zu differenzieren und die Reaktion darauf dementsprechend anzupassen. Diese Differenzierung vollzieht sich im Bruchteil von Sekunden, ohne daß zuerst eine kognitive Bewertung des Reizes nötig wäre. Gewöhnung ermöglicht es also, daß man sich in einer Umgebung bewegen kann, ohne bei jedem auftretenden Ereignis eigens entscheiden zu müssen, ob es sich dabei um eine Bedrohung handelt und wie darauf zu reagieren ist. Umgekehrt werden durch Gewöhnung wiederkehrende nichtbedrohliche Reize – wie der Herzschlag der Mutter – ignoriert. Habituation ist also ein wichtiges Mittel zum Überleben; sie bildet die erste Form von Gedächtnis. Lange bevor sich das Bewußtsein entwickelt, ist man mit Hilfe dieser Form von Lernen und Gedächtnis in der Lage, wichtige Reize von unwichtigen zu unterscheiden.

Gewöhnungslernen erfordert kein entwickeltes Gehirn. Vieles von dem, was man heute über die neuronalen Mechanismen der Gewöhnung weiß, hat man an einer einfachen, ca. 40 cm langen und rund ein halbes Kilogramm schweren Meeresschnecke erforscht (z. B. Kandel, 2000, S. 1248 ff.). Der Tatsache, daß selbst einfache Lebewesen und Nervenanteile (Rückenmark) höherer Tiere zu Gewöhnungslernen in der Lage sind, entspricht der Befund, daß Gewöhnungslernen von den sich ontogenetisch zuerst ausbildenden Anteilen des Neuralrohrs gesteuert wird, dem Rückenmark und dem Hirnstamm (vgl. Abb. 4.21, S. 98, und Abb. 4.24, S. 101; in Abb. 4.24 unten umfaßt der Hirnstamm alle Hirnanteile, die hinter dem hinteren Ende des Zwischenhirns liegen, also das Mittelhirn, das Rautenhirn und das verlängerte Rückenmark). Der Hirnstamm ist vor allem wichtig für die Steuerung und Kontrolle von überlebenswichtigen Funktionen wie Atmung und Herzschlag.

Die starke Verbesserung des Gewöhnungslernens während der letzten Schwangerschaftswochen ist wahrscheinlich das Resultat einer raschen Heranreifung des Hirnstamms. Zum einen bilden sich gegen Ende der Schwangerschaft sehr schnell sehr viele neue synaptische Kontakte, zum anderen ermöglicht die voranschreitende Isolierung der Axone mit Myelin eine immer schnellere Informationsübertragung. Wie wichtig ein intaktes Nervensystem für das Gewöhnungslernen ist, zeigen Studien mit Föten, deren Gehirn infolge Sauerstoffmangels, genetischer Anomalien oder sonstiger pränataler Störungen beeinträchtigt ist: Sie brauchen viel mehr Reizwiederholungen, bevor sich Gewöhnungseffekte zeigen. Klinisch wird der Gewöhnungseffekt beim Fötus daher auch genutzt, um Aufschluß über dessen neurologische Gesundheit zu gewinnen.

Zu den gedächtnisrelevanten Entwicklungsprozessen im Nervensystem gehören Prozesse, die die Informationsübertragung im Gehirn verbessern – die Umhüllung der Nervenbahnen mit Myelin, die früh einsetzt, aber je nach Hirnregion zum Teil erst in der dritten Lebensdekade zum Abschluß kommt. Außerdem gehören dazu die Bildung von Kontaktstellen zwischen Nervenzellen (Synapsen; Abb. 4.16, S. 91) und die anschließende, aktivitätsabhängige Aussortierung dieser Kontaktstellen (Pruning; Box 4.5). Die Bildung von Synapsen (Synaptogenese; Box 4.5) beginnt schon im Mutterleib und setzt sich nach der Geburt noch bis zu zwei Jahre fort. Zu Spitzenzeiten entstehen pro Sekunde bis zu 15 000 Synapsen im Nervensystem (Huttenlocher, 1990). Die Synapsen entstehen in den verschiedenen Hirnregionen unterschiedlich schnell. Regionen, die schon früh funktionstüchtig sind, weisen auch als erste eine hohe Anzahl von Kontaktstellen auf. Daher nimmt man an, daß ein enger Zusammenhang zwischen der Synapsendichte und dem ersten Auftreten von bestimmten Funktionen wie etwa Gedächtnis oder Sprache besteht (Webb, Monk & Nelson, 2001, S. 155). Interessanterweise produziert die Großhirnrinde während der Säuglingszeit und in der frühen Kindheit fast doppelt so viele Synapsen, wie letztendlich gebraucht werden. Die überschüssigen Synapsen werden im Laufe der Entwicklung zurückgebildet – nur solche Kontaktstellen, die auch tatsächlich gebraucht werden, bleiben bestehen und werden allmählich gefestigt. Auf diesen Prozeß werden wir im Hinblick auf sensible Phasen der Entwicklung später noch etwas genauer eingehen.

Säuglinge können Sinneserfahrungen, die sie im Mutterleib gemacht haben, auch nach der Geburt »erinnern«. Wie eine Reihe von Studien gezeigt hat, ist es vor allem die Stimme der Mutter (das Gehör des Fötus ist bereits in der 27. Schwangerschaftswoche weitgehend entwickelt), die nach der Geburt wiedererkannt wird, aber auch Geschmacksempfindungen, Rhythmen etc. werden transnatal erinnert. Transnatales Gedächtnis findet also Elemente des Vertrauten in der gänzlich ungewohnten Situation nach der Geburt und ermöglicht so auch den Aufbau der frühen Bindung. Neugeborene können etwa die Stimme der Mutter von der anderer Frauen unterscheiden (DeCasper & Fifer, 1980), zudem haben Geräusche wie Herztöne oder andere Körpergeräusche, die das Baby aus dem Mutterleib kennt, nachgeburtlich einen beruhigenden Effekt (z. B. Salk, 1962).

Neugeborene erkennen aber nicht nur Geräusche – sie sind sogar in der Lage, die prosodischen Elemente, den Rhythmus und die Intonation von Sprache zu er-

▶ *Fortsetzung auf Seite 135*

Box 5.1

Hirnstrukturen für unbewußtes Lernen – Basalganglien und unimodale Hirnrinde

Das Gehirn des Kleinkindes enthält weitgehend fest verdrahtete und damit auch schon entwickelte subcorticale Regionen, die traditionell als extrapyramidalmotorisches System zusammengefaßt werden, sowie sensorische Verarbeitungsstrukturen bis hinauf zur Hirnrinde (vgl. Abb. 4.21). Innerhalb des extrapyramidalmotorischen Systems sind hier Kerne zu nennen, die, vom verlängerten Rückenmark bis hin zu den größten Kernen im Vorderhirn – den Basalganglien – große Teile der Körpermotorik steuern. Diese Strukturen galten früher als bedeutend für die Feinkoordinierung von Bewegungen, werden heutzutage aber zunehmend auch mit der Steuerung prozeduraler Gedächtnisanteile in Zusammenhang gebracht. Das Beherrschen sequentieller Bewegungsabläufe und die Abstimmung von Bewegungen, die mit unterschiedlichen Gliedmaßen (von einzelnen Fingergliedern wie Rumpf-Kopf-Bein-Arm-Koordinationen) vollzogen werden, funktionieren über die Basalganglien, Teile des Kleinhirns und bestimmter Cortexzonen, die am Übergang zwischen dem früh entwickelten motorischen Cortex und den sich daran anschließenden prämotorisch-präfrontalen Hirnregionen liegen. In diesem Bereich ist das sogenannte frontale Augenfeld angesiedelt, eine Hirnregion, die für die motorische Steuerung der Augenbewegungen wichtig ist und die – zusammen mit kleinen Kernen im Hirnstammbereich – dafür Sorge trägt, daß wir auch dann, wenn wir motorisch eingeengt sind (etwa als Babys in der Krippe manchmal kaum den Kopf drehen können), noch die Welt beobachten können. Da auch schon Kleinkinder zum Imitieren in der Lage sind und Bewegung dem Säugling Spaß macht (von Charlotte Bühler schon vor vielen Dekaden als »Funktionslust« apostrophiert), ist die Koordination über synchrone Aktivitäten des extrapyramidalmotorischen Systems eine Grundvoraussetzung für das prozedurale Gedächtnis.

In diesem Zusammenhang ist auch von Bedeutung, daß sowohl phylogenetisch wie ontogenetisch die Ausreifung der Sinnessysteme von der Multimodalität zur Unimodalität geht – für Frosch und Menschenbaby kommt es nicht so sehr darauf an, welcher Sinn vorherrschend angesprochen wird, sondern daß überhaupt eine sensorische Reizung erfolgt. Wir besitzen deswegen neben dem sich spät entwickelnden visuellen System, das für Objekterkennung

(»Was-System«) zuständig ist (das retino-geniculo-striatale System, das von den Augen über den thalamischen Nucleus geniculatus lateralis in den primären visuellen Cortex [die Area striata] verläuft; vgl. Abb. 4.6, S. 75, und Abb. 4.7, S. 76), auch über ein primitives extrageniculo-striatales System, das von den Augen in die obere Vierhügelplatte (Colliculus superior) des Mittelhirns verläuft und als »Wo-System« bezeichnet wird. In der Vierhügelplatte werden sensorische Informationen unterschiedlicher Sinnessysteme gemeinsam verarbeitet, was aber nur sehr grob gelingt. Deswegen kann man mit diesem System schnelle Bewegungen koordinieren – das Chamäleon streckt die Zunge heraus, wenn etwas Kleines schnell vorbeifliegt (Fliege), duckt und verkriecht sich aber blitzschnell, wenn etwas Großes angeflogen kommt (Adler).

Analog agiert der Säugling: Kleine Umweltreize sind attraktiv, große machen Angst. Über dieses System erfolgen also erste Konditionierungen und erste Bewältigungen von Anforderungen. Es wird agiert und reagiert, ohne daß Details von Bedeutung wären (oder gar identifiziert werden könnten). Die Bedeutung des extrageniculo-striatalen Systems wird auch für das sogenannte Blindsight immer wieder hervorgehoben: Patienten, die auf Grund einer Schädigung ihres visuellen Cortexbereiches beider Hemisphären – etwa durch einen Schlaganfall – blind sind, können dennoch bestimmte einfache Umweltreize räumlich sicher zuordnen, ohne daß ihnen die Basis für ihr Können bewußt ist oder »einleuchtet«. Setzt man diese Blinden vor eine Leinwand und bietet ihnen Leuchtpunkte darauf an, mit der Aufforderung, deren Lage auf der Leinwand zu zeigen, so gelingt dies vielen Patienten erstaunlich gut – sie wissen allerdings nicht um ihr Können, es ist ihnen nicht bewußt. Man nimmt an, daß hier das unbewußt arbeitende Sehsystem des Mittelhirns die Reize aufnimmt und verarbeitet; da dieses System aber im Unterschied zur Hirnrinde keine »bewußten« Verknüpfungen und Zuordnungen der Reize vornehmen kann, wird den Patienten ihr Wissen nicht bewußt, sie arbeiten auf der Basis von Rate-Vorgängen. Gleiches tun Kleinkinder, denen ebenfalls noch keine Bewußtmachung ihrer Leistungen oder der Umweltzuordnungen gelingt.

innern, was man mit Studien nachgewiesen hat, in denen werdende Mütter in den letzten Wochen der Schwangerschaft wiederholt eine Geschichte laut vorgelesen oder ein Gedicht vorgetragen haben. Die Babys reagieren später auf diese bekannten, recht komplexen Reize auf andere Weise, als wenn ihnen gänzlich Unbekanntes »erzählt« wird (DeCasper & Spence, 1986). Vermutlich liegen hier wichtige Vorbahnungen für die viel spätere Entwicklung des Sprachvermögens.

Jedenfalls ist die Erfahrungswelt des Neugeborenen stark durch Hör-, aber auch durch Geschmacks- und Geruchserlebnisse geprägt, und Riechen und Schmecken sind eng an Emotionen geknüpft. Ein unangenehmer Geruch oder Geschmack weckt Ekel und Abscheu, wogegen angenehme Gerüche und Geschmackserlebnisse Wohlbefinden auslösen können. Anders als Geräusche oder Bilder werden Gerüche vor allem in den emotionalen Zentren unseres Gehirns verarbeitet; die spezifische emotionale Färbung wird Gerüchen unter anderem von der Amygdala verliehen (s. Box 4.1 und Abb. 4.4, S. 68). Die Amygdala steht in enger Verbindung mit dem autonomen Nervensystem, also dem Teil des Nervensystems, der die inneren Abläufe im Körper steuert. Starke Emotionen führen zu Veränderungen im autonomen Nervensystem – lassen das Herz schneller schlagen, die Hände zittern und Schweiß ausbrechen (s. Abb. 4.5, S. 69). Diese physiologischen Reaktionen auf einen äußeren Reiz werden wiederum von den emotionsverarbeitenden Zentren ausgewertet und interpretiert, und so entsteht das Gefühl von Angst. Zum Zeitpunkt der Geburt wird die Gefühlswelt des Babys noch vollständig von der Amygdala kontrolliert (Schore, 2001, S. 24). Höhere Zentren, die an der Bewertung und Kontrolle von Emotionen beteiligt sind, haben einen langsameren Entwicklungsverlauf und sind erst ab dem siebten Lebensmonat funktionsfähig. Im frühen Entwicklungsstadium werden Gerüche vor allem von den Kernen der Amygdala verarbeitet, genauer von solchen Kernen, die in der rechten Gehirnhälfte liegen (Schore, 2001, S. 24). Die rechte Hirnhälfte steuert einen Großteil der Funktionen in den ersten drei Lebensjahren; die linke hinkt in ihrer Entwicklung etwas nach und übernimmt erst ab dem dritten Lebensjahr ihre – zeitlebens – dominante Rolle (Chiron et al., 1997; aber s. Markowitsch, 1998/99). Nicht nur die Wahrnehmung von Gerüchen, sondern auch die Erinnerung an vorgeburtliche Geruchserfahrungen wird vermutlich von den Kernen der Amygdala gesteuert.

Das Gedächtnis in den ersten Lebensmonaten

Transnatales Gedächtnis sorgt gewissermaßen für einen moderaten Übergang von der fötalen Existenz zu einem Leben außerhalb des Mutterleibs, und vor allem scheint es für eine gelingende frühe Bindung zur Mutter entscheidend zu sein. Es bildet zugleich die Matrix, in die die nachgeburtlichen Erfahrungen eingegliedert werden können. Dabei geht es hier vor allem um implizites Gedächtnis – alles, was wir in dieser frühen Zeit erlebt haben, ist uns später nicht mehr zugänglich, kann nicht erinnert werden. Das liegt daran, daß es die phylogenetisch alten Hirnregionen sind, die das Erinnern während der ersten Lebensmonate steuern, während bewußtes, aktives Erinnern eine Angelegenheit corticaler Areale ist. Obskure Techniken wie das »Rebirthing« der Scientology Church, in dem das »Geburtserlebnis« erinnert werden soll, entlarven sich vor diesem Hintergrund als reine Phantasien. Das menschliche Gedächtnis gleicht am Anfang des Lebens in vielerlei Hinsicht dem einfacher Säugetiere: Seine Inhalte sind nicht verbalisierbar und äußern sich ausschließlich auf der Handlungsebene, wir können hier – mit Katherine Nelson – von »experiential memory« oder Erfahrungsgedächtnis sprechen.

Abbildung 4.10 in Kapitel 4 (S. 81) zeigt, daß wir Gedächtnis in Kurzzeit- und Langzeitgedächtnis unterteilen, und Abbildung 4.11 (S. 82), daß das Langzeitgedächtnis in fünf Systeme untergliedert wird. Die Gedächtnissysteme unterscheiden sich zum einen durch die Art der Information, die sie verarbeiten, und zum anderen durch die Hirnstrukturen, welche dieser Verarbeitung zu Grunde liegen. Wie schon am Ende von Kapitel 4 kurz angedeutet, ist anfänglich das prozedurale Gedächtnis die vorherrschende Gedächtnisform – der Säugling lernt Neues vor allem über motorische Handlungsmuster und einfache Reizverknüpfungen. Fast parallel zum prozeduralen Gedächtnis entwickeln sich die Priming-Form des Gedächtnisses und das präsemantische perzeptuelle Gedächtnis. Jetzt fällt es dem Säugling zunehmend leichter, bekannte Personen, Plätze und Objekte wiederzuerkennen, auch wenn er sie jetzt noch nicht in einem raum-zeitlichen Kontext situieren kann und daher nicht weiß, wo und wann er ihnen zum ersten Mal begegnet ist. Wissenssystem und episodisches Gedächtnis entwickeln sich zuletzt – wobei das episodische Gedächtnis einer stark verzögerten Entwicklung folgt und erst lange nach allen anderen Gedächtnisformen entsteht.

Das prozedurale Gedächtnis

Die Essenz des prozeduralen Gedächtnisses findet sich in einem suahelischen Sprichwort: »Mautie moset kolany ketit« (Der Affe verlernt nie, auf einen Baum zu klettern). Eine basale Form des Lernens innerhalb des prozeduralen Gedächtnisses ist durch die assoziative Verknüpfung zweier Reize gekennzeichnet und wird allgemein als »klassisches Konditionieren« bezeichnet (s. Box 4.4 und Abb. 4.8 und 4.9, S. 79). In etwas vereinfachter Form könnte man von klassischem Konditionieren auch als Erfahrungslernen sprechen: Im Gedächtnis werden angenehme oder unangenehme Erfahrungen mit einem bestimmten Reiz gespeichert, und dieser Reiz wiederum ist in Zukunft mit der Erfahrung assoziiert (Lipsitt, 1990).

Anknüpfend an die Pawlowsche Tradition (vgl. Box 4.4) fanden die ersten Untersuchungen zum klassischen Konditionieren an Säuglingen in Rußland statt. Sie stützten die recht pessimistische Vermutung der russischen Hirnforscher, daß das Großhirn des Neugeborenen zuwenig entwickelt ist, um irgendeine Form des Lernens zu erlauben, und daher das Neugeborene auch nicht konditionierbar ist. Erst in der Mitte des letzten Jahrhunderts rückte man allmählich von dieser Position ab, als deutlich wurde, daß der Konditionierungsvorgang vor allem subcortical gesteuert ist und keineswegs ein gut entwickeltes Großhirn voraussetzt (vgl. Lipsitt, 1990). Hinzu kam eine Reihe von Studien, die Erfahrungslernen beim Neugeborenen nachweisen konnten, und zwar, indem man mit dem Lidschlag-Reflex arbeitete. Der Lidschlag kann ausgelöst werden, wenn man einen leichten Luftstoß auf das Auge richtet – ein unkonditionierter Reiz, der immer dieselbe Reaktion – das Schließen des Auges – hervorruft. Der konditionierte Reiz – etwa ein Ton – geht dem unkonditionierten Reiz jeweils unmittelbar voraus, so daß sich eine Assoziation zwischen dem Ton und dem Reflex ergibt und der Säugling das Auge schließt, sobald er den Ton hört.

Wie die meisten Gedächtnisformen verbessert sich auch das Erfahrungslernen mit der fortschreitenden Entwicklung des Säuglings. Je älter der Säugling wird, desto weniger Durchgänge braucht er, um eine neue Reizverknüpfung zu lernen und desto länger bleibt sie im Gedächtnis erhalten (Lipsitt, 1990). Einige Studien belegten, daß Lidschlag-Konditionierung wesentlich über das Kleinhirn und damit eine recht früh entwickelte Hirnstruktur abläuft (Kim & Thompson, 1997) und sich auch bei amnestischen und dementiellen Patienten finden läßt (Gabrieli et al., 1995; Woodruff-Pak, Romano & Papka, 1996; Schugens & Daum, 1999), während andere Studien bei derartigen Patienten doch über Defizite im Erwerb komplexerer, vor allem mit längeren Verzögerungszeiten arbeitender Lidschlag-Konditionierungen berichtet (McGlinchey-Berroth, Brawn & Disterhoft, 1999; McGlinchey-Berroth et al., 1995; McGlinchey-Berroth, Carrillo, Gabrieli, Brawn & Disterhoft, 1997).

Eine andere frühe Form des Lernens ist Lernen am Erfolg bzw. Mißerfolg, oder operante Konditionierung (Box 4.4). Diese Form des Lernens ist von hoher adaptiver Bedeutung, denn indem man lernt, welche Folgen Handlungen haben, kann man allmählich ein adäquates Verhaltensrepertoire entwickeln. So werden etwa solche Verhaltensweisen, die der Anpassung an eine Umwelt dienen, belohnt (Saugen wird mit Sättigung, Lächeln mit einer positiven Reaktion des Gegenübers belohnt) und Verhaltensweisen, die gefährlich sind, bestraft (auf das Berühren einer heißen Herdplatte folgt Schmerz). Dementsprechend wird ein Kind adaptive Verhaltensweisen wiederholen und auf diese Weise weiter verfeinern, während es unangepaßte Verhaltensweisen unterläßt, sobald es gelernt hat, daß sie mit negativen Konsequenzen verbunden sind.

Das bei Säuglingen am häufigsten verwendete Verfahren operanter Konditionierung ist die Konditionierung mit Hilfe eines Mobiles, die in der Regel aus einer Lernpha-

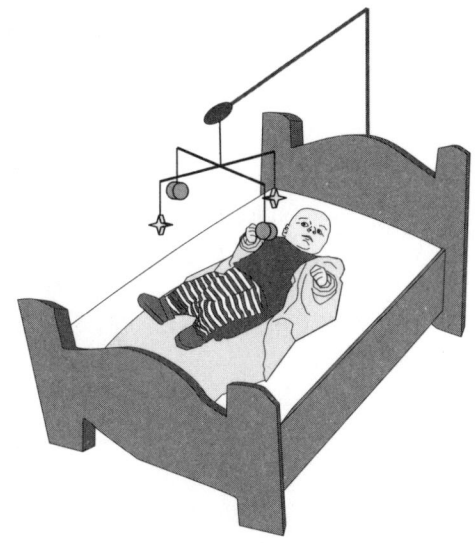

Abb. 5.1 Beispiel für die häufig verwendete »Mobile-Konditionierung«.

se und einem Gedächtnistest besteht (Abb. 5.1). Für die Lernphase wird über dem Bett des Säuglings ein Mobile aufgehängt, das z. B. aus bunten Würfeln besteht. An der Querstange des Mobiles ist eine Schnur befestigt, die der Experimentator um den Knöchel des Säuglings bindet – auf diese Weise kann der Säugling das Mobile in Bewegung setzen, sobald er mit dem Bein strampelt, an dem die Schnur befestigt ist. Drei Monate alte Säuglinge lernen den Zusammenhang zwischen Strampeln und Mobile-Bewegung sehr unvermittelt: An einem bestimmten Punkt der Sitzung fangen sie auf einmal an, heftig zu strampeln. Zu diesem Zeitpunkt haben sie gelernt, daß sie mit ihren eigenen Bewegungen die Bewegungen des Mobiles beeinflussen können (Rovee-Collier, 1997; Rovee-Collier & Hayne, 1987, 2001).

Das unvermittelt beginnende Einsetzen gezielter Strampelbewegungen ruft eine alte, aber bis heute nicht eindeutig zu beantwortende Frage auf, nämlich die, ob (oder unter welchen Gegebenheiten) Lernen einem graduellen oder einem Alles-oder-Nichts-Prozeß folgt (Abb. 5.2): Häufig geht man davon aus, daß man sich Information Stück für Stück aneignet und damit langsam und graduell lernt. Die Alternative findet sich jedoch als »Heureka-Lernen« – es kommt einem ein Gedankenblitz, die geniale Idee, und schon weiß man »Alles«, und kurz zuvor war man noch naiv. Derartiges Lernen findet sich bei mathematischen Problemen, wo man plötzlich auf Lösungen kommt oder einem Regeln oder Gesetze schlagartig klarwerden. Da die meisten Untersuchungen gerade zum operanten Konditio-

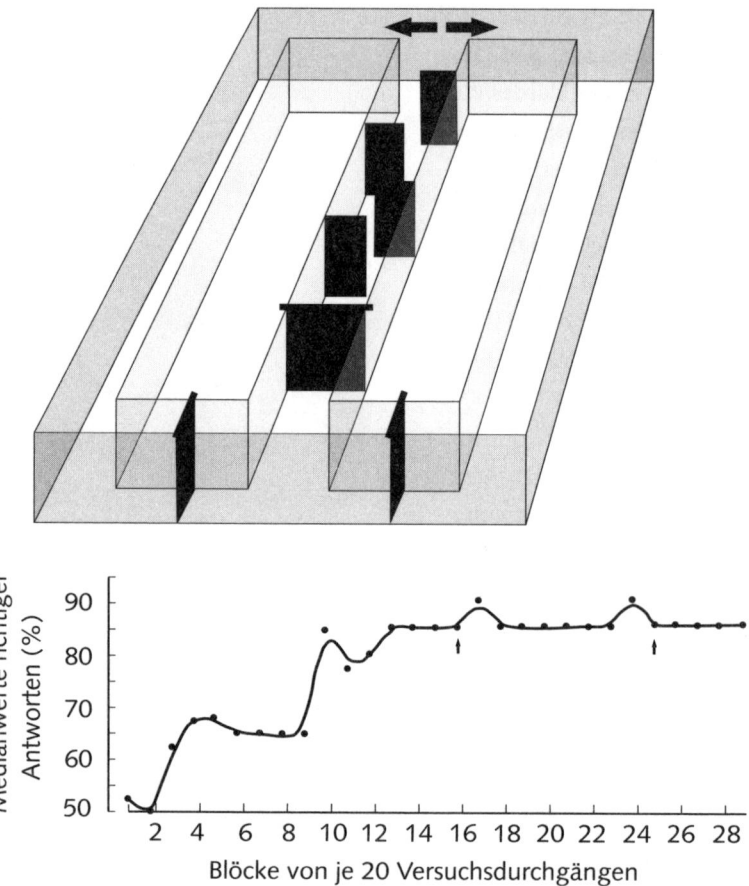

Abb. 5.2 Beispiel für eine typische Lernkurve, die sich aus Mittelwerten oder, wie hier, Medianwerten mehrerer Tiere (Meerschweinchen) über einen längeren, in Trainingstage unterteilten Zeitraum zusammensetzt. Zumindest durch die Mittelung ergibt sich der starke Eindruck, daß die Tiere langsam und kontinuierlich in ihrem Lernfortschritt zunahmen. Aufgabe war es, zu lernen, daß man in einem sogenannten T-Labrinth bei jedem Versuchsdurchgang vom Startareal (vorne in der Mitte) in die Seite des Ts abbiegen sollte, die man im Durchgang zuvor nicht besucht hatte. In der gezeigten Anordnung stehen die Tiere in dem durch Barrieren begrenzten Areal vorne in der Mitte; sobald die »Guillotinentür« am Anfang des Mittelgangs hochgeschoben wird, laufen die Tiere los, und wenn sie hinten die richtige Wahl getroffen haben, bekommen sie nach Labyrinthumrundung im Startareal Futterbelohnung hereingeschoben. Der mittlere Laufgang erschwert durch Halbbarrieren kinästhetische Merkstrategien (»Körpergedächtnis«). Nach Kessler et al. (1980).

nieren über viele Versuchsdurchgänge laufen und der Lernfortschritt meist auch über mehrere Individuen gemittelt wird (Abb. 5.2), kann es aber durchaus sein, daß Lernen sich auf diese Weise als gradueller Fortschritt in der Informationsaufnahme darstellt, tatsächlich aber jedes Individuum schlagartig per Gedankenblitz seine Einsicht bekam und dann allenfalls noch Zufallsfehler machte. Was Kleinkinder betrifft, so wäre es natürlich erst recht spannend, feststellen zu können, ob auch diese schon in einer derartigen Versuchsanordnung spontan auf Zusammenhänge kommen oder ob sie eher »wie Tiere« lernen, also herumprobieren, einfach motorisch aktiv sind und irgendwann einmal merken, daß es zwischen ihrem Tun und dem Mobile einen Zusammenhang gibt.

Wie lange aber kann ein drei Monate alter Säugling den gelernten Zusammenhang zwischen Strampeln und Mobilebewegung erinnern? Für den Gedächtnistest wird ihm das Mobile nach einem gewissen Zeitraum erneut gezeigt, diesmal aber ohne die Schnur, so daß sein Strampeln ohne Wirkung bleibt und nicht erneut belohnt wird. Wenn das Mobile eine Woche nach der Lernphase über seinem Bett aufgehängt wird, beginnt er sofort wieder heftig zu strampeln. Ein sechs Monate alter Säugling erinnert auch nach zwei Wochen Pause, wie er das Mobile bewegen kann. Mit wachsendem Alter erinnern Säuglinge nicht nur *länger*, wie sich das Mobile bewegen läßt, sondern können das Gelernte auch zunehmend besser auf neue Situationen übertragen. Ein sechs Monate alter Säugling strampelt auch dann heftiger, wenn das Mobile in der Zwischenzeit verändert wurde, also nicht exakt dem Mobile gleicht, mit dem er die Verknüpfung gelernt hat. Drei Monate alte Säuglinge reagieren schon einen Tag nach dem ursprünglichen Training nicht mehr, wenn mehr als ein Element des Mobiles ausgetauscht wurde (Rovee-Collier, Hayne & Colombo, 2000). Auch reagieren ältere Säuglinge weniger empfindlich, wenn ihr Bett für den Gedächtnistest in einen anderen Raum gestellt wird. Während drei Monate alte Säuglinge nur dann beim Anblick des Mobiles strampeln, wenn sie sich im gleichen Raum befinden wie während der Lernphase, hat die Veränderung der Umgebung auf die Gedächtnisleistungen von älteren Säuglingen kaum einen Effekt. Man könnte annehmen, daß die jüngeren Säuglinge mehr Details des ursprünglichen Mobiles und der Umgebung in ihre Gedächtnisspur integriert haben und deshalb so empfindlich auf Veränderungen reagieren.

Allgemein konnte man nachweisen, daß jüngere Säuglinge stärker kontextgebunden und weniger generalisierend als ältere operieren. Analoges – also die hohe Bedeutung der Anordnung von Reizen im räumlichen Umfeld des Labyrinths – findet sich auch bei Lernvorgängen von Ratten in komplexen Sechsarm- oder

Achtarmlabyrinthen. Überhaupt kann man festhalten, daß gerade die Hirnstruktur, die für unser episodisches Gedächtnis essentiell zu sein scheint – der Hippocampus – ursprünglich vor allem räumliche Information kodierte (Gilbert, Kesner & DeCoteau, 1998), was sich im Vorhandensein spezieller Ortszellen zeigt (Olton, Branch & Best, 1978; Hollup, Molden, Donnett, Moser & Moser, 2001), aber auch in räumlichen Defiziten von Patienten mit Hippocampusschäden (Kessels, de Haan, Kappelle & Postma, 2001; Luzzi, Pucci, Di Bella & Piccirilli, 2000) – was Forscher sogar veranlaßte, Theorien zu entwickeln, die räumliches und episodisches Gedächtnis zu vereinen trachten (Rolls, Stringer & Trappenberg, 2002). Während phylogenetisch betrachtet für Säugetiere vor allem das Geruchsgedächtnis im Vordergrund der Gedächtnisentwicklung steht, zeigen Insekten wie Bienen mit ihrem Schwänzeltanz die hohe Bedeutung des Ortsgedächtnisses für die soziale Kommunikation (Menzel, Brandt, Gumbert, Komischke & Kunze, 2000; Menzel & Giurfa, 2001).

Vieles spricht dafür, daß auch ältere Säuglinge diese räumlichen Details eingespeichert haben, aber *aktiv* übersehen. Wird ihnen ein neues Mobile präsentiert, solange ihre Erinnerung an das alte noch frisch ist, reagieren sie so, als handele es sich um das ursprüngliche Mobile. Je mehr Zeit aber zwischen der Lernphase und dem Gedächtnistest liegt, desto schlechter werden ihre Gedächtnisleistungen, wenn ihnen statt des ursprünglichen ein neues Mobile gezeigt wird. Je schwächer also ihre Erinnerung an die ursprüngliche Lernerfahrung, desto mehr Gedächtnisstützen in Form von visuellen Details (Farbe und Form des Mobiles, Gestaltung der Umgebung) sind nötig, um die Erinnerung zu reaktivieren (Rovee-Collier, 1997; Rovee-Collier et al., 2000).

Wie oben schon im Zusammenhang mit dem Lidschlagreflex erwähnt (Kim & Thompson, 1997), werden klassisches und operantes Konditionieren vor allem durch eine phylogenetisch alte Hirnregion gesteuert, die – im Gegensatz zum Großhirn – auch bei recht primitiven Säugetieren relativ gut entwickelt ist. Die Rede ist vom Kleinhirn (Abb. 5.3), einer Region, die zwar nur 10 % der Masse des Gehirns ausmacht, aber mehr als die Hälfte seiner Nervenzellen enthält. Das Kleinhirn spielt vor allem eine Rolle für die präzise Bewegungskontrolle: Es integriert Informationen über geplante Bewegungen, die es aus den motorischen Arealen im Großhirn bekommt, in Informationen über gerade stattfindende Bewegungen, die vom Rückgrat und den Gleichgewichtsorganen übermittelt werden. Menschen mit Schädigungen des Kleinhirns sind nicht mehr in der Lage, Kraft, Geschwindigkeit und Amplitude ihrer Bewegungen präzise zu kontrollieren und

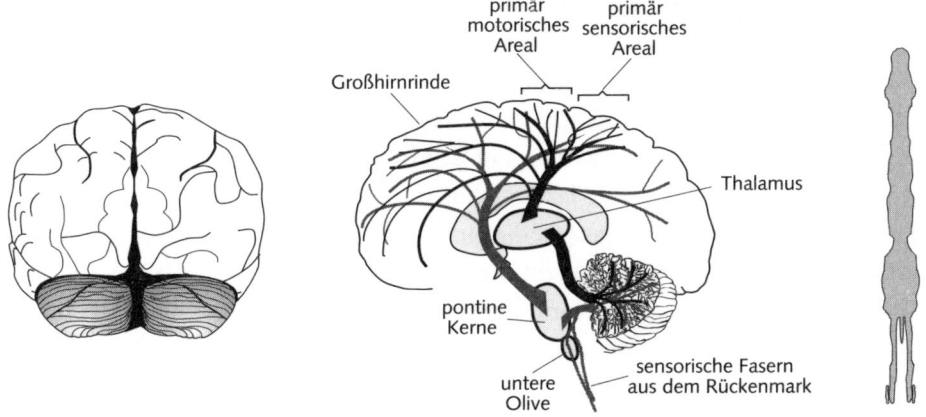

Abb. 5.3 Das Kleinhirn. Links: Die Lage des Kleinhirns von hinten gesehen. Mitte: Schematische Darstellung der hauptsächlichen Verbindungen vom und zum Kleinhirn. Rechts: ausgefaltete Ausdehnung des Kleinhirns, die ca. einer Länge von anderthalb Metern entspricht.

diese sich ändernden Bedingungen anzupassen. Sie haben Schwierigkeiten, konstante Stellungen (zum Beispiel Stehen) beizubehalten, und Versuche, das zu tun, führen häufig zu einem starken Zittern. Zudem geht die Fähigkeit verloren, mehrere Reize assoziativ miteinander zu verknüpfen – Menschen mit Schädigungen des Kleinhirns sind also nicht (oder nur noch rudimentär) konditionierbar.

Ein Großteil der Lernprozesse in den ersten Lebensmonaten ist motorischer Art und involviert fast immer das Kleinhirn. Vor allem für die Entwicklung der Feinmotorik spielt diese Hirnregion eine maßgebliche Rolle – ohne ein hinreichend entwickeltes Kleinhirn wäre der Säugling beispielsweise nicht in der Lage, Gegenstände gezielt mit Daumen und Zeigefinger zu ergreifen und festzuhalten. Die graduelle Verbesserung in den zunächst noch sehr unkoordinierten Bewegungsabläufen hängt also maßgeblich vom Kleinhirn ab, das als Kontrollzentrum über alle gerade stattfindenden Bewegungen wacht und diese nötigenfalls korrigiert. Da diese Hirnregion eine so wichtige Rolle für die motorische Entwicklung des Säuglings spielt, ist sie schon relativ früh funktionstüchtig. Zu Beginn des Lebens zählt das Kleinhirn zu den Hirnregionen mit dem höchsten Energieverbrauch – ein Hinweis darauf, daß hier mit großer Geschwindigkeit neue Kontaktstellen zwischen den Nervenzellen entstehen. Außerdem umhüllen sich seine Nervenbahnen bereits vorgeburtlich mit Myelin und sind im dritten Lebensmonat vollständig isoliert (Chugani & Phelps, 1986; Gibson, 1991). Die Verbesserung der Erinnerungsleistungen, sowohl beim klassischen als auch beim operanten Konditionieren im Verlauf der ersten Lebensmonate, ist das Resultat dieser rasch voranschreitenden Entwicklungsprozesse, die zu einer verbesserten Kommunikation innerhalb der neuronalen Verschaltungsstrukturen im Kleinhirn führen. Überhaupt gleicht – wegen ihrer architektonischen Regelmäßigkeit – keine Hirnregion mehr einer Computerfestplatte als das Kleinhirn. Dies erkannten schon 1967 Eccles, Ito und Szentagothai, die ein Buch über das Kleinhirn mit dem Titel versahen »The cerebellum as a neuronal machine«.

Operantes Konditionieren wird nicht allein vom Kleinhirn gesteuert, sondern beansprucht außerdem eine Reihe von subcorticalen Kernen, die als Basalganglien bezeichnet werden. Sie spielen eine entscheidende Rolle bei der Erzeugung von Bewegungen, und ihre Schädigung führt zu einer starken Beeinträchtigung der Willkürmotorik. Handlungsabläufe wie Sprechen, Gehen oder Händeschütteln sind für Menschen, deren Basalganglien – etwa infolge der Parkinson-Krankheit – nicht mehr normal funktionieren, extrem mühsam und werden häufig von einem starken Zittern und Zucken begleitet. Für das Erlernen motorischer Handlungsabläufe sind die Basalganglien mindestens ebenso wichtig wie das Kleinhirn, und sie sind ebenfalls schon recht früh entwickelt. Die Umhüllung ihrer Nervenbahnen mit Myelin beginnt im 5. Schwangerschaftsmonat und ist im 8. Monat nach der Geburt weitgehend abgeschlossen (Hasegawa et al., 1992; Gibson, 1981). Außerdem läßt sich zwischen dem 3. und 5. Lebensmonat ein sprunghafter Anstieg in der Anzahl ihrer synaptischen Verbindungen beobachten.

Das Gedächtnis zu Anfang des Lebens ist eng an Körpererfahrungen geknüpft – die Inhalte des prozeduralen Gedächtnisses werden daher auch häufig als »Körpererinnerungen« bezeichnet. Gelernt wird vor allem über Bewegungen und über angenehme wie unangenehme Empfindungen. Die Erfahrungswelt des Neugeborenen ist, wie gesagt, vor allem von Gerüchen, Geräuschen und taktilen Empfindungen geprägt. Eine Vielzahl früher Sinneserfahrungen wird über die Haut vermittelt: Das Baby nimmt sehr intensiv wahr, wenn es berührt, gestreichelt oder gekitzelt wird. Hautkontakt weckt beim Säugling angenehme Empfindungen, und in der Regel versucht er, so viel Körperkontakt mit der Mutter herzustellen, wie möglich (H. F. Harlow & Zimmerman, 1959). Sowohl Gerüche als auch Geräusche und Berührungen sind von außen kommende Reize und informieren den Säugling über seine Umwelt. Daneben verarbeitet sein Gehirn auch eine Reihe von interozeptiven Reizen, also solchen, die ihm Informationen über den eigenen Körper vermitteln.

Das Neugeborene verfügt bereits über eine ausgeprägte Tiefensensibilität. Darunter versteht man Empfindungen über die Bewegung und Stellung der Glieder, die von Sinnesrezeptoren in den Muskeln und Gelenken übermittelt werden. Wenn man beispielsweise mit geschlossenen Augen die Arme bewegt, so weiß man recht genau, an welcher Stelle des Raumes sich gerade die rechte Hand befindet. Grundlage für dieses Wissen sind Informationen, die aus dem Körperinneren kommen. Ohne Interozeption wäre motorisches Lernen nicht möglich. Prozedurales Lernen setzt also Tiefensensibilität voraus, und es gibt mehrere Hinweise darauf, daß das Neugeborene Signale aus dem Körperinneren schon recht effektiv verarbeiten kann. Die Nervenbahnen, die Informationen über die Bewegung und Stellung der Glieder in die Großhirnrinde leiten, beginnen vorgeburtlich zu myelinisieren und sind zum Zeitpunkt der Geburt vollständig mit Myelin umhüllt (Yakovlev & Lecours, 1967). Im Großhirn werden diese Informationen in einem umgrenzten Areal verarbeitet, das man als somatosensorischen Cortex bezeichnet. In der ansonsten noch kaum entwickelten Großhirnrinde findet man zum Zeitpunkt der Geburt nur in diesem Bereich eine rege Stoffwechselaktivität (Chugani, 1994; Chugani et al., 1987).

Die Priming-Form des Gedächtnisses

Priming ist eine unbewußte Gedächtnisform, bei der später wiederkehrende Reize, die den ursprünglich wahrgenommenen gleichen oder ihnen ähnlich sind, schneller, besser oder eher wiedererkannt werden. Priming führt also zur Reaktivierung ruhender, verborgener Gedächtnisinhalte und hält diese so über lange Zeiträume lebendig. Babys können für eine erstaunlich lange Zeit den Zusammenhang zwischen Strampeln und Mobile-Bewegung erinnern, wenn ihre Erinnerung zwischendurch immer mal wieder »aufgefrischt« wird. Um die Gedächtnisinhalte erneut wachzurufen, wird ihnen zu einem Zeitpunkt, an dem sie den Zusammenhang bereits vergessen haben, ein Aspekt der ursprünglichen Situation für zwei bis drei Minuten vorgeführt: Entweder bewegt der Versuchsleiter das Mobile und sie sehen dabei zu, oder sie werden für kurze Zeit in ein Bettchen gelegt, dessen Gitterstäbe mit dem gleichen Stoff bespannt sind wie das Bett, in dem das Training stattfand. Vierundzwanzig Stunden danach werden die Säuglinge getestet. Zwei Monate alte Säuglinge, die normalerweise schon nach 1–2 Tagen nicht mehr strampeln, wenn ihnen das Mobile erneut gezeigt wird, erinnern sich auch nach 5½ Monaten noch an den Zusammenhang, wenn ihre Erinnerung alle drei Wochen aufgefrischt wird (Rovee-Collier, 1999; Rovee-Collier & Hartshorn, 1999; Rovee-Collier & Hayne, 2001). Allerdings können die Gedächtnisinhalte nur dann reaktiviert werden, wenn die Originalreize der Lernerfahrung verwendet werden. Verändert man das Mobile oder wechselt man die Farbe des Stoffes, mit dem das Bettchen bespannt ist, reagiert der Säugling nicht mehr mit Strampeln.

Die Priming-Form des Gedächtnisses ist sehr robust gegenüber Hirnverletzungen. Amnestiker, die große Schwierigkeiten haben, einmal gelernte Wortlisten frei zu reproduzieren, zeigen erstaunlich gute Leistungen, wenn ihnen dreibuchstabige Wortstämme der gelernten Wörter gezeigt werden und sie diese ergänzen sollen – etwa »Bal« zu »Balken« – (Cramon, Markowitsch & Schuri, 1993; Markowitsch, Cramon & Schuri, 1993). Sie haben keine bewußte Erinnerung an die gelernten Wörter und können kaum ein Wort auf der Liste nennen, wenn sie danach gefragt werden. Dennoch sind die Wörter in einem Teil des Gehirns gespeichert und wird diese Erinnerung reaktiviert, sobald ihnen ein Teil des Wortes gezeigt wird. Würde man sie allerdings fragen, ob ihnen die Wörter, die sie ergänzt haben, bekannt vorkommen, würden sie dies mit Sicherheit verneinen. Auch der Säugling erinnert sich nicht bewußt an das Mobile, aber das Bild und die damit verbundene Lernerfahrung sind gespeichert und werden aktiviert, sobald ihnen ein Aspekt der Lernsituation (*prime*) noch einmal gezeigt wird.

Nahezu alle Formen des Lernens im frühen Säuglingsalter, sowohl klassisches als auch operantes Konditionieren und Priming haben gemeinsam, daß sie zum impliziten Gedächtnis zählen. Das implizite Gedächtnis verarbeitet all jene Kenntnisse, Gewohnheiten und erlernten Reaktionen, die wir uns durch Erfahrung aneignen, die uns aber weitgehend unbewußt sind. Das implizite Gedächtnis ist relativ robust gegenüber Störungen: Zum einen bleiben seine Inhalte über lange Zeit erhalten, zum anderen führen auch schwere Hirnverletzungen nur selten zum völligen Verlust dieser Gedächtnisform. Menschen, die etwa nach einem Unfall unter schweren Gedächtnisstörungen leiden, können in der Regel immer noch einfache Reizverknüpfungen bilden, beherrschen motorische Abläufe wie Schwimmen oder Fahrradfahren und lernen durch Erfolg und Mißerfolg. Der Grund hierfür liegt in den Hirnstrukturen, die am impliziten Gedächtnis beteiligt sind: Sie liegen alle außerhalb des limbischen Systems (s. Abb. 4.4, S. 68), der Region, die wesentlich für die Bildung bewußter Erinnerungen ist und deren Schädigung zu Gedächtnisstörungen führt, wie wir sie von Amnestikern kennen.

Das perzeptuelle Gedächtnis

Lange Zeit nahm man an, daß der Säugling während der ersten Lebensmonate nur zu Formen des Lernens fähig ist, die dem impliziten Gedächtnis zugehörig sind (Schacter & Moscovitch, 1984; Nadel & Zola-Morgan, 1984). Das wenig entwickelte Gehirn, so vermutete man, erlaube nur solche »primitiven« Gedächtnisleistungen, wie sie auch bei Menschen erhalten bleiben, die keine bewußten Erinnerungen mehr formen können. Hierzu zählen sowohl das klassische, wie auch das operante Konditionieren und Priming. Für die Entstehung von bewußten Erinnerungen ist vor allem ein Wechselspiel zwischen Strukturen des limbischen Systems und des Neocortex von Bedeutung.

Auf das limbische System bezogen kommt es zu einer Aufgabenteilung in der Form, daß einzelne Strukturen eher die affektive Seite der Information, andere die kognitiv-rationale Seite verarbeiten. Die Amygdala ist beispielsweise für die (häufig schon sehr früh geprägte) Bewertung der Reize zuständig (Abb. 4.5, S. 69), der Hippocampus für Neuigkeitsaspekte der Reize, allgemein für deren Raum-Zeit-Integration und für die Übertragung von Neuem in das Langzeitgedächtnis (s. Box 4.1 und 4.2). Bei Tieren integriert der Hippocampus vor allem räumliche Aspekte von Reizen, bei Menschen eher zeitliche. Man spricht in diesem Zusammenhang auch von einem quasi-phylogenetischen funktionellen Wechsel (»functional shift«) des Hippocampusbereichs.

Menschen, bei denen etwa durch einen Unfall Teile des limbischen Systems beider Hirnhälften beschädigt wurden, können sich neue Dinge nur für sehr kurze Zeit merken. Alles, was nach dem Unfall stattfindet, wird nicht mehr behalten. Bei einer schweren Amnesie werden Ereignisse und die beteiligten Personen schon nach ein paar Minuten wieder vergessen. Auch vertraute Menschen und Orte werden nicht wiedererkannt, oder können nicht in einen situativen Kontext oder Bezugsrahmen gestellt werden. Dagegen sind die Erinnerungen an das Leben vor dem Unfall weitgehend intakt. Es ist nicht ungewöhnlich, daß ein Amnestiker, der sich schon nach wenigen Minuten nicht mehr an ein Gespräch erinnert, das gerade stattgefunden hat, noch detaillierte Erlebnisberichte aus seiner Schulzeit zum besten geben kann (Markowitsch et al., 1993; Markowitsch, 2002a).

Aus Untersuchungen mit Amnestikern weiß man also, daß das limbische System maßgeblich dafür ist, um neue Erinnerungen zu formen. Der Schluß liegt nahe, daß die (früh-)kindliche Amnesie, also die Unfähigkeit, sich an Ereignisse aus der frühen Kindheit zu erinnern, die Folge eines kaum entwickelten limbischen Systems in den ersten Lebensmonaten und -jahren sein könnte (Schacter & Moscovitch, 1984; Nadel & Zola-Morgan, 1984). Erlebnisse aus dieser Zeit, so ließe sich vermuten, können deshalb nicht erinnert werden, weil das limbische System zu diesem Zeitpunkt noch nicht hinreichend entwickelt ist, um eine dauerhafte Speicherung von Erinnerungen zu unterstützen. Dagegen spricht, daß

Säuglinge in Gedächtnistests, die vermutlich ein intaktes limbisches System voraussetzen, schon relativ früh recht gute Leistungen zeigen (siehe dazu auch die Diskussion im vorletzten Abschnitt von Kap. 4: Reifeprozesse auf Hirnebene als Voraussetzung für die Bildung und Festigung von Gedächtnis).

Mit zunehmendem Alter benötigt der Säugling immer weniger Zeit, um sich einen neuen, unbekannten Reiz einzuprägen, und erkennt ihn über immer längere Zeiträume wieder. Ein drei Tage altes Neugeborenes muß einen neuen Reiz noch über viele Sekunden oder gar Minuten anstarren, um ihn sich einzuprägen, und erkennt ihn in der Regel schon nach einigen Minuten Pause nicht wieder (Pascalis & deSchonen, 1994). Sechs Monate alte Babys brauchen dagegen nur wenige Sekunden, um sich einen Reiz einzuprägen, und können sich häufig auch noch zwei Wochen später daran erinnern. Zum Vergleich: Amnestiker mit Schädigungen im limbischen System schneiden in diesen Tests noch schlechter ab als ein drei Tage altes Neugeborenes – sie haben den Reiz zumeist schon nach zwei Minuten wieder vergessen und zeigen keine Anzeichen von Wiedererkennen (McKee & Squire, 1993).

Das perzeptuelle Gedächtnis ist – wie sein Name sagt – abhängig von unserer Wahrnehmung. Tests zum Wiedererkennen involvieren zumeist das visuelle System, da der Gesichtssinn der dominante Sinn des Menschen ist. Wenn das Neugeborene Reize zunächst lange betrachten muß, um sie sich einzuprägen, und sie kurz darauf schon wieder vergessen zu haben scheint, hängt dies sicherlich auch mit dem zu diesem Zeitpunkt noch kaum entwickelten Gesichtssinn zusammen. Die Entwicklung des perzeptuellen Gedächtnisses und des Gesichtssinns gehen Hand in Hand. In den ersten Lebensmonaten nimmt der Säugling seine Umwelt nur stark verschwommen wahr. Erst ab dem sechsten Lebensmonat sind all seine primären Sehfähigkeiten wie Tiefenwahrnehmung, Farbensehen, Scharfsicht und zielgerichtete Augenbewegungen ausgebildet – er nimmt seine Umgebung jetzt in etwa so wahr wie ein Erwachsener, der eigentlich eine Brille bräuchte, aber keine trägt.

Zu einem großen Teil hängt die Verbesserung der Sehschärfe in den ersten Lebensmonaten von Veränderungen der optischen Eigenschaften des Auges und der Photorezeptoren in der Netzhaut ab. Das Auge des Neugeborenen ist kürzer und seine Pupille kleiner, so fällt das Bild auf eine kleinere Stelle in der Netzhaut (Abb. 5.4, S. 149; vgl. auch Abb. 4.6 und 4.7, S. 75) (Daw, 1996). Die Photorezeptoren in der Fovea (der Stelle des schärfsten Sehens in der Netzhaut) sind beim Säugling breiter als beim Erwachsenen (6 μm, verglichen mit 1,9 μm beim Erwachsenen) und stehen damit weiter auseinander – das heißt, sie können ein Bild,

Entwicklung von Lernen und Gedächtnis 149

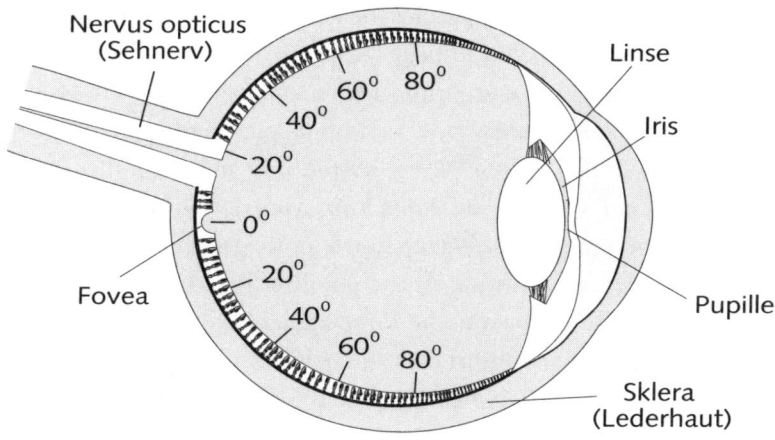

Abb. 5.4 Das menschliche Auge im Querschnitt. Gezeigt ist die Pupille, die bei Säuglingen im Vergleich zum Gesamtauge verhältnismäßig kleiner ist als beim Erwachsenen, und gezeigt ist der Augendurchmesser, der ebenfalls bei Kleinkindern relativ kleiner ist als beim Auge von Erwachsenen. Die Photorezeptoren liegen zusammen mit den anderen Nervenzellen als Innenverkleidung entlang des Augenhintergrunds. Die Fovea (Einbuchtung des Sehnervs bei 0 Grad) bildet die Stelle des schärfsten Sehens. Sie enthält nur farbsensitive Photorezeptoren (Zapfen), und damit keine farbinsensitiven Stäbchen.

das auf die Netzhaut fällt, noch nicht so gut auflösen. Während der ersten Lebensmonate verändern die Photorezeptoren ihre Struktur und nehmen im vierten Monat ihre endgültige Form an (Yuodelis & Hendrickson, 1986).

Wäre die visuelle Wahrnehmung allein von den morphologischen Eigenschaften des Auges abhängig, dann müßte der vier Monate alte Säugling theoretisch ebensogut sehen können wie ein Erwachsener. Das Auge nimmt allerdings nur visuelle Informationen auf – das eigentliche »Bild« entsteht erst in den anderen Strukturen des Gehirns. Hier finden die maßgeblichen Entwicklungsprozesse statt, die dazu führen, daß wir die Welt dreidimensional und in Farbe wahrnehmen. Während der ersten sechs Lebensmonate verzehnfacht sich die Zahl synaptischer Verbindungen in der Sehrinde – dabei entstehen weitaus mehr Kontaktstellen, als letztendlich gebraucht werden (Huttenlocher & deCourten, 1987). Das Gehirn wird sozusagen mit einem großen Überschuß an neuronaler Hardware ausgestattet, und erst die Erfahrung entscheidet darüber, welche Kontaktstellen letztendlich gebraucht werden. Das ist weitaus ökonomischer, als wenn zuvor ein genetischer Code angelegt werden müßte, der die genaue Verschaltung zwischen den Abermillionen von Nervenzellen festlegt. Auch im visuellen System kann man eine erfahrungsabhängige Aussortierung überschüssiger Synapsen beobachten. Anfang der sechziger Jahre haben zwei Neurobiologen (und spätere Nobelpreisträger), David Hubel und Torsten Wiese, Katzen und Affen sämtlicher visueller Sinneseindrücke beraubt, indem sie ihnen kurz nach der Geburt die Augenlider zunähten. Dieser vollständige Reizentzug führte zu tiefgreifenden Veränderungen sowohl in der Struktur der Sehrinde als auch in ihrer Funktion. Das Gehirn muß stimuliert werden, damit es synaptische Kontakte ausbilden und festigen kann – bleibt diese Stimulation aus, so führt dies zu Fehlverschaltungen und kann starke Beeinträchtigungen nach sich ziehen. Phasen starker synaptischer Vermehrung und erfahrungsabhängiger Aussortierung machen das Gehirn besonders sensibel gegenüber Umwelteinflüssen. Wird das Gehirn in solchen »Zeitfenstern« nicht ausreichend stimuliert, können sich bestimmte Funktionen wie Gesichtssinn und Sprache nicht normal entwickeln – man spricht daher von »sensiblen Phasen« (vgl. Box 4.5). Die sensible Phase für den Gesichtssinn reicht beim Menschen vom vierten Monat bis zum sechsten Lebensjahr.

Die erfahrungsabhängige Selektion synaptischer Verbindungen und die damit einhergehende Stabilisierung und Ausdifferenzierung neuronaler Schaltkreise im visuellen System führt noch bis ins sechste Lebensjahr zu einer graduellen Verbesserung der Sehleistungen. Der größte Sprung in der visuellen Entwicklung vollzieht sich allerdings in den ersten sechs Lebensmonaten, und auch im perzeptuellen Gedächtnis lassen sich in diesem Zeitraum die größten Fortschritte verzeichnen. Die Erfahrungswelt des Säuglings wird zunehmend von visuellen Eindrücken geprägt, je weiter der Gesichtssinn entwickelt ist. Diese visuellen Eindrücke gilt es zu ordnen, was voraussetzt, daß der Säugling sie wiedererkennt. Für das Wiedererkennen müssen Informationen über das fragliche Objekt für einen gewissen Zeitraum im Gedächtnis gespeichert und zum gegebenen Zeitpunkt von dort wieder abgerufen werden. Die größte Rolle spielt dabei das limbische System; andererseits gibt es beim Menschen aber auch für kein anderes Sinnessystem so viele verschiedene Areale auf der Hirnrinde und mehrere große Bahnen, über die visuelle Information den Weg ins Hirninnere und dann entlang den Hirnrindenfeldern antritt. Charakteristisch ist dabei eine Kombination aus parallelen und seriellen Verschaltungswegen (Pritzel et al., 2004; s. Abb. 5.5).

Unter den Strukturen des limbischen Systems gibt es manche, die relativ früh ausgereift sind, und andere, bei denen das erst relativ spät der Fall ist. Zu die-

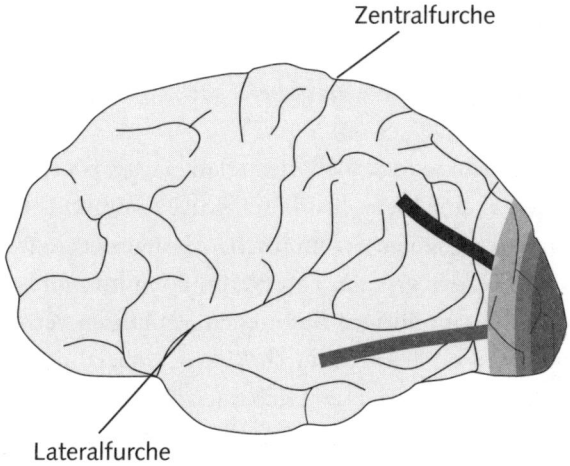

Abb. 5.5 Seitenansicht des menschlichen Gehirns. Die beiden Hauptprojektionsbahnen des Sehsystems von der primären Sehrinde am Pol des Hinterhauptslappens nach vorne sind eingezeichnet. Die sogenannte ventrale Bahn reicht bis in die vorderen Anteile des Schläfenlappens und ist für alles »zuständig«, was mit Objekterkennung (einschl. Gesichtererkennung) zu tun hat (»Was«-Bahn), die dorsale Bahn ist für alles wichtig, was mit Raumerkennung und Ortung zu tun hat (»Wo«-Bahn).

sen zählt der Hippocampus, der zwar in den ersten neun Lebensmonaten große Entwicklungsfortschritte macht, aber erst relativ spät sein Endstadium erreicht. Zwischen der Geburt und dem neunten Lebensmonat wächst der Hippocampus sehr schnell: Die Nervenzellen vergrößern sich und werden gleichzeitig eng miteinander vernetzt, so daß eine immer effektivere Kommunikation zwischen ihnen ermöglicht wird. Zusätzlich nimmt die Isolierung der Nervenleitungen (Axone) bis zum neunten Lebensmonat weiter zu und ermöglicht so eine schnelle Informationsübertragung zwischen den Nervenzellen (Arnold &Trojanowski, 1996).

Wahrscheinlich sind vor allem die Entwicklungsprozesse im Hippocampus verantwortlich dafür, daß sich das perzeptuelle Gedächtnis ab dem sechsten Lebensmonat so stark verbessert und Säuglinge visuelle Reize auch nach mehreren Wochen noch wiedererkennen können. Durch den jetzt relativ gut entwickelten Gesichtssinn erlebt der Säugling eine wahre Flut an neuen visuellen Eindrücken, die mehr oder weniger überdauernd im limbischen System gespeichert werden. Das heißt, der Hippocampus wird jetzt stark angeregt, und diese Stimulation schlägt sich im raschen Aufbau neuer neuronaler Netzwerke nieder. Von einem vollständig ausgereiften Hippocampus kann man allerdings erst im Alter zwischen drei und vier Jahren sprechen. Im als Gyrus dentatus bezeichneten Neuronenabschnitt des Hippocampus entstehen noch im ersten Lebensjahr neue Neuronen, und seine endgültige Synapsendichte erreicht er erst zwischen dem dritten und vierten Lebensjahr (Nelson, 1997, S. 62).

Der Hippocampus braucht jedoch nicht nur relativ lange, bis er sein Endstadium erreicht, auch dauert es eine Weile, bis eine effektive Kommunikation zwischen Hippocampus und anderen Arealen des limbischen Systems ermöglicht wird. Die Nervenbahnen des Fornix, der größten Faserverbindung im limbischen System, die den Hippocampus mit den übrigen limbischen Strukturen verbindet, sind in den ersten Lebensmonaten noch kaum durch Myelin isoliert. Die geschieht erst nach dem sechsten Lebensmonat und setzt sich noch bis in die späte Kindheit fort (Brody et al., 1987; Yakovlev & Lecours, 1967).

Es muß allerdings betont werden, daß keine Hirnstruktur für sich, unabhängig von anderen, arbeitet (vgl. die Anmerkungen von Chow, 1967, in Kap. 4 unter »Sprachentwicklung und Sprachlokalisation«). Deshalb kann ein sogenanntes Diskonnektionssyndrom dazu führen, daß eine Funktion ausfällt, weil die Verbindung zwischen wichtigen Hirnregionen unterbrochen oder blockiert ist. Beim perzeptuellen Gedächtnis sind vor allem die Verbindungen zwischen limbischen Strukturen (Hippocampus) und den corticalen Wahrnehmungszentren (z. B. visueller Cortex, visueller Assoziationscortex) für die Verarbeitung des perzeptuellen Gedächtnisses essentiell (Adair et al., 1997; Hof, Vogt, Bouras & Morrison, 1997) – ähnlich wie auch beim episodischen Gedächtnis (Shastri, 2002).

Trotz der langsamen Entwicklung einzelner Teilbereiche erlaubt das limbische System schon sehr früh eine Reihe von Gedächtnisleistungen, die ohne eine funktionierende Kommunikation der einzelnen Strukturen untereinander und ein Mindestmaß an Reife nicht möglich wären. Dazu gehören unter anderem das Wiedererkennen und – wie wir später sehen werden – auch die verzögerte Nachahmung. Beim Wiedererkennen handelt es sich um eine passive Form des Erinnerns und – zumal beim Säugling – nicht unbedingt um einen bewußten Prozeß. Ein bewußter Abruf von Fakten oder vergangenen Ereignissen – das, was wir gewöhnlich unter Erinnerung oder explizitem Gedächtnis verstehen – entsteht frühestens ab dem späten Säuglingsalter und wird die gesamte Kindheit hindurch vervollkommnet.

Das Arbeitsgedächtnis

Ein Wendepunkt in der Gedächtnisentwicklung ist das Auftreten erster *aktiver* Formen des Erinnerns. Anders als beim bloßen Wiedererkennen ist Erinnern jetzt ein bewußter Prozeß, den die meisten Kinder erstmals im Alter von acht oder neun Monaten meistern. Das Gedächtnissystem, das jetzt entsteht und das dem aktiven Erinnern zu Grunde liegt, bezeichnet man als Arbeitsgedächtnis, häufig auch – ungenau – als Kurzzeitgedächtnis. Kurzzeitgedächtnis bezieht sich auf das »Online«-Halten von Information für eine kurze Zeitspanne, nachdem man mit der Information konfrontiert wurde (Cowan, 2000). Arbeitsgedächtnis bezieht sich auf ein aktives Verarbeiten von Information auf vielen Ebenen und mit mehreren Komponenten einschließlich der Übertragung bereits gespeicherter Information in einen zeitlich eng begrenzten Puffer – zur Abrufvorbereitung (Baddeley, 2002).

Das Arbeitsgedächtnis nimmt eine Sonderstellung unter allen Gedächtnissystemen ein: Zum einen ist die Menge an Information, die hier gespeichert werden kann, im Gegensatz zu allen anderen Gedächtnissystemen begrenzt, zum anderen gehen Informationen sehr schnell wieder verloren, wenn sie nicht wiederholt und so in den Langzeitspeicher überführt werden. Wir gebrauchen beispielsweise unser Arbeitsgedächtnis, wenn wir eine Telefonnummer nachschlagen und sie uns so lange merken, bis wir sie gewählt haben. Wiederholen wir die Telefonnummer nicht einige Male, dann haben wir sie sehr schnell wieder vergessen, in der Regel schon nach weniger als einer Minute.

Mit der Entstehung des Arbeitsgedächtnisses sind Kinder erstmals in der Lage, für kurze Augenblicke gedankliche Bilder von Gegenständen und Personen zu formen und aktiv abzurufen. Sie entwickeln also ein Verständnis dafür, daß Gegenstände auch dann weiter existieren, wenn sie gerade physisch nicht anwesend sind. Jean Piaget hat dafür den Begriff der »Objektpermanenz« geprägt. Das Kind beginnt jetzt zu begreifen, daß die Dinge, die es umgeben, unabhängig davon existieren, ob es ihnen seine Aufmerksamkeit schenkt – es kann jetzt seine Umwelt immer stärker repräsentieren und richtet sein Verhalten zunehmend nach diesen gedanklichen Abbildern aus. Beispielsweise wird es jetzt nach einem versteckten Spielzeug suchen, anstatt nur frustriert zu schreien, weil es aus seinem Blickfeld verschwunden, nicht mehr »da« ist.

Das Einspeichern, Halten und der Abruf eines gedanklichen Bildes wie die Verhaltenskontrolle werden zu einem großen Teil vom Stirnhirn gesteuert. Der im

▶ *Fortsetzung auf Seite 155*

Box 5.2

Hirnstrukturen, die für das Arbeitsgedächtnis wichtig sind – der dorsolaterale präfrontale Cortex und assoziierte Strukturen

Arbeitsgedächtnisfunktionen finden sich schon bei einfachen Säugetieren, wenngleich die Diversifizierung innerhalb des Arbeitsgedächtnisses beim erwachsenen Menschen weitaus komplexer ist als die bei Babys oder anderen Säugetieren. Wie in Box 6.2 beschrieben, werden bestimmte Lernaufgaben, die das Behalten motorischer Sequenzen verlangen (nach Reiz links 7 Sekunden später den linken Gang wählen oder nach jedem Versuchsdurchgang den zuvor nicht eingeschlagenen Gang entlanggehen), für die Messung von Kurzzeit- und Arbeitsgedächtnisvorgängen herangezogen. In Tierversuchen wurde gefunden, daß mehrere Hirnregionen für Arbeitsgedächtnisfunktionen wichtig sind. Beim Menschen scheint aber ein Hirnbereich besondere Bedeutung zu haben – der dorsolaterale präfrontale Cortex (vgl. Abb. 5.6, S. 156). Dieser Hirnbereich ist phylogenetisch früher ausgereift als sein darunterliegendes Gegenstück – der orbitofrontale Cortex (vgl. Abb. 5.6). Dies beruht darauf, daß der orbitofrontale Cortex stärker mit sozialen Funktionen betraut ist, die eine langjährige Interaktion mit anderen Individuen verlangen. Trotzdem kommen Arbeitsgedächtnisfunktionen erst dann zum Tragen, wenn (a) das Kind gelernt hat, seine Aufmerksamkeitsfunktionen zu diversifizieren und zu koordinieren (also mit Daueraufmerksamkeit, selektiver und geteilter Aufmerksamkeit und Vigilanz umgehen kann) und (b) die Myelinisierung (Box 4.5) dieses Hirnbereichs so weit fortgeschritten ist, daß eine schnelle Verschaltung mit den posterior gelegenen Cortexstrukturen gegeben ist. Auch hier sind – ähnlich wie bei den unbewußt ablaufenden prozeduralen Gedächtnissystemen – subcorticale Strukturen, die Basalganglien, von Bedeutung, da sie die Komponenten zwischen (corticaler) Sensorik und Motorik koordinieren (vgl. Abb. 4.27, S. 115).

Arbeitsgedächtnis bedeutet, Information für eine kurze Zeit »online« halten zu können, um sie dann gezielt einer Weiterverarbeitung – dem reproduzierenden Abruf oder der langfristigen Ein- und Abspeicherung – zuführen zu können. Nervenzellen müssen entsprechend synchrone Aktivitäten auf engem Raum (innerhalb des dorsolateralen präfrontalen Cortex) aufrechterhalten und gleichzeitig Verbindungen zu anderen Hirnregionen herstellen

> können. Die Myelinisierung ist hier wieder eine wichtige Voraussetzung für die Etablierung synchronisierter Aktivitäten. Die Hirne von Kindern im Alter von einem Jahr erreichen bereits ausreichende Vernetzungen, um eine bewußte kurzzeitige Repräsentation von mehreren Reizen aufrechterhalten zu können.

vorderen Teil des Stirnhirns gelegene dorsolaterale Teil des präfrontalen Cortex spielt vor allem eine Rolle für das Arbeitsgedächtnis, an der Verhaltenskontrolle allgemein sind weitere präfrontale Cortexanteile beteiligt (Abb. 5.6; vgl. auch Abb. 4.1, S. 65). Das erste Auftreten von Objektpermanenz fällt mit einem starken Entwicklungsschub im dorsolateralen präfrontalen Cortex zusammen. Zwischen dem 8. und 12. Lebensmonat läßt sich hier erstmals Stoffwechselaktivität verzeichnen, die kontinuierlich etwa bis zum vierten Lebensjahr ansteigt. Die Zunahme ist Folge eines massiven Dendriten- und Synapsenwachstums im selben Zeitraum. Zu Anfang ist die Leistungsfähigkeit des dorsolateralen präfrontalen Cortex noch recht eingeschränkt: Ein acht Monate altes Kind kann sich nur für 2–5 Sekunden merken, unter welchem Becher das Spielzeug versteckt wurde. Dagegen merkt sich ein 12 Monate altes Kind mindestens doppelt so lange – nämlich bis zu zehn Sekunden – unter welchem Becher es gleich suchen muß (Goldman-Rakic, 1987, S. 615). Zum Arbeitsgedächtnis gehören auch Einspeicher- und Abrufstrategien, die weitgehend auf Erfahrung basieren und sich noch bis lange in die Pubertät weiterentwickeln. Im gesamten präfrontalen Cortex kann man noch bis zum sechzehnten Lebensjahr eine gebrauchsabhängige Selektion synaptischer Verbindungen und die damit einhergehende Umstrukturierung neuronaler Verknüpfungsmuster beobachten (Huttenlocher & Dabholkar, 1997). Die allmähliche Verfeinerung der synaptischen Verschaltungen im präfrontalen Cortex geht mit der Entwicklung einer ganzen Reihe von gedächtnisrelevanten Funktionen einher.

Gleichzeitig mit der Objektpermanenz entwickelt das Kind allmählich eine echte Bindung an seine Bezugspersonen und beginnt, Furchtreaktionen gegenüber fremden Menschen zu zeigen (»fremdeln«). Dieser große Sprung in der emotionalen Entwicklung des Kindes ist wahrscheinlich das Resultat schnell voranschreitender Entwicklungsprozesse im präfrontalen Cortex. Der im präfrontalen Cortex gelegene Gyrus orbitofrontalis ist Teil des (erweiterten) limbischen Systems (Nauta, 1979; Nieuwenhuys, 1996) und maßgeblich an der Emotionsverarbeitung beteiligt. Mit fortschreitender Entwicklung gelangt emotionale Information immer

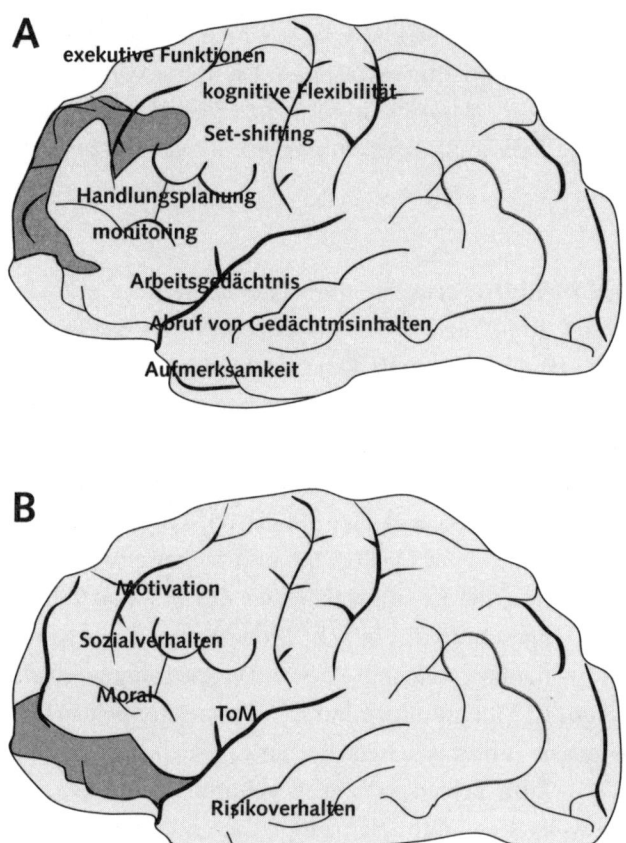

Abb. 5.6 Seitenansichten des menschlichen Großhirns. In Bildteil A ist die Lage des dorsolateralen und in Bildteil B die des orbitofrontalen Cortex zusammen mit den diesen Regionen zugeschriebenen Funktionen hervorgehoben. ToM = Theory of Mind.

stärker unter corticale Kontrolle, das heißt, das Kind wird sich allmählich seiner Emotionen bewußt. Es *empfindet* jetzt die Emotionen, die ihm zuvor nur ein Signal gegeben haben und die von außen an seinem Ausdruck sichtbar waren. Mit der Entwicklung des Stirnhirns treten auch erste Anzeichen von Verhaltenshemmung auf, das heißt, Kinder haben jetzt die Fähigkeit, ihre Gefühle und Handlungen zu kontrollieren (Schore, 2001). Allerdings ist diese Fähigkeit im achten Lebensmonat noch sehr wenig ausgeprägt und nimmt erst in den nächsten Jahren mit voranschreitender Entwicklung des Stirnhirns allmählich zu.

Entwicklung von Lernen und Gedächtnis 157

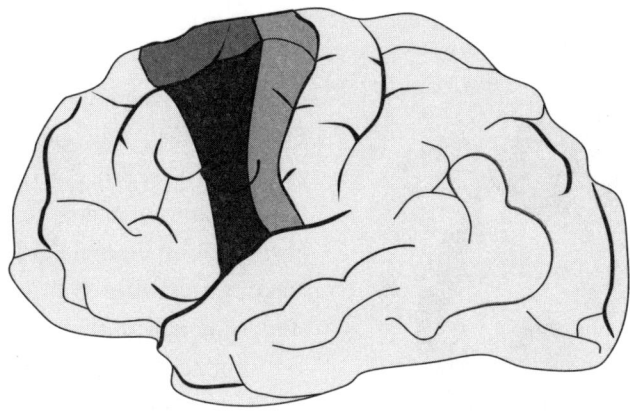

Abb. 5.7 Lage des primären motorischen Cortex (hellgrau) und des prämotorischen Cortex (die beiden vorderen, dunkelgrauen Abschnitte) in einer Seitenansicht des Großhirns. Beide Cortexregionen reichen auch über die Kante der Hirnmitte noch wenige Zentimeter nach innen.

Ein wichtiger Entwicklungsfortschritt ist die Fähigkeit zum Krabbeln, die meist um den achten Lebensmonat herum einsetzt. Krabbeln ist eine vergleichsweise selbständige Form der Welterschließung, und der relativ komplexe Bewegungsablauf, der ihm zugrunde liegt, erfordert eine gewisse Reife der wichtigsten motorischen Zentren: des primären motorischen und des prämotorischen Cortex (Abb. 5.7).

Der im hinteren Teil des Stirnhirns gelegene primäre motorische Cortex steuert alle willkürlichen Bewegungen. Jede Stelle im primären motorischen Cortex kontrolliert die Bewegungen einer bestimmten Muskelgruppe (»Homunkulus«; Abb. 5.8) und jede erhält über den somatosensorischen Cortex Feedback über Bewegung und Stellung der Gelenke. Die Nervenbahnen des primären motorischen Cortex beginnen zum Zeitpunkt der Geburt mit der Myelinbildung und sind erst gegen Ende des zweiten Lebensjahres vollständig isoliert.

Noch langsamer vollzieht sich die Myelinisierung im prämotorischen Cortex, dem motorischen Cortexareal, das zentral an der Planung motorischer Abläufe beteiligt ist. Erst im sechsten Lebensmonat kann im prämotorischen Cortex Myelin nachgewiesen werden, und es dauert mehrere Jahre, bis seine Axone vollständig mit Myelin umhüllt sind (Eliot, 2001, S. 388). Die langsame Ausreifung des prämotorischen Cortex erklärt, warum Kinder so lange brauchen, bis sie Aufgaben

158 Das autobiographische Gedächtnis: eine lebenslange Entwicklungsaufgabe

Abb. 5.8 Der sogenannte Homunkulus, d. h. die Repräsentation der verschiedenen Körperregionen auf der Hirnoberfläche des motorischen Cortex.

bewältigen, »die komplexere Planungsstrategien erfordern, beispielsweise einen Kreis zeichnen oder auf einem Dreirad sitzen und gleichzeitig treten und lenken« (Eliot, 2001, S. 388 ff.).

Im prämotorischen Cortex entsteht also zunächst einmal der Plan, eine Bewegung auszuführen – die Bewegungssteuerung übernimmt dann der primäre motorische Cortex. Von hier aus wird das Kommando zur Ausführung einer Bewegung an die Körpermuskulatur weitergeleitet. In der Regel geschieht dies über die wichtigste absteigende Leitungsbahn des motorischen Cortex: den Tractus corticospinalis, auch Pyramidenbahn genannt. Die Ummantelung mit Hüllschichten aus Myelin beginnt hier bereits im Mutterleib und setzt sich bis zum Ende des zweiten Lebensjahres fort. Man macht vor allem die Heranreifung dieser Nervenbahn dafür verantwortlich, daß die Bewegungen der Gliedmaßen während der ersten Lebensmonate immer stärker unter corticale Kontrolle geraten und der Säugling allmählich zu koordinierten, zielgerichteten Bewegungsabläufen – wie also dem Krabbeln – in der Lage ist (Konner, 1991). Der primäre motorische Cortex sendet also über die Pyramidenbahn motorische Befehle an die Muskulatur. Das Programm für diese Bewegung muß ihm vorgegeben werden. Am Bewegungsentwurf sind auch Kleinhirn und Basalganglien beteiligt, die im Zusammenhang mit dem prozeduralen Gedächtnis bereits erwähnt wurden. Die subcorticalen Zentren der Bewegungsplanung sind über zwei große Schleifen mit den motorischen Arealen des Großhirns verbunden und steuern so jede Bewegung mit. Man geht davon aus, daß Bewegungsabläufe wie das Krabbeln und später das Laufen zunächst primär vom motorischen Cortex gesteuert werden. Sind sie einmal erlernt und weitgehend automatisiert, gelangen sie zunehmend unter subcorticale Kontrolle.

Wie wir im vorangegangen Abschnitt gezeigt haben, markiert das Alter von acht Monaten einen wichtigen Wendepunkt – sowohl in der emotionalen als auch in der kognitiven und motorischen Entwicklung des Kindes. Die Möglichkeit zur selbständigen Fortbewegung macht eine echte emotionale Bindung an die Mutter notwendig, da nur so gewährleistet werden kann, daß sich das schutzbedürftige Kind von seiner Bezugsperson entfernen kann. Wegbereiter für diese Bindung ist unter anderem die Objektpermanenz, da das Kind jetzt zu verstehen beginnt, daß die Mutter auch dann weiter existiert, wenn sie gerade nicht anwesend ist. Die Gedächtnisentwicklung kann also nicht isoliert von anderen wichtigen Entwicklungsschritten betrachtet werden, da sie diese mitbedingt und sich selbst nur in Abhängigkeit vom Erreichen unterschiedlichster Fähigkeiten in verschiedenen Domänen des menschlichen Daseins vollziehen kann.

Entwicklung von Wissenssystem und Vorstufen von episodischem Gedächtnis

Erst der aktive Abruf von Gedächtnisinhalten macht bewußtes Erinnern möglich. Vorher vollzieht sich Erinnern nur in Form von unbewußt ablaufenden Bewegungsabfolgen oder ist an das Vorhandensein spezifischer Umweltreize gebunden. Mit der Entstehung des Arbeitsgedächtnisses wird Erinnern zu einem bewußten Prozeß. Allerdings handelt es sich hier um einen Sonderfall des Gedächtnisses, da seine Inhalte schon nach wenigen Sekunden wieder verlorengehen. Wann beginnen Kinder, lang überdauernde Gedächtnisinhalte zu formen, die sie später aktiv abrufen können?

Die zum Ende des ersten Lebensjahres stark ansteigende Stoffwechselaktivität des präfrontalen Cortex, die auf ein rasantes Dendriten- und Synapsenwachstum in dieser Region zurückgeht, führt zu einer entsprechenden Steigerung der Leistungsfähigkeit des dorsolateralen präfrontalen Cortex und damit von Arbeitsgedächtnis und aktivem Abruf. Ein acht Monate altes Kind kann sich etwa das Versteck eines Spielzeugs höchstens fünf Sekunden lang merken, ein 12 Monate altes etwa 10 Sekunden lang (Goldman-Rakic, 1987, S. 615). Wenn Kinder eine Gedächtnisaufgabe zu lösen haben, die nicht allein auf Beobachtung basiert, sondern mit einer prozeduralen Handlung verbunden ist, verlängert sich der Zeitraum, in dem sie etwas behalten, aber er verlängert sich mit dem Lebensalter zunächst nur sukzessive. Zum Testen der Merkfähigkeit wird dafür gern die »Zugaufgabe« (train task) verwendet, bei dem die Kinder lernen müssen, einen Hebel zu drücken, um einen kleinen Spielzeugzug in Gang zu setzen. Die bei dieser und ähnlichen Aufgaben zu verzeichnenden Steigerungen fassen Rovee-Collier et al. (2001, S. 112) in Tabelle 5.1 zusammen.

Tab 5.1 Behaltensrate nach Lebensalter (nach Rovee-Collier et al., 2001, S. 112):

6 Monate	2 Wochen
9 Monate	6 Wochen
12 Monate	8 Wochen
15 Monate	10 Wochen
18 Monate	13 Wochen

In der Gesamtschau zeigt sich hier eine eher langsame Verbesserung des Langzeitgedächtnisses der Kinder bis zum Alter von anderthalb Jahren, was gewiß mit der anhaltenden Reifung von Stirnhirn, Hippocampus und weiteren Strukturen des limbischen Systems zu tun hat.

Experimente zur »verzögerten Nachahmung« dienen zur Bestimmung des Entwicklungsniveaus von Kindern. Diese Aufgaben zeichnen sich durch eine komplexere Anforderung an die Erinnerungsleistungen der Kinder aus. Es geht hier um Handlungsabfolgen, und das Kind bekommt nicht gleich die Gelegenheit, die beobachtete Handlung zu imitieren, sondern man läßt einige Zeit verstreichen, bevor man ihm die Möglichkeit gibt, die entsprechende Handlungsabfolge nachzuahmen. Auf diese Weise kann man feststellen, über welchen Zeitraum ein Säugling die Handlung im Gedächtnis behalten und später aktiv daraus abrufen kann.

In den 90er Jahren nahm man an, daß Kinder erst ab dem neunten Lebensmonat Aufgaben dieser Art zu erfüllen in der Lage sind, also eine Handlungsabfolge, die sie nur einmal beobachtet haben, in Erinnerung behalten und nachahmen können. Neuere Studien zeigen jedoch, daß schon sechs Monate alte Kinder Handlungen zeitverschoben nachahmen können; die nachgewiesenen Behaltensspannen variieren je nach Studie: In den Studien von Barr, Dowden und Hayne (1996) und Hayne, Boniface und Barr (2000) liegt die Behaltensspanne bei 24 Stunden; Barr und Vieira (1999) berichten von verzögerter Nachahmung sogar noch nach 14 Tagen.[1]

---

[1] Die Studie von Barr, Dowden & Hayne (1996) zeigt laut Rovee-Collier et al. (2001, S. 114 f.) auch, daß oft inadäquate Aufgaben dafür verantwortlich waren, daß verzögerte Nachahmung bei kleinen Kindern nicht nachgewiesen werden konnte. Die Studie ergab, daß sechs Monate alte Kinder eine Handlungsabfolge - einer Handpuppe wird ein Fäustling abgezogen, die Puppe wird geschüttelt, eine Glocke erklingt, der Fäustling wird der Puppe wieder angezogen – 24 Stunden später noch nachahmen konnten, jedoch nur, wenn die »Vorführphase« mindestens 60 Sekunden gedauert hat. Bei 30 Sekunden Vorführung erinnern sich die Kinder nicht.

Spätestens ab dem sechsten Lebensmonat also können Kinder Ereignisabfolgen über einen bestimmten Zeitraum hinweg im Gedächtnis behalten – und diese Behaltensspanne nimmt mit dem Alter linear zu. Folgt man Nelson (1996; auch Nelson & Fivush, 2004) so ist das Vergessen funktional. Denn im wirklichen Leben zeigt sich nur über die Wiederholung die Signifikanz eines Gedächtnisinhalts. Wiederholen sich Episoden – etwa die Abläufe beim abendlichen Baden oder beim Essen, bilden kleine Kinder Skripts oder »mental event representations« (Nelson, 1996) aus, die es ihnen ermöglichen, in ihrem Alltag zurechtzukommen. Episoden, die sich nicht wiederholen, werden vergessen, weil sie in alltagspraktischer Hinsicht keinen Wert für das kleine Kind haben.

Es besteht weitgehend Einigkeit darüber, daß explizite Erinnerung im Spiel ist, wenn Kinder Handlungsabfolgen, die ihnen nur ein einziges Mal vorgeführt wurden, nach einem bestimmten Zeitraum noch nachahmen können. Verzögerte Nachahmung gilt also als Indikator für ein funktionsfähiges explizites bzw. deklaratives Gedächtnis. Nichtsdestotrotz ist noch ungeklärt, so Nelson und Fivush (2004), ob das Phänomen der verzögerten Nachahmung mit dem semantischen Gedächtnis, also mit allgemeinem Wissen um Fakten und Handlungsabfolgen (s. Abb. 4.11, S. 82) oder schon mit dem episodischen Gedächtnis zu tun hat; »Studien zur verzögerten Nachahmung haben eine klare Entwicklung zum expliziten Erinnern um das erste Lebensjahr herum dokumentiert, aber sie stellen keine Evidenz für den Beginn autobiographischen Erinnerns bereit« (Nelson & Fivush, 2004, unsere Übersetzung).

In der Tat stellt die Nachahmung an sich keinen Beleg für das Vorhandensein episodischen Erinnerns dar. Vielleicht haben die Gegenstände für Kleinkinder, deren Hemmsystem auf Hirnebene noch stark unterentwickelt ist, einfach nur einen extrem hohen Aufforderungswert. Auch besteht Uneinigkeit darüber, inwiefern der Säugling sein Erlebnis im Labor erinnert oder sich einfach nur gemerkt hat, wie mit bestimmten Gegenständen zu verfahren ist. Es könnte also sein, daß ein Säugling nicht deshalb die Handlung nachahmt, weil er sich an die spezifische Situation in ihrer raum-zeitlichen Einbettung erinnert, sondern daß er sich perzeptuell, prozedural und semantisch daran erinnert, wie er mit den Objekten, denen er jetzt erneut begegnet, umgehen kann (vgl. Kap. 4 zu Gedächtnissystemen und die entsprechende Abb. 4.11, S. 82). Die Fähigkeit zur verzögerten Nachahmung ist also wahrscheinlich eher ein Anzeichen dafür, daß sich allmählich ein Wissenssystem bzw. semantisches Gedächtnis entwickelt, und sollte nicht als Hinweis auf ein früh existierendes episodisches Gedächtnis interpretiert werden, wie es von einigen Forschern (z. B. Bauer & Wewerka, 1995) vorgeschlagen wurde.

Dafür spricht auch, daß es sich hier wahrscheinlich um eine Form von Emulationslernen handelt, also um Lernen, das auf das Resultat gerichtet ist und nicht auf die Strategie, mit der jemand es erzielt (Tomasello, 2002). Diese Form des Lernens ist evolutionär älter und »primitiver« als das eigentliche Imitationslernen, das Menschen vorbehalten ist, und wird auch von nichtmenschlichen Primaten gezeigt. Verzögerte Nachahmung kann auch deshalb kaum ein Indikator für das Vorhandensein eines episodischen Gedächtnisses sein, weil sie auch ohne jene Zeit-, Ich- und Emotionsbezüge funktioniert, die für das episodische Gedächtnis charakteristisch sind.

In welcher Form sind Informationen im semantischen Gedächtnis oder Wissenssystem gespeichert? Man nimmt an, daß das Gehirn die große Zahl einkommender Informationen nur bewältigen kann, indem es sie zu Kategorien ordnet. Bei der Kategorienbildung geht es darum, mehrere Objekte aufgrund eines gemeinsamen Merkmals (alle Autos haben Räder) einer Kategorie zuzuordnen. Es ist gegenwärtig noch nicht wirklich geklärt, wie Kinder Kategorien bilden, aber als relativ wahrscheinlich kann gelten, daß sie zum einen über die Wiederholung von Handlungsabfolgen Kategorien bilden und zum anderen über intermodal erlebte Situationen auch bestimmte Ereigniskategorien bilden – daß also Begegnungen mit Freude, erhobenen Stimmen, Berühren, Necken und Schaukeln einhergehen, während das Füttern vom Hantieren mit bestimmten Gerätschaften, vom Erleben von Kälte- und Wärmekontrasten etc. begleitet ist. Darüber hinaus scheinen Kinder schon innerhalb des ersten Lebensjahres, wie Grimm und Weinert (2002) schreiben, »ein differenziertes Wissen über die phonologisch-prosodischen Kategorien und Regelmäßigkeiten ihrer Muttersprache auf[zubauen]«. Dabei verarbeiten sie von Anfang an nicht nur isolierte auditive, sondern zugleich auch visuell-soziale Informationen. Dies wird besonders eindrucksvoll dadurch belegt, daß sie mit ungefähr vier Monaten eine Fähigkeit zum »Lippenlesen« zeigen. In einer Studie von Kuhl und Meltzoff (1982) sahen sie ein Gesicht länger an, wenn dessen Mundbewegung mit einem gleichzeitig präsentierten Ton übereinstimmte; bei fehlender intermodaler Übereinstimmung wurde das entsprechende Gesicht von den Säuglingen signifikant kürzer betrachtet« (Grimm & Weinert, 2002, S. 525).

An der Einspeicherung, der Aufbewahrung (Speicherung) und dem Abruf von Inhalten im Wissenssystem sind im Grunde die gleichen Hirnstrukturen beteiligt, die schon im Zusammenhang mit dem perzeptuellen Gedächtnis beschrieben wurden. Im Wissenssystem werden Informationen für lange Zeit gespeichert. Je bedeutsamer eine neue Information für uns ist oder je häufiger wir ihr wiederbegegnen, desto wahrscheinlich ist es, daß wir sie über einen langen Zeitraum hinweg erinnern können. Ihre emotionale Färbung bekommen Informationen vom limbischen System verliehen, und hier findet auch die Übertragung vom Kurzzeit- in das Langzeitgedächtnis statt. Wenn sich Kinder mit wachsendem Alter immer länger daran erinnern können, wie mit einem bestimmten Objekt zu verfahren ist, und allmählich überdauernde Kategorien von Gegenständen und Handlungen formen können, sind hierfür auch Reifungsprozesse im limbischen System verantwortlich, allen voran der schnelle Größenzuwachs des Hippocampus während der ersten neun Lebensmonate und die zunehmende Ummantelung des Fornix, der wichtigsten limbischen Leitungsbahn, mit Myelin. In Versuchen zum Wiedererkennen hat man allerdings festgestellt, daß Kinder offenbar schon vorher lang überdauernde Gedächtnisinhalte formen können – wenn sie auch noch keine Möglichkeit haben, diese aktiv abzurufen.

Erst wenn Kinder in der Lage sind, aktiv auf gespeicherte Informationen zurückzugreifen, ist die Basis für das Wissenssystem geschaffen. Am aktiven Zugriff auf Gedächtnisinhalte ist immer der präfrontale Cortex beteiligt. Er reift sehr viel langsamer heran als das limbische System und nimmt zumeist erst im achten Lebensmonat seine Funktion auf, wenn das Netzwerk seiner synaptischen Verschaltungen eine kritische Dichte erreicht (z. B. Goldman-Rakic, 1987, S. 615). Der Abruf von Informationen aus dem Wissenssystem wird beim Erwachsenen hauptsächlich von der linken Gehirnhälfte gesteuert – genauer von Teilen des linkshemisphärisch gelegenen präfrontalen Cortex und von der linken Schläfenlappenspitze (Markowitsch, 2002a). Die linke Hirnhälfte ist vor allem an analytischen, logischen Denkprozessen beteiligt, während die rechte in stärkerem Maße emotional besetzte Informationen verarbeitet (Markowitsch, 2002a). Die Befunde an Erwachsenen lassen sich allerdings nicht ohne weiteres auf das Kleinkind übertragen. So weiß man etwa, daß die rechte Hirnhälfte bis zum zweiten Lebensjahr stärker entwickelt ist als die linke und einen Großteil ihrer Funktionen übernehmen kann (Chiron et al., 1997, S. 1057 ff.). Möglicherweise wird der Abruf aus dem Wissenssystem beim Kleinkind von beiden Hemisphären, vielleicht auch nur von der rechten Hemisphäre gesteuert.

Nicht nur am Abruf gespeicherter Information ist der präfrontale Cortex beteiligt – auch für die Einspeicherung spielt er eine wichtige Rolle. Nachdem wir Informationen über die Sinnesorgane aufgenommen haben, durchlaufen sie erst einmal das Arbeitsgedächtnis. Wie wir bereits im vorangegangenen Abschnitt gezeigt haben, läßt sich das Arbeitsgedächtnis wesentlich im Stirnhirn verorten. Eine andere beteiligte Region ist der linke, seitliche Anteil des Scheitellappens (Markowitsch et al., 1999a). Die Bedeutung beider Regionen und ihre Veränderungen im

Rahmen der Entwicklung des Arbeitsgedächtnisses bei Kindern und Jugendlichen zwischen dem 8. und 18. Lebensjahr wurden kürzlich auch von Nagy, Westerberg und Klingberg (2004) herausgestrichen. Diese Autoren benutzen eine ganz neue Methode – das diffusionsgewichtete MRImaging (eine Variante der Kernspintomographie) –, mit der mikrostrukturelle Anteile der weißen Masse (= des Nervenfasergeflechts) gemessen werden können.

Vom Stirnhirn aus werden die Informationen über mehrere Nervenbahnen in das limbische System weitergeleitet, wo sie analysiert, mit bereits vorhandener gleichartiger Information verbunden und hinsichtlich ihrer sozialen und biologischen Bedeutsamkeit überprüft werden. Als behaltenswert eingestufte Informationen werden dann in Form überdauernder synaptischer Veränderungen in weitflächigen corticalen Netzwerken innerhalb der höheren sensorischen Cortexareale abgespeichert (Markowitsch, 2002a). Es ist möglich, daß der letzte Schritt – die langfristige Abspeicherung von Gedächtnisinhalten – während des ersten Lebensjahres in anderen Bereichen des Gehirns erfolgt als beim Erwachsenen. So haben Untersuchungen an Affen gezeigt, daß der visuelle Assoziationscortex (vgl. Abb. 4.27, S. 115) in den ersten Lebensmonaten noch nicht in der gleichen Weise an Gedächtnisprozessen beteiligt ist wie beim erwachsenen Affen (Bachevalier, 1990). Auch verschiedene Befunde zur Gehirnentwicklung legen nahe, daß die Speicherorte überdauernder Gedächtnisinhalte in der frühen Kindheit möglicherweise andere sind als im späteren Leben. Die sogenannten polymodalen Assoziationsareale, in denen Informationen aus verschiedenen Sinnesmodalitäten integriert werden, sind erst relativ spät im Leben, etwa im 30. Lebensjahr, ausgereift (Benes, 1994). Während der ersten Lebensjahre entstehen hier in jeder Minute Tausende neuer Kontaktstellen zwischen den Nervenzellen, die je nach Bedarf entweder gefestigt oder wieder aussortiert werden. Insgesamt kommt es also zu einer beträchtlichen »Umorganisation« der neuronalen Verschaltungsstrukturen, und es ist wahrscheinlich, daß dieses Wirrwarr neu entstehender Verknüpfungen noch keine überdauernde Speicherung von Gedächtnisinhalten ermöglicht. Hinzu kommt, daß die linke Gehirnhälfte – beim Erwachsenen der übliche Speicherort für Inhalte des Wissenssystems – eine verzögerte Entwicklung aufweist und möglicherweise in den ersten Lebensjahren nicht reif genug ist, um Gedächtnisinhalte langfristig zu speichern.

Zusammenfassend läßt sich feststellen, daß Säuglinge zunächst über Gewöhnungs- und Konditionierungsvorgänge sowie über Priming Informationen aufnehmen und abspeichern. Das heißt, Lernen ist im frühen Entwicklungsstadium durch Familiaritätsgefühle und assoziative Reizverknüpfungen gekennzeichnet.

Diese Formen des Lernens zählen zum impliziten Gedächtnis und finden sich fast universell auch im Tierreich. Die zu Grunde liegenden Hirnstrukturen sind phylogenetisch alt und ontogenetisch früh entwickelt. Daneben sind Säuglinge schon früh zu Gedächtnisleistungen fähig, die dem perzeptuellen Gedächtnis zugerechnet werden und Gehirnstrukturen involvieren, die (später) auch für das bewußte Behalten von Information und deren Übertragung vom Kurzzeit- ins Langzeitgedächtnis eine Rolle spielen (Markowitsch, 2002a). Hierzu zählt etwa das Wiedererkennen bestimmter Reize schon wenige Tage nach der Geburt. Beim Wiedererkennen handelt es sich um eine passive Form des Erinnerns, die keine Beteiligung des Bewußtseins voraussetzt. Der aktive (und bewußte) Abruf von Gedächtnisinhalten setzt eine gewisse Reife des präfrontalen Cortex voraus: Bei den meisten Kindern ist diese Hirnregion etwa ab dem achten Lebensmonat so weit herangereift, daß sie gedankliche Bilder von Objekten und Personen formen und aktiv abrufen können. Gleichzeitig entwickeln sie erstmals ein Verständnis dafür, daß Dinge unabhängig von ihrer Aufmerksamkeit als selbständige Entitäten existieren. Mit dem Erwerb der Objektpermanenz ist die Basis für das sich rasch entwickelnde Wissenssystem geschaffen. Sobald Kinder Objekte als überdauernde Bestandteile ihrer Lebenswelt begreifen, fangen sie an, sich Wissen über diese Objekte anzueignen – etwa über deren Funktion oder ihre Zugehörigkeit zu einer bestimmten Kategorie. Neben unbelebten Dingen werden allmählich auch Personen als eigenständige, überdauernde Entitäten wahrgenommen. Das Alter von acht oder neun Monaten markiert also einen wichtigen Meilenstein in der kognitiven wie in der motorischen und emotionalen Entwicklung des Kindes. Bis zur Entstehung des autobiographischen Gedächtnisses wird allerdings noch einige Zeit vergehen.

6   Der erste Quantensprung der Gedächtnisentwicklung: Die Neun-Monats-Revolution

Eines der faszinierendsten – und zugleich völlig ungeklärten – Phänomene menschlichen Zusammenlebens besteht darin, daß man die Gefühle, Wünsche, Absichten einer anderen Person durch einen Blick in ihre Augen entschlüsseln kann, und das selbst dann, wenn man diese Person gar nicht kennt und noch nie etwas mit ihr zu tun hatte. Es ist ohne weiteres möglich, per Blickkontakt mit einer völlig unbekannten Person Einverständnis darüber herzustellen, was man vom Verhalten einer dritten Person zu halten hat – etwa, wenn im Großraumabteil im Zug jemand laut und peinlich telefoniert oder einem anderen ein Mißgeschick passiert, was unwillkürlich zu grinsender Schadenfreude reizt, die man mit einer unbekannten Person teilt. Ein solches Einverständnis wird ganz und gar ohne Worte und ohne jede Information darüber, mit wem man es zu tun hat, hergestellt, allein durch ein äußerst sparsames Mienenspiel und eben den Blickkontakt – und das ist doch eigentlich sehr erstaunlich, wenn man bedenkt, welchen Aufwands es in der Regel bedarf, mit Worten Einverständnis etwa über eine Beobachtung herzustellen.

Diese selbstverständliche Beherrschung eines affektiven sozialen Verstehens geht Babys bis etwa zum achten Lebensmonat völlig ab. Sicher sind sie, wie die Beispiele in den vorangegangenen Abschnitten gezeigt haben, zu den erstaunlichsten Dingen in der Lage und können eine Vielzahl von Kommunikationen initiieren und auch aufrechterhalten, aber diese Kommunikationen bleiben, wie gesagt, insofern einseitig, als das Bewußtsein und das Gedächtnis des Babys noch keine reflexive oder autonoetische Dimension aufweist – etwas, das eine bewußte Relation zwischen seinem Selbst und einer anderen Person herstellen könnte.

Genau das geschieht in der Phase, die wir als ersten Quantensprung der Gedächtnisentwicklung bezeichnen. Im Alter von acht oder neun Monaten beginnen Babys nämlich, gemeinsame Aufmerksamkeit (shared attention) zu entwickeln – das heißt, sich zusammen mit einer anderen Person einem Gegenstand zuzuwenden und – eben über kontrollierenden Blickkontakt – Einverständnis darüber herzustellen, daß diese Aufmerksamkeit auch bestehen bleibt. So beginnen Kinder ungefähr zwischen dem neunten und 12. Lebensmonat zu prüfen, ob auch die Erwachsenen in ihrer Nähe ihre Aufmerksamkeit auf denselben Gegenstand richten wie sie. Zwischen dem 11. und 14. Monat beginnen sie den Blick eines Erwachsenen zu verfolgen; zwischen dem 13. und 15. Monat schließlich fangen sie an, die Aufmerksamkeit der Erwachsenen auf Gegenstände zu lenken (meist durch Gesten) (Tomasello, 2002, S. 78).

Solchen Interaktionen ist ein kontinuierliches emotionales »Monitoring« inhärent – denn solange die gemeinsame Aufmerksamkeit besteht, wird das Kind (wie seine Mutter) Freude dabei empfinden; wenn sie zu versiegen droht oder abgebrochen wird, entsteht Unbehagen, Frustration oder Wut (Trevarthen, 2002, S. 222 ff.). Gemeinsame Aufmerksamkeit setzt also einen direkten sozialen Bezug im Medium der Interaktion über Blicke oder Gesten und eine emotionale Kontrolle über den gesamten Vorgang voraus. Für beides müssen neue Bedingungen auf Hirnebene vorliegen, denn es handelt sich jetzt nicht mehr nur um einen Bildungsprozeß, in dem das Kind existentiell oder physisch lernt, sondern in dem es eine aktive Rolle zu spielen beginnt. »Es geht nicht nur darum«, schreibt Martin Dornes treffend, »daß sie beide *dasselbe* sehen (joint attention), sondern darum, daß sie es *gemeinsam* sehen (shared attention)« (Dornes, 1993, S. 153).

In dieser Phase entsteht also eine ganz neue Schnittstelle zwischen dem Baby und seiner sozialen Umwelt – es nimmt nun nicht mehr nur in der Form an ihr teil, daß seine eigenen Äußerungen mehrheitlich durch seine Bezugspersonen beantwortet werden, indem es also Verhalten evoziert, das auf es selbst bezogen ist. Es beginnt vielmehr, in einen echten affektiven und mentalen Austausch zu treten. Es beginnt eine ganz neue Form der Auseinandersetzung mit der Welt: Die *Person-Person-Spiele* und die *Person-Objekt-Spiele*, zu denen schon der Säugling in der Lage war und an denen er jene Vorbahnungen von Kommunikativität, Emotionalität und Erinnerungsvermögen eingeübt hatte, von denen schon mehrfach die Rede war, werden nun abgelöst durch *Person-Person-Objekt-Spiele* (Trevarthen, 1998), was entwicklungstheoretisch einen Unterschied ums Ganze bedeutet, nämlich den Eintritt in einen sozialen Raum, an dem man bewußt partizipiert. Die Bedeutung dieses Schrittes kann man sich übrigens auch daran klarmachen, daß hier die Grenze der mentalen Fähigkeiten anderer Primaten liegt, die zwar eine Menge können, nicht aber gemeinsame Aufmerksamkeit entwickeln oder gar die Aufmerksamkeit von jemand anderem auf etwas lenken, was von Interesse sein könnte (Tomasello, 2002, S. 47). Wenn man von jenen wenigen Ausnahmen absieht, die bemerkenswerterweise aber von Menschen aufgezogen worden sind, zeigen Primaten ein solches soziales Verhalten nicht und entwickeln entsprechend auch keine Intersubjektivität. Genau hier liegt die soziale Grenze zwischen Tieren und Menschen.[1]

Damit dieser Quantensprung erfolgen kann, der alle weiteren ontogenetischen Entwicklungsschritte – vom passiven Sprachverstehen über den aktiven Spracherwerb bis zur Genese eines Selbstkonzepts – erst ermöglicht, müssen offenbar die folgenden Entwicklungen erfolgreich vorausgegangen sein: Es muß sich ein »Kernselbst« (Daniel Stern) herausgebildet und stabilisiert haben, das sich als eine von anderen getrennte Einheit erfährt (Dornes, 1993, S. 90). Dieses Kernselbst entsteht ab einem Alter von zwei oder drei Monaten und hat keinerlei reflexive Dimension, basiert aber darauf, daß unterschiedliche Komponenten der Welt- und Objekterfahrungen das Baby sich als Einheit erleben lassen. Die wichtigsten dieser Komponenten sind ein Sinn dafür, daß es selbst Dinge verursachen kann (self agency), und ein Gefühl der Selbstkohärenz (self coherence). Die offensichtlichste Quelle für self agency ist das »propriozeptive Feedback«, der Umstand, daß Handlungen des Babys nicht nur in der Außenwelt etwas auslösen, sondern zugleich mit einer sich verändernden Körperempfindung einhergehen. Wenn das Kind eine Decke wegstrampelt, ruft es damit nicht nur im Ergebnis ein anderes Wärme- und Hautgefühl hervor, sondern es hat auch das eigene Strampeln »gefühlt«, das zu dieser Veränderung geführt hat. Beide gefühlten Effekte zusammen ergeben für das Baby etwas anderes, als würde nur ein anderes Wärmeempfinden dadurch eintreten, daß die Mutter die Decke entfernt. Anders gesagt: »Selbsterzeugte Handlungen ergeben […] ein propriozeptives Feedback, das fremderzeugten Handlungen oft fehlt. Wenn die Mutter vokalisiert, so hört der Säugling einen Ton. Wenn er selbst vokalisiert, hört er ebenfalls einen Ton, aber er hat darüber hinaus charakteristische Empfindungen im Brustraum, im Kehlkopf und in den Stimmbändern, die nur auftauchen, wenn er den Ton selbst produziert. Anhand dieses Unterschieds ist er in der Lage zu bemerken, ob er selbst etwas gemacht hat oder ein anderer aktiv war. Diese Unterscheidungsfähigkeit trägt […] dazu bei, Selbst und Objekt als getrennt […] zu empfinden« (Dornes, 1993, S. 91).

Dornes weist auch darauf hin, daß selbsterzeugte Aktionen eine »Kontingenzbeziehung« zwischen Handlung und Effekt erzeugen – wobei eigene Handlungen

---

[1] Auch Tomasello hebt hervor, daß das Deuten ein ausschließlich menschliches Kommunikationsverhalten ist. Bemerkenswerterweise ist das Fehlen dieser Fähigkeit ein frühes Symptom von Autismus (Tomasello, 2002, S. 91), jener Entwicklungsstörung, deren Hauptmerkmal in der fehlenden Partizipation an Sozialität überhaupt zu bestehen scheint.

immer einen Effekt auf das Selbst haben, aber nicht zwingend auf irgend etwas anderes: »Wenn der Säugling vokalisiert, hört er immer einen Ton (perfekte Kontingenz), aber nur jedes zweite oder dritte Mal kommt die Mutter (imperfekte Kontingenz)« (Dornes, 1993, S. 91). Auch diese Erfahrung trägt zu dem basalen Gefühl bei, sich selbst von der umgebenden Welt zu unterscheiden. Ein weiterer Aspekt davon ist die Selbstkohärenz, die etwa auf einer einheitlichen Zeit unterschiedlicher Bewegungen (Fuß- und Handbewegungen, Hör- und Sehreize etc.), gemeinsamer »Intensitätskonturen« (Dornes) bzw. Vitalitätskonturen (Stern) von Gesten und Lauten sowie auf Formkohärenz basiert – also darauf, daß die Mutter als Mutter erkennbar ist, unabhängig davon, ob sie nun im Profil, im Halbprofil oder von vorn zu sehen ist.

Auch Tomasello (2002, S. 76) ist der Auffassung, daß das propriozeptive Feedback in der aktiven Erschließung der sozialen und physischen Umwelt eine Art physisches Verständnis des Selbst erzeugt (vgl. auch Nelson, 2002). Man muß bei all dem, was hier im Alter zwischen zwei und neun Monaten an Kernselbstgefühl aufgebaut wird, immer im Sinn behalten, daß es hier um ein nichtreflexives Selbst geht – ein existentielles Selbst, wie Dornes sagt, oder ein experientielles Selbst, wie wir vorschlagen würden, eines, das aus sich akkumulierender und aufeinander aufbauender Erfahrung gemacht ist, aber keineswegs schon in der Lage ist, sich irgendeine Rechenschaft über seine Erfahrungen abzulegen. Gleichwohl ist das Vorhandensein eines solchen Kernselbst die Voraussetzung dafür, daß gemeinsame Aufmerksamkeit stattfinden kann – handelt es sich hierbei doch um die Fokussierung zweier Selbst-Entitäten auf etwas Drittes. Und das wiederum ist die Voraussetzung für die spätere Perspektivenübernahme, die ihrerseits die Basis für echte Intersubjektivität bildet – die Fähigkeit, die Welt mit den Augen des anderen zu sehen.[2]

---

[2] Auch aus neurowissenschaftlicher Sicht gibt es die Vorstellung von einem Kernselbst: Antonio Damasio beschreibt die neuronale Grundlage des Selbst als beständige Reaktivierung zweier Formen von Repräsentationen: die erste Form umfaßt jene Fakten, die die eigene Person definieren, die später ihre Gestalt als Vorlieben, Gewohnheiten, Routinen, spezifische Erfahrungen, Fertigkeiten und Beziehungen sowie imaginäre Ereignisse finden. All das wird beständig reaktiviert und in genauer Abstimmung mit neuen Erfahrungen refiguriert. Die zweite Form von Repräsentationen, die mit diesem »Teil des Selbstzustands«, wie Damasio das nennt, interagiert, sind eben Repräsentationen von Veränderungen des Körperzustands, wie sie durch Aktionen erzeugt werden. Damasio geht davon aus, »daß Subjektivität weitgehend von den Veränderungen abhängt, die während und nach der Verarbeitung von Objekt X im Körperzustand stattfinden. [...] Frühe Körpersignale - in der Evolution wie in der individuellen Entwicklung - trugen zu einem ‚Grundbegriff' des Selbst bei. Dieser Grundbegriff lieferte das fundamentale Bezugssystem für alles, was dem Organismus

Wir werden gegen Ende dieses Abschnitts noch einmal auf das Kernselbst zurückkommen; hier soll es zunächst noch um einige andere wichtige Voraussetzungen für den interaktiven Quantensprung der gemeinsamen Aufmerksamkeit gehen. Da sind zum einen jene kommunikativen Praktiken, die die späteren Austauschbeziehungen, seien sie nun präverbaler oder verbaler Art, vorbahnen: rhythmische Abstimmungen, Protokonversationen, turn-takings etc. In den frühen Stadien hat das Interaktionsverhalten lediglich einen einseitigen kommunikativen Wert, der darin besteht, daß die imitierte Person sich durch das Baby auf diese Weise »angesprochen« fühlt, was sich gewiß positiv auf ihr Fürsorgeverhalten auswirkt. Zugleich werden hier aber schon kommunikative Muster etabliert, die wenig später in zweiseitige Kommunikation bzw. Interaktion übergehen können (vgl. Kap. 7, S. 186), die wiederum die rhythmischen und syntaktischen Muster für die viel spätere sprachliche Interaktion vorbahnen. Wichtig ist dabei auch, daß die späteren, in der Regel komplexeren und höher synthetisierten Formen der Kommunikation die älteren nicht ablösen, sondern sich zu ihnen addieren. Denn wir sind ja auch dann, wenn wir längst symbolsprachlich kommunizieren können, noch immer in der Lage, Informationen durch direkten Körperkontakt, durch Blicke, durch Gesten etc. mit anderen auszutauschen.

Die Sozialisierung von Gefühlen

Eine besonders wichtige Marke auf dem Weg zur Intersubjektivität aber ist die Affektabstimmung (affect attunement) zwischen Kind und Bezugsperson – daß also das Kind sich über Blicke bei der Mutter darüber rückversichern kann, daß ein kleines Kaninchen, das vor ihm herumhoppelt, dafür da ist, daß man sich freut, während ein knurrender Hund etwas ist, wovor man sich besser fürchtet. Schon anhand so simpler Beispiele wird deutlich, welche Dimension die Phase gemeinsamer Aufmerksamkeit aufschließt: Babys lernen hier nicht nur die soziale Bezug-

---

zustieß, einschließlich der aktuellen Körperzustände, die fortlaufend in den Selbstbegriff eingegliedert wurden und daraufhin sogleich zu vergangenen Zuständen wurden. [...] Was uns jetzt zustößt, stößt tatsächlich einem Selbstbegriff zu, der auf der Vergangenheit beruht, auch jener Vergangenheit, die noch einen Augenblick zuvor Aktualität war. Jeden Augenblick wird der Selbstzustand wieder von Grund auf neu konstruiert. Er ist ein infinitesimaler Bezugspunkt, der so kontinuierlich und gleichbleibend rekonstruiert wird, daß sein Besitzer von diesem Wiederherstellungsprozeß nie etwas erfährt, es sei denn, die Erneuerung klappt irgendwann nicht mehr« (Damasio 1997, S. 318 ff.).

nahme auf etwas Drittes kennen, sondern auch alle begleitenden Vokalisierungen und Affektäußerungen – womit wir hier zugleich ein Moment der sozialen Überformung bzw. Gestaltbildung von primären Emotionen vor uns haben.

Box 6.1

Primäre und sekundäre Emotionen

Primäre Emotionen sind zunächst Begleitsignale von Situationen, in denen der Organismus, ob man will oder nicht, auf bestimmte Auslösereize reagiert – wobei sich bei Menschen (und wahrscheinlich auch bei vielen höheren Säugetieren) in Verbindung mit den dabei auftretenden körperlichen Vorgängen auch eine bestimmte Gefühlslage einstellt, wie bewußt diese auch immer sein mag. Diese Gefühlslage fungiert als Feedback für den Organismus, als Marker dafür, daß etwas Bestimmtes geschehen ist. Zu den primären Emotionen zählen nach verbreiteter Auffassung Furcht, Glück, Zorn, Ekel und Trauer, oft wird auch Überraschung dazu gerechnet. Im Unterschied etwa zu einem Küken, das sich vor dem Bussard duckt und damit eine Furchtreaktion zeigt, bleibt es bei Menschen allerdings nicht bei dem bloßen Zusammenspiel von Auslösereiz, autonomer Reaktion und emotionaler Erregung, sondern es kommt noch hinzu, daß die Emotion empfunden werden kann. Mehr noch, es wird, wie Damasio sagt, die Verknüpfung zwischen dem Objekt, das die Reaktion auslöst, und dem dadurch regulierten gefühlsbedingten Körperzustand wahrgenommen. Das heißt, es existiert ein Bewußtsein darüber, was man fühlt. Der evolutionäre Vorteil, der darin liegt, ist nach Damasio der folgende: Eine Emotion, die nicht nur Teil eines autonom ablaufenden Reaktionsmusters ist, sondern zugleich die Daten für die Bewertung eines Körperzustands liefert, läßt für die nach der unmittelbaren Reaktion möglichen Handlungen eine größere Variationsbreite zu. Neben die angeborene, präorganisierte Reaktionsweise tritt also bei Menschen eine erworbene, erfahrungsabhängige Reaktion, die geeignet ist, einen Unterschied zwischen den Umrissen und Bewegungen eines wirklichen Adlers und der nahezu identischen Silhouette eines Kinderdrachens wahrzunehmen und entsprechend zu reagieren. Daneben kann die Fähigkeit, die emotionale Reaktion zu empfinden, auch dazu dienen, Kategorien darüber zu bilden, welche Erscheinungsform des Auslösereizes als gefährlich bzw. als ungefährlich einzuschätzen ist. Mit anderen

> Worten: Das Empfinden einer emotionalen Reaktion bietet gegenüber ihrem
> bloßen unbewußten Vorhandensein einen handlungsökonomischen Gewinn
> und einen Überlebensvorteil – die eigene Reaktion kann bewertet werden,
> und aus dieser Bewertung können wiederum Schlüsse darüber gezogen wer-
> den, welches Handeln zukünftig in einer analogen Situation angebracht ist
> (Damasio, 1995, S. 186). Solche sekundären Emotionen unterliegen als er-
> fahrungsabhängige natürlich vielfältigen kulturellen und sozialen Prägungen;
> sie sind also kultur- und zeitspezifisch.

In solchen Situationen lernen Kinder im Zusammensein mit anderen, wovor »man« Angst hat und worüber »man« sich freuen kann (social referencing). Dornes weist darauf hin, daß die Fähigkeit, einen emotionalen Ausdruck im Gesicht einer anderen Person wahrzunehmen, nichts Selbstverständliches ist, sondern immer gelernt werden muß. Zum Beispiel registrieren Säuglinge zwischen zwei und fünf Monaten den Unterschied zwischen einem fröhlichen und einem traurigen Gesichtsausdruck, aber dieser Unterschied ist ihnen insofern gleichgültig, als sie selbst emotional nicht darauf reagieren. Erst danach, laut Dornes zwischen fünf und sieben Monaten, »beginnen sie, auf Emotionsausdrücke des Gesichts selbst emotional zu reagieren, auf ein freudiges Gesicht mit Lächeln, auf ein trauriges mit trauriger Miene. Mit neun Monaten ist sicher, daß es sich dabei nicht um eine Imitation, sondern um ein wirkliches Affektverständnis handelt und die Kinder einen Zusammenhang zwischen den eigenen und den bei anderen wahrgenommenen Gefühlen herstellen« (Dornes, 1993, S. 154).

Im Alter von neun Monaten beginnt also die »Sozialisierung von Gefühlen« (Dornes, 1993, S. 154). Wenn man sich vergegenwärtigt, daß volle Intersubjektivität, wie sie etwa in einem intimen Gespräch unter Erwachsenen gegeben ist, auf einer beständig mitlaufenden Kontrolle des richtigen Verständnisses beim jeweils anderen basiert, die keineswegs verbal, sondern vor allem emotional – durch den Tonfall, durch Blicke – gewährleistet wird, bemerkt man, wie fundamental die Fähigkeiten zum »affect attunement« und zum »social referencing« sind – sie bleiben ein Leben lang erhalten und bilden die Basis der sozialen Synchronisierung der Menschen untereinander.

Erst ab diesem Alter kann man übrigens unserer Auffassung nach davon sprechen, daß sich so etwas wie ein intentionales Selbst zu entwickeln beginnt, während etwa Tomasello der Auffassung ist, daß alles folgende abläuft, *weil* die Säuglinge ihre Bezugspersonen als intentional und damit als ihnen selbst ähnlich wahrnehmen (Tomasello, 2002, S. 53; vgl. auch Stern, 1995, S. 423, der eine ähnliche Auffassung vertritt). Das zäumt aus unserer Sicht das Pferd von hinten auf. Denn um mich mit etwas »mir Ähnlichem« identifizieren zu können, müßte ich ja bereits ein Selbstkonzept haben, das ich mir selbst gegenüberstellen – also abstrahieren und objektivieren – könnte. Und das ist in der Ontogenese erst viel später der Fall und selbst ein Produkt von Sozialität, in der ich lerne, was mich von anderen unterscheidet und was ich in ihren Augen bin. Ein ähnlicher logischer Fehler liegt den Überlegungen von Meltzoff zugrunde, der das frühe Imitationsverhalten von Neugeborenen und Säuglingen auf eine ähnlich vage Kategorie der empfundenen Ähnlichkeit zurückführt (»like me«; vgl. Meltzoff, 1999; auch Rochat, 2001). Wir würden sagen: Säuglinge sind sehr viel für uns, wenn wir ihre beeindruckenden kommunikativen und motorischen Fähigkeiten betrachten, aber sie sind gar nichts für sich selbst. Sie sind ganz einfach Teil einer sozialen und physikalischen Umwelt, die ursächlich für das Wohlbefinden oder Mißbehagen ihres Kernselbst ist.

Die Intentionalitätshypothese hängt auch insofern in der Luft, als sie ein Phänomen in gewisser Weise mit sich selbst zu erklären versucht. Wir würden einen anderen Erklärungsversuch vorschlagen: Kinder können genau in dieser Entwicklungsphase jene entscheidende soziale Kompetenz erwerben und anwenden, die sie zu vollen Mitgliedern ihrer sozialen Gemeinschaft machen wird, weil erst mit neun Monaten auf Hirnebene die Voraussetzungen dafür vorliegen, wobei auch hier Interaktionsprozesse eine Schlüsselposition einnehmen. Wie Schore herausgearbeitet hat, ist schon das frühe Bindungsverhalten von emotionalen Austauschprozessen zwischen Mutter und Kind reguliert worden, die direkt auf biochemische und metabolische Prozesse im sich entwickelnden Gehirn des Kindes einwirken. Diese Vorstellung, schreibt Schore, »die mit nichtlinearen dynamischen Modellvorstellungen kompatibel ist, geht von reziproken affektiven Austauschprozessen aus, in denen die Bezugspersonen auf psychobiologische Weise Veränderungen im Zustand des Kindes regulieren. […] Die Entstehung dieses dynamischen Systems einer ‚kontingenten Reziprozität' geschieht im Zusammenhang von face-to-face-Interaktionen, und sie basiert klar auf der Verarbeitung von visuellen und akustischen (prosodischen) Informationen, die aus der einflußreichsten Quelle der Stimulierung stammen, die es in der Umgebung des Kindes gibt: aus dem Gesicht der Mutter. Das menschliche Gesicht ist ein einzigartiger Stimulus, dessen Ausdrücke biologisch bedeutsame Informationen darstellen, und es fungiert als kontinuierliches Echtzeit-Display internaler Prozesse« (Schore, 2000, S. 162, unsere Übersetzung).

Schore zufolge finden dabei Zusammenschlüsse von Schaltkreisen statt, die einerseits auf corticaler Ebene Umweltinformationen verarbeiten und andererseits auf subcorticaler Ebene Veränderungen von Körperzuständen registrieren und bearbeiten (2000, S. 169 ff.). Solche »cortico-limbischen Assoziationsmuster« entstehen im zweiten und dritten Viertel des ersten Lebensjahres. Gegen Ende dieses ersten Jahres reift das »orbitofrontale System«, das für eine Reihe jener neuen Fähigkeiten verantwortlich ist, die sich ab dem achten oder neunten Lebensmonat zu zeigen beginnen.[3] Genau zu diesem Zeitpunkt bilden sich auf neuronaler Ebene neue »Konvergenzzonen« (Damasio), in denen emotionale Zustände, neue kognitive Fähigkeiten und soziale Interaktionsprozesse zusammenwirken. Einmal mehr können wir den entsprechenden Vorgang nicht wirklich verstehen, wenn wir ihn rein individualistisch als »Entwicklungsprozeß des Kindes« betrachten. Zwar müssen für seine weitere Entwicklung in dieser Phase biologische Reifungsprozesse erfolgt sein, aber diese würden allein nicht zur Etablierung der konvergenten Schaltkreise führen, wenn die Stimuli aus der sozialen Interaktion, die in dieser Phase besonders intensiv werden, ausbleiben würden.

Soziale Interaktion und neuronale Entwicklung

Auch hinsichtlich der neuronalen Organisation markiert der Zeitraum um das Ende des ersten Lebensjahres eine entscheidende Phase: Die Synaptogenese erreicht zu diesem Zeitpunkt ihren Höhepunkt – danach finden nutzungs- und erfahrungsabhängige Pruning-Prozesse statt (Huttenlocher, 1979, S. 202).[4] Huttenlocher teilt auf der Basis von Untersuchungen der Synapsendichte und des Dendritenwachstums die postnatale Cortexentwicklung in zwei Phasen. Die erste reicht von der Geburt bis eben zum Ende des ersten Lebensjahres und ist durch

---

[3] »Obwohl die Amygdala, eine limbische Struktur, die lediglich grobe Informationen über externe Stimuli verarbeitet, bereits bei der Geburt funktionsfähig ist, beginnt eine kritische Periode für die Entwicklung cortico-limbischer Strukturen im zweiten und dritten Viertel des ersten Jahres, was mit der Reifung des anterioren cingulären Cortex zusammenhängt, einem Areal, das mit Spiel- und Trennungsverhalten, Lach- und Weinvokalisierungen, Gesichtsausdrücken und der Modulierung autonomer Aktivität zu tun hat [...]. Mit dem Ende des ersten Jahres wird die orbitoinsulare Region des inferioren präfrontalen Cortex in das Verarbeiten interpersonaler Signale involviert, ein Areal, das weitgehend vorverarbeitete visuelle Informationen erhält (Rolls, 1996) und Neuronen beinhaltet, die in Reaktion auf Gesichter feuern [...]« (Schore, 2000, S. 170, unsere Übersetzung).

[4] Webb et al. (2001, S. 154) gehen davon aus, daß die höchste Synapsendichte mit 15 Monaten erreicht wird und dann absinkt.

folgende Merkmale charakterisiert: »durch eine rapide Abnahme der Neuronendichte, durch Zunahme der Synapsendichte und der Anzahl der Synapsen pro Neuron, durch Dendritenwachstum und durch die Ausdehnung des Volumens des zerebralen Cortex. Phase zwei erstreckt sich vom zweiten Lebensjahr bis zur Adoleszenz. Sie kann durch eine langsame Abnahme sowohl in der Synapsen- wie in der Neuronendichte beschrieben werden. Das Dendritenwachstum setzt sich fort, und die Synapsendichte entlang der Dendriten nimmt ab« (Huttenlocher, 1979, S. 202, unsere Übersetzung).

Dieses Bild beschreibt noch einmal die zentralen Vorgänge der kindlichen Entwicklung auf der Ebene der neuronalen Verschaltungsstruktur: In den ersten Lebensmonaten akkumuliert das Baby durch Habituation, Interaktion mit den Bezugspersonen und Objekten und durch propriozeptives Feedback immer mehr Möglichkeiten der Welterschließung – es eignet sich dabei eine Fülle von Informationen an, die aber noch relativ gering strukturiert sind. Für diese Phase ist das überreiche Angebot von Neuronen sinnvoll, die dann erfahrungs- und nutzungsabhängig aussortiert werden. Die Erfahrungen, die das Kind im sich erweiternden sozialen Raum nach dem neunten Lebensmonat macht, schlagen sich in einer Vermehrung von Synapsen und im Wachstum der Dendriten nieder – vermittelt unter anderem über soziale Interaktionsprozesse, an denen das Kind aktiv partizipiert. Die Erfahrungsmenge und das Komplexitätsniveau dieser Erfahrungen nehmen deutlich zu, und sie müssen eine Form finden, um effizient nutzbar und sozial anschlußfähig zu werden. Die Zeit danach läßt sich entsprechend als eine Phase der zunehmenden Konsolidierung und Durchstrukturierung der frühen Erfahrungen beschreiben – hier finden in starkem Maße nutzungsabhängige Reduktionsprozesse von Synapsen statt, und die Verschaltungsstruktur stellt zunehmend stabile Muster bereit, die als Basis für neue Erfahrungen, Lern- und Gedächtnisfortschritte dienen können.

Ein weiterer Schlüssel für die soziale Revolution, die im letzten Viertel des ersten Lebensjahres stattfindet, ist die Reifung des Hippocampus, des für die Langzeitspeicherung von Erinnerungen zentralen Organs (vgl. Kap. 5). Einhergehend mit der Hippocampusreifung bilden sich die Möglichkeit zur Langzeitspeicherung von semantischer Information und das Online-Halten von Information im Kurzzeit- und Arbeitsgedächtnis. Damit treten auch erstmals Prozesse der Informationsselektion auf – Teile, die im Arbeitsgedächtnis bleiben, Teile die dort herausfallen. Wichtig sind hier die Cortexregionen, deren Reifeprozesse noch später abschließen, die aber nach neun Monaten schon einen ersten Myelinschub erhalten haben – Teile des Scheitellappens (Raumorientierung, Raumgedächtnis als Vorläufer des Zeitgedächtnisses) und Teile des Stirnhirns (Zerlegen von Information in leicht verarbeitbare Portionen; »chunking« oder »parsing«; Pribram & Tubbs, 1967).

Wenn ein kleines Kind sich aber auch über längere Zeiträume hinweg daran erinnert, wie es mit bestimmten Objekten verfahren kann, zeigt das einen beträchtlichen Fortschritt in der Entwicklung seines Gedächtnisses an. Denn das semantische Gedächtnis kann eine theoretisch unbegrenzte Menge von Informationen speichern – eben all das, was wir uns im Laufe der Zeit an Wissen über die Welt aneignen. Dabei reicht häufig eine einzige Begegnung mit einer Information aus, damit wir sie dauerhaft erinnern können. Charakteristisch für semantische Erinnerungen ist darüber hinaus, daß wir in der Regel nicht wissen, wann und wo wir uns die entsprechenden Daten angeeignet haben – wann man also das erste Mal erfahren hat, daß der gelbe Ball am nächtlichen Himmel »Mond« heißt oder daß London die Hauptstadt von England ist.

Nelson (1996, S. 228) ist der Auffassung, daß für Kleinkinder vor allem die Funktion von Objekten ausschlaggebend ist, sie einer bestimmten Kategorie zuzuordnen – hier geht es also wieder um eine Form der Praxis, die sich dann in einer kognitiven Leistung niederschlägt. Im Alter von einem Jahr zeigen Kinder erste Anzeichen dafür, daß sie globale Kategorien (etwa »Tier« oder »Fahrzeug«) gebildet haben (Nelson, 1996, S. 110). Bei der Kategorienbildung spielen wahrscheinlich auch die »mental event representations« eine wichtige Rolle, denn auch in den dazu gehörenden Erinnerungsscripts finden sich ja bereits unterschiedliche Kategorien von Ereignissen (baden, spielen, essen etc.). Solche event categories gehen möglicherweise der Bildung von Objektkategorien voraus, was übrigens darauf hinweist, daß soziale Ereignisse und Abläufe in der Gedächtnisentwicklung früher eine Rolle spielen als gegenstandsbezogene.

Bei den meisten »events« im kindlichen Universum handelt es sich um alltägliche Routineaktivitäten, bei denen das Kind entweder eine zentrale Rolle spielt oder nur als Beobachter fungiert. Gegen Ende des ersten Lebensjahres haben Kinder die Abfolge der meisten Routineaktivitäten so weit gelernt, daß sie eine aktive Rolle darin einnehmen und bestimmte Handlungen vorwegnehmen können, ohne von Erwachsenen dazu angeleitet zu werden (Nelson, 1996, S. 96). Indem nun neue Erfahrungen in bereits bestehende Kategorien eingeordnet werden, gehen bestimmte Details, die eine Episode eigentlich einzigartig machen, im Gedächtnis verloren. So erinnert man sich als Kind – und übrigens auch als Erwachsener – nicht an ein beliebiges Mittagessen oder Frühstück der letzten Woche,

▶ *Fortsetzung auf Seite 178*

Box 6.2

Chunking

Untersuchungen mit Säugetieren und Vögeln haben ergeben, daß es eine Serie besonders geeigneter Aufgaben gibt, um das Kurzzeitgedächtnis zu erfassen. Diese Aufgaben werden als »Verzögerte-Antwort-Aufgaben« (delayed response type tasks) zusammengefaßt. Wie an anderer Stelle geschildert – in Kapitel 4 (Untersuchung von Goldman-Rakic und Galkin, 1978, mit Affenkindern zum Kennard-Prinzip; vgl. Abb. 4.28, S. 109, und in Kapitel 5, S. 139, zum graduellen gegenüber dem Alles-oder-Nichts-Lernen – werden delayed response type-Aufgaben eingesetzt, um feststellen zu können, ob und ggf. wie lange Tiere behalten können, wo sie zuvor waren (oder bei Affen, in welche Richtung sie zuvor gegriffen hatten) bzw. wohin sie beim nächsten Durchgang laufen oder greifen müssen. Ratten werden dabei meist nur mit Aufgaben getestet, die rund fünf Sekunden Verzögerungszeit haben, bei Affen können es durchaus 30 Sekunden sein.

Man hat gefunden, daß erwachsene Tiere, denen man beidseits Teile des Stirnhirns operativ entfernt (beim Affen eine Region im dorsolateralen präfrontalen Cortex; Jacobsen & Nissen, 1937; Mishkin, 1957; Rosenkilde, 1978; vgl. Abb. 4.1, S. 65, und Abb. 5.6, S. 156), nicht mehr in der Lage sind, diesen Aufgabentyp selbst bei nur kurzen Verzögerungszeiten zu bewältigen. Man hat dies – bei Tier wie Mensch – einem Verlust des Kurzzeitgedächtnisses nach dieser Stirnhirnläsion zugeschrieben (Butters, Pandya, Stein & Rosen, 1972; Wiegersma, Scheer & Hijman, 1990). Pribram und Tubbs (1967) änderten nun die Zeitabstände zwischen »greife nach links« und »greife nach rechts« so, daß jedes zweite Mal eine lange Pause kam (»chunking«). Wegen des Alternierens bedeutet dies bei konsekutiv richtigen Reaktionen nach kurzer Pause in die eine Richtung (links), nach langer in die andere Richtung (rechts) greifen. Mittels dieses »Tricks« wurden aus Affen, die stark gestört waren, solche, die wieder nahezu uneingeschränkt die Aufgabe lösen konnten.

Dieses Beispiel zeigt zum einen die Bedeutung des Stirnhirns als Taktgeber und damit auch als Steuerregion für das Kurzzeitgedächtnis und demonstriert zum anderen, wie man durch Verlagerung des Taktgebers in die Außenwelt Leistungen wieder verbessern kann, eine Methode, die auch bei Patienten mit Hirnschäden Anwendung findet (Thöne-Otto & Markowitsch, 2004).

aber man hat eine generelle Vorstellung darüber, wie ein Mittagessen oder Frühstück abläuft. Wichtig dabei ist aber, daß die Erinnerung an generelle Abläufe, also an Routinen und scripts, die den Alltag strukturieren, es erlaubt, auch nächste erwartbare Schritte in einer Handlungsfolge zu antizipieren, also eine Fähigkeit zur Prospektion auszubilden. Mit dem Heraufdämmern eines prospektiven Gedächtnisses wird aber ein entscheidender Grundstein dafür gelegt, daß später das Dasein in die drei zeitlichen Dimensionen Vergangenheit, Gegenwart und Zukunft zerlegt werden kann – und ein autobiographisches Gedächtnis ausgebildet werden kann, das das Ich innerhalb dieser Zeitzonen situiert.

Alles in allem haben wir es in den ersten acht Lebensmonaten mit revolutionären Veränderungen auf fast allen Ebenen des Daseins eines kleinen Menschen zu tun – und es ist verschiedentlich vermutet worden, daß hier eine Art von Gewichtsumverteilung von genetischen Entwicklungsdeterminanten hin zu sozialen stattfindet (z. B. Webb et al., 2001, S. 165). Während einerseits – wie wir gesehen haben – auch schon zuvor beträchtliche Einflüsse auf die Entwicklung des Kindes von den Interaktionsprozessen mit seinen Bezugspersonen ausgehen, muß man auf der anderen Seite mit Webb et al. betonen, daß das Zusammenspiel neuronaler und sozialer Vorgänge noch weit von einer vollständigen oder auch nur annähernden Entschlüsselung entfernt ist. Genaugenommen ist schon das neuronale Geschehen noch ziemlich ungeklärt. Das liegt zum einen daran, daß die methodischen Zugänge gegenwärtig noch begrenzt sind, da wir keine Möglichkeiten haben, in konkreten Interaktionsprozessen zwischen Mutter und Kind etwa Aktivierungen auf Hirnebene mit bildgebenden Verfahren zu messen, noch gar Pruningvorgänge in vivo abzubilden, wenn das Kind eine neue Erfahrung macht. Insofern sind Zusammenführungen unterschiedlichster Befunde aus der Neurowissenschaft, der Entwicklungspsychologie, der Interaktionsforschung und der Linguistik lediglich Versuche, Ergebnisse ganz unterschiedlichen Typs, die mit sehr unterschiedlichen Methoden gewonnen wurden, aufeinander zu beziehen. Nicht mehr, aber auch nicht weniger. Was man dabei nämlich zeigen kann, ist, daß die Gedächtnisentwicklung ein multimodaler Vorgang ist, in dem biologische Entwicklungsfaktoren mit sozialen interagieren, und erst das Zusammenspiel, das sich im Entwicklungsverlauf selbst umfiguriert, einen gelingenden Bildungsprozeß garantieren kann.

Kommen wir nun zurück auf die gemeinsame Aufmerksamkeit und die Neun-Monats-Revolution, wie Tomasello sie nennt. Das ontogenetisch Revolutionäre liegt hier im erstmaligen Auftreten einer triadischen Konstellation, die Tomasello zufolge drei alterskorrelierte Gestalten annimmt:

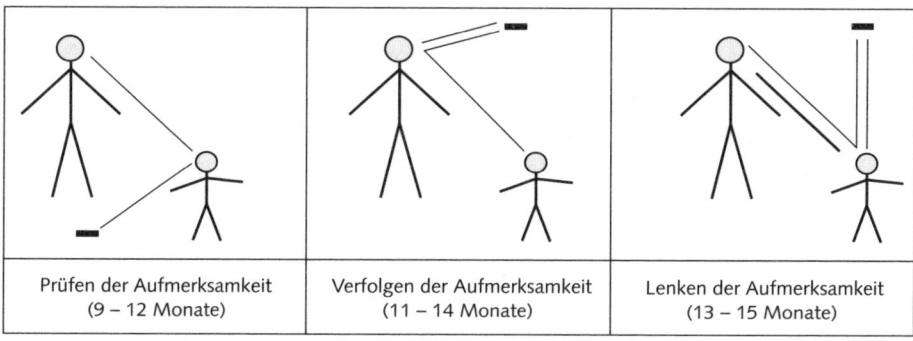

| Prüfen der Aufmerksamkeit | Verfolgen der Aufmerksamkeit | Lenken der Aufmerksamkeit |
| (9 – 12 Monate) | (11 – 14 Monate) | (13 – 15 Monate) |

Abb. 6.1   Drei Aufmerksamkeitstriaden (nach Tomasello, 2002, S. 79).

Wenn diese Verhaltenssequenzen, wie Tomasello schreibt, »das heraufdämmernde kindliche Verständnis anderer Personen als intentionale Akteure« widerspiegeln (2002, S. 86), so scheint uns das allerdings nur die eine, ontogenetisch wahrscheinlich sogar unwichtigere Seite der Medaille zu sein. Die andere, für das sich entwickelnde Kind bedeutendere ist, daß es mit der Fähigkeit zur gemeinsamen Aufmerksamkeit erfahren kann, daß ein anderer es selbst als intentionalen Akteur behandelt: Das Kind erfährt sich zum ersten Mal praktisch als soziales Wesen. In der Hierarchie, die Carpenter, Nagell und Tomasello (1998) empirisch herausgearbeitet haben, sind ja die vorgängigen Schritte zunächst die Prüfung, dann das Verfolgen der Aufmerksamkeit – das Kind kontrolliert also, ob die Bezugsperson sich noch für dasselbe interessiert wie es selbst. So betrachtet, gewinnt der Umgang des Kindes mit einem Objekt ein neues Format, indem es, zumindest strukturell, mit den Augen eines anderen gesehen wird, oder, etwas überspitzt formuliert, das Kind sein Handeln mit den Augen des anderen sieht – und zweifellos ist die Fähigkeit, sich als Objekt der Beobachtung durch andere zu begreifen, ein entscheidender Baustein für das Selbstkonzept, das später entsteht.

Entscheidend ist aber die dritte Triade – Lenken der Aufmerksamkeit –, weil das Kind nun voraussetzt, daß für die andere Person interessant ist, womit es sich selbst gerade beschäftigt. Hier wird nicht nur eine potentielle Übereinstimmung der Perspektiven vorausgesetzt, sondern das Kind wird aktiver Teilnehmer an einem sozialen Geschehen, indem es – und das ist der Unterschied zu der Zeit vor der Neun-Monats-Revolution – explizit soziale Handlungen vollzieht. Insofern würden wir sagen, das Entscheidende ist nicht, andere als intentional zu begreifen, sondern sich selbst als intentionales Wesen wahrgenommen zu sehen und zu einem Akteur in einem gemeinsamen sozialen Raum zu werden.

Betrachten wir den Vorgang der gemeinsamen Aufmerksamkeit noch etwas genauer: Wenn man sagt, daß das Kind die Aufmerksamkeit der anderen Person prüft, hört sich das einfach an. Aber was bedeutet das eigentlich? Worin besteht diese Prüfung? In Blicken, Gesten, emotionalen Gesichtsausdrücken, dem wechselseitigen Signalisieren von Freude zum Beispiel. Aber eine Interaktion auf solchen vorsymbolischen Ebenen stellt eine außerordentlich komplexe Leistung dar, denn sie setzt ja voraus, daß die Blicke, Gesten, Ausdrücke und Signale zutreffend entschlüsselt werden – und das ist ja genau betrachtet gar nicht einfach. Daniel Stern hat darauf hingewiesen, daß die zugrunde liegenden Vorgänge nur unzureichend verstanden werden, wenn man sie als zeitlich distinkte Akte betrachtet – in dem Sinn etwa, daß das Baby eine Rückmeldung will, ob das, was es gerade tut, Einverständnis findet, und ein Lächeln signalisiert, daß das der Fall ist. In Wirklichkeit handelt es sich aber um Prozesse, die zeitlich sequenziert sind, wenn Kinder die Aufmerksamkeit prüfen oder verfolgen. Und auch, was als Lächeln signalisiert, daß alles in Ordnung ist, hat eine temporale Struktur. »Es gibt Lächeln, das langsam und stetig entsteht, anderes, das spontan aufbricht, und wieder anderes, das zunächst verhalten kommt, aber plötzlich breit und offen wird« (Stern, 1999, S. 71, unsere Übersetzung). Stern bezeichnet die je unterschiedliche Intensität und Verlaufsform einer emotionalen Äußerung als »vitality contour« und schreibt allen gefühlten bzw. wahrgenommenen Aktivitäten, die eine zeitliche Struktur haben, solche Vitalitätskonturen zu. Insofern hat jede Emotion Stern zufolge eine Darwinsche Funktion (im Sinn einer primären Emotion; sie *ist* Freude oder Furcht) und eine Vitalitätskontur, und »beide verleihen der Erfahrung unterschiedliche Bedeutung, sowohl in der Ausübung wie in der Wahrnehmung« (Stern, 2002, S. 71).

Wenn wir Emotionen als Kommunikatoren nach innen und außen betrachten, in denen sich die Wertigkeit einer Erfahrung mitteilt, kann die Bedeutungshaltigkeit von Vitalitätskontur und Darwinscher Funktion wechseln. Wenn also das Kind prüfen möchte, ob es in dem ermuntert wird, was es tut, wird die Darwinsche Funktion (Lächeln signalisiert Freude signalisiert Zustimmung) bedeutungstragend; dagegen transportiert in längeren sozialen Interaktionen, in denen es um die Herstellung von Gemeinsamkeit geht, die Vitalitätskontur des Lächelns die zentrale Botschaft – was übrigens auch im Erwachsenenalter noch durchaus so ist: Ironische Mitteilungen, gespielte Enttäuschung u.ä. wären ohne das bedeutungsschaffende Zusammenspiel von emotionalem Ausdruck und Vitalitätskontur gar nicht möglich.

Gewiß spielen Vitalitätskonturen kommunikativ und in der Erfahrungswelt des

Kindes auch vor der Neun-Monats-Revolution eine Rolle, sind sie doch gewissermaßen die Mikrosequenzen jener Routinen des Badens und Fütterns, die für ein Baby die ersten komplexeren Erinnerungen bilden. Mit der Neun-Monats-Revolution geschieht aber auch insofern etwas Neues, als die Vitalitätskonturen, die den emotionalen Austausch zwischen Mutter und Kind indizieren und regulieren, nach außen wie nach innen wahrnehmbar sind. Das Kind bewertet nicht nur die (spiegelnde oder korrigierende) Reaktion der Mutter auf das, was es selbst tut, sondern empfindet ihre Reaktion auf die von ihm selbst ausgesendeten Signale – und genau hier liegt der Beginn echter Interaktion. Denn Interaktion besteht darin, daß die unterstellte Reaktion meines Gegenübers immer schon Teil meiner kommunikativen Handlung ist. Bei entwickeltem Sprachvermögen lautet dieselbe Formel: Ich spreche so, wie ich unterstelle, daß mein Gegenüber erwartet, daß ich sprechen werde. Dieses Grundprinzip von Interaktion wird hier, im wechselseitigen, konturierten und sequenzierten Austausch von Blicken, Lauten, Gesten etc. eingestellt. Durchaus interessant dabei ist, daß Vitalitätskonturen Stern zufolge immanent zeitlich sind – sie markieren eine Empfindung als Ablauf oder als Sequenz, indem sie ihr einen Anfang, einen Mittelteil und einen Schluß geben: Lächeln oder Lachen entsteht, bleibt eine Weile präsent und nimmt irgendwann wieder ab, dasselbe gilt für Zorn oder für Weinen. Wie Stern schreibt, ist die temporale Struktur den Vitalitätskonturen der frühen Erfahrungen eines Babys prinzipiell eigen: Urinieren, hungrig sein, saugen etc. weisen allesamt Verläufe auf, die als prototemporale Sequenzen in der physischen Erfahrungswelt des Kindes bezeichnet werden können.[5] Insofern erfährt das Kind, wie man etwa auch an den von Meltzoff und Moore (1977) beschriebenen frühen Imitationen nachzeichnen könnte, seine Umwelt immer schon im Rahmen einer sequentiellen Struktur, nicht als bloße Aufeinanderfolge von einzelnen Akten – und zwar sowohl, was seine innere propriozeptive Erfahrung angeht, als auch das, was es an seinem Gegenüber wahrnimmt. Der Clou dieses Gedankens besteht nun darin, daß wir hier – also im Alter bis zu acht oder neun Monaten – Temporalität als prozedurale und psychophysische Grunderfahrung annehmen können, die mit der Neun-Monats-Revolution eine autonoetische, bewußtseinsfähige Dimension annimmt und plötzlich als Grundformat der deutlich später einsetzenden Differenzierungsfähigkeit von Vergangenheit, Gegenwart und Zukunft erkennbar wird.

Die Vitalitätskonturen früher Erfahrungen sind mithin die Vorformen von

---

[5] Stern hat solche temporalen Sequenzierungen an anderer Stelle als »protonarrativ« bezeichnet (1998; vgl. Welzer 2002, S. 76 ff.).

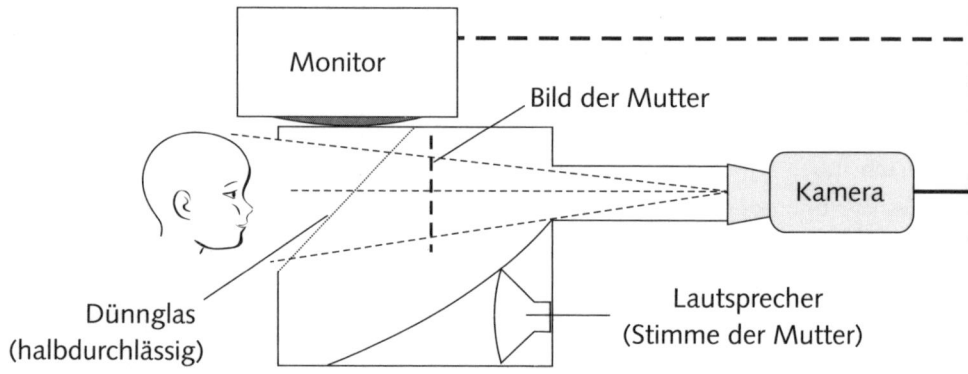

Abb. 6.2 *Doppelvideo-Experiment (nach Trevarthen, 2002, S. 222).*

autonoetischen Gedächtnisformen und zugleich jene Regulatoren und Indikatoren von kommunikativen Handlungen, die das Kind mehr und mehr zu sozialen Akteuren machen. Das alles geschieht aber nicht aus heiterem Himmel, sondern hängt wahrscheinlich mit der schon erwähnten neuen Kapazität des Arbeitsgedächtnisses zusammen. Das bewußte Monitoring einer emotionalen Interaktion inklusive der begleitenden Vitalitätskonturen setzt ja ein Kurzzeitgedächtnis mit einer gewissen Kapazität voraus, und von einem solchen können wir, wie gesagt, erst ab dem erwähnten Alter von acht oder neun Monaten ausgehen. Hier wirkt also die Funktion des Arbeitsgedächtnisses, eine biophysiologische Reifevoraussetzung, mit der Temporalisierung von Handlungsabläufen, einer entwicklungspsychologischen Reifevoraussetzung, zusammen, um eine neue soziale Fähigkeit in Funktion treten zu lassen: die gemeinsame Aufmerksamkeit, die der Schlüssel für alle weiteren Entwicklungsschritte ist.

Stern weist übrigens darauf hin, daß Vitalitätskonturen eng mit Intentionalität verbunden sind, weil die Temporalität von Handlungen und Austauschprozessen, die sie markieren, in dem Augenblick, wo sie eine Antizipation des Endes einer Sequenz erlauben, auch eine immanente Intentionalität mit sich bringt: »Sobald ein Endpunkt vorausgesehen werden kann, kann dieser ein Ziel werden. Und wenn einmal die Antizipation eines spezifischen Ziels erfolgt ist und der Zeitpunkt des Erreichens dieses Zieles abgeschätzt werden kann« (Stern, 1999, S. 75, unsere Übersetzung), gewinnt die zeitliche Sequenz selbst Bedeutung – man beginnt, um etwas zu erreichen, und die verstreichende Zeit wird eine, die die Di-

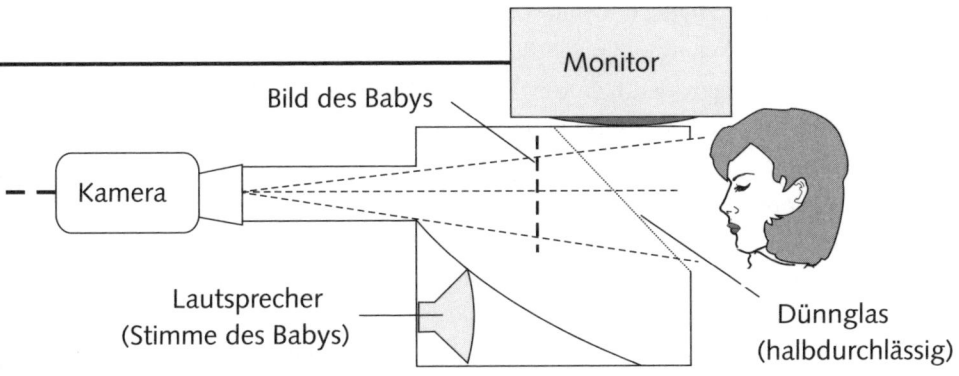

stanz bis zum Erreichen des Zieles immer weiter verringert. Insofern haben Vitalitätskonturen ab dem Zeitpunkt, zu dem sie wahrgenommen und empfunden werden können, einen intentionalen Aspekt – und hier liegt der Moment, von dem an das Kind sich selbst als intentionales Wesen zu begreifen lernt. Zum anderen entsteht psychologisch etwas ganz Neues: Das Kind existiert jetzt nicht mehr nur im Zustand einer unablässigen Gegenwart, sondern beginnt, in einer erlebten Gegenwart (Stern, 1999, S. 72) zu sein – was zweifellos eine Voraussetzung für die später erfolgende Differenzierung eines »vorher«, eines »jetzt« und eines »später« ist. Insofern markiert die Neun-Monats-Revolution einen fundamentalen Schritt heraus aus der unbewußten Existenz in einer permanenten und asozialen Gegenwart hinein in einen sozialen Raum, der von Zeitlichkeit, Interaktion und Intentionalität bestimmt ist.

Die Existenz in einer permanenten Gegenwart führt nicht dazu, daß das Selbst des Babys durch seine soziale und physische Umwelt nicht differenziert würde. Die neuere Säuglingsforschung liefert starke Evidenz dafür, daß das Baby seinen Körper anders wahrnimmt als andere Objekte oder Personen – was die Basis für ein frühes Kernselbst abgibt, das wiederum eine Voraussetzung für die Neun-Monats-Revolution bildet. Denn ohne ein – wenngleich noch unfertiges – Selbstkonzept könnten die dargestellten triadischen Aufmerksamkeitssequenzen nicht entstehen. Übereinstimmend wird inzwischen davon ausgegangen, daß Säuglinge ein ökologisches (Neisser, 1991), physisches (Nelson, 2002), körperliches (Rochat, 2001) oder Kernselbst (Stern, 1985) besitzen, welches im wesentlichen darauf basiert, daß das Kind propriozeptive Erfahrungen machen kann – wenn es etwa eine Bewegung der Hand zugleich sehen und spüren oder einen Laut zugleich hervorbringen und hören kann. Hinsichtlich des Feedbacks unterscheiden sich propriozeptive Erfahrungen deutlich von Erfahrungen mit Objekten oder anderen Personen. Daneben ist durch eine Fülle von Studien (Rovee-Collier et al., 2000) belegt, daß Säuglinge offensichtlich ein Gefühl dafür entwickeln, Wirkungen verursachen zu können (vgl. Abb. 5.1, S. 139).

Erleben sie sich auf diese Weise in irgendeiner Form als »Agenten« in einer physischen Umwelt, erwerben sie durch Kommunikationen mit Bezugspersonen, wie zahlreiche Untersuchungen zu Protokonversationen zeigen, auch ein Gefühl, »soziale Agenten« zu sein (Rochat, 2001; Rochat et al., 1999). Dies wird auch daran deutlich, daß sie heftige Irritationen empfinden, wenn Kommunikationen nicht in der erwarteten Weise ablaufen – wie man etwa sehen kann, wenn die Mutter plötzlich die Kommunikation abbricht und ein starres, ausdrucksloses Gesicht macht (Still-Face-Test, vgl. Trevarthen, 2002). Auch ein technisch komplexes Experiment (Abb. 6.2), in dem Mutter und Kind in Echtzeit über Video-Monitore kommunizierten, führte zu starken Verunsicherungen des Kindes, wenn die Kommunikationen der Mutter leicht zeitversetzt übermittelt wurden und nicht mehr zu den Aktionen und Initiativen des Kindes paßten – das unangenehme Registrieren einer De-Synchronisation sagt zweifellos etwas darüber aus, daß Babys spezifische Erwartungen darüber haben, was in einer Kommunikation als Nächstes kommt.

Interpersonales und physisches Selbst bilden keine Formen einer bewußten oder reflexiven Selbstwahrnehmung aus, aber schon in der frühen Entwicklung – Rochat spricht aufgrund von Studien zur propriozeptiven Wahrnehmung von einem Alter von drei Monaten – entsteht eine »Protorepräsentation« des Selbst, das Produkt interpersonaler und physischer Erfahrung ist (Rochat, 2001, S. 199). Die nächsten Schritte der Selbstkonzept-Bildung erfolgen sichtbar in der zweiten Hälfte des zweiten Lebensjahres, wenn Kinder sich selbst im Spiegel erkennen bzw. nach dem Erreichen des dritten Lebensjahres, wenn sie sich auch auf Fotos wiedererkennen können.

Spätestens hier – und nicht zufällig werden in diesem Alter auch Personalpronomen schon recht sicher verwendet – hat sich eine Repräsentation des Selbst herausgebildet. Und in denselben Zeitraum fällt die Entwicklung von Empathie, findet der »Vokabelspurt« statt und die Kinder beginnen Spiele zu spielen, in denen sie so tun, »als ob« sie etwas anderes täten oder jemand anderes wären – ein sicheres Indiz für das Vorliegen eines kognitiven Selbstkonzepts (Howe et al., 2003, S. 474 ff.). Howe et al. sind der Auffassung, daß das kognitive Selbst die entscheidende Bedingung für die Entstehung des autobiographischen Gedächtnisses ist, da ab diesem Stadium für das Kind die Möglichkeit gegeben ist, seine Erfahrungen und Erlebnisse um einen einzigen Bezugspunkt zu zentrieren, nämlich um sein eigenes Selbst. Jede neue Erfahrung kann nun in der »Wissensstruktur« des Selbst organisiert werden (Howe et al., 2003, S. 480). In diesem Alter haben Kinder, wie alle Eltern wissen, auch durchaus sehr lebendige episodische Erinnerungen, aber ihnen fehlt noch die Fähigkeit, diese temporal sicher zuzuordnen. Dinge geschehen und Ereignisse finden statt, aber solange diese noch nicht den zeitlichen Bezugsrahmen eines kontinuierlichen Selbst haben, spielt es keine Rolle, ob sie gestern, vor einem Monat oder irgendwann geschehen sind. Damit hängt auch zusammen, daß Kinder keine sichere Zuordnung der Quellen einer Erinnerung vornehmen können – auch hier wird das Fehlen eines in der Zeit situierten Selbst deutlich.

Howe et al. (2003) betonen, daß mit dem kognitiven Selbstkonzept – und nicht erst mit dem elaborierten Spracherwerb – die Voraussetzung für das autobiographische Gedächtnis gegeben sei. Ihrer Auffassung nach bildet die organisierende Struktur des kognitiven Selbst gleichsam die Vorläuferform des autobiographischen Gedächtnisses, die dann durch die Symbolsprache gewissermaßen ihre begriffliche Fassung findet – aber dabei wird aus unserer Sicht übersehen, daß die Sprache als repräsentationales Medium nicht einfach eine Übersetzung innerer Erfahrungen nach außen ermöglicht, sondern ihrerseits eine neue Struktur für das Selbst etabliert, in dem das Kind sich selbst als Vorgestelltes gegenübertreten kann, sich in anderen Zeiten und Situationen imaginieren und jene »mentalen Zeitreisen« antreten kann, die Tulving für das entscheidende Merkmal des autobiographischen Gedächtnisses hält. Wir finden also im kognitiven Selbst eine notwendige Vorbedingung für das autobiographische Gedächtnis, das aber erst mit dem Beherrschen einer Symbolsprache organisiert werden kann. Darüber mehr im folgenden Kapitel.

7 Der zweite Quantensprung der Gedächtnisentwicklung: Sprache

> »'In the beginning was the word' is true of the development of human culture, for the evolution of human concepts opened the door to all further organizations and achievements of man's thought.«
>
> JULIAN HUXLEY (1953, S. 35)

Die Entstehung von Symbolsprachen gehört zu den faszinierendsten Rätseln der Phylogenese. Wie in der Ontogenese die Entwicklung des Sprachvermögens die Entfaltung des autobiographischen Gedächtnisses ermöglicht und damit alle weiteren Kompetenzfortschritte auf eine ganz neue, nämlich selbstreflexive Stufe hebt, so hat auf der phylogenetischen Ebene die Entstehung symbolischer Kommunikationsformen als Entwicklungsbeschleuniger par excellence gewirkt. Erst die Verfügung über kommunizierbare Symbole erlaubt die Abstraktion von der konkreten Handlungssituation und ermöglicht die Weitergabe von Informationen, Kenntnissen und Wissen über Raum und Zeit hinweg. Es ist im Rahmen dieses Buches weder möglich noch notwendig, darüber zu spekulieren, wie wohl menschheitsgeschichtlich die Sprache entstanden sein mag, aber wir möchten zumindest sagen, daß wir annehmen, daß sie aus der sukzessiven Erweiterung kommunikativer Techniken und Kompetenzen entstanden ist, und daß sich wahrscheinlich wenigstens theoretisch ein Weg von der nichtsymbolischen Laut- und Gebärdenkommunikation zur symbolischen Kommunikation über sprachliche Zeichen und Worte rekonstruieren ließe. Zumindest ist das wahrscheinlich, weil der ontogenetische Weg zur Sprache über präsymbolische Formen der Kommunikation verläuft. Kommunikation, das heißt sozialer Austausch über Befindlichkeiten und Bedürfnisse, geht der Sprache voraus, und wir halten es für wenig überzeugend, das Phänomen des menschlichen Sprachvermögens mit einer einfachen Ursprungsannahme, der Existenz eines Sprachgens etwa, zu »erklären« (vgl. Chomsky, 1998; Pinker, 2000).

Wir gehen – mit vielen anderen Autorinnen und Autoren (z. B. Nelson, 1996; Donald, 2001) – davon aus, daß die frühen kommunikativen Erfahrungen, also das praktische Einüben von Frage- und Antwortsequenzen (vgl. Welzer, 2002, S. 83 ff.), von Scripts (also routinehaft wiederkehrenden Handlungsabläufen), von Benennungen und von Äußerungen, die Handlungen begleiten, protosprachliche Grundkompetenzen ermöglichen, an die dann später der eigentliche Spracherwerb anknüpfen kann. Die soziale Praxis stellt also selbst eine Struktur bereit, in der das Erlernen einer Symbolsprache organisiert werden kann. Diese hochkomplexe und wiederum spezifisch humane Kompetenz wird in der frühkindlichen Entwicklung »gebahnt«, indem nichtrepräsentationale und nichtsymbolische Kommunikationsformen eingeübt und systematisch verfeinert und erweitert werden.

Weil das autobiographische Gedächtnis, das, wie gesagt, einen Zeit-, Raum- und Ich-Bezug aufweisen muß, ohne die Verfügung über ein repräsentationales Medium nicht entstehen kann, erfolgt hier zunächst ein grober Überblick über die Ontogenese des Spracherwerbs. Denn die Fähigkeit zu mentalen Zeitreisen, zum Planen künftiger Handlungen, zum Durchspielen von Handlungsalternativen setzt eine Repräsentation eben dieser Handlungen und der mit ihnen verbundenen Objekte, Gegebenheiten, Zeiträume etc. voraus. Insofern ist die Entstehung des autobiographischen Gedächtnisses eng mit dem Erwerb einer Symbolsprache verknüpft. Freilich liegen diesem Erwerb zunächst basalere Formen von Kommunikation und Interaktion zugrunde, die den eigentlichen Spracherwerb schon von der Geburt ab »bahnen«.

Protospracherwerb

Genauer müßte man sogar sagen, daß der Spracherwerb, so absonderlich sich das zunächst anhört, insofern schon im fötalen Stadium beginnt, als die akustischen Erfahrungen im Mutterleib »bereits die Entwicklung der Sprachzentren im Gehirn beeinflussen« (Eliot, 2001, S. 340). Indikatoren für eine pränatale Bahnung von aktiven und passiven lautsprachlichen Kompetenzen sind etwa die Fähigkeit schon von Neugeborenen, »Kontraste, die für die Unterscheidung von Phonemen relevant sind«, wahrzunehmen (Dittmann, 2002, S. 18; vgl. auch Howe, 2000, S. 5), oder die Fähigkeit zur »kategorialen Sprachwahrnehmung«, womit gemeint ist, daß Säuglinge zum Beispiel den Unterschied zwischen b und p wahrnehmen können. Bemerkenswerterweise verfügen sie sogar über eine universellere Fähigkeit zur kategorialen Sprachwahrnehmung und zur Unterscheidung von Phonemen als Erwachsene. So hat eine Studie (Werker & Tees, 1992) gezeigt, daß Kinder, die in einer englischsprachigen Umgebung aufwachsen, zunächst auch Phoneme unterscheiden können, die im Englischen gar nicht vorkommen (Howe, 2000, S. 5); diese Fähigkeit verliert sich aber ab etwa dem sechsten Lebensmonat. Dittmann folgert daraus, daß sich »die Wahrnehmungsfähigkeit im Laufe des ersten Lebensjahres der Struktur der Sprache an[paßt], die in der Umgebung des Säuglings gesprochen wird, wobei die Fähigkeit zu ›überflüssigen‹ kategorialen Unterscheidungen abgebaut wird. Der frühe Spracherwerb ist also nicht als Sensibilisierung des Säuglings für sprachspezifische Unterscheidungen der Muttersprache zu verstehen, sondern als Desensibilisierung von Unterscheidungsmöglichkeiten, die der Säugling zunächst hat« (Dittmann, 2002, S. 18 f.; vgl. auch Nelson, 1996, S. 106).

Dieser Befund verweist auf ein für die menschliche Ontogenese wahrscheinlich grundlegendes Entwicklungsprinzip: daß ein prinzipiell vorhandener, wenn auch ungestalteter Überschuß an Entwicklungspotentialen unter soziokulturellen Einflüssen spezialisiert wird, wobei Potentiale, die in der entsprechenden Entwicklungsumgebung nicht »gebraucht« werden, irreversibel aussortiert werden und verschwinden. Dieser Vorgang weist eine erstaunliche Parallele zur Ontogenese der Bildung synaptischer Verschaltungsstrukturen im Gehirn auf, denn auch hier wird ein beträchtlicher Überschuß an synaptischen Verschaltungsmöglichkeiten (Synaptogenese, vgl. Box 4.5) je nach den vom Kind gemachten Umwelterfahrungen spezialisiert und reduziert (»Pruning«, vgl. Box 4.5). Zugleich wird dabei sichtbar, in welchem Ausmaß die sozialen und kulturellen Bedingungen der jeweiligen Entwicklungsumwelt eines Kindes dafür verantwortlich sind, welche Verschaltungsmuster sich in der frühen Entwicklung etablieren.

Dieses Prinzip spielt bereits in transnatalen Lernprozessen eine zentrale Rolle: Die Wahrnehmung von Geräuschen und Lauten findet bereits vorgeburtlich statt, und schon Neugeborene können sich an vielfältige akustische Eindrücke »erinnern« (vgl. Kap. 5: Die pränatale Gedächtnisentwicklung – früheste Formen des Lernens, S. 131). So können sie anhand der prosodischen Elemente – Sprachmelodie, Intonation, Rhythmus – unterschiedliche Stimmen, Sprachen, ja, sogar unterschiedliche Reime und Geschichten auseinanderhalten.[1] Die vielfach beleg-

---

[1] In einer entsprechenden Studie wurden werdende Mütter aufgefordert, in den letzten sechs Schwangerschaftswochen zweimal täglich eine bestimmte Geschichte laut zu lesen. Kurz nach der Geburt wurden den Neugeborenen diese und eine andere Geschichte jeweils von ihrer Mutter und einer fremden Frau per Tonbandaufzeichnung präsentiert. Durch die Saugintensität an einem Schnuller, der mit dem Tonbandgerät verbunden war, konnten die Säuglinge »entscheiden«, welche Geschichte bzw. welche Stimme sie hören wollten. Die Babys bevorzugten eindeutig die ihnen schon bekannte Geschichte, unabhängig davon, ob ihre Mutter oder eine andere Frau sie las (DeCasper & Spence, 1986).

te Fähigkeit von Neugeborenen, die Stimme der Mutter von anderen Stimmen zu unterscheiden, dürfte auf dieses prosodische Erinnern zurückzuführen sein, wobei gewiß eine Rolle spielt, daß die Erfahrung der Prosodie der mütterlichen Stimme gewiß nicht allein eine akustische ist, die durch die Bauchdecke – also gleichsam von außen nach innen – wahrgenommen wird, sondern sich vor allem über Schwingungsmuster im Körper der Mutter vermittelt hat.

Dies sind alles Phänomene der passiven akustischen Wahrnehmung. Bekanntlich sind Babys aber auch zu einer Reihe aktiver, zum Teil recht kräftiger Lautäußerungen fähig. So unterscheidet Dittmann (2002, S. 20 ff.) die folgenden Stadien der »vorsprachlichen Lautentwicklung«:

- vom Augenblick der Geburt an unterschiedliche Typen von Schreien;
- ab der sechsten bis achten Woche kommen vokalartige »Gurrlaute« hinzu (*cooing*), die oft von Hand- und Fingerbewegungen, Lächeln, aufgeregtem Gesichtsausdruck etc. begleitet sind (vgl. Eliot, 2001, S. 432);
- ab dem vierten Lebensmonat (lt. Nelson, 1996, S. 107 ab dem 5./6. Monat) spricht man vom »Babbel«- bzw. »Lallstadium« (*babbling*), und etwas später, meist um den siebten Lebensmonat herum, beginnen die Kinder, Verbindungen mit den Vorläufern von Konsonanten und Vokalen zu bilden, *ba* oder *ga* zum Beispiel, woraus dann in der Wiederholung die allen Eltern bekannten *babababa* oder *gagagaga* werden – was eine »Vorstufe der späteren Konsonant-Vokal-Silbenstruktur« ist. Zugleich »erprobt das Kleinkind an diesen Lautketten prosodische Muster, d. h. die Variation der Stimmhöhe (Grundfrequenz), Lautstärke, Silbenrate und anderer zeitlicher Parameter« (Dittmann, 2002, S. 21), womit wahrscheinlich die »prosodischen Strukturen« der erst viel später beherrschten Symbolsprache vorgebahnt werden.

Interessant an diesen Erprobungen ist vor allem, daß die Babys sich in diesem Stadium keineswegs darüber bewußt sind, daß ihre sich entwickelnden lautlichen Fähigkeiten Kommunikationen sind und etwa einen Mitteilungscharakter haben, mit denen eine andere Person etwas anfangen kann. Sie haben für das Baby kommunikativ wahrscheinlich nur insoweit Wert, als es mit der Mutter auf der Ebene von Rhythmus, Tonhöhe und Prosodie interagieren kann – ansonsten sind diese frühen Kommunikationen eher einseitig, und zwar in dem Sinne, daß die Bezugspersonen sich von den Lautäußerungen des Babys so »angesprochen« fühlen, als seien diese tatsächlich an sie selbst gerichtet. Und so reagieren diese auch darauf – indem sie sie kommentieren, wiederholen etc.

Eine ganz ähnliche Form der einseitigen Kommunikation gibt es in der frühen Entwicklung auf der Ebene des emotionalen Ausdrucks – denn alle Emotionen haben ja einen Ausdruckscharakter, der vom Gegenüber des Babys entschlüsselt werden kann. Dieser primäre kommunikative Zusammenhang zwischen emotionalem Ausdruck und dadurch initiierter Reaktion der Bezugsperson kann evolutionär betrachtet nicht funktionslos oder so etwas wie eine akzidentielle Begleiterscheinung körperlicher Erregungszustände sein. Ganz im Gegenteil hat der emotionale Ausdruck vor allem bei Neugeborenen unmittelbaren Überlebenswert. Denn zweifellos ist es höchst funktional für ein autonom überlebensunfähiges Wesen, wenn es seine Befindlichkeit und seine Bedürfnisse kommunizieren und damit bei seinen Bezugspersonen ein adäquates Fürsorgeverhalten auslösen kann. Zugleich geht es bei Menschen nicht einfach um Signale zur Bedürfnisbefriedigung, sondern darum, daß die Person, die sich durch das verzweifelt scheinende Schreien eines Babys veranlaßt fühlt, irgend etwas zu tun, damit es diesem bessergeht, sich emotional angesprochen fühlt. Das heißt: Durch den emotionalen Ausdruck der Befindlichkeit des Babys geschieht auch etwas mit der fürsorgenden Person, indem in dieser eine Emotion ausgelöst wird. Emotionen spielen also nicht nur eine Rolle dabei, was sich *in* einem Menschen tut, sondern auch dabei, was sich *zwischen* Menschen tut (Trevarthen, 2002).

In diesem Sinn einer primären Wechselseitigkeit, die über Emotionen und ihren Ausdruck getriggert und kontrolliert wird, kann man auch Emotionen als frühe Kommunikatoren oder Medien von Kommunikation verstehen, die spätere Kommunikations- und Interaktionsprozesse gewissermaßen »vorbahnen«. Die Pointe liegt hier übrigens darin, daß das Ganze funktioniert, obwohl das Baby mangels eines Selbstkonzepts und eines autonoetischen Bewußtseins nicht die geringste Ahnung darüber hat, daß es kommuniziert – es nimmt gewissermaßen einfach die kommunikationstheoretische Grundannahme von Paul Watzlawick in Anspruch, daß man nicht *nicht* kommunizieren kann, und setzt damit ein Verhalten der Bezugsperson in Gang, das auf es bezogen ist und von dem es profitiert.

Mit anderen Worten: Auch wenn die Kommunikation an dieser Stelle der frühen nachgeburtlichen Entwicklung höchst einseitig ist, ist sie doch gleichwohl Kommunikation und hat für beide Seiten Folgen. Zugleich erscheint sowohl in der frühen Lautbildung wie im emotionalen Ausdruck das Prinzip der ontogenetischen Vorbahnung späterer (kommunikativer) Fähigkeiten im sozialen Prozeß: Ohne daß das Baby schon ein Bewußtsein darüber hätte, daß es Teil eines sozialen Austauschprozesses ist, ist genau dieser Umstand die Bedingung dafür, Sequenzierungen, Muster und Rhythmen solcher Austauschprozesse einzuüben, die dann später, mit der Emergenz von Intersubjektivität, in echte, nämlich zweiseitige Interaktionen übergehen und noch später, mit dem Spracherwerb, zur Form der verbalen, symbolischen Interaktion finden. Die Fähigkeiten zum emotionalen und zum lautlichen Ausdruck zählen mithin zu den biologischen Bedingungen jenes sozialen Austausches, der die gesamte Ontogenese bestimmt und ihr die historisch und kulturell spezifische Gestalt gibt.

Protokonversationen

Erwachsene sprechen – zumindest in unserem Kulturkreis – mit Säuglingen und kleinen Kindern im ersten Lebensjahr in der »Ammensprache« (»motherese«, die erste Form der »an das Kind gerichteten Sprache« (KGS) oder «infant directed speech« (IDS)). Diese »zeichnet sich in der Regel durch hohe Tonlage, deutliches Sprechen, übertriebene Satzmelodie, Pausen zwischen den einzelnen Phrasen, Betonung besonders wichtiger Wörter, Wiederholungen und Vermeidung komplizierter Sätze aus« (Dittmann, 2002, S. 28). Damit wird offensichtlich in frühen Dialogsituationen (»Protokonversationen«) die Aufmerksamkeit des Kindes gesteuert, indem die Bezugsperson die Lautäußerungen des Kindes interpretiert bzw. sie aus dem Kontext rekonstruiert, sie auf eigene Weise wiederholt und ihnen damit soziale »Bedeutung« verleiht. Man kann also davon ausgehen, daß auf diese Weise ein »Grundstein für den Erwerb von Wortbedeutungen« gelegt wird, wie Dittmann formuliert (2002, S. 29; vgl. Grimm, 1998).

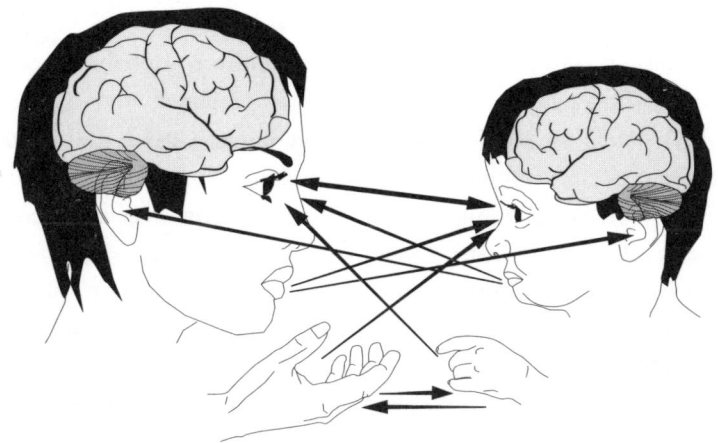

Abb. 7.1   Kanäle früher Kommunikationen (nach Trevarthen, 2002, S. 217).

192 Das autobiographische Gedächtnis: eine lebenslange Entwicklungsaufgabe

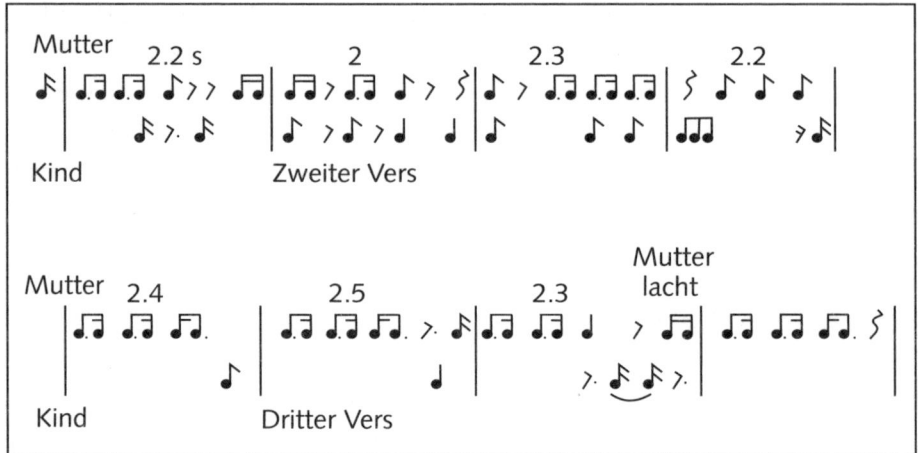

Abb. 7.2 Lautabstimmung beim Singen zwischen Mutter und Kind (nach Malloch, 1999).

Spätere kommunikative Fähigkeiten werden schon vorgebahnt, indem zum Beispiel frühe Interaktionen zwischen Mutter und Kind – etwa beim Reden oder beim Singen – durch eine präzise Rhythmisierung strukturiert sind, die beide Interakteure einhalten. Inzwischen liegen Studien über frühe Musikalität vor, die anhand von sonographischen Aufzeichnungen nachweisen, daß schon Säuglinge in den auf sie bezogenen »Gesang« ihrer Mutter einstimmen, indem sie den rhythmischen Leerstellen ihre auf die Tonhöhe und Prosodie der mütterlichen Vorgabe abgestimmten Laute einfügen (Abb. 7.2).

Protokonversationen sind jedoch keine kommunikativen Einbahnstraßen. Nicht nur die Mutter richtet sich an das Kind (und ihre Sprache an den kindlichen Bedürfnissen aus) – auch die Kinder initiieren über Blicke, Gesten und Laute solche Konversationen (vgl. Trevarthen, 2002). Mutter und Kind richten ihre Aufmerksamkeit aufeinander, der Säugling lächelt, gibt Laute von sich, strampelt. Dabei imitieren Säuglinge Gesichtsausdrücke und insbesondere die Bewegungen des Mundes ihres Gegenübers; diese Fähigkeit haben sie von Geburt an (vgl. Meltzoff & Moore, 1989). Säuglinge sind offenbar sehr sensibel für den emotionalen Ausdruck der Stimme und für Veränderungen im Gesichtsausdruck der Mutter (vgl. Trevarthen, 2002, S. 214). Zudem sind Rollenwechsel, gegenseitiges Necken etc. Teil dieser Protokonversationen, womit konversationelle Muster vorgebahnt werden, die später in der verbalen Kommunikation zum Tragen kommen. Man sollte sich aber davor hüten, zuviel an kognitivem Vermögen in diese Protokonversationen hineinzudeuten, und man sollte auch nicht davon ausgehen, daß die Kinder in diesem frühen Stadium etwa schon in der Lage wären, bewußt auf die Reaktionen oder emotionalen Zeichen ihres Gegenübers einzugehen: »Diese frühen Konversationen sind zwar wichtige Vorstufen der Spracherlernung«, schreibt Lise Eliot (2001, S. 432), «doch im wesentlichen sind sie emotionaler Austausch, denn dieses Verhalten entsteht in den Gefühlszentren des Gehirns«. Von daher ist es auch verfehlt, Protokonversationen als Arenen einer »primären Intersubjektivität« zu beschreiben, wie Colwyn Trevarthen vorschlägt: Intersubjektivität beinhaltet eine zumindest rudimentäre Fähigkeit, die Welt mit den Augen des Gegenübers zu sehen, und die ist in diesem frühen Stadium gewiß noch nicht gegeben. Sie entwickelt sich, wie beschrieben, ab einem Lebensalter von etwa neun Monaten. Bis dahin sollte man besser von primärer Kommunikativität sprechen, denn daran, daß Babys vom ersten Augenblick ihres Lebens an kommunizieren können, besteht keinerlei Zweifel.

Spracherwerb

Das Alter von neun Monaten markiert auch das Ende der Babbelphase: Die Lautketten werden vielfältiger, und man kann davon ausgehen, daß ab diesem Zeitpunkt schon bestimmte Intonationsmuster der Muttersprache wiederholt und eingeübt werden (Dittmann, 2002, S. 22). Ungefähr zum selben Zeitpunkt beginnen Kinder auch, auf bestimmte Worte wie z. B. Namen von Familienmitgliedern zu reagieren (Nelson, 1996, S. 112).

Etwa mit einem Jahr (es kann jedoch auch schon zwei Monate früher und bis zu neun Monate später sein) sprechen Kinder die ersten Worte (Protoworte: *papa*, *mama*, *tata*...), meist im Zusammenhang wiederkehrender Alltagshandlungen (sogenannte Routinen, vgl. Nelson, 1996, S. 113). Gleichzeitig erwerben sie eine Art Regelwissen, das ihnen ermöglicht, Worte von anderen Lautformen zu unterscheiden (vgl. Dittmann, 2002, S. 27 f.). Mit Katherine Nelson läßt sich formulieren, daß die ersten Worte, die Kinder sprechen, zu den Aktivitäten passen, in die die Kinder involviert sind und die von ihren Eltern strukturiert werden; wenn es also um Gegenstände geht, die die Eltern den Kindern geben oder wegnehmen, werden diese meist benannt, ebenso wie die dazugehörenden Verben (»gib«, »nimm«; Nelson, 1996, S. 115).

Mit 15 Monaten haben die Kinder im Durchschnitt einen Wortschatz von 10

Worten, wobei auch hier die individuellen Unterschiede gewaltig sein können (Nelson, 1996, S. 112). In diesem zweiten Lebensjahr kann man beobachten, daß Erwachsene eine »stützende Sprache« (Grimm, 1998; vgl. Dittmann, 2002, S. 30 ff.) benutzen, die ihrer Funktion nach der Ammensprache vergleichbar ist – Dialogstrukturen werden vorgegeben, die Aufmerksamkeit des Kindes wird auf bestimmte Situationsmerkmale oder Realitätsausschnitte gelenkt, die Äußerungen des Kindes werden wiederholt, korrigiert und kommentiert, es dominieren Imperative und Fragen. Interessant ist dabei, daß manche Kinder oft schon sehr früh, nur wenige Monate nach den ersten Worten, in kleinen »Sätzen« sprechen, also komplexere Sprachgebilde hervorbringen können. Solche »Sätze« scheinen zum Teil verständlich, meist aber sind sie sinnlos und man kann nur aufgrund der Intonation vermuten, daß Satzstrukturen imitiert werden.

Im Anschluß an Nelson (1973) spricht Dittmann (2002, S. 33 ff.) in diesem Zusammenhang von zwei unterschiedlichen Strategien oder Stilen im kindlichen Spracherwerb. Zum einen bezeichnet das Kind über einzelne Worte (im weitesten Sinne) Dinge seiner Umwelt (»referentieller Stil«), zum anderen übt es sich in sozialer Kommunikation (»expressiver Stil«), denn auch wenn die vom Kind geäußerten Sätze oft nicht verständlich sind, so können Kinder damit »ihre Rolle im Dialog behaupten und die Anforderungen des Sprecherwechsels erfüllen, obwohl ihnen die notwendigen Wörter noch fehlen« (Dittmann, 2002, S. 34; vgl. auch Elsen, 1996). Funktional deutet sich hier wieder an, daß der Spracherwerb kein Selbstzweck ist, sondern vor allem der sozialen Synchronisierung dient, die in diesem Alter gleichsam schon mal simuliert wird.

Für gewöhnlich benutzen Kinder beide Strategien oder Stile zugleich, was hinsichtlich der sukzessiven Herausbildung ihrer verbalen kommunikativen Fähigkeiten auch Sinn macht: »Während der expressive Stil eher soziale, kommunikative Funktion hat, erfüllt der referentielle Stil eher die Bezeichnungsfunktion« (Dittmann, 2002, S. 35). Auch Nelson (1996, S. 113) geht auf diesen Zusammenhang ein und weist auf die großen interindividuellen Differenzen in den Spracherwerbsphasen und Sprachstilen hin. Diese Unterschiede sind ihrer Ansicht nach wiederum auf soziale und kulturelle Differenzen in den Kommunikationsweisen mit den Kindern bzw. innerhalb der Mutter-Kind-Dyaden zurückzuführen. Damit sind für Nelson zwei Annahmen der älteren Sprachentwicklungsforschung hinfällig: zum einen, daß Kinder im Spracherwerb immer zunächst Wörter für Gegenstände lernen, zum anderen die Annahme, daß der Spracherwerb bei allen Kindern die gleichen Phasen durchläuft. Da Sprache ihrer Auffassung nach in einem kommunikativen System (»adult-child communicative system«; Nelson,

1996, S. 113) angeeignet wird, sind interkulturelle und interindividuelle Unterschiede in diesem Aneignungsprozeß unausweichlich.

Mit dem Spracherwerb eng verbunden ist die Fähigkeit, die Umwelt zu kategorisieren (Nelson, 1996, S. 107). Neuere Forschungen gehen davon aus, daß Kinder in der zweiten Hälfte des ersten Lebensjahres beginnen, Objekte zu kategorisieren (vgl. Nelson, 1996, S. 108; Dittmann, 2002, S. 36). Bevor sie also Worte wie »Hund« oder »Auto« lernen, haben sie bereits Kategorien dieser Objekte entwickelt (obwohl sie Kategorien häufig »überdehnen« und zum Beispiel *wawa* für alle kleinen Tiere benutzen; vgl. Nelson, 1996, S. 108; Dittmann, 2002, S. 38).

Im Unterschied zu der von Piaget ausgehenden Forschungstradition betont Nelson (1996, S. 109), daß die Fähigkeit zur sprachlichen Symbolbildung aus kollektiver symbolischer Praxis entsteht und nicht aus individueller kognitiver Aneignung. Natürlich, schreibt sie, »muß es auf der individuellen Ebene eine Bahnung geben, die Interpersonalität möglich macht, aber auch diese Bahnung muß als Teil eines zugleich sozial-kommunikativen wie kognitiven Systems« betrachtet werden. Kinder, so ihre Argumentation, formen Kategorien aufgrund ihrer unmittelbaren Erfahrung mit Objekten *und* durch die Interaktion mit Erwachsenen. Dieser Hinweis ist wichtig, weil man hier, wie an vielen anderen Stellen der Ontogenese, sehen kann, daß verschiedene Module des Erfahrungslernens des Kindes und der sozialen Formgebung durch die Bezugspersonen zusammenwirken müssen, damit der Entwicklungsprozeß normal verläuft. Fallen Komponenten dieses modularen Systems aus, sind Entwicklungsstörungen die Folge.

Wenn der Wortschatz der Kinder ungefähr 50 Wörter erreicht hat – und das ist meist um den 18. Lebensmonat der Fall –, kommt es zum einen zum sogenannten Vokabelspurt (vgl. Nelson, 1996, S. 122; Dittmann, 2002, S. 40), d. h. der Wortschatz der Kinder wächst in den folgenden Monaten rapide an. Zum anderen beginnen Kinder mit Zwei-Wort-Äußerungen. Mit ungefähr zwei Jahren setzen dann Drei- und Mehr-Wort-Äußerungen ein und die Kinder beginnen, Präpositionen, Pronomen, Zeitformen und Hilfsverben zu benutzen (vgl. Nelson, 1996, S. 113). Wie Dittmann (2002, S. 42) ausführt, findet man bei Kindern im Alter von 18 Monaten bereits Wörter, »die Handlungen (*eat/essen*) oder Eigenschaften (*nice/schön*) bezeichnen«; es finden sich auch Eigennamen, »Wörter für Ereignisse (*Party*), für Substanzen (*water/Wasser*) oder zeitliche Einheiten (*day/Tag*).«

Zwar lassen sich die Mehr-Wort-Äußerungen von Kindern noch nicht als Sätze im Sinne der Sprache von Erwachsenen bezeichnen; die Wortstellungen jedoch lassen vermuten, daß Kinder zu diesem Zeitpunkt schon Strukturen der Erwachsenensprache realisieren (»Protosprache«; Bickerton, 1995; vgl. Dittmann, 2002,

S. 53 ff.). Zudem »verfügen sie über ein beträchtliches grammatisches Wissen, das sich in ihren Sprachverstehensleistungen äußert« (Dittmann, 2002, S. 57).

Im Alter zwischen zwei und drei Jahren beginnt sich also für Kinder mehr und mehr die Welt des Symbolischen zu öffnen – und damit die Entwicklung eines autobiographischen Gedächtnisses abzuzeichnen, mit dessen Hilfe sie sich – zunächst immer mit elterlicher Unterstützung – Ereignisse aus einer selbsterlebten Vergangenheit erneut vergegenwärtigen können. Passive und aktive Sprachkompetenzen, das Aufdämmern eines von anderen verschiedenen und seines Selbst bewußten Ich und die immer geschmeidiger funktionierende Einbindung des Kindes in den soziokommunikativen Zusammenhang der anderen, mit denen es aufwächst, bilden unterschiedliche Aspekte ein und desselben Entwicklungsprozesses, der aufs engste mit spezifischen Fortschritten der Hirnreifung verknüpft ist.

Für die Produktion und Verarbeitung von Sprache sind vor allem die in Kapitel 5 beschriebenen beiden Hauptregionen zuständig – das Broca-Areal, das der Sprach*produktion* dient und das »Wernicke-Areal«, das zentral mit dem Sprach*verständnis* zu tun hat. Erstaunlicherweise wird Sprache bei kleinen Kindern aber nicht in den gleichen Hirnarealen bearbeitet wird wie bei Erwachsenen. Das Verfahren, mit dem vorsprachlich Kommunikationen verarbeitet werden, ist also keine unreife Form des späteren Systems zur Verarbeitung von Symbolsprachen, sondern von diesem grundsätzlich verschieden und muß erst einige Entwicklungsschritte durchlaufen, um sich diesem anzunähern. Wie die in Kapitel 4 beschriebenen Studien belegen (Hemisphärektomien, »Kaspar-Hauser-Experimente«) gibt es auch für die Sprachentwicklung ein Zeitfenster – wird die Erstsprache innerhalb einer kritischen Periode nicht gelernt, kann sich die für die Sprachentwicklung erforderliche neuronale Verschaltungsstruktur nicht mehr normal entwickeln und es kommt zu bleibenden Beeinträchtigungen. An dem von Eliot (2001, S. 516 ff.) beschriebenen Fall von schwerem Kindesmißbrauch, bei dem ein kleines Mädchen jahrelang eingesperrt wurde und keinerlei verbale Kommunikation erlebte, wird ebenso wie an anderen traurigen Beispielen – den »Wolfskindern« oder etwa Kaspar Hauser – der zutiefst soziale Charakter des Spracherwerbs deutlich: Ohne ein funktionierendes kommunikatives System zwischen Erwachsenen und dem sich entwickelnden Kind findet auch kein Spracherwerb statt; technisch gesprochen: Es etabliert sich keine entsprechende synaptische Verschaltungsstruktur.

Kommen wir jetzt zurück zum Spracherwerb im soziokommunikativen Zusammenhang und zum autobiographischen Gedächtnis, das mit dem Spracherwerb im eigentlichen Sinn erst zu entstehen beginnt. Bis zu einem Alter von etwa zwei

Jahren fungiert Sprache als emotiv-kommunikatives Medium, das man als eines der regulativen rhythmischen Elemente im sozialen Universum des Kindes verstehen kann und das bereits viele Elemente späterer symbolischer Kommunikation von turn-takings bis hin zur Prosodie beinhaltet. Dieses Medium erlaubt soziale Kommunikation, ohne daß bereits eine Fähigkeit zur Reflexivität gegeben wäre. Dann wird die Sprache zu einem symbolischen Medium, mit dessen Hilfe sich das Kind Dinge vergegenwärtigen und soziale Verständigungsleistungen erbringen kann, an die zuvor gar nicht zu denken war. Erst symbolsprachliche Kommunikation erlaubt sozialen Austausch zum Beispiel über Gefühle, Wahrnehmungen, Erfahrungen und Ansichten und ist als solche der wichtigste Faktor kultureller Vererbung im Sinne des eingangs erwähnten »Wagenhebereffekts« der kulturellen Evolution. Umgekehrt vermittelt symbolische Kommunikation jene Begriffe und Deutungsrahmen, in denen das Kind sich selbst zu verstehen und definieren lernt. Auch an dieser Stelle wird deutlich, wie elementar der Erwerb einer Symbolsprache für die Entwicklung eines autobiographischen Gedächtnisses ist.

Memory talk

Das emergierende Sprachvermögen allein ist aber nicht ausreichend für die Entwicklung des autobiographischen Gedächtnisses. Elementar ist zudem die Fähigkeit, distinkte Zonen von Vergangenheit, Gegenwart und Zukunft unterscheiden zu können, also ein Vorher von einem Jetzt und einem Nachher differenzieren zu können. Das autobiographische Gedächtnis setzt also einen Zeitbegriff voraus. Für die Entstehung eines solchen Zeitbegriffs ist wiederum erforderlich, daß Erinnerungen einen Ich-Bezug aufweisen, was etwa im Alter von zweieinhalb Jahren aufzutreten beginnt, einem Alter, in dem Kinder sich zum Beispiel im Spiegel erkennen und Personalpronomen zu verwenden beginnen. Ähnlich wie Howe und Courage (1993, 1997) nimmt auch Povinelli (1995; Povinelli et al., 1996) an, daß die Fähigkeit, sich selbst wiederzuerkennen, eine zentrale Rolle bei der Entwicklung des autobiographischen Gedächtnisses spielt. Im Unterschied zu Howe und Courage jedoch vertritt er die These, daß autobiographische Erinnerungen erst dann entstehen, wenn Kinder ein Gefühl für sich selbst in der Zeit entwickeln können.

Wie stellt man eigentlich fest, daß ein Kind sich selbst erkennen kann? Üblicherweise wird Kindern im Spiel heimlich ein farbiger Sticker auf der Stirn befestigt. Diese Szene wird entweder fotografiert oder auf Video aufgezeichnet. Nach kurzer Zeit (im Durchschnitt drei Minuten später) wird den Kindern dieses Foto oder Video gezeigt. Wenn sie sich dabei an die Stirn fassen, nimmt man an, daß sie den Zusammenhang zwischen sich selbst in der Vergangenheit und sich selbst in der Gegenwart erkennen (*delayed self-recognition*).

In der Studie von Povinelli et al. (1996) hat sich gezeigt, daß kein zweijähriges Kind nach dem Sticker auf seiner Stirn greift, jedoch 25 % der drei Jahre alten und 75 % der vier Jahre alten Kinder (beim Betrachten des Videos; ähnliche Ergebnisse wurden beim Betrachten der Fotos erzielt). Interessant ist, daß es offenbar einen Zusammenhang zwischen dem Abschneiden der Kinder bei *delayed self-recognition*-Tests und der Anzahl ihrer Erinnerungen an vergangene Ereignisse gibt (Welch-Ross, 2001). Dreijährige Kinder, die beim Betrachten der Fotos bzw. Videos nach dem Sticker auf ihrer Stirn greifen, erinnern im Verhältnis mehr Episoden als Kinder, die das nicht tun. Dieses Phänomen läßt sich jedoch nur bei Kindern von Müttern beobachten, die in der Mutter-Kind-Dyade einen spezifischen Kommunikationsstil pflegen (»highly elaborative mothers«), was wiederum die These (vgl. Reese, 2002) des engen Zusammenhangs von kognitiven Fähigkeiten und Interaktionserfahrungen und -kompetenzen stützt.

Welch-Ross (2001) interpretiert die Ergebnisse ihrer Studie auch vor einem anderen Hintergrund als Povinelli. Für sie spiegelt das vergleichsweise »schlechte« Abschneiden von dreijährigen Kindern beim *delayed self-recognition*-Test weniger den Umstand, daß sich ein Gefühl für den Zusammenhang zwischen sich selbst in der Gegenwart und sich selbst in der Vergangenheit (»*sense of an extended self-in-time*«) in diesem Alter erst auszubilden beginnt, als die allgemeine Schwierigkeit von kleinen Kindern, überhaupt kausale Zusammenhänge zu erkennen.

Wie auch immer: Das autobiographische Gedächtnis setzt jedenfalls ein Selbstkonzept voraus, das in Raum und Zeit situiert ist und emotionale Markierungen von bestimmten Erlebnissen vornehmen kann. Kurz: Das autobiographische Gedächtnis ist dann erwacht, wenn ein dreijähriges Kind davon berichten kann, daß es gestern im Kindergarten vom Stuhl geknallt ist und sich dabei wehgetan hat. In diesem Alter beginnt es in der Tat erste Tempusformen zu beherrschen und ein Verständnis für Zeit im Sinn zeitlicher Ordnungen (Temporalität) zu entwickeln. Wenig später bilden Kinder auch Kausalsätze (etwas ist passiert, *weil* ...), denen logisch Temporalität zugrunde liegen muß.

Aus Nelsons (1996, S. 114 ff.) Perspektive betrachtet, läßt sich der Spracherwerb in dieser Phase als die Etablierung eines Systems von geteilten Bedeutungen (shared meanings) innerhalb einer Sprachgemeinschaft verstehen. Daß dies gelingt, wo doch das Kind Bedeutungen gewissermaßen von Grund auf lernen muß, hat für sie mit dem schon früher, zwischen dem 6. und 18. Lebensmonat, etablierten »experiential-social-communicative system« zwischen den Eltern und dem Kind zu tun: »Die soziale Welt erzeugt Handlungskontexte und Sprechen, das zu diesen Handlungskontexten gehört. Das einzelne Kind repräsentiert das alles in Form von Ereignisrepräsentationen. Eltern fokussieren die Aufmerksamkeit des Kindes auf einzelne Aspekte dieser Handlungskontexte mit Hilfe verbaler und nonverbaler Hinweise. Auf diese Weise leiten Eltern Kinder dazu an, bestimmten Aspekten der Welt einen besonderen Status in Form von Konzepten oder Kategorien von Objekten, Personen, Szenen, Handlungen und Ereignissen zuzuweisen« (1996, S. 114, unsere Übersetzung).

Wenn man will, geht es Nelson um eine Art systemischer Intersubjektivität, die in der sozialen Praxis des alltäglichen Sprechens aufgehoben ist. Dittmann (2002, S. 43 f.) führt neben Intersubjektivität auch Intentionalität als einen für das Lernen von Worten und zumal von komplexen Bedeutungen ausschlaggebenden Faktor an: »Das Kind muß erkennen, daß Bezugspersonen Wörter intentional, also mit einer Bezeichnungsabsicht, verwenden [...] Ein 18 Monate altes Kind übernimmt ein Wort für einen neuen Gegenstand nur dann, wenn jemand das Wort äußert, deren/dessen Aufmerksamkeit ebenfalls auf den Gegenstand gerichtet ist. Schaut die Bezugsperson in eine andere Richtung oder kommt die Stimme vom Band, stellt das Kind die Beziehung zwischen Wort und Gegenstand nicht her« (Dittmann, 2002, S. 43).

In der Zeit des frühen Spracherwerbs – um den 18. Lebensmonat – beginnen Kinder auch, so Reese (2002, S. 124 f.), über die Vergangenheit zu sprechen. Diese frühen mündlichen Berichte über vergangene Ereignisse bestehen meist aus Zwei-Wort-Sätzen (*two-word associations*). Auch Nelson und Fivush (2004) schreiben, daß Kinder ungefähr mit achtzehn Monaten beginnen, auf vergangene Ereignisse sprachlich Bezug zu nehmen – meist auf gerade abgeschlossene Handlungen (»did it«) oder Routinehandlungen (wie auf das Frühstück am Morgen). Auch hier werden im »Memory talk« die entsprechenden Äußerungen in der Regel durch die Eltern wiederholt, korrigiert und kommentiert. Zwischen dem 20. und 24. Lebensmonat beginnen Kinder mit Mehr-Wort-Äußerungen auf zum Teil auch länger zurückliegende Ereignisse zu referieren (Nelson & Fivush, 2004; mit Bezug auf Eisenberg, 1985; Sachs, 1983); allerdings bleiben diese Bezugnahmen selten und fragmentarisch.

Zwischen zwei und zweieinhalb Jahren verbessern sich die Fähigkeiten der Kinder, über vergangene Ereignisse zu berichten, d.h. die Berichte werden detaillierter, obwohl sie immer noch meist durch elterliche Fragen hervorgerufen werden.

Mit drei Jahren schließlich (Nelson & Fivush, 2004; Reese, 2002, S. 125, geht von dreieinhalb Jahren aus) sind Kinder mit leichter Unterstützung von Erwachsenen fähig, mehr oder weniger kohärente Geschichten über vergangene Ereignisse zu erzählen. Diese beginnenden narrativen Fähigkeiten von Kindern werden sich in den folgenden Jahren signifikant verbessern.

Die Rolle, die Gespräche über Vergangenes zwischen Eltern und ihren kleinen Kindern bei der Entstehung und Entwicklung des autobiographischen Gedächtnisses spielen, ist seit zwei Jahrzehnten Gegenstand entwicklungspsychologischer Studien (Edwards & Middleton, 1988; Fivush & Fromhoff, 1988; Fivush, 1991, 1994; Hudson, 1990; Nelson, 1993). Dabei ist der Inhalt solcher Gespräche, vor allem aber die Art und Weise untersucht worden, in der Eltern und Kinder über Vergangenes sprechen.

Fivush und Fromhoff (1988) etwa unterscheiden zwischen »elaborativen« und »repetitiven« Müttern. Erstere sind eher narrativ orientiert. Sie erzählen Geschichten, die das Kind dazu einladen, eigene Erinnerungen beizusteuern, ordnen das Erzählte in einen Zusammenhang ein und sprechen auch über die Gefühle des Kindes. Die sogenannten »repetitiven« Mütter hingegen stellen weniger Kontextinformationen zur Verfügung, sie fordern ihre Kinder zumeist in Form von wiederholten Fragen auf, über bestimmte Aspekte eines Ereignisses zu sprechen, ohne jedoch das Ereignis erzählerisch auszuführen. Ihnen geht es eher um das Wer und Was als um das Wie und Warum. Eine auf diese Studie aufbauende Langzeituntersuchung (Reese, Haden & Fivush, 1993) hat gezeigt, daß ein signifikanter Zusammenhang zwischen der Struktur der Mutter-Kind-Dialoge und den späteren Erinnerungen der Kinder besteht. Kinder von »elaborativen« Müttern erinnern sich nicht nur detaillierter an Ereignisse. Ihre Berichte enthalten auch mehr Kontextinformationen und sind komplexer in ihrer narrativen Struktur (vgl. auch Peterson, Jesso & McCabe, 1999).

Zudem haben Tessler & Nelson (1994) gezeigt, daß die Art der Erinnerung nicht unwesentlich auch von der Art der Gespräche abhängt, die schon während eines Ereignisses stattfinden. In ihrer Studie haben sie die Gespräche von Müttern und ihren drei bis dreieinhalb Jahre alten Kindern während eines Museumsbesuchs aufgezeichnet. Ein Teil der Mütter wurde gebeten, zwar auf die Fragen ihrer Kinder zu antworten, aber nicht selbst Gespräche zu initiieren. Den anderen Frauen wurde freigestellt, wie und worüber sie mit ihren Kindern sprechen wollten. Eine Woche später wurden die Kinder in Abwesenheit ihrer Mütter zu ihren Erinnerungen befragt. Zum einen ergab die Studie, daß die Art und Weise, in der die Kinder den Museumsbesuch erinnerten, mit dem Gesprächsstil ihrer Mütter korrespondierte, und zwar unabhängig davon, ob diese während des Rundgangs nur auf die Fragen der Kinder geantwortet oder von sich aus Gespräche initiiert hatten. Zum anderen zeigte der Vergleich der Gespräche, daß sich die Kinder ausschließlich an Objekte erinnerten, die während des Rundgangs Gegenstand eines Gesprächs waren.

Eine neuere Langzeitstudie (Haden et al., 2001) bestätigt diese Ergebnisse. Hier wurden die Gespräche und Aktivitäten von Kindern und ihren Müttern in bestimmten arrangierten Spielsituationen auf Video aufgezeichnet und mit den späteren Erinnerungen der Kinder daran verglichen (die Kinder waren zum Zeitpunkt der ersten Spielsituation (Kind und Mutter gehen zelten) 30 Monate alt, zum Zeitpunkt der zweiten (Kind und Mutter gehen Vögel beobachten) 36 Monate und zum Zeitpunkt der dritten (eine Eisdiele wird eröffnet) 42 Monate alt); die standardisierten Interviews mit den Kindern fanden jeweils 24 Stunden und eine Woche später statt. Der Vergleich der Videoaufzeichnungen und der Aussagen der Kinder in den Interviews ergab – und zwar zu allen drei Zeitpunkten –, daß Objekte und Situationsmerkmale, die Gegenstand eines Gesprächs waren, von den Kindern besser erinnert wurden als Objekte, über die nicht oder allein von der Mutter gesprochen wurde. Das verweist einmal mehr auf die prinzipielle Bedeutung von Kommunikation für Erinnerung, aber speziell auch auf die des kommunikativen Stils, in dem über das Vergangene geredet wird.

Wie Reese (2002, S. 133 f.) zusammenfassend festhält, kann man mittlerweile aufgrund vielfältigster Studien davon ausgehen, daß der mütterliche Gesprächsstil ein stabiler Indikator für die Art und Weise ist, in der Kinder sich zukünftig an Ereignisse erinnern. Der Gesprächsstil des Vaters scheint offenbar eine untergeordnete Rolle zu spielen, was einen Hinweis darauf gibt, wie eng die Erschließung der materiellen, sozialen und symbolischen Welt in der frühen Phase an tiefe Bindungen geknüpft ist.

Eine nicht unwichtige Rolle für die Art und Weise, in der Mütter mit ihren Kindern über Vergangenes sprechen, scheint das Geschlecht der Kinder zu spielen (zumindest in jenen weißen, amerikanischen Mittelschichtkreisen, aus denen die meisten der Probanden der hier referierten Studien stammen). Mütter scheinen in Gesprächen mit ihren Töchtern einen elaborierteren Code zu verwenden und die Ereignisse stärker zu bewerten, als sie es im Gespräch mit ihren Söhnen tun (vgl. Reese & Fivush, 1993; Reese, Haden & Fivush, 1996). Dementsprechend größer ist auch die Anzahl an Erinnerungen bei Mädchen, und das schon mit dreieinhalb Jahren. Am auffälligsten sind die Unterschiede, wenn es um emotionale Dinge geht. Vor allem Mütter legen in Gesprächen über emotionale Ereignisse mit ihren

Töchtern einen elaborierteren Stil an den Tag als in Gesprächen mit ihren Söhnen, besonders dann, wenn es um traurige Ereignisse geht (vgl. Fivush et al., 2000).

Kinder können ungefähr ab dem Alter von zweieinhalb Jahren, zumindest rudimentär, zeitliche und kausale Zusammenhänge auch sprachlich repräsentieren (vgl. Nelson, 1996, S. 216). In den folgenden Jahren werden sie zu immer kompetenteren Erzählern, die in ihre Geschichten zunehmend komplexere zeitliche Bezüge, mehr Details, Kontextinformationen und Bewertungen einbauen. Ihre Erzählungen werden länger, kohärenter und komplexer. Dabei ist es auch hier so, daß der Gesprächsstil der Mütter die narrativen Kompetenzen der Kinder beeinflußt. Haden, Haine und Fivush (1997) haben gezeigt, daß dreijährige Kinder, deren Mütter in Erzählungen mehr Bewertungen hinsichtlich der subjektiven Reaktionen und emotionalen Zustände von Personen sowie Kontextinformationen (zum Beispiel über das Wann und Wo eines Ereignisses) einschließen, später auch Dritten gegenüber in ihren Erzählungen häufiger solche Informationen mitlieferten.

Weder in den oben noch in den hier dargestellten Zusammenhängen allerdings ist die Einflußnahme einseitig – nur der Erinnerungs- und Erzählstil der Mütter beeinflußt Form und Inhalt der Erinnerungen des Kindes. »Wir haben klare Befunde darüber, daß der Erinnerungs- und Erzählstil der Mütter substantiellen Einfluß auf das autobiographische Erinnern der Kinder hat, aber umgekehrt scheint es auch der Fall zu sein, daß der mütterliche Erinnerungs- und Erzählstil davon beeinflußt wird, was die Kinder in den Kontext einbringen« (Nelson & Fivush, 2004 – unsere Übersetzung).

Damit ist noch einmal betont, daß die Erschließung der Welt durch ein Kind ein höchst aktiver Vorgang ist, der von der Mutter und von anderen Personen zwar in hohem Maß gesteuert, befördert und geformt wird, aber als reiner Lern- oder Adaptierungsprozeß völlig unzureichend verstanden wäre. Nicht nur, daß sich Eltern *mit* ihren Kindern verändern (weshalb man durchaus von einer retroaktiven Sozialisation der Eltern durch ihre Kinder sprechen kann): Entscheidend ist vor allem, sich den frühkindlichen Bahnungsprozeß des autobiographischen Gedächtnisses bis zum Spracherwerb als das aktive Auswerten von stets überschüssigen Entwicklungspotentialen durch das Kind vorzustellen. Das Medium dieser Auswertung ist soziale Praxis – und wie die Untersuchungen über frühe Imitationen, Protokonversationen, Musikalität etc. zeigen, bildet diese soziale Praxis vom Augenblick der Geburt an den Raum, in dem ein menschliches Kind sich entwickelt – auch im Prozeß des Spracherwerbs, mit dem es nicht nur eine ganz eigene Position im sozialen Raum zu gewinnen beginnt, sondern auch im sich herauskristallisierenden Wissen um die Positionen der anderen.

Theory of Mind – Psychologisches Verstehen

Der Begriff »Theory of Mind« dominiert seit gut zwei Jahrzehnten die Forschung zur vollen Intersubjektivität, also zu der Frage, ab welchem Alter Kinder in der Lage sind, sich und anderen Wünsche, Ideen, Gefühle, Absichten, Ziele usw. zuzuschreiben. Das Problem bei der Verwendung dieses Begriffs besteht aus unserer Sicht darin, daß Kinder selbstverständlich keine »Theorie« über den jeweiligen »mentalen Zustand« einer anderen Person noch gar eine »Theorie des Geistes« entwickeln, sondern sich spontan in ihre Gedanken hineinversetzen können und entsprechend eine Form des praktischen Wissens darüber haben, worum es dieser Person gerade geht. Wir vermuten, daß es aber auch hierbei nicht um eine komplexe mentale Operation wie eine Deduktion geht, sondern daß das Kind eine Analogie dazu herstellt, wie es selbst handeln würde, wenn es in der Lage der anderen Person wäre, und auf diese Weise einen Schluß darüber zieht, was die andere Person wohl denkt.

Diese Form der Perspektivenübernahme oder des *Psychologischen Verstehens*, wie wir lieber sagen würden, entsteht nicht einfach spontan, sondern wird auf vielfältige Weise in der Ontogenese vorgebahnt – in den turn-takings der frühen Mutter-Kind-Interaktionen, den Imitationen über die vielfältigen Praktiken der gemeinsamen Aufmerksamkeit und schließlich in Spielen und geteilten Emotionen, in denen sich etwa Gefühle von Traurigkeit oder Freude sozial mitteilen und in gewissem Sinn von Person zu Person übertragen. All dies ist undenkbar ohne direkten Bezug zu den Aktivitäten einer anderen Person, und das psychologische Verstehen erweitert diese vielfältige Bezogenheit nun um einen ganz entscheidenden Punkt: so weit von seiner eigenen Sicht der Dinge zu abstrahieren, daß man sich in die Sicht einer anderen Person hineinversetzen kann, um die Welt mit ihren Augen zu sehen.

Psychologisches Verstehen schließt logisch auch die Fähigkeit ein zu erkennen, daß die eigenen Handlungen oder die eines anderen durch »false beliefs« motiviert sein können, man also etwas zu wissen glaubt – etwa in welcher Schachtel sich Bonbons befinden – und aufgrund dessen handelt – in dieser Schachtel nachsieht –, wobei sich dieses Wissen als falsch herausstellt (weil jemand die Bonbons in eine andere Schachtel gelegt hat). Seit 20 Jahren (die ersten waren Wimmer & Perner, 1983) sind dies beliebte Aufgaben, um das Vorhandensein einer »Theory of Mind« zu testen: Ein Kind beobachtet, wie ein Junge Schokolade in einen

Box 7.1

Hirnstrukturen, die für Psychologisches Verstehen/ Theory of Mind wichtig sind – der orbitofrontale Cortex und die Hirnrinde in seinem Umfeld

Der Abschluß der kognitiven Entwicklung – mit dem Vermögen, sich in andere Menschen hineindenken zu können, mit ihnen mitfühlen zu können und sie zu verstehen – ist an eine entsprechende Ausreifung vor allem der Hirnstrukturen gebunden, die für soziale Denk- und Fühlvorgänge wichtig sind. In erster Linie ist hier der orbitofrontale (oder ventrale präfrontale) Cortex zu nennen (vgl. Abb. 5.6, S. 156). In zweiter Linie Cortexregionen, die mit diesem Hirnrindenbezirk eng interagieren – der dorsolaterale präfrontale Cortex und der temporopolare Cortex. Noch vor wenigen Dekaden sah man in diesen Regionen insofern »weiße Flecken«, als man annahm, daß sie als einzige Hirnrindenbezirke keine oder nur ganz wenige aus dem Thalamus aufschaltende Fasern bekämen, was bedeuten würde, daß sie nur auf der »höchsten«, der Hirnrindenebene, verschaltet sind. Diese Ansicht wurde durch neue Erkenntnisse widerlegt; trotzdem bleibt das Besondere dieser Regionen erhalten, was sich auch darin äußert, daß sie ohne entsprechende Umwelt(an)reize verkümmern und daß sie – auch noch im Erwachsenenalter – stark umweltabhängig arbeiten. Dies zeigen auch Untersuchungen mittels funktioneller Bildgebung, die selbst differentielle Aktivitäten auf verschiedene Formen zwischenmenschlicher Liebe (z. B. mütterliche Liebe, romantische Liebe) demonstrieren.

Die Ausreifung des orbitofrontalen Cortex setzt zwar schon – wie die vieler anderer Hirnstrukturen – früh ein, dauert aber trotzdem außerordentlich lang, da offensichtlich viele längere Faserverbindungen gefestigt werden müssen und die Synchronisation entsprechender Netze eine häufige gleichartige Aktivierung verlangt. Diese wiederum kann wegen der Komplexität und Seltenheit der Reize nicht in schneller Abfolge, sondern nur langsam geschehen.

Schrank legt und dann den Raum verläßt. Während der Junge weg ist, legt jemand die Schokolade an eine andere Stelle. Die Frage ist nun, wo der Junge nachsehen wird, wenn er wiederkommt – an der Stelle, wo er die Schokolade deponiert hat, oder dort, wo die andere Person sie versteckt hat? Dreijährige Kinder sagen, daß er dort nachsieht, wo die Schokolade wirklich ist, und nicht, wo er selbst sie hingelegt hat. Vierjährige Kinder dagegen nehmen an, daß er dort nachsehen wird, wo er sie hingetan hat.

Eine andere Aufgabe: Kinder bekommen eine Schachtel Smarties gezeigt und werden gefragt, was sie glauben, was in der Schachtel sei – wobei die Antwort »Smarties« ziemlich naheliegend ist. Wenn sie die Schachtel öffnen, enthält sie jedoch Bleistifte. Wenn man nun Dreijährige fragt, was ihre Freundin glaubt, was die Schachtel enthält, werden sie auf Bleistifte tippen, im Unterschied zu Vierjährigen, die angeben, daß ein anderes Kind weiterhin glaubt, daß Smarties in der Schachtel sind.

Nach der »Theory of Mind«-Forschung (vgl. Perner, 2000) ist ein Bewußtsein für den Zusammenhang von Wissen (z. B. um den Inhalt einer Schachtel) und direkter Erfahrung (des vorausgegangenen Blicks in die Schachtel) eine notwendige Bedingung für autobiographische Erinnerungen. Es gibt allerdings auch Studien, die ein Verständnis für diesen Zusammenhang schon bei Dreijährigen beobachtet haben (Pillow, 1989).[2] Allgemeiner gesagt, müssen Kinder also ein Verständnis dafür entwickeln, daß Erinnerungen frühere Erfahrungen repräsentieren und daß sie selbst eine bestimmte Perspektive einnehmen, die sie mit anderen teilen mögen oder auch nicht. Und das tun sie, wie schon gesagt, im Zuge von Eltern-Kind-Gesprächen über die Vergangenheit (Nelson, 1996, 303 ff.; Nelson & Fivush, 2004).

Daß sich die Fähigkeit, Ereignisse in ihrer komplexen zeitlichen und kausalen Ordnung wahrzunehmen und zu erinnern, erst um das vierte Lebensjahr herum ausbildet, verwundert vor diesem Hintergrund nicht und wird auch mit einer Studie von Pillemer (1992) gezeigt. Zwei Wochen nach einem Feueralarm in ihrer Vorschule wurden im Durchschnitt dreieinhalb und viereinhalb Jahre alte Kinder (insgesamt 28) zu diesem Ereignis interviewt. In der Menge des Erinnerten unterschieden sich die beiden Altersstufen nicht voneinander, wohl jedoch in der Art der Erinnerungen. So hatten die jüngeren Kinder Schwierigkeiten, kausale und chronologische Zusammenhänge zu erinnern. 94 % der älteren, aber nur 55 % der

---

[2] Auch die Alltagserfahrung zeigt zum Teil verblüffende Konzeptbildungen bei unter Vierjährigen, die auf kausale Verknüpfungen zwischen eigenen Beobachtungen und gegebenen Informationen zurückgehen. Aus dem Fundus der Alltagsstichproben erinnert sich einer der Autoren an eine Autofahrt mit zwei Dreijährigen auf dem Rücksitz, während der er auf einige Windräder wies und zu den Kindern sagte: »Schaut mal, Kinder, damit wird der Wind gemacht!« Großes Gelächter von hinten: »Nee, so ein Quatsch, die machen frische Luft!« Hier liegt deutlich ein Analogieschluß zugrunde, der eine direkte Erfahrung mit Ventilatoren mit dem Wissen, wofür sie gut sind, kombiniert und diese Kombination auf die Funktion von Windrädern überträgt.

jüngeren Kinder erinnerten sich daran, daß sie während des Feueralarms noch in der Schule waren. Der Grund des Feueralarms wurde von nur einem jüngeren, aber fast von der Hälfte der älteren Kinder erwähnt. In einer Folgestudie, die sieben Jahre später durchgeführt wurde (Pillemer et al., 1994), zeigte sich, daß die Erinnerung an das Ereignis signifikant vom Alter bei der Einspeicherung der Erinnerung abhängt. Ein Drittel der zum Zeitpunkt des Ereignisses älteren Kinder konnte auch nach sieben Jahren in einer zusammenhängenden Art und Weise über das Ereignis berichten, 57 % hatten zumindest fragmentarische Erinnerungen. Bei den Jüngeren waren es lediglich 18 %.

Das Verfügen über eine »Theory of Mind« bzw. über die Möglichkeit des Psychologischen Verstehens ist mit Welch-Ross (1997) in zumindest zweierlei Hinsicht für die Entwicklung des autobiographischen Gedächtnisses relevant. Dabei geht sie nicht davon aus, daß sich autobiographische Erinnerungen herausbilden, wenn Kinder ein bestimmtes kognitives Niveau erreichen. Entscheidend ist aus ihrer Sicht, »die Fähigkeiten zu bestimmen, mit denen Kinder an der Praxis des Sprechens über die Vergangenheit partizipieren und die es ihnen erlauben, in solchen Gesprächen Antizipationen zu entwickeln und von der narrativen Struktur zu profitieren, die die Eltern bereitstellen« (S. 619, unsere Übersetzung). Kommunikative Situationen, in denen über Vergangenes gesprochen wird, vermitteln ein Wissen darüber, daß unterschiedliche Personen unterschiedliches Wissen besitzen (»die Fähigkeit, über konkurrierende mentale Repräsentationen nachzudenken«; Welch-Ross, 1997, S. 619, unsere Übersetzung) bzw. ein Verständnis dafür, daß auch sie selbst zu unterschiedlichen Zeiten Unterschiedliches wissen; darüber hinaus, und damit kommen wir auf den erwähnten Zusammenhang von Erfahrung und Wissen (Perner & Ruffman, 1995) zurück, beginnen Kinder um das dritte Lebensjahr herum zu verstehen, daß nur jemand, der in ein Behältnis hineinschauen kann, um seinen Inhalt weiß (Pillow, 1989). Um das vierte Lebensjahr verstehen Kinder allmählich, daß ihr Wissen auf bestimmten Erfahrungen beruht bzw. aus bestimmten Quellen hervorgegangen ist (Taylor, 1988) – ein ganz zentraler Punkt, denn wenn ein notwendiges Merkmal einer autobiographischen Erinnerung ihr Ich-Bezug ist, dann muß für diesen Ich-Bezug ein Verständnis für die Quelle einer Erinnerung vorliegen – also darüber, in welcher Relation diese Erinnerung zu *mir* steht. In den Jahren davor sind die Quellen der Erinnerung unklar bzw. beliebig; Erinnerungen gehören in der Sicht kleiner Kinder gewissermaßen allen, was daran liegt, daß sie noch keine sicheren Selbst- und Fremddifferenzierungen ausgebildet haben. Nun aber kann ein Kind benennen, daß es etwas weiß, weil es selbst das gesehen hat. Man beachte auch hier die enge Verschränkung zwischen kausalen Zuordnungen, Erinnerungen und dem sich herausbildenden autobiographischen Ich.

»Die Fähigkeit, eine Relation zwischen einer früheren Erfahrung mit einem Gegenstand oder einem Geschehen und dem Wissen darüber herzustellen, mag Kinder in die Lage versetzen, ihr Wissen über Ereignisse als etwas zu verstehen, das etwas mit ihrer persönlichen Vergangenheit zu tun hat. Im Ergebnis beginnen sie dann, Ereignisse, über die gemeinsam gesprochen wird, mit der Geschichte ihrer eigenen Erfahrungen in Verbindung zu bringen« (Welch-Ross, 1997, S. 619, unsere Übersetzung). Mit anderen Worten: Aus Langzeiterinnerungen können erst dann autobiographische Erinnerungen werden, sobald Kindern bewußt ist, daß sie etwas wissen, weil sie es (zum Beispiel) zuvor gesehen haben, und sobald ihnen zugleich bewußt ist, daß jemand, der nicht dasselbe gesehen hat, auch nicht dasselbe Wissen wie sie selber besitzt – und ein solches Bewußtsein ist zumindest vor dem dritten Lebensjahr nicht gegeben.

Perner (2000) schlägt vor, das Phänomen der infantilen Amnesie vor diesem Hintergrund zu verstehen. Vom Standpunkt der »Theory of Mind« aus gesehen liegt »das Problem in der Unfähigkeit des Kindes, persönlich erfahrene Geschehnisse als *persönlich erfahrene* zu encodieren« (S. 306, unsere Übersetzung). Erwachsene können sich so gesehen nicht an Ereignisse vor ihrem dritten Lebensjahr erinnern, weil sie bis zu diesem Alter keine Erfahrungen gemacht haben, die sie auf jene Entität beziehen könnten, die wir als kontinuierliches Selbst bezeichnen würden.

In ihrer Studie hat Welch-Ross (1997) versucht, memory-talk zwischen Müttern und Kindern und kognitive Fähigkeiten der Kinder aufeinander zu beziehen. Sie hat eine positive Korrelation festgestellt: «Kinder auf einem höheren Niveau repräsentationalen Verstehens spielten auch aktivere Rollen in Gesprächen über Vergangenes als Kinder mit niedrigeren Verstehensniveaus« (S. 626, unsere Übersetzung). Die Interpretation solcher Ergebnisse gestaltet sich allerdings schwierig: Führen bessere kognitive Fähigkeiten zur größeren Gesprächsaktivität der Kinder oder ist es umgekehrt? Beeinflussen die Kinder den Gesprächsstil ihrer Mütter oder die Mütter die kognitiven und interaktiven Fähigkeiten ihrer Kinder?

Neuere Studien heben auch die Rolle hervor, die die Art der emotionalen Bindung zwischen Mutter und Kind für die Entwicklung autobiographischer Erinnerungen spielt. Dabei wird meist zwischen »sicher« und »unsicher gebundenen Kindern bzw. Dyaden« unterschieden (vgl. Reese, 2002, S. 135 f.). So hat eine Studie von Farrar, Fasig und Welch-Ross (1997) ergeben, daß häufiger über negative Emotionen gesprochen wird, wenn die Mutter-Tochter-Bindung als unsicher eingestuft werden kann, wohingegen bei einer sicheren Mutter-Tochter-Bindung beide, positive wie negative Emotionen, ausführlich thematisiert werden (die Töchter waren zum Zeitpunkt der Studie vier Jahre alt).

Auch eine noch nicht publizierte Studie von Farrant und Reese (vgl. Reese, 2002) hat gezeigt, daß in jenen Fällen, in denen die Mutter-Kind-Bindung als sicher eingestuft werden kann, die Mütter eher in elaborierter Form mit ihren Kindern über Vergangenes sprechen als in den Fällen von unsicheren Mutter-Kind-Bindungen. »Solche Befunde zeigen, daß die Erinnerungs-Sozialisation (»memory socialisation«) in Dyaden mit sicher gebundenen Kindern eingehender ist« (Reese 2002, S. 135 f., unsere Übersetzung) als in Fällen unsicherer Bindung. Man kann davon ausgehen, daß ein enges Wechselverhältnis zwischen den Merkmalen der kommunikativen Beziehung von Mutter und Kind und der Qualität ihrer Bindung besteht. Das würde zugleich implizieren, daß bei einer tiefen Bindung auch die intensivere Kommunikation stattfindet – und diese Relation könnte mit der Phase des Spracherwerbs auf den Zusammenhang von Bindung, Kommunikationsstil (elaboriert vs. referentiell), Niveau des Spracherwerbs und Erinnerungsvermögen projiziert werden.

8 Eine Exploration zum autobiographischen Gedächtnis bei kleinen Kindern

In einer explorativen Studie haben wir (auf Anregung von Katherine Nelson) geprüft, ab welchem Alter kleine Kinder in zusammenhängender Form von vergangenen Ereignissen sprechen und sie in einem örtlich-zeitlichen Kontext situieren können. Darüber hinaus wurde untersucht, ab welchem Alter sich Kinder auf Fotos wiedererkennen und man vom Vorhandensein eines »kognitiven Selbst« sprechen kann.

Die Versuchspersonen waren 28 Kinder im Alter zwischen zwei und vier Jahren, darunter

- 5 Mädchen und 5 Jungen im Alter von zwei Jahren
- 4 Mädchen und 4 Jungen im Alter von drei Jahren
- 5 Mädchen und 5 Jungen im Alter von vier Jahren.

Alle Kinder kamen aus Mittelklassefamilien und sprachen Deutsch als Muttersprache. Die Versuchsleiterin Silke Matura besuchte zunächst jedes Kind. Bei diesem ersten Treffen spielte die Versuchsleiterin mit jedem Kind (»Domino« oder das »Käferspiel«) und fotografierte es. Zwei Tage später wurde die Untersuchung durchgeführt. Hierzu bekam das Kind zunächst das Foto vorgelegt, das zwei Tage zuvor von ihm gemacht worden war. Anhand der Frage »Weißt du, wer das ist?« wurde überprüft, ob sich das Kind auf dem Bild wiedererkennt. Anschließend wurden dem Kind verschiedene Fragen zum ersten Besuch der Versuchsleiterin gestellt:

1. Weißt Du noch, was wir gemacht haben, als ich das letzte Mal da war? (Wird das Ereignis erinnert? Hier handelt es sich um eine offene Frage, anhand derer auch die verbalen Fähigkeiten des Kindes überprüft werden können.)
2. Wer war da noch alles dabei? (Ereignisbezogene Frage)
3. Wo haben wir gespielt? (Kann das Ereignis örtlich zugeordnet werden?)

4. Wie alt warst du da? (Kann das Ereignis zeitlich eingeordnet werden?)
5. Hat das Spaß gemacht? (Hat die Erinnerung eine emotionale Färbung?)
6. Würdest du das gerne nochmal machen? (Hat die Erinnerung eine emotionale Färbung?)

Der gleiche Ablauf wurde anschließend mit einem sechs Monate und einem 12 Monate alten Foto wiederholt, das das Kind entweder bei einem Ausflug, einem Urlaub oder einem Kindergeburtstag zeigte (die Fotos wurden von den Eltern zur Verfügung gestellt). Die Ergebnisse der Exploration zeichnen das folgende Bild:

Selbsterkennen

Alle Kinder erkannten sich selbst auf den Fotos wieder, unabhängig vom Alter des Fotos:

Tabelle 8.1   Selbsterkennen auf den Fotos

	Jungen 2 Jahre	Mädchen 2 Jahre	Jungen 3 Jahre	Mädchen 3 Jahre	Jungen 4 Jahre	Mädchen 4 Jahre
aktuell	100 % (Name)	80 % (n = 4) (Name) 20 % (n = 1) (»Ich«)	50 % (n = 2) (Name) 50 % (n = 2) (»Ich«)	25 % (n = 1) (Name) 75 % (n = 3) (»Ich«)	40 % (n = 2) (Name) 60 % (n = 3) (»Ich«)	40 % (n = 2) (Name) 60 % (n = 3) (»Ich«)
½ Jahr	100 % (Name)	80 % (n = 4) (Name) 20 % (n = 1) (»Ich«)	75 % (n = 3) (Name) 25 % (n = 1) (»Ich«)	100 % (»Ich«)	20 % (n = 1) (Name) 80 % (n = 4) (»Ich«)	100 % (»Ich«)
1 Jahr	100 % (Name)	80 % (n = 4) (Name) 20 % (n = 1) (»Ich«)	75 % (n = 3) (Name) 25 % (n = 1) (»Ich«)	100 % (»Ich«)	20 % (n = 1) (Name) 80 % (n = 4) (»Ich«)	100 % (»Ich«)

Auffälligerweise nannten alle zweijährigen Jungen (n = 5) und nahezu alle zweijährigen Mädchen (n = 4) ihren Namen, wenn sie nach der Person auf dem Bild gefragt wurden (unabhängig vom Alter des Bildes). Bei den Drei- und Vierjährigen traten Geschlechtsunterschiede auf: Die Hälfte der dreijährigen Jungen bezeichnete sich auf dem aktuellen Bild mit »ich«, während nur einer der 4 Jungen das Personalpronomen verwendete, wenn er sich auf älteren Bildern wiedererkannte, und die anderen 3 Jungen hingegen ihren Namen nannten. Dagegen bezeichneten sich 75 % der dreijährigen Mädchen auf dem aktuellen Bild und 100 % auf älteren Bildern mit »ich«. Bei den vierjährigen Jungen bezeichneten sich 60 % auf dem aktuellen Bild und 80 % auf älteren Bildern mit »ich«. Die vierjährigen Mädchen bezeichneten sich zu 60 % auf dem aktuellen Bild und zu 100 % auf älteren Bildern mit »ich«. Die Ergebnisse weisen darauf hin, daß sich bei den Mädchen im Alter von drei Jahren ein kognitiver Entwicklungsschritt vollzieht, der es ihnen erlaubt, ihr Abbild mit der internalen Repräsentation ihrer selbst (dem »ich«) in Verbindung zu bringen. Bei den untersuchten Jungen war dieser Entwicklungsschritt erst im Alter von vier Jahren zu erkennen. Interessanterweise verwendeten nach Aussagen der Mütter alle zweijährigen Jungen und Mädchen das Personalpronomen »ich« in anderen Kontexten (z. B. »ich will spielen« oder »ich habe Hunger«). Das heißt, die Verwendung des eigenen Namens bei der Bezeichnung von sich selbst ist wahrscheinlich nicht Ausdruck mangelnder verbaler Fähigkeiten, sondern Ausdruck eines nur rudimentär vorhandenen Selbstkonzeptes.

Erinnerung an ein Ereignis

Ob und wie Ereignisse erinnert und berichtet wurden, war stark abhängig vom Alter des Kindes und von der Zeit, die zwischen der Untersuchung und dem Ereignis verstrichen war:

Das aktuelle Ereignis (Spiel mit der Versuchsleiterin), welches zum Zeitpunkt der Befragung zwei Tage zurücklag, wurde von den Kindern aller Altersgruppen ausnahmslos erinnert. Dagegen erinnerten nur noch 40 % der zweijährigen Mädchen und Jungen ein Ereignis, das ein halbes Jahr her war, und nur eines der Kinder ein Ereignis, das ein ganzes Jahr zurücklag. Die Hälfte der dreijährigen Jungen und 75 % der dreijährigen Mädchen erinnerten ein Ereignis, das ein halbes Jahr zuvor stattfand. Ebenfalls die Hälfte der dreijährigen Jungen und lediglich 25 % der dreijährigen Mädchen erinnerten ein Ereignis, das ein ganzes Jahr her war.

Tabelle 8.2 Erinnerung an Ereignisse unterschiedlichen Alters

Vergangene Zeit	Jungen 2 Jahre	Mädchen 2 Jahre	Jungen 3 Jahre	Mädchen 3 Jahre	Jungen 4 Jahre	Mädchen 4 Jahre
2 Tage	100 % (n = 5)	100 % (n = 5)	100 % (n = 4)	100 % (n = 4)	100 % (n = 5)	100 % (n = 5)
½ Jahr	40 % (n = 2)	40 % (n = 2)	50 % (n = 2)	75 % (n = 3)	100 % (n = 5)	100 % (n = 5)
1 Jahr	0 % (n = 0)	20 % (n = 1)	50 % (n = 2)	25 % (n = 1)	60 % (n = 3)	80 % (n = 4)

Die Erinnerungsleistungen der vierjährigen Jungen und Mädchen für Ereignisse, die ein halbes Jahr zurücklagen, waren dagegen sehr gut: Alle untersuchten Vierjährigen konnten Erinnerungen an das Ereignis berichten. Auch bei den langfristigen Erinnerungen schnitten die Vierjährigen weitaus besser ab als die jüngeren Kinder: 60 % der Jungen und 80 % der Mädchen hatten noch Erinnerungen an ein Ereignis, das ein ganzes Jahr zuvor stattgefunden hatte.

Wie sich bereits in mehreren Untersuchungen zur infantilen Amnesie gezeigt hat (vgl. Kap. 1), scheinen Kinder vor dem Alter von drei Jahren noch keine lange überdauernden Erinnerungen an persönlich bedeutsame Ereignisse zu formen. Die Erinnerungen von Dreijährigen an länger zurückliegende Ereignisse sind häufig fragmentarisch und weitgehend von spezifischen Hinweisen des Gesprächspartners abhängig. Der Erzählstil der Vierjährigen ist flüssiger, und Erinnerungen auch an lang zurückliegende Ereignisse sind häufiger vorhanden. Im Alter von vier Jahren beginnen Kinder eine narrative Form auszubilden, die es ihnen ermöglicht, Ereignisse in sprachlicher Form mit ihrer sozialen Umwelt zu teilen. So werden Erinnerungen an Ereignisse immer wieder aufgefrischt und gewinnen an Bedeutung, was letztendlich zu lang überdauernden Erinnerungen führt.

Örtlicher Kontext eines Ereignisses

Wenn ein Ereignis erinnert wurde, konnten die Kinder aller Altersgruppen auch den Ort des Ereignisses erinnern. Für das aktuelle Ereignis konnten 80 % der zweijährigen Jungen und Mädchen und alle Drei- und Vierjährigen den Ort nennen, an dem dieses Ereignis stattgefunden hatte. Für länger zurückliegende Ereignisse (ein halbes Jahr/ein ganzes Jahr) konnte in den meisten Fällen auch eine örtliche Zuordnung getroffen werden, vorausgesetzt, das Ereignis wurde erinnert. Die örtliche Einordnung schien den Kindern aller Altersgruppen kaum Schwierigkeiten zu bereiten. Weitaus schwieriger war die zeitliche Einordnung, auf die im folgenden näher eingegangen werden soll.

Zeitliche Einordnung eines Ereignisses

Eine korrekte zeitliche Einordnung des Ereignisses konnten die Kinder erst ab dem Alter von vier Jahren treffen. Keines der zwei- oder dreijährigen Kinder war in der Lage, das aktuelle Ereignis oder länger zurückliegende Ereignisse einem bestimmten Zeitpunkt zuzuordnen.

Die zeitliche Einordnung wurde mittels der Frage: »Wie alt warst du da?« erhoben. Die meisten Zwei- und Dreijährigen hatten bereits große Schwierigkeiten, ihr aktuelles Alter zu nennen. Die Antworten auf die Frage »Wie alt warst Du da?« für länger zurückliegende Ereignisse waren in der Regel geraten. Kinder, die die Frage nach ihrem aktuellen Alter beantworten konnten, nannten das gleiche Alter auch für länger zurückliegende Ereignisse oder rieten irgendeine Zahl (»da war ich sieben«/»da war ich vier«). Erst im Alter von vier Jahren konnten die Kinder eine vage zeitliche Zuordnung treffen. Für das aktuelle Ereignis nannten sie ihr aktuelles Alter und für länger zurückliegende Ereignisse antworteten sie auf die Frage nach ihrem damaligen Alter mit »Da war ich noch kleiner« oder »Da war ich drei«. Zwei der vierjährigen Kinder (beides Mädchen) konnten eine genauere zeitliche Zuordnung treffen: »Das war letztes Jahr«.

Bei näherer Betrachtung der Interviews fällt auf, daß Kinder, die bereits im frühen Alter auf die Frage »Wer ist das?« mit »ich« anstelle ihres Namens antworten, auch elaborierter über vergangene Ereignisse berichten können.

Die Mädchen zeigten in der Exploration alles in allem etwas bessere Erinnerungsleistungen als die Jungen. Dieser Befund bestätigt sich auch in einer Vielzahl von Studien, in denen festgestellt wurde, daß die autobiographischen Erzählungen weiblicher Erwachsener länger, detaillierter und emotionaler sind als diejenigen männlicher Erwachsener (Friedman & Pines, 1991; Ross & Holmberg, 1990). Außerdem reichen die frühesten Erinnerungen weiblicher Erwachsener auch im Durchschnitt 6 Monate weiter zurück als die frühesten Erinnerungen männlicher Erwachsener (Friedman & Pines, 1991). Eine mögliche Erklärung hierfür wäre, daß Eltern im allgemeinen dazu tendieren, mit ihren Töchtern ausführlicher und emotionaler über vergangene Erfahrungen zu sprechen, und sich so, vermittelt über die Sprache, autobiographische Erinnerungen früher ausbilden und insgesamt detaillierter sind. Eine andere mögliche Erklärung wäre, daß die Mädchen in dieser Studie insgesamt eine größere kognitive Reife aufwiesen.

Insgesamt läßt sich sagen, daß die zweijährigen Kinder sehr wenige und größtenteils nur fragmentarische Erinnerungen an länger zurückliegende Ereignisse hatten. Hier findet sich bestätigt, daß sich das autobiographische Gedächtnis erst im Alter von zwei bis drei Jahren auszubilden beginnt und frühere Erinnerungen zumeist verlorengehen. Die dreijährigen Kinder zeigten etwas bessere Erinnerungsleistungen an länger zurückliegende Ereignisse. Allerdings waren auch hier die Berichte häufig nur sehr fragmentarisch, und es waren sehr spezifische Fragen nötig, um an die Gedächtnisinhalte zu gelangen. Die vierjährigen Kinder konnten dagegen häufig auch recht ausführlich von Ereignissen berichten, die bis zu einem Jahr zurücklagen. Nur eines der zweijährigen Kinder schien über ein relativ weit entwickeltes »kognitives Selbst« zu verfügen und berichtete weitaus detaillierter über vergangene Erfahrungen als die anderen Zweijährigen. Mit drei Jahren schien sich das »kognitive Selbst« vor allem bei den Mädchen weitgehend ausgebildet zu haben. Ihre Erinnerungen reichten weiter zurück als die der Zweijährigen und waren insgesamt detaillierter. Mit einer Ausnahme verfügten alle vierjährigen Kinder über ein »kognitives Selbst« und konnten recht ausführlich über lang zurückliegende Erfahrungen berichten.

Wie sich zeigt, scheint der Aufbau des autobiographischen Gedächtnisses zum einen mit der Ausbildung eines »kognitiven Selbst« und zum anderen mit der Sprachentwicklung zusammenzuhängen. Kinder, die schon früh über ein kognitives Selbst verfügten, waren auch in ihrer sprachlichen Entwicklung weiter vorangeschritten und konnten insgesamt detaillierter und häufiger von vergangenen Erfahrungen berichten.

9 Das autobiographische Gedächtnis: ein Wandlungskontinuum

Fassen wir zusammen: Die Entwicklung des autobiographischen Gedächtnisses basiert auf dem höchst subtilen Zusammenspiel biologischer, psychologischer, sozialer und kultureller Prozesse, die interdependent sind. In der Einleitung wurde bereits darauf hingewiesen, daß das autobiographische Gedächtnis keineswegs nur als etwas Individuelles zu verstehen ist, sondern funktional vor allem die Synchronisierung des einzelnen mit seiner sozialen Umwelt gewährleistet: Es stellt für einen selbst wie für die anderen sicher, daß man es trotz der verstreichenden Zeit und der physischen und psychischen Veränderungen über die Lebensspanne hinweg immer mit ein und demselben Ich zu tun hat. In einer zunehmend differenzierten Welt mit immer längeren und komplexeren Handlungsketten steigt auch das Anforderungs- und Leistungsniveau, dem das autobiographische Ich als eine Art Relais psychosozialer Synchronisierung zu entsprechen hat – weshalb zum einen die Ausbildungs- und Entwicklungszeiten im historischen Vergleich immer länger werden. Zum anderen aber wächst auch – wie etwa das Ansteigen streßbedingter Krankheiten zeigt – die Vulnerabilität des einzelnen angesichts der vielen Anforderungen, die seine Autobiographie zu bewältigen und zu integrieren hat. Je mehr unterschiedliche Rollenanforderungen – im Beruf bzw. in mehreren Berufen, in der Beziehung bzw. in mehreren aufeinanderfolgenden Beziehungen, als Elternteil, als Freizeitsportler, als Freund, als Patient etc. – man zu bewältigen hat, desto fragiler wird das autobiographische Ich, desto geschmeidiger muß es all diese einzelnen und sich über die Lebensspanne hinweg immer weiter diversifizierenden Rollenanteile integrieren.

Natürlich wandelt es sich bei all dem selbst beständig – aber in der Regel auf eine so fein justierte Weise, daß die Passung zur jeweils bedeutsamen sozialen Umgebung dabei nicht verlorengeht.[1] Dabei ist diese selbst natürlich ebenfalls

---

[1] Wir sehen hier einerseits von kritischen Lebensereignissen wie Unfällen, schweren Krankheiten etc. und andererseits von biographischen Statuspassagen (in Pubertät, Erwachsenenalter, Alter

höchst variabel: Es gibt Personen, die uns – wie die Eltern oder die Geschwister – über eine ganz beträchtliche Zeitspanne unseres Lebens begleiten, andere, die – wie Schul- oder Studienfreunde – manchmal nur kurze, aber wichtige Rollen in unserem Leben spielen, wieder andere, die – wie (Ehe-)Partner – erst zu einem relativ späten Zeitpunkt in unser Leben treten, dieses dann aber (mehr oder weniger) dauerhaft begleiten. Hinzu kommen Bekannte, Kollegen, Ferienbekanntschaften, Ärzte, Friseure, Freunde usw. usf., die in unterschiedlichen Funktionen und an unterschiedlichen Zeitstellen unserer Autobiographie auftreten und diese verschieden lang und intensiv begleiten. Die selbstverständlich scheinende Leistung des autobiographischen Ich, all diesen Menschen den Eindruck zu vermitteln, sie hätten es mit immer derselben Person zu tun, und auch in der Selbstbetrachtung immer (oder doch wenigstens die meiste Zeit) mit sich identisch zu bleiben, ist bei genauerem Hinsehen doch recht erstaunlich. Daß dies alles mit erheblichen physischen Veränderungen einhergeht, macht die Sache nicht einfacher. Zudem schreibt einem die Kultur, zu der man gehört, in jedem Lebensalter angemessene Verhaltensstandards zu und erwartet deren Erfüllung. Wenn man dann noch bedenkt, daß auch auf Verluste, Probleme, freudige Ereignisse usw. die sozial »richtigen«, also angemessenen emotionalen Reaktionen zu zeigen sind, die aber ebenfalls durch das Lebensalter moderiert sind, kann man sich doch die Frage stellen, ob das alles über ein Leben hinweg tatsächlich von einem einzigen, sich selbst gleichbleibenden Ich gewährleistet wird – oder ob es nicht in Wahrheit doch ein sehr multiples Ich ist, das sich geschmeidig durch alle Rollen und Lebensphasen bewegt und nur deswegen, weil auch die anderen sich in derselben Zeit verändern, als etwas erscheint, das sich gleich bleibt, eine Identität hat.

Das ist es, was das autobiographische Gedächtnis leistet: Es integriert das multiple Ich, indem es die wundersame Leistung vollbringt, das Selbst gerade darum als ein immer Gleiches erscheinen zu lassen, weil es sich permanent verändert. Man kann sich diesen eigentlich ziemlich komplizierten Sachverhalt einfach daran klarmachen, daß wir es als Angehörige moderner westlicher Kulturen als ausgesprochen negativ bewerten, wenn jemand »stehenbleibt«, »nicht mehr mitkommt«, »auf der Stelle tritt« usw., womit wir zum Ausdruck bringen, daß eine Person jenen Wandlungsanforderungen, die wir als selbstverständlich empfinden, nicht zu entsprechen scheint. Oder noch extremer: Wenn ein fünfzig-

---

etc.) ab, die gerade durch eine gestörte Passung zwischen Individuum und sozialer Umwelt gekennzeichnet sind und auf beiden Seiten beträchtlichen Bewältigungsbedarf erzeugen (vgl. Welzer, 1993; Strauss, 1974; Goffman, 1975).

jähriger Mann, der ansonsten ganz normal zu sein scheint, seinen Urlaub damit verbringt, Sandburgen zu bauen und diese mit selbstgesammelten Muscheln zu verzieren, bewerten wir sein Verhalten als »kindisch«; wenn sein Gesamtverhalten aber überhaupt dem eines Elfjährigen entspricht, ordnen wir ihn als in irgendeiner Weise behindert ein. Beide Urteile basieren darauf, daß ein Verhalten sichtbar wird, das wir als nicht altersangemessen empfinden. Das verweist darauf, wie eng unser autobiographisches Ich in soziale Standards eingebunden ist, die ziemlich genau definieren, wie sich jemand an welcher Stelle seines Lebenslaufs zu verhalten hat – und man könnte sagen, daß das autobiographische Ich eine soziale Institution ist, die genau diese Passung zwischen dem einzelnen und den anderen herstellt. Evolutionär wird eine solche Passung aber erst dann erforderlich, wenn ein Wesen ein Bewußtsein über sich selbst entwickelt und sich als verschieden von anderen Wesen erlebt.

Auf den engen Zusammenhang von Bewußtsein, Gedächtnis, Identität und Alterität wollen wir an dieser Stelle nicht näher eingehen, weil die damit verbundenen philosophischen Fragen den Rahmen unseres Buches sprengen würden – aber wir können uns an dieser Stelle wieder der Ontogenese des menschlichen Gedächtnisses zuwenden und die Frage stellen, wie der Zusammenhang zwischen der Entwicklung von Selbstbewußtsein und sozialer Synchronisation oder einfacher: sozialer Einbindung beschaffen ist. Unsere bisherigen Ausführungen haben gezeigt, daß die soziale Existenz eines Kindes im Alter von ungefähr neun Monaten mit der gemeinsamen Aufmerksamkeit beginnt. Hier entsteht Intersubjektivität, die Fähigkeit, den anderen als intentionales Wesen zu verstehen, dessen Aufmerksamkeit und Interesse mit dem eigenen Wesen in Einklang gebracht werden kann. Dazu gehören gemeinsame Freude, gemeinsames Erstaunen, es entstehen Fähigkeiten zum Mitleiden und zur Empathie.

Die Fähigkeit, sich in die Perspektive eines anderen hineinzuversetzen, die Welt mit seinen Augen zu sehen, entsteht, wie wir gesehen haben, noch deutlich später und wird mit dem Stadium der »Theory of Mind« irgendwann zwischen drei und vier Jahren erreicht. Dies ist das Alter, in dem Kinder schon über einen beträchtlichen Wortschatz – d. h. über eine Fülle symbolischer Anschlußstellen zu den anderen – verfügen und in dem sie Personalpronomen recht sicher beherrschen. Nicht zufällig ist dies auch das Alter, in dem Kleinkinder in den meisten westlichen Zivilisationen erstmals in einen außerfamiliären Sozialzusammenhang eingebunden werden: Die Kinder gehen mit drei Jahren in den Kindergarten, was bedeutet, daß sie nun in der Lage sind, für eine beträchtliche Zeit ohne die Mutter auszukommen, und sich mit anderen Kindern, mit einem anderen Zeitregime, mit neuen Verpflichtungen, einer neuen Autoritätsperson, neuen Spielen usw. zu konfrontieren.

Das weitere Leben ist eine Stufenfolge von ähnlichen Übertritten in neue Sozialisationsgemeinschaften. Das autobiographische Gedächtnis beginnt, wenngleich auf vielfältige Weise vorgebahnt, erst mit dem Kindergartenalter sukzessive zu entstehen – das heißt mit dem Eintritt in ein erstes Sozialisationsumfeld, das nicht mehr auf die Familie beschränkt ist. Offenbar schätzen unsere Gesellschaften es also so ein, daß die Kinder ein gewisses Niveau der autobiographischen Selbstvergewisserung erreicht haben müssen, um diesen Schritt tun zu können. Auch an dieser Stelle wird wieder deutlich, daß das autobiographische Gedächtnis eine fundamentale soziale Dimension und Funktion hat. Aber was für eine Art von Gedächtnis, von Bewußtsein, von Selbstverstehen haben die Kinder vorher? Wie kann man sich das Selbst des Kindes in den Monaten und Jahren davor vorstellen? Wahrscheinlich in der folgenden Weise: Die ersten Lebensmonate lassen sich als Phase verstehen, in dem eine Art Erfahrungsbewußtsein existiert, das noch nichts mit dem Bewußtsein eines Selbst zu tun hat. Das Kind kommuniziert, empfindet, äußert, macht gute und schlechte Erfahrungen, lernt, entwickelt zahlreiche Fähigkeiten – aber all das »erlebt« es nicht eigentlich. Man könnte sagen: Das Kind lebt es einfach, in einer materiellen und sozialen Umwelt, die so ist, wie sie ist, und von der es selbst ein Teil ist. Es gibt in dieser Phase noch kein Selbst, das irgendwelche Erfahrungen »verarbeitet« und das mit anderen »interagiert«, aber es gibt ein Wesen, das prozedural, habituell, kognitiv, emotional lernt und zu erstaunlichen Dingen fähig ist. Es hat nicht die geringste Idee, daß da etwas wäre, worauf es all seine Erfahrungen beziehen könnte – nämlich jenes Ich, das die Eltern oder andere Bezugspersonen so hartnäckig identifizieren und ansprechen, als sei es in Wirklichkeit schon vorhanden.

Katherine Nelson hat die Entwicklung des Bewußtseins oder vorsichtiger gesagt: der Selbstverstehens-Fähigkeiten in der in Tabelle 8.1 gezeigten Weise rekonstruiert.

Die erste Phase des Selbstverstehens – oder an dieser Stelle genauer: des Selbstempfindens – ist vorwiegend physische Erfahrung. Das Baby erlebt eine Grenze zwischen seinem Körper und anderen Personen, zu denen es eine emotionale Beziehung aufbaut, indem es in deren praktisches und fürsorgliches Handeln eingebunden ist. Ob es dabei schon, wie etwa Meltzoff & Moore (1999) vorschlagen, eine Vorstellung davon entwickelt, daß die anderen so sind wie es selbst, ist wohl eher zweifelhaft – einfach, weil das Baby wahrscheinlich überhaupt nicht so etwas wie Vorstellungen hat. Die setzen nämlich die Fähigkeit voraus, etwas mental zu

Tabelle 9.1 Niveaus des Selbstverstehens, modifiziert nach Nelson (2002).

Niveaus des Selbstverstehens

	Niveau des Selbstverstehens	Alter	Mentale Fähigkeit	Unterschied Selbst – Andere	Unterschied Selbst – Welt	Gedächtnis
1.	Physisch	Postnatal 0–9	Emotionale Bindung	Physische Grenze	Physische Grenze	experientiell
2.	Sozial	6–18 Monate	Sozialer Austausch	Aufmerksamkeit, Intention, Kommunikation	Routinen, Objekte, Worte	semantisch
3.	Kognitiv	16–36 Monate	Ich-Du-Perspektive	Objekt-Andere-Perspektive	Selbst-Objekt-Perspektive	episodisch
4.	Repräsentational	2–4 Jahre	Kontinuierliche Selbsterfahrung	Mein Geist – Dein Geist	Mental-physisch	episodisch/ autobiographisch
5.	Narrativ	3–6 Jahre	Meine Geschichte	Geschichten über mich – Geschichten über andere	Vergangenheit – Zukunft, Welten außerhalb meiner eigenen	autobiographisch
6.	Kulturell	5–7 Jahre	Unsere Geschichte	Kulturelle Rollen	Kulturelles Wissen, Institutionen	autobiographisch

repräsentieren, und von einer solchen Fähigkeit kann in diesem Entwicklungsstadium nicht die Rede sein. Aber es kann etwas anderes: kommunizieren. Und auch wenn diese Fähigkeit zunächst noch eine ziemlich einseitige ist, wird man davon ausgehen können, »daß das Baby über eine wenigstens aktuale Bewußtheit darüber verfügen muß, daß es außerhalb seines Selbst etwas gibt, das Gelegenheiten und Aufforderungen zum Interagieren bietet. Das bezieht sich zunächst auf die unmittelbaren Bezugspersonen und andere soziale Objekte, später dann auch auf unbelebte Gegenstände« (Nelson, 2002, S. 243).

Später, um die entscheidende Neunmonatsphase herum, beginnt das Kind allmählich relationale Unterscheidungen vorzunehmen – zum Beispiel »hinsichtlich der Rolle, die es selbst im Unterschied zu den anderen spielt, in regelhaften Abläufen wie Füttern, Anziehen, Spielen usw. Und es beginnt auch, relationale Unterschiede bei anderen zu verstehen, indem es zum Beispiel die Mutter von einer anderen Person klar unterscheiden kann« (Nelson, 2002, S. 243). Diese Phase läßt sich als *soziales Selbstverstehen* bezeichnen – und sie ist insofern eng mit dem Gedächtnis korreliert, als sie zum einen auf der Differenzierung anderer Personen voneinander und vom eigenen Selbst basiert, zum anderen auf das Wissen über wiederkehrende Abläufe (script knowledge) aufbaut, das systematisch Erwartungen über Zukünftiges auszubilden erlaubt (Hungergefühl wird gestillt werden; Kältegefühl wird durch Körperwärme und Kleidung verschwinden etc.). Die Medien des Sozialen, hier nun in Gestalt echten Interagierens, sind Aufmerksamkeit, Intention und multimodale Kommunikation.

Kognitives Selbstverstehen wird dann erreicht, wenn das Kind beginnt, sich sprachlich auf sich selbst zu beziehen, indem es Personalpronomina und seinen eigenen Namen verwendet. Dies ist auch die Phase, in der das Kind sich bereits selbst im Spiegel erkennt. Es lernt überdies, seine eigenen Perspektiven mit denen von anderen abzugleichen – etwa, indem permanent über Blickkontakt und begleitende Kommentare beim Anschauen eines Bilderbuchs sichergestellt wird, daß die geteilte Aufmerksamkeit noch besteht. Was aber noch wichtiger ist: Das Kind beginnt, sich selbst als Objekt aus der Perspektive der anderen wahrzunehmen, und das ist, wie Nelson hervorhebt, ein entscheidender Schritt in der Entwicklung von Selbstbewußtheit. Nun ist das Kind nicht mehr einfach Teil eines sozialen Beziehungsgeflechts, sondern es fühlt sich als ein solches und nimmt sich in diesem Sinn auch mit den Augen der anderen wahr. Deshalb treten in diesem Alter auch erstmals Gefühle von Peinlichkeit und Scham auf – Gefühle also, die etwas damit zu tun haben, daß man sozialen Erwartungen nicht entspricht.

Auch fangen die Kinder an, Handlungen abzubrechen, wenn sie negative Reaktionen der Mutter befürchten. Allerdings bedeutet diese Fähigkeit zur Perspektivenübernahme noch nicht, daß das Kind eine Repräsentation seines Selbst gebildet hätte. »Ein zweijähriges Kind mag sich selbst als Teil irgendeiner gemeinsamen Aktivität begreifen, aber es verfügt über keine Repräsentation dieses Selbst außerhalb der gerade stattfindenden Erfahrungssituation. Ein repräsentationales Selbst setzt eine kontinuierliche mentale Selbsterfahrung voraus, die von der Gegenwartssituation unabhängig ist; es ist nicht mehr nur ein Selbst, das sich in einer Handlung erfährt, sondern ein Objekt, das sich selbst beobachten kann« (Nelson, 2002, S. 244).

In diesem Zusammenhang sind Befunde zu sehen, die zeigen, daß noch Dreijährige Schwierigkeiten damit haben, sich selbst auf Fotos oder Videos zu erkennen (DeLoache, 2000; Povinelli et al., 1996). Interessanterweise ist dies die Phase, in der »memory talk« einsetzt – jene Zeit, in der die Eltern verstärkt mit ihren Kindern über vergangene Ereignisse sprechen, in denen diese selbst eine Rolle gespielt haben.[2] Es wirkt beinahe so, als wollten die Eltern das Kind bei der Entwicklung einer Repräsentation eines Selbst unterstützen, das sich über unterschiedliche Situationen und Zeiten hinweg gleichbleibt. Übrigens lernen die Kinder mittels memory talk nicht nur, daß es eine Vergangenheit gibt, in der man dies oder jenes getan hat, sondern auch, daß es offenbar wichtig ist, diese Vergangenheit zu thematisieren. Das heißt, in dieser Phase wird überhaupt so etwas wie eine retrospektive Wahrnehmungsdimension ausgebildet, und da Vergangenheitsbe-

---

[2] Hierzu ein Beispiel aus einem Dialog zwischen einem zweijährigen Mädchen und seiner Mutter:
M: Hat Dir die Ferienwohnung am Strand gefallen?
K: Ja. Und im, im, im Wasser hat es mir gefallen.
M: Im Wasser hat es Dir gefallen?
K: Ja. Ich bin zum Meer gekommen.
M: Zum Meer bist Du gegangen?
K: Ja.
M: Hast Du im Wasser gespielt?
K: Und meine Sandalen ausgezogen.
M: Deine Sandalen hast Du ausgezogen?
K: Und meinen Schlafanzug ausgezogen.
M: Und Deinen Schlafanzug ausgezogen. Und was hast Du am Strand angehabt?
K: Mein heißer-Kakao-T-Shirt.
M: Ah, Dein Kakao-T-Shirt, ah ja. Und Deinen Badeanzug.
K: Ja. Und mein Kakao-T-Shirt.
M: Sind wir zu Fuß zum Strand gegangen?
K: Ja.
(Hudson 1990, zit. nach Miller 1993, S. 345.)

züge und Zukunftsorientierungen unmittelbar zusammenhängen, kann man sagen, daß hier die erste Station jener mentalen Zeitreisen zu sehen ist, die Tulving für das zentrale Merkmal autobiographischen Erinnerns hält.

Nelson faßt zusammen, daß das Selbstverstehen der Dreieinhalb- bis Vierjährigen auf einem neuen Kontrast zwischen sich selbst als Objekt in der Gegenwart und als eines übertemporalen, permanenten Selbst basiert. Ihrer Auffassung nach können die Schwierigkeiten der kleineren Kinder, eine Repräsentation ihres Selbst auszubilden, damit in Zusammenhang gebracht werden, daß sie nicht sicher in der Unterscheidung der Quellen sind, aus denen sie ihre Erinnerungen schöpfen, und daß ihnen noch die »Theory of Mind« fehlt – also das Vermögen, sich in die Entscheidungssituationen anderer Personen hineinzuversetzen (Nelson, 2002, S. 244).

Nelson zufolge wird mit dem Ende des Vorschulalters *narratives Selbstverstehen* erreicht – das Kind erlebt sich als ein Selbst, das eine Geschichte hat, die sich von der Geschichte anderer Menschen unterscheidet.[3] Das Selbst des Kindes hat nun eine Vergangenheit und eine Zukunft, die erzählbar sind – und diese Erzählbarkeit schafft ein neues Integrationsniveau in bezug auf die soziale Umwelt des Kindes. Mit dem Gewinnen eines Selbst, das auf eine Vergangenheit zurück- und in eine Zukunft vorausblicken kann, wird das Kind sozial mehr und mehr als eine Person erkannt, die eine einzigartige Rolle in seinen sich mehr und mehr differenzierenden Sozialzusammenhängen – Familie, Freundeskreis, Schule, Sportgruppen etc. – zu spielen beginnt.

Schließlich erreicht das Kind ein Niveau, das Nelson als *kulturelles Selbstverstehen* bezeichnet: »Die Lebensgeschichte des Kindes spielt in einem kulturellen Rahmen, der nach Zeitabschnitten und kulturellen Räumen differenziert ist: das Babyalter, das Erwachsenenalter, Schule, Zuhause, Spielplatz – alles hat seine eigenen Regeln und Teilnehmerrollen. Auf diese Weise entsteht, meist mit dem beginnenden Schulalter, ein autobiographisches Gedächtnis, das kulturell geformt und voll von selbstbezogenen Ereignissen und Bedeutungen ist. Dieses Selbst stellt etwa zwischen einem Ideal-Ich, das kulturell entworfen ist, und dem aktualen Selbst, das man ist, Vergleiche an« (Nelson, 2002, S. 245). Das Kind bewegt sich, abstrakt gesprochen, in einer Welt multipler Relationen, und es erlebt sich in bezug auf verschiedene Handlungsräume, Beziehungen und Situationen als ein

---

[3] Das ist, wie Piaget in einer klassischen Untersuchung gezeigt hat, nicht gleichbedeutend damit, daß es etwa schon ein Konzept vom Lebensalter hätte. Zum Beispiel denken Kinder in diesem Alter oft, daß Lebensalter an Größe zu messen wäre, weshalb Erwachsene nicht älter würden usw. (Piaget, 1974, S. 283 ff.).

Selbst, das kontinuierlich ist und flexibel auf die unterschiedlichsten Rollenanforderungen zu reagieren lernt. Nelson weist darauf hin, daß die skizzierten Niveaus ineinander übergehen und nicht strikt voneinander getrennt sind. Sie schließt ihre Skizze mit dem programmatischen Satz ab: »Das autobiographische Gedächtnis wird die Geschichte des Selbst« (Nelson, 2002, S. 245).

Das bringt uns noch einmal zurück zu der Frage, welche Wandlungen das Gedächtnis in den unterschiedlichen Niveaus des Selbstverstehens durchmacht. In der frühen Phase erlaubt des Gedächtnis des Kindes Gewöhnungslernen, es speichert körperliche Erfahrungen, es erinnert wiederkehrende Handlungs- und Geschehensabläufe. Das alles ist keine bewußte Erinnerung, sie bleibt noetisch und experientiell. Mit dem Erreichen des sozialen Selbstverstehens gewinnt das Gedächtnis eine neue Qualität: Personen und Objekte können als konstant begriffen werden. Es entsteht ein semantisches Gedächtnis, das Dinge beinhaltet, die für das Kind auch dann existieren, wenn sie gerade nicht anwesend sind. Mit dem kognitiven Selbstverstehen beginnt sich das episodische Gedächtnis herauszubilden: Wenn das Kind sich in Relation zu anderen Menschen erfährt und etwa gemeinsame Aktivitäten mit Freude erlebt oder deren Ausbleiben mit Enttäuschung registriert, bekommen seine Erinnerungen einen emotionalen Index – eine der zentralen Voraussetzungen für episodische und später autobiographische Erinnerungen. Mit dem Entstehen eines repräsentationalen Selbst gewinnt dieses noch rudimentäre episodische Gedächtnis eine weitere zentrale Eigenschaft: den Ich-Bezug – der wiederum Voraussetzung dafür ist, sich gemeinsam mit anderen an persönlich bedeutsame Erlebnisse zu erinnern.

In diesem knappen Überblick wird deutlich, wie eng die Gedächtnisentwicklung an die wachsende soziale Einbindung oder Synchronisierung des Kindes mit den Menschen seiner zunächst engen, dann immer weiteren Umgebung gekoppelt ist. Wenn das autobiographische Gedächtnis sich herauszubilden beginnt, erweitert das Kind den Kreis seiner sozialen Zugehörigkeiten – und das wird zu diesem Zeitpunkt möglich, weil es nun jenes Maß an Selbst-Kontinuität erlebt, das ihm im Rahmen der fluktuierenden Kontakte und Situationen Sicherheit gibt, sich als einzigartiges, unverwechselbares und zugleich kohärentes Selbst erleben zu können. Auch hier, in der immer subtileren Feinabstimmung mit einer sich sukzessive erweiternden sozialen Umwelt, wird der durch und durch soziale Charakter des autobiographischen Gedächtnisses deutlich, so daß man anhand der Gedächtnisentwicklung auch nachzeichnen kann, wie ein Kind mehr und mehr zu einem handlungsfähigen und verantwortlichen Mitglied seiner sozialen und kulturellen Gemeinschaft wird.

Schon George Herbert Mead hatte in seiner klassischen Entwicklungstheorie beschrieben, daß das Kind hinsichtlich seiner sozialen Einbindung einen Weg zurücklegt, der über eine experientielle Phase (play) in eine Welt sozialer Regeln (game) führt, um dann zu lernen, die Perspektiven signifikanter anderer zu übernehmen und schließlich die ethischen und moralischen Normen, Verhaltenserwartungen und Sichtweisen seiner Kultur zu teilen (generalized other). Mead hat im Rahmen dieser Theorie zu zeigen versucht, daß alles dieses sich prinzipiell im Rahmen von Sozialität abspielt. Man kann die kindliche Entwicklung, die sukzessive Autobiographisierung seiner Person, seine emergierende Fähigkeit zur Intersubjektivität, nur dann verstehen, wenn man sie (mit Daniel Stern) als eine Entwicklung im Zusammensein mit anderen begreift (Stern, 1998; Welzer, 2002). Kinder treten nicht als Individuen in eine Welt, die sie dann sozialisiert, sondern sind immer schon Teil eines Beziehungsgeflechts, in dem sie heranwachsen. Sie erwerben dabei immer mehr soziale Kompetenzen und erreichen schließlich ein Stadium der Entwicklung, in dem die soziale und kulturelle Gemeinschaft, zu der sie gehören, sehr klare Anforderungen hinsichtlich Verantwortung, Selbstkontrolle, kognitiver, sozialer, emotionaler Verhaltensweisen usw. an sie stellt. Das Stadium, das wir allgemein als Erwachsensein bezeichnen, ist aber kein einmal erreichtes und ab diesem Zeitpunkt nicht mehr veränderliches Entwicklungsniveau, sondern – wie die Altersforschung ebenso zeigt wie die Erwachsenensozialisationsforschung und nicht zuletzt die Hirnforschung – es ist ein in ständiger Neujustierung befindliches autobiographisches Ich, dessen Gedächtnis ebenso beständig die eigene Lebensgeschichte nach Maßgabe gegenwärtiger Anforderungen umschreibt.

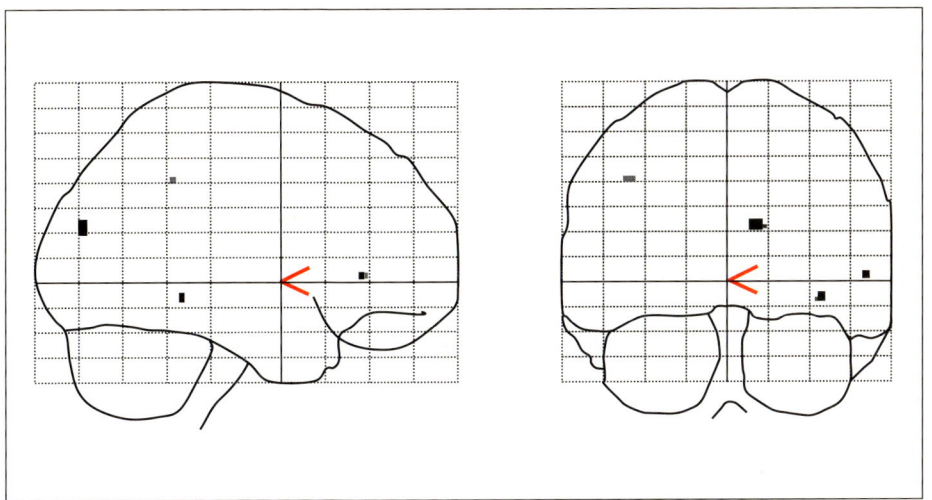

Abb. 10.2 fMRT-Aktivitätsprojektionen auf repräsentative »Glashirnbilder«: Erinnerungen aus der Kindheit bei Adoleszenten.

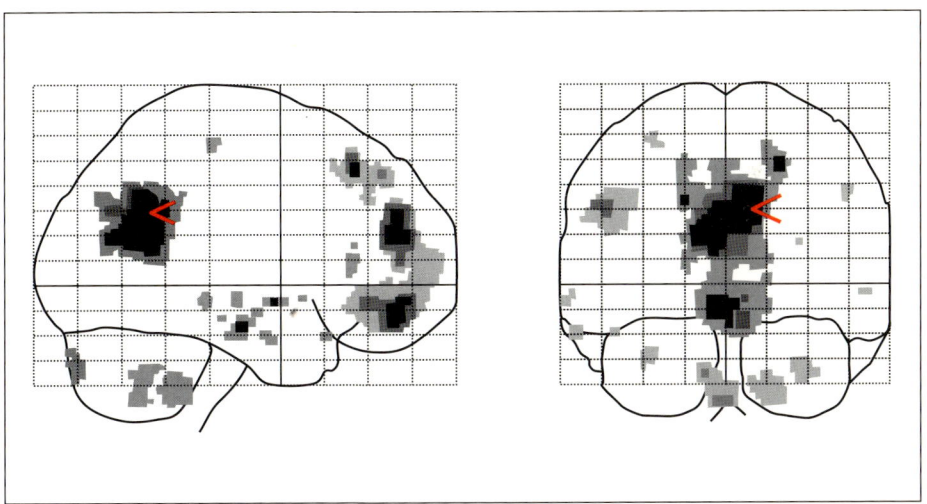

Abb. 10.3 fMRT-Aktivitätsprojektionen auf repräsentative »Glashirnbilder«: Erinnerungen des letzten Lebensjahres bei Adoleszenten.

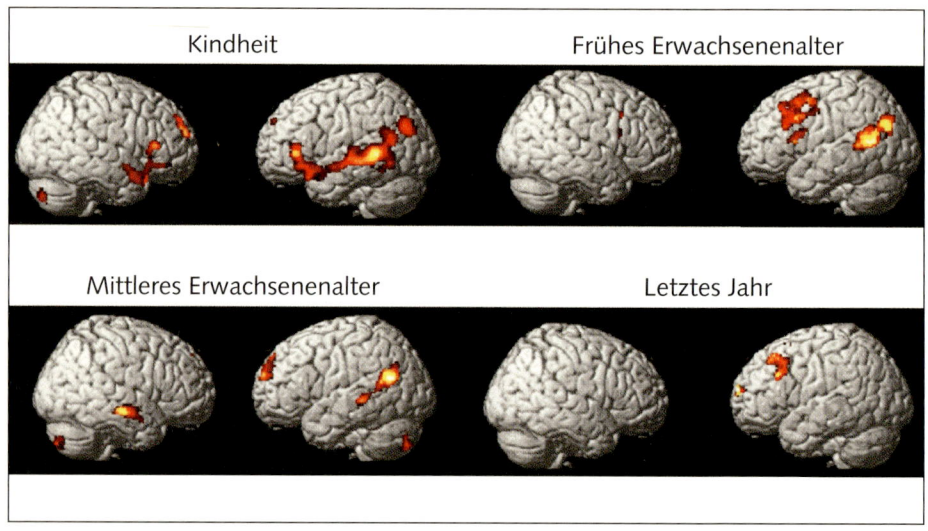

Abb. 10.4   fMRT-Bilder Gruppe 1 (62–74 Jahre).

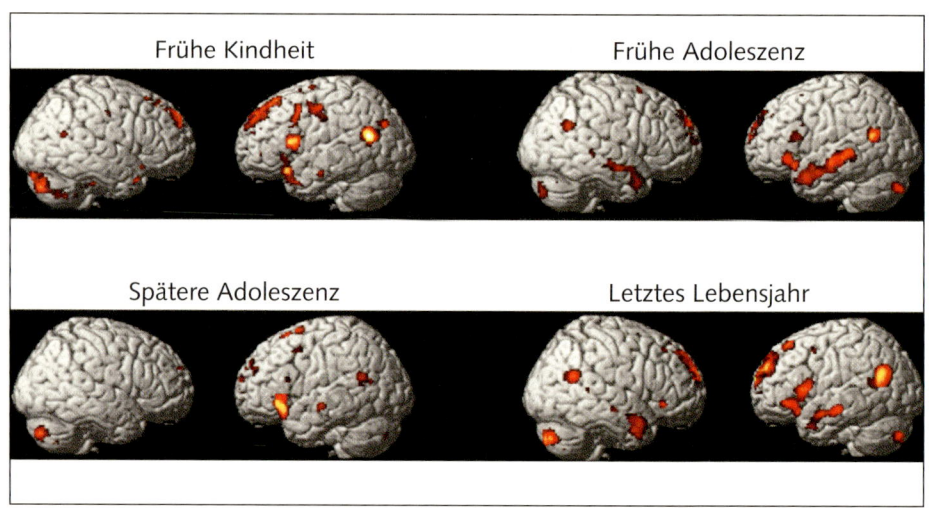

Abb. 10.5   fMRT-Bilder Gruppe 2 (20–21 Jahre).

10 Das Alter des Erinnerns – Einige Ergebnisse unseres interdisziplinären Forschungsprojektes »Erinnerung und Gedächtnis«

Innerhalb der interdisziplinären Forschungsgruppe »Erinnerung und Gedächtnis« arbeiten wir mit einem multimethodischen Untersuchungsansatz, der es erlaubt, lebensgeschichtlich zentrale Erinnerungen sowohl hinsichtlich ihrer subjektiven Bedeutung als auch hinsichtlich ihrer neuronalen Korrelate zu analysieren. Im Rahmen dieses Ansatzes werden autobiographische Gedächtnisinhalte in ihrer Genese, ihrer altersspezifischen Verarbeitung sowie in ihrer emotionalen Kodierung untersucht. Neben den empirischen Untersuchungen mit Probanden unterschiedlicher Altersgruppen wurde sekundäranalytisch ein interdisziplinäres Entwicklungsmodell des autobiographischen Gedächtnisses konzipiert, das sowohl die Prozesse der Gehirnreifung und der Verschaltungsentwicklung als auch die entstehenden Erinnerungskompetenzen und die altersspezifisch möglichen sozialen Interaktionen abbildet (Abb. 10.1, S. 227).

Ein solches Modell kann einer systematischen Untersuchung des Zusammenwirkens soziokultureller, psychischer und organischer Entwicklungsaufgaben und -vorgänge – besonders anhand kritischer Entwicklungssprünge – die Richtung weisen. Es muß aber vor dem Hintergrund der Befunde zur Gehirnreifung, der Entwicklungspsychologie und des sozialen Entwicklungskontextes phasenspezifisch gefüllt werden, so daß man für je unterschiedliche Entwicklungsphasen Synopsen des ontogenetischen Geschehens gewinnt.

In der sekundäranalytischen Zusammenschau der entsprechenden Befunde über die ontogenetische Entwicklung hinweg zeigen sich Phasen hoher Verdichtung, in denen auf allen Betrachtungsebenen viel passiert, und solche relativer Konstanz, woraus man schließen kann, daß Phasen hoher Veränderungsdichte Entwicklungssprünge markieren, während die »ruhigeren« Abschnitte eher der Konsolidierung der neuen Erfahrungen und Kompetenzen dienen. Auf der Basis dieses Modells wurden eine Untersuchung zur altersspezifischen Gedächtnisverarbeitung sowie Teiluntersuchungen zum autobiographischen Gedächtnis bei kleinen Kindern sowie zum autobiographischen Gedächtnis in längsschnittlicher Perspektive operationalisiert. Die Ergebnisse zeigen bei älteren Versuchspersonen die große Bedeutung des jungen Erwachsenenalters auf der Ebene der subjektiven Repräsentationen wie auf der Ebene der neuronalen Aktivierungsmuster sowie ein Anwachsen der evaluativen Komponente des autobiographischen Erinnerns mit dem Alter. Daneben zeigt sich ein relativ geringes Aktivierungsniveau für Erinnerungen aus der frühen Kindheit, obwohl diese narrativ deutlich repräsentiert ist. Dieser Befund weist auf eine zunehmende Semantisierung älterer Erinnerungen im Lebensverlauf hin. Bemerkenswert ist schließlich das spezifische Aktivierungsmuster für Erinnerungen aus der frühen Kindheit in der Stichprobe der jüngeren Erwachsenen, womit sich eine neuronale Entsprechung für die entwicklungspsychologisch postulierte Konstitutionsphase des autobiographischen Gedächtnisses im Alter zwischen drei und sechs Jahren zeigt.

Die bislang vorliegenden Ergebnisse weisen mit Nachdruck darauf hin, daß Erinnerungen in der frühen Kindheit anders verarbeitet werden als in der späteren Kindheit, in der Adoleszenz und besonders im Erwachsenenalter. Unseren Untersuchungen der Entwicklung und Veränderung des autobiographischen Gedächtnisses über die Lebensspanne hinweg liegt ein nach dem Lebensalter differenzierter Stichprobenplan zugrunde:

Tabelle 10.1   Stichproben des Forschungsprojekts »Erinnerung und Gedächtnis«

Gruppe	Erwachsene	Adoleszente	Zeitrahmen
1) n = 14	62 – 74 Jahre		2003 (abgeschlossen)
2) n = 14	38 – 42 Jahre		Beginn Nov. 2003
3) n = 14		20 – 21 Jahre	2003 (abgeschlossen)
4) n = 14		16 – 17 Jahre	Beginn Juli 2004
Ges. n = 56			

Anhand des skizzierten Modells (Abb. 10.1) wurden multimethodische Untersuchungen des autobiographischen Gedächtnisses bei älteren und jüngeren Erwachsenen, bei Adoleszenten und bei Kindern durchgeführt, wobei im hier gewählten Ansatz sozialwissenschaftliche Methoden wie das biographische Interview mit psychologischen Gedächtnistests und mit bildgebenden Verfahren kombiniert

Zeitachse	7. Monat	8. Monat	9. Monat
Neurologische Entwicklung	7. Monat: synaptische Kontakte zwischen Granularzellen und Pyramidenzellen in der CA 3-Region des Hippocampus werden gebildet. Intrahippocampale Projektion, die wichtig für LTP ist. Diese Entwicklung könnte maßgeblich für Lernen und Gedächtnisfunktionen sein, die im Hippocampus lokalisiert sind.	8. Monat: starker Anstieg der Synapsendichte im frontalen Cortex. Höchste Synapsendichte im Alter von 2 Jahren.	
Gedächtnis	7.-10. Monat: Entstehung des Arbeitsgedächtnisses: das Kind kann die Repräsentation eines vergangenen Ereignisses im Arbeitsgedächtnis halten und diese Repräsentation im geeigneten Moment nutzen. Gleichzeitig entsteht die Objektpermanenz.	8.-12. Monat: starker Anstieg des Glucosemetabolismus im dorsolateralen präfrontalen Cortex (spielt eine wichtige Rolle für das räumliche Arbeitsgedächtnis). Ab 8. Monat: Entstehung des Wissenssystems: das Kind beginnt über Dinge nachzudenken, die nicht physisch anwesend sind, und baut allmählich eine Wissensbasis auf. Beginnende Konzeptbildung: globale Kategorien (z. B. Tiere, Fahrzeuge) werden unterschieden. Die Erinnerung an vergangene Ereignisse ist vorwiegend in Skripten organisiert und konstituiert einen Teil des Wissenssystems.	
Soziale Kommunikation	7.-10. Monat: Beginn des Fremdelns. Möglicherweise Resultat des sich entwickelnden Arbeitsgedächtnisses und der Myelinisierung der Capsula interna, welche die Amygdala mit dem Cortex verbindet.		Ab 9. Monat: Kinder beginnen, die Bedeutung von Worten zu verstehen. Sie kommunizieren jetzt über die gemeinsame Manipulation von Objekten mit der Bezugsperson. Kinder, die früh auf Dinge in der Umgebung deuten, um sich so mitzuteilen, lernen meist auch früh zu sprechen. Ab 9.-10. Monat: »secondary intersubjectivity«. Beginn des vorwegnehmenden Miteinbeziehens der Interaktion anderer in der Kooperation.

Abb. 10.1 Entwicklungsmodell des autobiographischen Gedächtnisses (Ausschnitt).

wurden. An Untersuchungen mit Angehörigen unterschiedlicher Altersgruppen konnte auf diese Weise die subjektive Bedeutung einzelner autobiographischer Erinnerungen rekonstruiert und mit Aktivierungen auf Hirnebene korreliert werden. Darüber hinaus konnte gezeigt werden, wie sich die neuroanatomische Aktivierung autobiographischer Erinnerungen im Laufe des Lebens verändert und welche Hirnregionen in das Erinnern autobiographischer Erlebnisse involviert sind.

Autobiographische Interviews können aus technischen Gründen nicht während der fMRT-Untersuchungen durchgeführt werden. Deshalb wurden die in den Interviews berichteten und evaluierten Geschichten den Probandinnen hier auf akustischem Wege als Trigger dargeboten, d. h. die Probandinnen bekamen ihre eigenen Erlebnisse in Form von Kurzbeschreibungen präsentiert und wurden gebeten, sich an diese Erlebnisse und Ereignisse so intensiv wie möglich zu erinnern. Bei der Darbietung der Erlebnisse und Ereignisse wurde auf den Zeitpunkt der Erfahrung geachtet, und es wurden auch biographisch neutrale Ereignisse aus historischen Abschnitten präsentiert, die dem jeweilig aktualisierten Lebensalter entsprachen, um die Prozessierung von episodischen und semantischen Erinnerungen voneinander unterscheiden zu können. Die Kombination von Methoden aus der sozialwissenschaftlichen und psychologischen Biographieforschung[1] mit solchen aus der neurowissenschaftlichen Gedächtnisforschung hat sich aus den folgenden Gründen als sehr sinnvoll erwiesen:

- Mit Hilfe der biographischen Interviews und Ereignisinventare war es möglich, die Messung von Aktivierungsmustern an subjektiv als bedeutsam markierte lebensgeschichtliche Erinnerungen zu binden und sie von semantischen Informationen zu differenzieren.

---

[1] Entlang der Vergleichsparameter Alter, Emotion und biographischer Übergang werden die lebensgeschichtlichen Erlebnisse der Probanden mit der Methode der Qualitativen Inhaltsanalyse aus dem Interviewmaterial extrahiert und intersubjektiv Kategorien zugeordnet. Die (vorläufigen) Hauptkategorien sind zuvor im Rahmen des sog. »open coding« der Grounded Theory (Glaser & Strauss 1998) induktiv aus dem Material generiert worden, um den Schwerpunkt der explorativen Analyse auf die Relevanzsetzungen der Befragten zu legen. Das Ergebnis ist ein bereits sehr differenziertes Kategorienschema, das zum einen das Inventar der autobiographischen Geschichten sehr detailliert erfaßt, zum anderen aber auch eine kognitive Ebene im Blick behält, auf der die selbstreflexiven und alltagstheoretischen Äußerungen codiert werden können. Die Affektdimensionen der Erlebnisse und Ereignisse werden dabei über dichotome Zuordnungen erfaßt (positiv/negativ bzw. Ich/Gruppe). Darüber hinaus werden der Detailreichtum und die Systematik der erzählten Episoden in die Analyse mit einbezogen.

■ Mit Hilfe des autobiographischen Interviewmaterials können die subjektiven Erinnerungsrepräsentationen und -evaluationen mit den entsprechenden Aktivierungsmustern korreliert werden, was etwa für die Untersuchung des Zusammenhangs von Alter, Emotion und Gedächtnis wichtig ist.
■ Mit einem solchen Vorgehen wird es vermieden, subjektiv irrelevante Aktivierungen von Erinnerungen zu messen, was dem multimethodischen Ansatz eine – im Vergleich zu anderen Untersuchungen mit bildgebenden Verfahren – hohe ökologische Validität verleiht.

Erste Ergebnisse:
Der Vergleich der Altersstichproben ist hochinteressant, weil das gewählte Untersuchungsdesign vertikale und horizontale Vergleichsperspektiven zuläßt: Über einen vertikalen Vergleich zwischen den Altersgruppen läßt sich die lebensaltersspezifische Verarbeitung von autobiographischen Gedächtnisinhalten messen; über den horizontalen Vergleich der autobiographischen Retrospektionen der Charakter der jeweils lebensaltersspezifischen Erinnerungen ermitteln, etwa nach den Polen Statik vs. Flexibilität, Neutralität vs. Bedeutsamkeit oder Faktizität vs. Evaluation. Die ersten Ergebnisse zur altersspezifischen Gedächtnisverarbeitung bieten Anschlußmöglichkeiten zur Erklärung entwicklungs- und sozialpsychologisch beobachtbarer Gedächtnisphänomene. So zeigt sich, daß bei Jugendlichen Erinnerungen aus einem Lebensalter von drei bis sechs Jahren (Kindheit) anders verarbeitet werden als solche aus späteren Lebensphasen (letztes Jahr) (Abb. 10.2 und 10.3).

Dies weist darauf hin, daß das autobiographische Gedächtnis tatsächlich erst nach den ersten drei Lebensjahren entsteht und nach dem sechsten Lebensjahr zu einer relativ stabilen Verarbeitungsform findet. Zudem würde sich hier ein Erklärungsansatz für die »frühkindliche Amnesie« finden, für das wohlbekannte Phänomen also, daß uns Erinnerungen aus der Zeit vor dem dritten oder vierten Lebensjahr nicht zugänglich sind: Ein Gedächtnissystem, das Erlebtes auf ein kontinuierliches Ich bezieht und mentale Zeitreisen zwischen gestern, heute und morgen erlaubt, ist in der frühen Kindheit noch nicht vorhanden.

Bei alten Menschen scheint es so zu sein, daß länger zurückliegende Ereignisse (Abb. 10.4, Gruppe 1, Kindheit, mittleres Erwachsenenalter) stabiler und auch intensiver erinnert werden als kürzer zurückliegende (Abb. 10.4, Gruppe 1). Kürzer zurückliegende Erinnerungsinhalte scheinen mit zunehmendem Lebensalter immer unwichtiger zu werden und die evaluative Dimension des Erinnerns immer weiter zuzunehmen. Bei den jugendlichen Probanden hingegen werden die unmittelbaren Ereignisse (Abb. 10.5, Gruppe 2, Letztes Jahr) intensiver (und emotionaler, rechte Hemisphäre) erinnert als weiter zurückliegende (Abb. 10.5, Gruppe 2, Spätere Adoleszenz). Deutlich ist in der Gruppe der Älteren (Abb. 10.4, Gruppe 1) zudem das hohe Aktivierungsniveau für die Kindheit und die Phase des frühen Erwachsenenalters, und zwar sowohl auf der Ebene der narrativen Repräsentation wie auf der Ebene der Aktivierungsmuster. Dieser Befund paßt gut zu dem in der Literatur für dieses Alter vielfach beschriebenen „reminiscence bump" (z. B. Schacter 1996).

Besonders auffällig sind nach unserem bisherigen Ergebnisstand die folgenden Befunde:

a. die relative Bedeutungslosigkeit von »recent memories« bei den älteren Probandinnen (und die hohe Bedeutung für Adoleszente);
b. die große Bedeutung des jungen Erwachsenenalters bei den älteren Probandinnen sowohl auf der Ebene der subjektiven Repräsentationen wie auf der Ebene der neuronalen Aktivierungsmuster;
c. das Anwachsen der evaluativen Komponente des autobiographischen Erinnerns, sowohl auf der Ebene der narrativen Repräsentation wie auf der Ebene der neuronalen Aktivierungsmuster;
d. das geringe Aktivierungsniveau für Erinnerungen aus der frühen Kindheit in der Stichprobe der älteren Probandinnen, obwohl diese narrativ deutlich repräsentiert ist. Dieser Befund weist auf eine zunehmende Semantisierung älterer Erinnerungen im Lebensverlauf hin;
e. das spezifische Aktivierungsmuster für Erinnerungen aus der frühen Kindheit in der Stichprobe der jüngeren Erwachsenen. Dieser Befund ist aus unserer Sicht bemerkenswert, weil wir hier eine neuronale Entsprechung für die entwicklungspsychologisch postulierte Konstitutionsphase des autobiographischen Gedächtnisses im Alter zwischen drei und sechs Jahren finden.

Insbesondere die in unserem Projekt gegebene Möglichkeit, die Altersspezifität des autobiographischen Gedächtnisses neurowissenschaftlich zu belegen und sozialwissenschaftlich-phänomenologisch zu beschreiben, kann offensichtlich vielfältige Anregungen für weitere Forschungen geben, da sie sowohl neurowissenschaftliche Systematisierungen des Gedächtnisses informiert als auch wichtiges Grundlagenwissen etwa für die Biographie- und Zeitzeugenforschung liefert.

11 Eine formative Theorie der Gedächtnisentwicklung

Die bisherigen Kapitel haben die ontogenetische Entstehung und Ausformung inhaltlicher Gedächtnissysteme und zugehöriger Hirnsysteme dargestellt und erläutert. In diesem Kapitel soll ausgeführt werden, was sich am Gedächtnis und den zugehörigen kognitiven Funktionen über die weitere Lebensspanne verändert, nachdem ein Mensch die ersten Jahre der Kindheit durchschritten hat.

Mit dem vierten Lebensjahr hat sich das episodische Gedächtnis aufgebaut; das autobiographische beginnt sich herauszudifferenzieren: Das Kind nimmt sich als ein Selbst wahr, das abgegrenzt von den anderen existiert. Es entwickelt autonoetisches Bewußtsein und beginnt zwischen Vergangenem und Zukünftigen zu differenzieren. Die volle Entwicklung des episodischen Gedächtnisses ist dafür die Voraussetzung, die Tulving (2002, 2005) wie folgt definiert (Box 11.1).

In diese Zeit der Entwicklung von Selbst, autonoetischem Bewußtsein und subjektiver Zeitvorstellung fällt auch eine Reihe weiterer mentaler Entwicklungen. Über die Sprachentwicklung wird die linke Hirnhälfte ausgeformt, und über das Entstehen von Empathie, Mitleid und weiterer sozial-emotionaler Dispositionen die rechte. Die zwischen den Hemisphären verlaufenden Querfasern – der Balken und die vordere Kommissur – ermöglichen die Integration sozial-emotionaler und kognitiver Verarbeitungen und bieten damit die Möglichkeit zur Ausformung einer einheitlichen Persönlichkeit. In den ersten zwei Lebensjahren verdoppelt sich die Oberfläche des Balkens und nimmt bis zur Adoleszenz noch einmal um über 100 % zu (Rakic & Yakovlev, 1968), wobei die vollständige Myelinisierung erst im frühen Erwachsenenalter erreicht wird (Yakovlev & Lecours, 1967).

Ausbau und Zunahme von Vokabular und Grammatik stellen die Voraussetzung für mentale Zeitreisen dar: die verschiedenen Formen von Vergangenheit und Zukunft, von Indikativ und Konjunktiv. Dadurch erweitert sich der mentale Raum des Individuums, und es wird möglich, auf einer Metaebene zu denken und zu sprechen. Nicht unwesentlich für diese Denkakte sind auch mathemati-

Box 11.1

Das episodische Gedächtnis in der Definition von Tulving

»Episodisches Gedächtnis ist ein [evolutionär] spät entstandenes, sich [ontogenetisch] spät entwickelndes und früh abbauendes neurokognitives Gedächtnissystem. Es ist vergangenheitsorientiert, verletzlicher gegenüber neuronalen Dysfunktionen als andere Gedächtnissysteme und wahrscheinlich nur dem Menschen eigen. Es erlaubt mentales Zeitreisen durch die subjektive Zeit – Vergangenheit, Gegenwart, Zukunft. Dieses mentale Zeitreisen erlaubt dem ‚Besitzer' von episodischem Gedächtnis (dem ‚Selbst'), durch das Medium des autonoetischen Bewußtseins seine eigenen vorangegangenen »gedachten« Erfahrungen zu erinnern, wie auch über mögliche zukünftige Erfahrungen zu denken. Die Operationen des episodischen Gedächtnisses erfordern das Wissenssystem, aber gehen über es hinaus. Der Abruf aus dem episodischen Gedächtnis (das Sich-Erinnern) erfordert den Aufbau und das Aufrechterhalten einer speziellen geistigen Haltung, die man als ‚Abrufmodus' bezeichnet. Die neuralen Komponenten des episodischen Gedächtnisses erfordern ein weitverzweigtes Netzwerk corticaler und subcorticaler Hirnregionen, die sich mit den Netzwerken anderer Gedächtnissysteme überlappen, aber über diese hinausgehen. Die Essenz des episodischen Gedächtnisses liegt in der Verbindung (‚Konjunktion') dreier Konzepte – des Selbst, des autonoetischen Bewußtseins und der subjektiven Zeit« (Tulving, 2005, unsere Übersetzung).

sche Fertigkeiten, die ebenfalls eine Integration von Raum- und Zeitebenen erlauben.

Das Jonglieren mit Information und das spielerische oder auch gezielte Nachdenken über Vorgänge, die bei mentalen, das eigene Ich oder eine fremde Person betreffenden Denkakten ablaufen, wird erst nach der ersten Lebensdekade vorgenommen. Zwar sind Kinder schon früh zu Rollenspielen in der Lage und spielen meist gerne »Theater«, sie gehen dann aber »in der Rolle auf« und reflektieren kaum, was ihr Selbst und was ihre Rolle ist. Noch sehr wenig untersucht ist die Frage, inwiefern Logik und das Auseinandersetzen mit mathematischen Schlußfolgerungen hier wichtige Hilfestellungen bieten. Der mentale Raum erweitert sich ja dadurch, daß man in Zahlenräumen zu denken lernt, Dimensionen (in den unterschiedlichsten Manifestationen) erfassen kann und Zeit und Raum zu integrieren lernt. Die Verlagerung von der Raum- hin zur Zeitdimension ist sicher sowohl phylogenetisch (Tulving & Markowitsch, 1994) wie ontogenetisch ein entscheidender Meilenstein für den Aufbau eines autobiographischen Gedächtnisses (s. auch Singer, 1999). Auf Hirnebene verlangt dies innerhalb des Neocortex die Aktivierung von Teilen des seitlichen Scheitellappens, einer Region, die unter anderem dadurch bekannt wurde, daß Einsteins Hirn hier Besonderheiten zeigte.

Die Bedeutung der seitlichen Schläfenlappenregion für Raum-Zeit-Integrationen und für die Wahrnehmung und das Verstehen zeitlicher Prozesse, deren Erfassung für die Entwicklung intellektueller Funktionen zentral ist, zeigt sich vor allem im pathologischen Bereich, also dann, wenn diese Hirnregion aufgrund eines Unfallschadens oder Hirninfarktes plötzlich ausfällt. Es kommt dann zu sogenannten Zeitraffer- und Zeitdehnungserscheinungen. Der Patient oder die Patientin nimmt die Zeit nicht in ihrer natürlichen Ausdehnung wahr, sondern berichtet beispielsweise davon, daß ihm oder ihr eine Minute wie eine Stunde oder ein Tag wie zehn Minuten vorkomme. Die Fähigkeit, Zeit zu erfassen, ist dabei in der Regel hinsichtlich jeder Dauer verändert, also werden auch Monate und Jahre stark verkürzt oder stark verlängert empfunden.

Es nimmt von daher kaum wunder, daß viele Forscher die Beziehung zwischen Zeit, Bewußtsein und Gedächtnis herausgestrichen haben (Engel, Fries, König, Brecht & Singer, 1999; Markowitsch, 2004a–c). Schon für Krauss (1930) war »Zeitbewußtsein« ein Schlüsselwort zur Charakterisierung der kognitiven Defekte von amnestischen Patienten (Korsakow-Patienten[1]), und auch van der Horst (1928, 1932) betonte, das hierin das Kernproblem dieser Patientengruppe liege. Auch Grünthal (1932, 1939) sowie Becker und Sternbach (1953) beschrieben schwer amnestische Patienten, die ihr Zeitgefühl völlig verloren oder verändert hatten. Beckers und Sternbachs erster Fall hatte das Gefühl, die Zeit schrumpfe, umge-

---

[1] Korsakow-Patienten sind in der Regel Personen, die aufgrund von langjährigem und intensivem Alkoholabusus ihre Fähigkeit zum Neugedächtnis und meist auch die Fähigkeit, alte, biographische Episoden abzurufen, verloren haben. Direkte Ursache ist eine Schädigung (Degeneration) von Strukturen im Bereich des Zwischenhirns (medialer Thalamusbereich, Mammillarkörper; vgl. Abb. 4.4, S. 68). Früher kam dieses Krankheitsbild sehr häufig vor (z.B. Bonhoeffer, 1901), aber auch heutzutage gibt es noch erstaunlich viele Patienten mit dieser Symptomatologie (Kessler, Markowitsch & Bast-Kessler, 1987; Kessler, Irle & Markowitsch, 1986; Fujiwara, Brand & Markowitsch, 2002; Brand et al., 2003). Die eigentliche Ursache für die Hirnschädigung ist wohl eine Stoffwechselstörung; den Patienten gelingt es nicht mehr, Vitamin B_1 (Thiamin) in ausreichendem Maße zu kooptieren.

kehrt berichtete der zweite, daß die Zeit sich für ihn ins Unendliche ausweite, so daß ein Tag niemals zu Ende zu gehen schien. M. Williams und Zangwill (1950) berichteten von Korsakow-Amnestikern, bei denen eine Minute wie eine Viertelstunde erlebt wurde, die aber darüber hinaus auch jüngst geschehene Ereignisse als weit zurückliegend datierten. Allerdings werden auch bei bestimmten abnormalen Geisteszuständen, wie im Meskalinrausch, Zeitschrumpfungen und ähnliche Phänomene berichtet (z. B. Beringer, 1927; Fischer, 1946), ebenso wie nach Schäden im Bereich des Scheitellappens (Hoff & Pötzl, 1938). Natürlich gibt es auch unter »Normalbedingungen« geänderte Zeitwahrnehmungen, Träume sind Paradebeispiele (s. hierzu auch Palombo, 1978; Zulley & Geisler, 2004).

Folgerichtig postulierte van der Horst (1928, 1932), daß die Gedächtnisdefekte von Korsakow-Patienten im wesentlichen dadurch bedingt seien, daß bei der Einspeicherung die zeitliche Kontinuität fehlt, was dazu führe, daß Korsakow-Patienten mit »Zeitstücken« und »Zeitpunkten« arbeiteten. Das unmittelbare Zeiterfassen und die Zeit als Orientierungsprinzip seien gestört. Diese Fähigkeit, Zeit ein- und abzuschätzen, einordnen zu können, welche Episode im eigenen Leben zeitlich früher oder später als eine andere passierte, vorausschauend denken zu können usw., ist eine entscheidende Voraussetzung für autobiographisches Gedächtnis. Dies beschrieb schon 1870 der Sinnesphysiologe Ewald Hering mit folgenden Worten: »Das Gedächtnis verbindet die zahllosen Einzelphänomene zu einem Ganzen, und wie unser Leib in unzählige Atome zerstieben müßte, wenn nicht die Attraktion der Materie ihn zusammenhielte, so zerfiele ohne die bindende Macht des Gedächtnisses unser Bewußtsein in so viele Splitter, als es Augenblicke zählt« (Hering, 1870, S. 12). Zeitgefühl, Bewußtsein und Gedächtnis bilden eine Triade, die den Kern unserer Persönlichkeit bildet und die gleichzeitig auch den Kern für die Bildung des kulturellen Gedächtnisses schafft (Fried, 2004; Markowitsch, 2001b, 2002b).

Ein integratives Modell der Gedächtnisverarbeitung und Gedächtnisrepräsentation über die Lebensspanne muß, wie gesagt, Ausreifungsprozesse auf Hirnebene, die soziale und kulturelle Umwelt und in individueller Perspektive spezifische Erlebnisse und durch sie hervorgerufene Verarbeitungsstile einbeziehen. Die Ontogenese verläuft nicht linear: Es finden sich Phasen hoher Verdichtung, in denen auf allen Ebenen der Entwicklung viel passiert, und solche relativer Ruhe. Phasen mit hoher Veränderungsdichte markieren Entwicklungssprünge, während die konstanteren Abschnitte eher der Konsolidierung der neuen Erfahrungen und Kompetenzen dienen. Schematisch können wir die fraglichen Phasen so darstellen:

Tabelle 11.1 Phasen der Entwicklung

1. Pränatale Gedächtnisentwicklung

Alter	Hirnreifung	Kognitive und emotionale Entwicklung	Soziale Umwelt
18.–24. Tag	Neuralplatte entsteht		
24.–40. Tag	Neuralrohr bildet sich aus		
5. Monat	Axonale Verzweigung beginnt		
8. Monat	Hirnstamm, Kleinhirn	Habituation und assoziative Reizverknüpfung	

2. Postnatale Entwicklung bis zum Alter von 8 Monaten

Alter	Hirnreifung	Kognitive und emotionale Entwicklung	Soziale Umwelt
1. Monat	Amygdala Colliculus Superior (Hirnstamm)	Perzeptuelles Priming Kind erkennt Stimme der Mutter Interesse an sozialen Objekten Imitationsverhalten	Aufmerksamkeit, Hautkontakt, Blicken, Sprechen, Stillen, Säubern etc.
2. Monat	Kleinhirn, Basalganglien	Lernen am Erfolg und Mißerfolg (Operantes Konditionieren) Soziales Lächeln Protokonversationen, Gurren	dto.
5. Monat	Hippocampus, Sehrinde	Perzeptuelles Gedächtnis Ausdruck von Freude	dto.
8. Monat	Dorsolateraler präfrontaler Cortex	Arbeitsgedächtnis Objektpermanenz Impulshemmung Fremdeln	Gemeinsame Aufmerksamkeit

3. Die Neun-Monats-Revolution

Hirnreifung	Kognitive und emotionale Entwicklung	Soziale Umwelt
Orbitofrontaler Cortex Präfrontaler Cortex	Echtes Bindungsverhalten Zeigen, Hinweisen Geteilte Aufmerksamkeit Empfundene Gefühle Intersubjektivität	Intersubjektivität, Affektverstärkung

4. Das zweite Lebensjahr

Alter	Hirnreifung	Kognitive und emotionale Entwicklung	Soziale Umwelt
15. Monat	Medialer präfrontaler Cortex	Intentionen des Gegenübers werden erkannt	Scaffolding
18.–24. Monat	Wernicke-Areal Broca-Areal Orbitofrontaler Cortex (ausgereift)	Vokabelspurt Selbstbezogene Emotionen (Verlegenheit, Neid) Verwendung von Personalpronomen Selbsterkennen im Spiegel	Memory talk

5. Das dritte Lebensjahr

Alter	Hirnreifung	Kognitive und emotionale Entwicklung	Soziale Umwelt
24. Monat bis 3 Jahre	Hohe Synapsendichte im medialen Stirnlappen Rechte Gehirnhälfte verliert Dominanz	Selbstkonzept entwickelt sich, in dem das Wissen um persönliche Eigenschaften integriert ist Entstehung des autobiographischen Gedächtnisses Selbstbewertende Emotionen: Stolz, Scham, Schuldgefühle	Erhöhte Anforderungen an Selbständigkeit, »Vernünftigkeit«, Handlungshemmung

6. Das fünfte Lebensjahr

Hirnreifung	Kognitive und emotionale Entwicklung	Soziale Umwelt
Stirnhirn	Quellengedächtnis Theory of Mind Kausales Verständnis eines überdauernden Selbst Narrative Struktur entwickelt sich	Erwartung an Motivverstehen, Einsichtsfähigkeit, Kausales Verstehen

Der integrative Zugang zur Gedächtnisentwicklung, den wir hier vorschlagen, scheint uns nicht nur für ein besseres Verständnis des Zusammenspiels physiologischer und sozialer Faktoren in der Ontogenese fruchtbar zu sein, er hilft vielleicht auch Mystifizierungen frühkindlicher Fähigkeiten einerseits und eher sterile akademische Auseinandersetzungen andererseits zu vermeiden. Hierzu noch ein paar kurze Bemerkungen. Je besser die Beobachtungsverfahren in der Entwicklungspsychologie durch die Einführung von Film- und Videotechniken und die damit gegebenen Möglichkeiten der Mikroanalyse von Mutter-Kind-Interaktionen geworden sind, desto mehr »konnten« die Babys aus Sicht der Forscherinnen und Forscher. Wurden sie noch Mitte des vergangenen Jahrhunderts bis zum Erreichen des ersten Lebensjahres als mehr oder minder interessante Bedürfnisbündel verstanden, die sich – mit der berühmten Formulierung von William James – in »blooming, buzzing confusion« vor sich hin entwickelten, attestieren ihnen Entwicklungspsychologen etwa aus der Edinburgher Schule kognitive und kommunikative Fähigkeiten, die, wie Fallstudien mit Frühgeborenen zeigen, bis in das fötale Stadium zurückreichen. Mit Begriffen wie dem einer »primären Intersubjektivität« (Trevarthen, 1998; Rochat, 2001, S. 203), die von Geburt an gegeben sei, wird suggeriert, daß bereits Säuglinge zu sozialem Austausch mit anderen in der Lage seien. Das stimmt aber wahrscheinlich nur dem Anschein nach: Zweifellos ist es so, daß Babys erstaunliche kommunikative Fähigkeiten vom Augenblick der Geburt an haben und diese über die ersten Lebensmonate hinweg noch deutlich ausbauen, aber es wäre ein Mißverständnis, wenn man annehmen würde, daß sie tatsächlich interagieren oder gar sich in eine andere Person hineinversetzen könnten – was ja eine Voraussetzung von Intersubjektivität ist. Dieses Mißverständnis geht vermutlich darauf zurück, daß sie tatsächlich so viel mehr können, als man früher dachte, und vor allem darauf, daß die Mutter oder andere Bezugspersonen das Kind vom ersten Lebensmoment an so behandeln, als seien sie tatsächlich

Interaktionspartner – indem sie permanent mit ihnen reden, ihnen Aufmerksamkeit schenken, ihre Bedürfnisse interpretieren und befriedigen, kurz: sie in aller Selbstverständlichkeit, aber nichtsdestotrotz kontrafaktisch, als Wesen behandeln, die sie verstehen können. Das ist für die Entwicklung des Babys höchst funktional, lernt es doch vor allem durch soziale Kommunikation; es bedeutet aber nicht, daß hier schon Intersubjektivität, also ein Teilen der Sichtweise des jeweils anderen vorläge. Das Kind hat in dieser Phase ein existentielles Selbst, kein subjektives oder gar reflexives, und es existiert wahrscheinlich in einer permanenten Gegenwart, die gar kein Selbst als Instanz für irgendeine Form von sozialem Austausch beinhaltet (vgl. Nelson, 1996, S. 204 ff.).

Zu den eher sterilen akademischen Auseinandersetzungen zählen auch Fragen wie die, ob denn nun das Vorliegen eines Selbstkonzepts die entscheidende Bedingung für die Entwicklung eines autobiographischen Gedächtnissystems sei, wie Howe et al. (2003) postulieren, oder ob dafür, wie Katherine Nelson argumentiert, ein elaboriertes Niveau des Sprachverstehens erforderlich ist (Nelson, 1993, 1996). Wir denken, daß beides wichtig ist – in dem Sinne, daß sowohl der Selbstbezug als auch die Verfügung über ein symbolisches Medium, das erst die Objektivierung dieses Selbst in Raum und Zeit und damit »mental time travel« ermöglicht, notwendig für die Entwicklung eines autobiographischen Gedächtnissystems ist. In demselben Sinne ist aber schon die Einübung protonarrativer Sequenzen in den ganz frühen Entwicklungsphasen des Babys eine notwendige Vorbedingung für die Genese des autobiographischen Gedächtnisses, weil ohne solche sequenzierten kommunikativen Praktiken und Erfahrungen weder die spätere echte Interaktion noch symbolsprachliche Austauschprozesse möglich wären.

Wir gehen allgemein davon aus, daß die Ontogenese am besten zu verstehen ist, wenn man sie als kumulativen Prozeß des Erwerbs von sich systematisch erweiternden Kompetenzen beschreibt, in dem jeweils basale Formate von Fähigkeiten durch relativ entwickeltere überformt werden. So ist ein basales Format der Ontogenese etwa die vom Augenblick der Geburt an gegebene Fähigkeit zur Kommunikation (Format I), die durch die beständigen kommunikativen Sequenzen des Fütterns, Badens, Spielens etc. zunehmend sozial elaboriert wird (Format II), um im Alter von acht oder neun Monaten durch gemeinsame Aufmerksamkeit erste Momente von Intersubjektivität zu erlauben und damit zur Interaktion zu werden (Format III). Der Spracherwerb umschreibt diesen frühen Interaktionen in den folgenden Lebensmonaten einen ganz neuen Rahmen, der das Kind zunächst zu einem immer kompatibleren Interaktionspartner und damit zu einem aktiven Mitglied einer sozialen Gemeinschaft macht (Format IV), und schließlich wird mit dem Erreichen sowohl einer »Theory of Mind« als auch mit der Verfügung über eine Symbolsprache (Format V) kontinuierlich Intersubjektivität möglich, die wiederum Voraussetzung für alle weiteren Entwicklungsschritte bis zum Erwachsenenalter ist.

Tabelle 11.2   Ontogenese der Intersubjektivität

Format I	Kommunikativität	ab 0 Monaten
Format II	Kommunikationen, protonarrative Sequenzen, »mental event representations«	Ab 3 Monaten
Format III	Gemeinsame Aufmerksamkeit	Ab 9 Monaten
Format IV	Verbale Kommunikation, Interaktion	Ab 12 Monaten
Format V	Intersubjektivität	Ab 36 Monaten

Bei solchen Übersichten zur Ontogenese einzelner menschlicher Kompetenzen muß immer deutlich darauf hingewiesen werden, daß das Erreichen eines neuen Formats keineswegs die Ablösung des vorangegangenen bedeutet, sondern daß das alte Format aus der Perspektive des sich entwickelnden Subjekts einen neuen Rahmen der Erfahrung und Welterschließung etabliert – weshalb etwa nach Erreichen der Fähigkeit, die eigene Existenz und das eigene Selbst symbolsprachlich zu erschließen, keine intentionale Rückkehr in das subjektive Universum der frühen Kindheit mehr möglich ist. Wer vom Baum der Erkenntnis gegessen hat, bleibt aus dem Paradies vertrieben. Gleichwohl wird unterhalb der bzw. parallel zu den jeweils dazugewonnenen kognitiven Fähigkeiten die vorangegangene Kompetenz erhalten. Man kann sich das daran verdeutlichen, daß wie bereits in den allerersten Lebensmonaten unablässig kommuniziert wird, auch wenn einem das gar nicht bewußt ist, und daß Kommunikationen von den unterschiedlichsten Mitteilungskanälen getragen werden, von denen uns meistens nur die inhaltliche, also symbolische Ebene bewußt verfügbar ist, obwohl etwa die prosodische, gestische oder mimische Ebene der Kommunikation das inhaltlich Mitgeteilte erst mit der entsprechenden Konnotation versehen und insofern auch die Beziehungsebene der ablaufenden Kommunikation strukturieren, ohne daß uns das im Regelfall bewußt wäre.

Auch auf Hirnebene scheint uns ein solches Konzept der formativen Ontogenese die adäquatesten Beschreibungen zu liefern, denn auch wenn sich die Gedächtnissysteme ontogenetisch nacheinander ausbilden, geraten die jeweils früheren doch nicht außer Funktion, wenn spätere und umfassendere Systeme emergieren und in Funktion treten. Zudem scheint uns ein formatives Verständnis der Ontogenese auch deshalb fruchtbar zu sein, weil wir so erstens die Bedeutung von Zeitfenstern der Entwicklung besser verstehen (ohne das Erreichen eines zweiten Formats wird das dritte nicht oder nur unter größten Einschränkungen erreicht) und zweitens einen Begriff der Potentialität einzelner Entwicklungsschritte gewinnen können – also einen Eindruck gewinnen, was diese jeweils »vorbahnen«. Schließlich erlaubt eine formative Perspektive eine Beschreibung, die einzelne formative Schritte auf unterschiedlichen Ebenen in Zusammenhang miteinander bringen kann – so zum Beispiel die Ausreifung des Hippocampus mit der Entwicklung des Arbeitsgedächtnisses und mit der Fähigkeit zur gemeinsamen Aufmerksamkeit.

Das menschliche Gedächtnis wird auf diese Weise als ein Wandlungskontinuum beschreibbar, das sich über die Ausbuchstabierung der in den jeweiligen ontogenetischen Formaten gegebenen Potentiale realisiert – und das lebenspraktische Paradox erklärbar macht, daß wir uns ein Leben lang gleich bleiben, obwohl wir uns unablässig verändern.

12 Gedächtnis im Alter

Gedächtnis ist ein dynamischer Prozeß – wir speichern Information zustandsabhängig und wir rufen Information zustandsabhängig ab. Wer also beispielsweise in depressiver Stimmung ist, wird weit stärker negativ besetzte Information abrufen als jemand, der gerade einen Lottogewinn gemacht oder sich frisch verliebt hat. Die Zustandsabhängigkeit des Gedächtnisses bedeutet aber auch, daß sich unser Gedächtnis altersabhängig verändert – einmal, weil wir immer mehr Information mit zunehmendem Alter aufnehmen, und zum anderen, weil unser Gehirn immer weniger in der Lage ist, Informationen mit der gleichen Präzision und sozusagen jugendlichen Frische aufzunehmen, wie dies in frühen Jahren der Fall war. Auch verändert sich natürlich unser Gedächtnis insofern, als wir mit zunehmendem Alter Gedächtnisinhalte immer wieder neu verknüpfen und damit neu integrieren, und außerdem jeder Abruf eine Neueinspeicherung (»Re-Enkodierung«) zur Folge hat – die wiederum in der jeweils herrschenden Stimmung vorgenommen wird (Markowitsch, 2002a).

Wie andere Funktionen auch – angefangen mit der Intelligenz – verändert sich unser Gedächtnis im Alter wesentlich. Trotzdem halten wir uns weitgehend für »identisch«, dieselbe Person wie früher. Man kann, was die Veränderungen angeht, in Bereiche differenzieren, die dynamischer Natur sind, und andere, die konservativ-beständig und im wesentlichen konstant sind. Dabei kann man durchaus Parallelen zum körperlichen Zustand herstellen: Der Körper ist bis zum frühen Erwachsenstadium auf Zuwachs und Zunahme angelegt, erreicht dann ein Plateau, von dem aus es wieder »bergab« geht. Muskelmasse, Körpergröße, Hirnvolumen sind Beispiele für Bereiche, die Zunahmen bis in die dritte Lebensdekade aufweisen. Diese somatischen Veränderungen spiegeln sich in den Leistungskurven unterschiedlicher intellektuell-kognitiver Funktionen wider. Grundsätzlich ist in dieser Zeit des »Aufstiegs« auch ein Anstieg von Wissen, geistiger Flexibilität, sozialer Kompetenz und Reife, emotionaler Schwingungsfähigkeit und Lernbereitschaft zu verzeichnen. Die sich anschließende Plateauzeit wird dann allerdings unterschiedlich gesehen und bewertet. Zur groben Klassifizierung der Gesamtheit der körperlich-geistigen Befindlichkeit werden zwei Modelle vorgeschlagen

242 *Das autobiographische Gedächtnis: eine lebenslange Entwicklungsaufgabe*

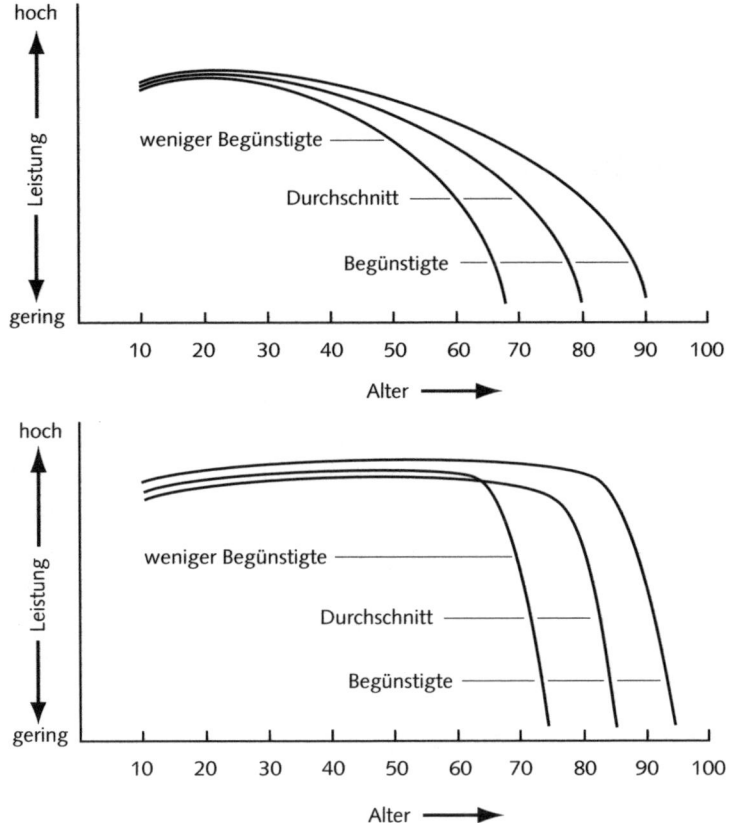

Abb. 12.1   Modelle alterskorrelierter Abnahmen der Leistungsfähigkeit (allgemein definiert als Kombination körperlicher und geistiger Leistungsfähigkeit).

(Abb. 12.1). Im einen geht es ab der Mitte der dritten Lebensdekade »bergab«, bei den einen schneller, bei den anderen langsamer. Im anderen – optimistischen – Modell bleibt die Leistungsfähigkeit bis ins Alter weitgehend konstant erhalten und fällt dann – bei den weniger Gesegneten schon jenseits des 60. Lebensjahres, bei den »Glücklicheren« erst um das 90. Lebensjahr – steil bergab.

Allgemein wird angenommen, daß es einen direkten Zusammenhang zwischen Intelligenz und Gedächtnis gibt: Wer eine sehr gute Aufnahme- und Erinnerungsfähigkeit hat, hat meist auch eine eher hohe Intelligenz. Persönlichkeitsforscher haben vorgeschlagen, Intelligenz z. B. über die Schnelligkeit von Augenbewegungen zu messen, um von der Vermengung von Kulturwissen und Intelligenz weg-

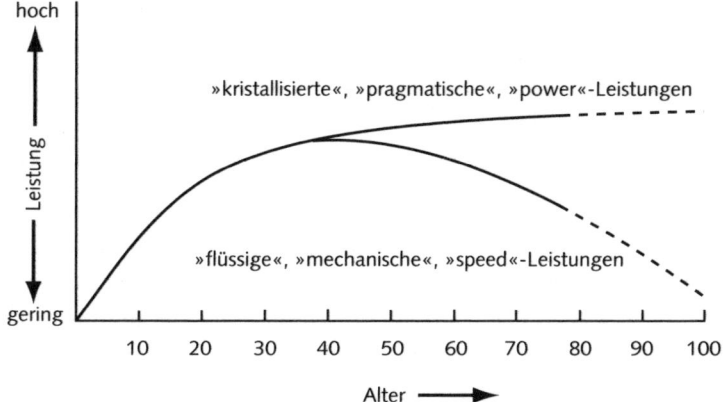

Abb. 12.2 Der Verlauf der Intelligenz über das Lebensalter, unterteilt in Bereiche, die eher konstant bleiben oder sogar noch leicht ansteigen, und andere, die schon bald nach Erreichen des Erwachsenenstadiums abfallen.

zukommen; auch gibt es andere »kulturfreie« Intelligenztests, bei denen beispielsweise geometrische Muster verglichen und wiedererkannt werden müssen. Da Intelligenz jedoch nach konventioneller Definition mehr umfaßt, als durch nichtverbale Fähigkeiten oder Fertigkeiten gemessen werden kann (in der Psychologie lautet ein stehender Ausspruch: »Intelligenz ist, was Intelligenztests messen«), wird sie meist in statisch-pragmatische und in dynamisch-geschwindigkeitsabhängige Anteile differenziert (Abb. 12.2).

Diese Sichtweise von Intelligenz als multidimensionales Konstrukt entspricht dem sogenannten Cattell-Horn-Modell (Cattell, 1963, 1987; Horn, 1982); entsprechend wurden altersbedingte Veränderungen und deren neurale Korrelate häufig selektiv untersucht (Horn, 1982; Woodruff-Pak, 1997). Dabei kennzeichnet *fluide Intelligenz* »das intellektuelle Potential, das vor allem beim Neuerwerb von Wissen und beim Lösen neuartiger Probleme eine Rolle spielt«; *kristalline Intelligenz* dagegen umfaßt »die Fähigkeit, zuvor erworbene Kenntnisse auf ein aktuelles Problem anzuwenden« (Zimprich, 1998, S. 90).

Die strukturellen Eigenschaften von Intelligenz im mittleren und höheren Erwachsenenalter werden in Form von unterschiedlichen psychometrischen Fähigkeiten zu erfassen versucht. So wurden fünf größere Dimensionen psychometrischer Intelligenz identifiziert, von denen logisches Denken, Gedächtnis und perzeptuelle Verarbeitungsgeschwindigkeit zur mechanischen Domäne (fluide

Intelligenz) zählen, während Wissen und divergentes Denken der pragmatischen Domäne (kristalline Intelligenz) zuzuordnen sind (Lindenberger, Mayr & Kliegl, 1993). Mittlerweile existieren in Quer- und Längsschnittstudien (z.B. Bonner Längsschnittstudie des Alterns, Berliner Altersstudie) vielseitige Belege dafür, daß es eine im Alter zunehmende Zweiteilung des intellektuellen Entwicklungsverlaufes gibt. Diese beinhaltet einen signifikanten Rückgang der fluiden Leistungsfähigkeit und weitgehende Stabilität bzw. Steigerung des kristallinen Erfahrungswissens im höheren Erwachsenenalter (Ackerman, 2000; Meyer & Baltes, 1996; Rudinger & Rietz, 1995). Der umfangreiche Datensatz der Berliner Altersstudie belegt darüber hinaus, daß jenseits des siebten Lebensjahrzehnts auch die kristallinen Fähigkeiten eine Abnahme erfahren, die allerdings geringer ausfällt als bei fluiden Fähigkeiten (Lindenberger & Baltes, 1997). Insgesamt unterliegt die altersbedingte Zu- und Abnahme von intellektuellen Leistungen einer erheblichen inter- und intraindividuellen Variabilität (Baltes, 1998; Salthouse, 1996a).

Da Gedächtnis – zumindest ähnlich komplex wie Intelligenz – sich aus Teilsystemen (zeitliche und inhaltliche Unterteilbarkeit; vgl. Abb. 4.10 und 4.11, S. 81) zusammensetzt, nimmt es nicht wunder, daß auch Gedächtnisfunktionen sich über die Zeit verändern, manche – wie die schnelle Auffassungsgabe, das kurzfristige Behalten unter hohen Interferenzbedingungen (»geteilte Aufmerksamkeit«) – beträchtlich abnehmen, andere – wie das passive Aneignen von Wissen (z.B. Wortschatz) – dagegen bis ins hohe Alter zunehmen. Es kann nicht oft und intensiv genug betont werden, daß unser menschliches Gedächtnis zustandsabhängig und im Wechselspiel mit vielen anderen kognitiven, attentiven und Persönlichkeitsdimensionen arbeitet. Da sich nun die Persönlichkeit über die Zeit verändert – wer mit 18 Jahren eine radikale Partei wählte, muß dies nicht auch mit 58 Jahren tun, wer mit 16 Jahren über den einen zarten Kuß ins Schwärmen geriet, wird mit 46 Jahren derartiges Verhalten weit weniger romantisch verarbeiten – wird auch die Verarbeitung von Information anders geschehen. Wir sind eher erstaunt, wenn wir in bestimmten Momenten in unserer Erinnerung in eine besondere Stimmung unserer Vergangenheit »zurückgeführt« werden, die uns inzwischen fremd geworden ist (Abb. 12.3). Wir tragen mehr oder weniger bewußt ein stark affektbesetztes Gedankengebäude in uns, das uns als Person ausmacht, aber andererseits wieder aktuell »farblich überstrichen« (affektiv koloriert) werden kann, wenn wir z.B. trauriger Stimmung sind, und dadurch bestimmte Inhalte zum Verblassen bringt, andere stärker herausstreicht. Je nachdem nun, was uns das Leben bringt, von welcher Art Emotionen wir eher geleitet werden, wird sich unsere Erinnerungsfähigkeit über die Lebensspanne verändern und mit zunehmender

Länge einer »Gestimmtheit« die Wahrscheinlichkeit für das Erinnern bestimmter Gedächtnisinhalte verbessern und für andere verringern.

Extrembeispiele für die Bedeutung der Lebenssituation für das autobiographische Gedächtnis wurden in Box 4.6 aufgeführt und bezogen sich auf Patienten, die meist durch nicht adäquat bewältigte psychische Streß- und Traumaerlebnisse einen Schaden für ihr weiteres Leben nahmen: Eine Mutter erinnert sich nicht mehr an ihre 13 letzten Lebensjahre und damit auch nicht an zwei ihrer drei Kinder; ein Soldat wird in einen Autounfall in Arabien verwickelt, kann erst spät aus dem Wrack befreit werden und verliert sein Gedächtnis an Frau, Kind und alle persönlichen Erlebnisse (Fujiwara et al., im Druck). Meist kommen die Erinnerungen selbst nach Jahren nicht wieder, sondern wurden in der Zwischenzeit routineartig und weitgehend emotionslos als Fakten neu erworben (vgl. Wissenssystem; Abb. 4.11, S. 82).

```
Sehr geehrter Herr Professor Markowitsch,
der SPIEGEL Artikel „Corporal ohne Vergangenheit" hat mich auf Sie
aufmerksam gemacht. Ich bin eine ehemalige Wirtschaftsjournalistin
und nun in meinen alten Tagen damit beschäftigt, persönliche
zeitgeschichtliche Erfahrungen in politische Bildungsarbeit
einzubringen. Um meine Erinnerungen zu kontrollieren und zu
dokumentieren, verbringe ich meine Tage in Archiven und Bibliotheken.
In dieser rückwärtsblickenden Lebenssituation ist mir Folgendes
passiert:
Ich stand, allein im Zimmer, neben meinem Schreibtisch und sah an einem
strahlend blauen Sommertag in's Grüne hinaus; durch die geöffnete
Balkontür drang das unablässig Brummbrumm der Stadtautobahn an mein
Ohr. Und plötzlich waren Sommertag und Autobahngeräusche weg, - ich
empfand gedämpfte Innenraumatmosphäre, sah mich unter gedämpfter
Innenraumbeleuchtung neben einem langen, rundum mit amerikanischen
Offizieren besetzten Clubraumtisch stehen, hörte den Offizier an der
Kopfseite mich ansprechen. Danach sah ich mich eben diesem Offizier vor
dem Clubhaus in sternklarer Sommernacht gegenüberstehen, hörte mich
etwas fragen, ihn antworten.
Beide Szenen haben sich – wie von meinem Gedächtnis ohne irgendwelchen
bewußten Anschub reproduziert – vor 56 Jahren zugetragen. (Als ich
Flüchtlingsmädchen glücklich war, eine Arbeit, bei der es etwas zu
essen gab, ergattert zu haben.)
Als ich mich wieder neben meinem Schreibtisch bei Autobahn-brummbrumm in
den Sommertag hinaus sehend wahrnahm, hatte ich den Eindruck, so etwas
wie eine Zeitreise absolviert zu haben. Mich von meiner Verblüffung
über diese Erinnerungseruption erholend, ging mir auf, daß ich d i e
Momente wieder erlebt hatte, in denen meine Reaktion für meinen ganzen
weiteren Lebenslauf, den ich dabei bin, für die Zeitgeschichtsforschung
zu dokumentieren, die Weiche gestellt hatten.
Sie werden sicher verstehen, daß mich dieses Erinnerungserleben
beschäftigt. Ich wäre dankbar, wenn Sie mich wissen lassen würden, unter
welchem Stichwort ich in der Fachliteratur solch eine Überlagerung, ja
Auslöschung des akuten Wahrnehmungsvermögens durch Erinnerungsmomente
erklärt finden kann.
Für Ihre Mühe danke ich Ihnen im Voraus.
Hochachtungsvoll
```

Abb. 12.3   Affektive Erinnerung.

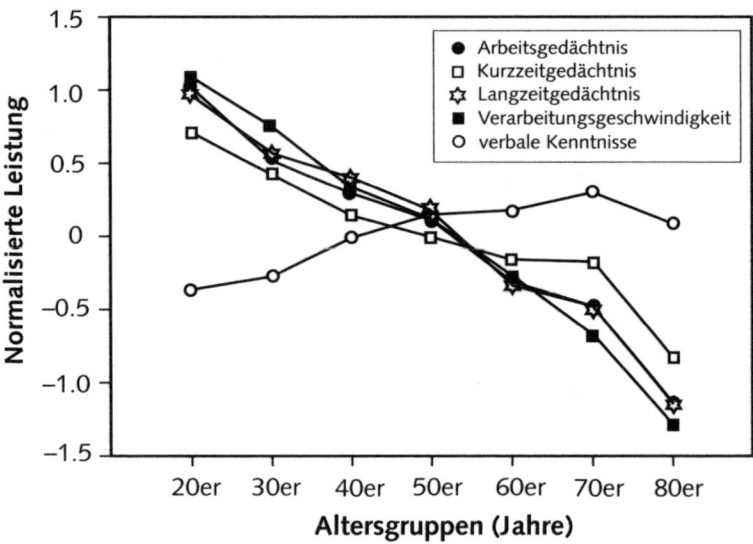

Abb. 12.4 Kognitive Leistungsveränderungen mit ansteigendem Alter (nach Denise Park; vgl. Park & Gutchess, 2002).

Unabhängig von diesen Extrembeispielen zeigt die neue Forschung, daß wir auch in Bereichen normaler Erinnerungsfähigkeit weit variablere, und mit zunehmendem Alter meist schlechtere Leistungen zeigen, als uns bewußt ist. Insbesondere Denise Park hat hierzu eine Reihe von Untersuchungen gemacht, deren Ergebnisse in Abbildung 12.4 zusammengefaßt sind. Bis auf unsere verbalen Kenntnisse – also unseren passiven Wortschatz, der sich bis ins hohe Alter vergrößert – nehmen so gut wie alle Gedächtnisleistungen schon jenseits des 20. Lebensjahres ab. Es ist also nicht überraschend, wenn 50jährige häufig darüber klagen, daß ihnen die Namen von Personen nicht mehr einfallen, und wenn ein neues Krankheitsbild, das im Englischen als »mild cognitive impairment« (MCI) bezeichnet wird, als Indikator eine (auch subjektiv so empfundene) Abnahme der Gedächtnisleistungen als Kernsymptom hat. Dieses Krankheitsbild der »leichten kognitiven Beeinträchtigung« kann, aber muß nicht die Vorstufe für eine Altersdemenz darstellen (Bozoki, Giordani, Heidebrink, Berent & Foster, 2001; Braak, del Tredici & Braak, 2003; Busse, Bischkopf, Riedel-Heller & Angermeyer, 2003; Galvin, Palmer & Morris, 2003; Hogan & McKeith, 2001; Morris et al., 2001). Es geht auf jeden Fall in der Schwere der Gedächtnisstörung über die »benigne Altersvergeßlichkeit« hinaus, die seit langem für die Gedächtnisabnahme im Alter steht.

Arbeitsgedächtnis, exekutive Funktionen und Langzeitgedächtnis

Das *Arbeitsgedächtnis* involviert die kurzfristige Aktivierung und Manipulation von Informationen (D'Esposito & Grossmann, 1998). *Exekutive Funktionen* dagegen umfassen mentale Prozesse höherer Ordnung zur Steuerung und Optimierung von Handlungen bzw. Verhalten in nichtroutinisierten Situationen (Matthes-von Cramon & von Cramon, 2000). Ihre Erforschung hat ihre Wurzeln primär in der Neuropsychologie und wird u. a. in bildgebenden und klinisch-vergleichenden Altersstudien umgesetzt (Markowitsch & Kessler, 2000; Rabbitt, 1997). Arbeitsgedächtnis und exekutive Funktionen werden als metakognitive Prozesse verstanden und stellen die Grundlage für bzw. haben entscheidende Auswirkungen auf die übrigen kognitiven Funktionsleistungen (wie z. B. Gedächtnis und Sprache). Aus neuropsychologischer Sicht ist ihre Überlappung in der Kontrolle ihrer Verarbeitungskomponenten durch das Frontalhirn und hier insbesondere durch den präfrontalen Cortex repräsentiert (Rabbitt, 1997). Die Systeme des *Langzeitgedächtnisses* unterliegen in unterschiedlichem Ausmaß altersabhängigen Veränderungen.

Arbeitsgedächtnis:
Ob Arbeitsgedächtnisfunktionen im Alter beeinträchtigt sind, wird in der Literatur kontrovers dargestellt. Während es vielfältige Belege dafür gibt, daß das Kurzzeitgedächtnis (»Merkspanne«) auch im Alter unbeeinträchtigt oder allenfalls leicht gemindert ist (Corey-Bloom et al., 1996; Gregoire & van der Linden, 1997; Howieson, Holm, Kaye, Oken & Howieson, 1993), sprechen viele Arbeiten für deutliche altersbedingte Einbußen im Arbeitsgedächtnis. Entsprechend der verschiedenen Teilfunktionen des Arbeitsgedächtnisses zeigen sich altersassoziierte Defizite auch in den verschiedensten Tests zur Messung von Arbeitsgedächtnisleistungen (z. B. Brébion, Ehrlich & Tardieu, 1995; Gilinsky & Judd, 1994) – nicht alle Subsysteme des Arbeitsgedächtnisses sind dabei gleichermaßen betroffen (Dolman, Roy, Dimeck & Hall, 2000). Die Leistungsunterschiede im Alter scheinen abhängig von der Komplexität der Aufgabe zu sein. Je mehr kognitive Ressourcen erforderlich sind, desto eher ergeben sich Arbeitsgedächtnisdefizite (Salthouse, 1994a, b).

Die Funktionen des Arbeitsgedächtnisses sind auch abhängig von allgemeinen Wahrnehmungsleistungen und der kognitiven Verarbeitungsgeschwindigkeit sowie der Interferenzanfälligkeit und beeinflussen ihrerseits wiederum verschiedene andere kognitive Funktionen wie z. B. Sprachverständnis und Sprachproduktion. Eine saubere Trennung von kognitiven Defiziten und geminderten Arbeitsgedächtnisdefiziten ist demnach ebenso schwierig, wie die Abgrenzung der Verarbeitungsgeschwindigkeit von Arbeitsgedächtnisleistungen. Noch komplexer wird es, betrachtet man altersbedingte Defizite exekutiver Funktionen, in die immer auch Aufmerksamkeits- und Arbeitsgedächtnisleistungen eingehen.

Exekutive Funktionen:
Die Unterscheidung zwischen Aufmerksamkeit, Arbeitsgedächtnis und exekutiven Funktionen ist deswegen uneinheitlich, weil auch in Arbeitsgedächtnisleistungen Aufmerksamkeits- und exekutive Prozesse eingehen, und auch bei exekutiven Aufgaben Arbeitsgedächtnisfunktionen sowie Aufmerksamkeitsressourcen erforderlich sind. Im Folgenden werden altersbedingte Änderungen derjenigen exekutiven Funktionen beschrieben, die nicht schon in der Beschreibung der Aufmerksamkeits- und Arbeitsgedächtnisänderungen im Alter enthalten sind.

Exekutive Funktionen, die ein Individuum dazu befähigen, zielgerichtet und planmäßig, zugleich aber flexibel und effizient zu agieren, erfahren im Verlauf des Alterungsprozesses deutliche Minderungen. Dies zeigt sich in z. B. in einer immer größer werdenden kognitiven Inflexibilität älterer Personen, die den Alltag häufig abhängig von Gewohnheitshandlungen gestalten. Neuropsychologisch lassen sich exekutive Funktionen z. B. mit Verfahren messen, bei denen Karten nach Kategorien sortiert werden müssen, die irgendwann wechseln (die alte Kategorie wird falsch, eine neue muß gewählt werden). Bei solchen und ähnlichen Verfahren sind deutliche Alterseffekte feststellbar (z. B. Brennan, Welsh & Fisher, 1997). Dabei scheinen insbesondere die korrekte Verarbeitung von Rückmeldungen sowie eine leicht erhöhte Perseverationstendenz eine Rolle zu spielen. Levine, Stuss und Milberg (1995) untersuchten 60 Personen im Alter von 18 bis 79 Jahren mit einem Verfahren zur Überprüfung der Konzeptgenerierung und fanden deutliche altersbedingte Einbußen bei der selbstinitiierten Konzeptbildung, beim sogenannten »set shifting« (Kategorienwechsel), beim »Antwort-monitoring« und bezüglich der Perseverationstendenzen. Auch hinsichtlich der Interferenzanfälligkeit – beispielsweise bei einer Farb-Wort-Interferenzaufgabe – lassen sich Altersunterschiede berichten (z. B. West & Baylis, 1998).

Langzeitgedächtnis:
Stärker noch als für die Bereiche Wahrnehmung, Aufmerksamkeit, Arbeitsgedächtnis und exekutive Funktionen treten Leistungsveränderungen auf der Ebene des Langzeitgedächtnisses hervor. Obwohl die Untersuchung von altersbedingten Veränderungen relativ neu ist (Small, 2001; N. D. Anderson & Craik, 2000) und

insbesondere auf der Ebene der funktionellen Bildgebung erst in den letzten Jahren Untersuchungen begannen (s. Prull, Gabrieli & Bunge, 2000), gibt es dennoch schon eine Reihe von Ergebnissen. So finden sich Abnahmen in ganz unterschiedlichen Bereichen des Gedächtnisses – vom Priming-Gedächtnis (Cherry & Pierre, 1998) über das prospektive Gedächtnis (West, Jakubek & Wymbs, 2002) bis zum Abruf gespeicherter Informationen (Cabeza, McIntosh, Tulving, Nyberg & Grady, 1997). Ursachen dafür sind Abnahmen der Volumina im Stirnhirn und Schläfenlappen (Bartzokis et al., 2001; Parkin, 1997; Schretien et al., 2000), insbesondere im Umfeld des Hippocampus (Heinsen et al., 1994; Ylikoski et al., 2000) und Volumenrückgänge der weißen Masse (Bartzokis et al., 2003; Garde, Mortensen, Krabbe, Rostrup & Larsson, 2000). Darüber hinaus verringert sich die Aufgabenverteilung der beiden Hirnhälften zuungunsten der rechten Hemisphäre (Dolcos, Rice & Cabeza, 2002) (vgl. das HERA-Modell: Kap. 4 unter Verlauf der Entwicklung, S. 104).

Priming:
Während frühere Arbeiten keine altersassoziierten Priming-Einbußen fanden (z. B. Light & Albertson, 1989), stellten La Voie und Light (1994) in einer Metaanalyse Abnahmen der Priming-Leistungen im Alter fest. Dennoch gibt es auch in jüngerer Zeit unterschiedliche Befunde. Das Ausmaß der Priming-Defizite im Alter scheint dabei von den Abrufanforderungen bestimmt zu sein. Gabrieli et al. (1999) vermuten, daß die Unterschiede beim Abruf (Produktion versus Identifikation) die unterschiedlichen Befunde zu altersbedingten Priming-Änderungen erklären können. Bezüglich der neuronalen Korrelate von Priming konnten Studien mit funktionellen bildgebenden Verfahren zeigen, daß sowohl bei jungen als auch bei alten Probanden die gleichen Muster neuronaler Aktivität (Deaktivierung in posterioren Cortexgebieten) während der Priming-Aufgaben beobachtbar sind (z. B. Bäckman et al., 1997).

Prozedurales Gedächtnis:
Über altersbedingte Veränderungen des prozeduralen Gedächtnisses ist bislang wenig bekannt, und die Befunde sind zum Teil widersprüchlich. Während z. B. Schugens, Daum, Spindler und Birbaumer (1997) keine altersassoziierten Minderungen prozeduraler Lernleistungen (bei einer Spiegelschrift-Leseaufgabe) feststellen konnten, lassen sich auch Arbeiten finden, die deutliche Einbußen dieser Leistungen im höheren Lebensalter berichten. So konnten sowohl im Lernen motorischer als auch beim Erwerb nichtmotorischer Fertigkeiten Altersunterschiede

festgestellt werden, beispielsweise beim Verfolgen rotierender Reize, beim Lesen umgedrehter Sätze oder bei der Identifikation unvollständiger Wörter (Hashtroudi, Chrosniak & Schwartz, 1989; M. K. Johnson, Hashtroudi & Lindsay, 1993; Moscovitch, Winocur & McLachlan, 1986). Die Autoren argumentieren, daß altersbedingte Defizite prozeduraler Lernleistungen mit einer geminderten perzeptuellen Organisation einhergehen. Analog dazu könnten die teilweise divergenten Ergebnisse im Bereich altersbedingter prozeduraler Gedächtnisleistung durch unterschiedliche Anforderungen des Einsatzes von Strategien bei verschiedenen prozeduralen Aufgaben erklärt werden. So kann davon ausgegangen werden, daß es zu entsprechenden Einbußen Älterer kommt, wenn die Leistung abhängig ist vom effizienten Einsatz verschiedener (Strukturierungs-)Strategien oder anderer kognitiver Funktionen wie z. B. dem Arbeitsgedächtnis.

Semantisches Gedächtnis:
Man geht davon aus, daß Informationen des semantischen Gedächtnisses konzeptuell und hierarchisch organisiert sind. Ein sogenanntes internes Lexikon stellt man sich durch ein neuronales Netzwerk repräsentiert vor, innerhalb dessen die Bedeutung von Wörtern und Konzepten sowie deren Assoziationen abgebildet sind. Die Organisation scheint einer Top-Down-Struktur zu folgen, bei der hierarchisch übergeordnete Begriffe (z. B. Tiere) durch allgemeine Attribute gekennzeichnet sind und Unterkategorien (z. B. Vögel) spezifischere Attribute aufweisen (J. R. Anderson, 1976).

Eine Reihe von Arbeiten weist darauf hin, daß die Organisation und Struktur des internen Lexikons recht stabil über die Lebensspanne ist und auch im höheren Alter erhalten bleibt (z. B. Laver & Burke, 1993). Ebenso scheint der Wortschatz im Alter stabil zu bleiben bzw. sogar anzusteigen (Bäckman & Nilsson, 1996). Zusammenfassend kann davon ausgegangen werden, daß das semantische Wissen auch im hohen Alter weitestgehend intakt ist, der Zugang zu den Informationen jedoch langsamer abläuft als bei jungen Personen. Solche Unterschiede können aber auf andere, das semantische Gedächtnis indirekt betreffende Ursachen zurückgeführt werden, wie beispielsweise auf Einbußen im Arbeitsgedächtnis, der Informationsverarbeitungsgeschwindigkeit und auf Minderungen exekutiver Funktionen (z. B. »monitoring«).

Episodisches Gedächtnis:
Autobiographische Erinnerungen von unlängst erlebten Episoden und Ereignissen stehen meist im Vordergrund, wenn ältere Personen Einbußen ihres Gedächt-

nisses beschreiben. Solche Beeinträchtigungen werden neuropsychologisch in der Regel mittels des freien Abrufs von zuvor gelernten Wörtern, Sätzen, Geschichten oder Bildern untersucht. Dabei lassen sich in der Tat deutliche Unterschiede zwischen den Leistungen junger Erwachsener und älterer Personen feststellen (Überblick in Bäckman, Small & Wahlin, 2001).

Der Abbau des episodisch-autographischen Gedächtnisses setzt recht früh ein und verläuft langsam, aber kontinuierlich über die Lebensspanne (Nilsson et al., 1997; Salthouse, 1998). Gerade die relativ langsame Zunahme der Defizite könnte eine Erklärung der Befunde aus kurzfristig angelegten Studien sein, die keine altersassoziierten Einbußen fanden. So schlagen Zelinski und Burnight (1997) ein Mindestintervall von sechs Jahren zwischen Erstuntersuchung und Follow-up vor, um mögliche Altersunterschiede reliabel zu erfassen.

Altersunterschiede im episodischen Gedächtnis scheinen vom Ausmaß der Abrufhilfe (freier Abruf vs. Abruf mit Hinweisreiz vs. Wiedererkennen) abhängig zu sein. So gibt es einige Hinweise darauf, daß die Altersunterschiede in der Gedächtnisleistung zunehmen, je weniger Abrufhinweise gegeben werden (z. B. Bäckman & Larsson, 1992), wenngleich andere Arbeiten diese Annahme nicht bestätigen können (Überblick in Bäckman, Mäntylä & Herlitz, 1990).

Quellengedächtnis:
Ein bedeutsamer Aspekt des episodischen Gedächtnisses ist die Erinnerung an die Quelle der Information (das sogenannte Quellengedächtnis, englisch »source memory«). Unter Quelle werden die genauen Bedingungen verstanden, unter denen Informationen aufgenommen werden, also der zeitliche, räumliche und soziale Kontext eines Ereignisses sowie die Modalität (zumeist visuell oder auditiv), in der ein Ereignis oder eine Information wahrgenommen wird. M. K. Johnson, Hashtroudi und Lindsay (1993) unterscheiden drei Arten des Quellengedächtnisses: erstens den Prozeß der Unterscheidung von intern generierten und extern wahrgenommenen Informationen (also z. B. die Unterscheidung von phantasierten und erlebten Ereignissen), der auch »reality monitoring« genannt wird. Unter »internal source monitoring« wird der Prozeß der Unterscheidung zwischen verschiedenen internal generierten Informationen verstanden, als »external source monitoring« die Diskrimination von verschiedenen externen Quellen (z. B. die Unterscheidung des von verschiedenen Personen Gesagten).

Im Bereich der Altersforschung zum Quellengedächtnis lassen sich viele Studien auflisten, die auf das externale »source monitoring« fokussieren. So berichten verschiedene Arbeiten altersbedingte Einbußen im Erinnern des Kontextes der dargebotenen Reize, wie z. B. die Modalität (Larsson & Bäckman, 1998), die Farbe (Park & Puglisi, 1985) oder die Schrift (Naveh-Benjamin & Craik, 1995). Als ein kritischer Faktor, der möglicherweise Altersunterschiede im Quellengedächtnis erklären könnte, wird der Grad der Unterschiedlichkeit zwischen den Quellenreizen angenommen. So konnten beispielsweise Ferguson, Hashtroudi und Johnson (1992) zeigen, daß ältere Probanden nur dann im »external source monitoring« beeinträchtigt waren, wenn die Quellen ähnlich waren, nicht aber, wenn sie sich deutlich voneinander unterschieden. Bezüglich des »reality monitoring« werden keine Altersunterschiede berichtet. Man könnte vermuten, daß es für die Unterscheidung, ob ein Ereignis internal generiert oder external wahrgenommen wurde, deutlichere Diskriminationshinweise gibt als für die Unterscheidung innerhalb internaler bzw. externaler Quellen. Zusammenfassend läßt sich festhalten, daß es altersbedingte Minderungen im Quellengedächtnis gibt, diese aber deutlich von der Ausprägung der Hinweisreize bzw. der Art der Quellenunterscheidung abhängen.

Falsche Erinnerungen/False Memories:
Auf die Existenz und Bedeutung von falschen Erinnerungen wurde bereits in den früheren Kapiteln hingewiesen (Kap. 2 und Kap. 8). In diesem Kontext werden häufig die sogenannten Deese-Listen verwendet (Deese, 1959; Roediger & McDermott, 1995). Es werden den Probanden semantisch verknüpfte Wörter präsentiert (z. B. Nacht, Bett, schnarchen), und beim späteren Abruf erfolgt dann zumeist eine Intrusion eines nicht dargebotenen, semantisch passenden Worts (z. B. schlafen).

Untersuchungen von jungen und alten Probanden ergaben, daß ältere Personen weniger Wörter der vorgegebenen Liste wiedergeben, sich in der Produktion von semantisch verknüpften Intrusionen jedoch nicht von jüngeren unterscheiden, also verhältnismäßig mehr falsche Erinnerungen zeigen als jüngere Probanden (Balota et al., 1999). Als Grund hierfür wird eine stärkere Fokussierung älterer Personen auf generelle Eigenschaften oder Informationen eines Objekts, Gegenstands oder Individuums diskutiert. In einer Studie von Koutstaal, Schacter, Galluccio und Stofer (1999), in der die Probanden aufgefordert wurden, die zu erinnernden Objekte genau, d. h. hinsichtlich spezifischer Eigenschaften zu überprüfen, reduzierte sich zwar sowohl bei den jungen als auch bei den alten Probanden die (falsche) Erinnerung nicht dargebotener Objekte, Gegenstände oder Individuen, der Effekt des altersbedingten Anstiegs falscher Erinnerungen war aber dennoch feststellbar.

Neuronale Korrelate:
Als neuronales Korrelat der altersassoziierten Gedächtnisänderungen können vor allem Degenerationen von Regionen des präfrontalen Cortex und des medialen Temporallappens, wie sie vielfach beschrieben werden, angenommen werden. Jüngere Studien mit bildgebenden Verfahren weisen darauf hin, daß der präfrontale Cortex vor allem für den Abruf von Gedächtnisinhalten, aber auch während des Einspeicherns von Informationen von besonderer Bedeutung ist (Cabeza & Nyberg, 2000; Habib, Nyberg & Tulving, 2003). Ebenso zeigte sich, daß Regionen der hippocampalen Formation, die als kritische Struktur für das Enkodieren von Informationen angesehen wird (Überblicke in Markowitsch, 2000, 2005; Markowitsch & Borsutzky, 2004), auch beim Abruf eine Rolle spielen könnten. Deswegen könnten die beschriebenen Defizite im episodischen Gedächtnis im Alter durch Veränderungen des präfrontalen Cortex sowie des medialen Temporallappens bedingt sein. Die berichteten Einbußen im prozeduralen Gedächtnis gehen möglicherweise eher auf Veränderungen im Bereich der Basalganglien und des Cerebellums zurück, und Priming-Defizite und Defizite im perzeptuellen Gedächtnis im Alter scheinen eher mit neocorticalen Änderungen (vor allem der Assoziationscortices) einherzugehen.

Defizite in anderen kognitiven und emotiven Funktionsbereichen

Wie in Kapitel 4 beschrieben, geht die Entwicklung des Gedächtnisses Hand in Hand mit der anderer Funktionsbereiche. Hier ist die Sprache ein häufig genannter Komplex, der sowohl durch Störungen peripherer Funktionen wie auch durch zentralnervös bedingte Änderungen im Alter beeinflußt wird (Überblick in Wingfield & Stine-Morrow, 2000). Insbesondere Wortfindungsstörungen und Störungen des Namensgedächtnisses werden vielfach berichtet (Hodges, Patterson, Graham & Dawson, 1996; Nicholas, Obler, Au & Albert, 1996), aber auch das Benennen von Objekten und Handlungen (Cappa et al., 1998) sowie belebter und unbelebter Objekte und Individuen (Montanes, Goldblum & Boller, 1995) ist im Alter beeinträchtigt.

Am deutlichsten ist der Wortabruf bzw. das Benennen gemindert. Dabei ist bei älteren Personen, im Vergleich zu Jüngeren, das Zungenphänomen (»Tip-of-the-Tongue-Phänomen«; s. Box 2.1, S. 28) vermehrt feststellbar, bei dem eine Person das Gefühl hat, das gefragte Objekt oder den gefragten Namen zu kennen, auf das entsprechende Wort jedoch nicht zugreifen kann. In experimentellen Studien sind ältere Probanden zudem beim Abruf von Wörtern langsamer und weniger erfolgreich, vor allem bei Wörtern, die im Alltag selten benutzt werden (z. B. Bowles & Poon, 1985). Das lexikalische Wissen bleibt auch im hohen Alter weitestgehend von einem Abbau verschont. Sowohl Querschnitt- als auch Längsschnittstudien konnten zeigen, daß das Wissen über Wortbedeutungen, gemessen z. B. mittels der Fähigkeit, Wörter zu definieren, konstant bleibt und mit steigendem Alter sogar zunehmen kann (Botwinick, 1977; Bowles & Poon, 1985; vgl. Abb. 12.2, S. 243 [kristalline Intelligenz]).

Zur Übersicht werden die prägnantesten Veränderungen kognitiv-affektiver Leistungen im Alter in Tabelle 12.1 zusammengefaßt.

Tabelle 12.1 Neuropsychologische Funktionen im Alter

Neuropsychologische Funktionen	Änderungsrichtung
Wahrnehmung	
Höhere perzeptuelle Funktionen	Abnahme
Intelligenz	
Fluide Intelligenz	Abnahme
Kristalline Intelligenz	Invarianz (bzw. sogar Zunahme)
	≥ 70 Jahre: diskrete Abnahme möglich
Aufmerksamkeit	
Fokussierte Aufmerksamkeit	Altersinvarianz
Selektive Aufmerksamkeit	Abnahme
Geteilte Aufmerksamkeit	Abnahme
Aufmerksamkeitsverschiebung	Abnahme
Vigilanz/Daueraufmerksamkeit	Abnahme
Arbeitsgedächtnis	Abnahme
Exekutive Funktionen	Abnahme (geringere Flexibilität, erhöhte Perseverationstendenzen)
Gedächtnis	
Episodisches Gedächtnis	Abnahme
Semantisches Gedächtnis	Invarianz
Prozedurales Gedächtnis	eher leichte Abnahme
Priming	eher leichte Abnahme
Sprache	
Benennen	Abnahme
Syntax	Abnahme
Emotion/Affekt	Abnahme/ Zunahme

Gedächtnis im Alter 255

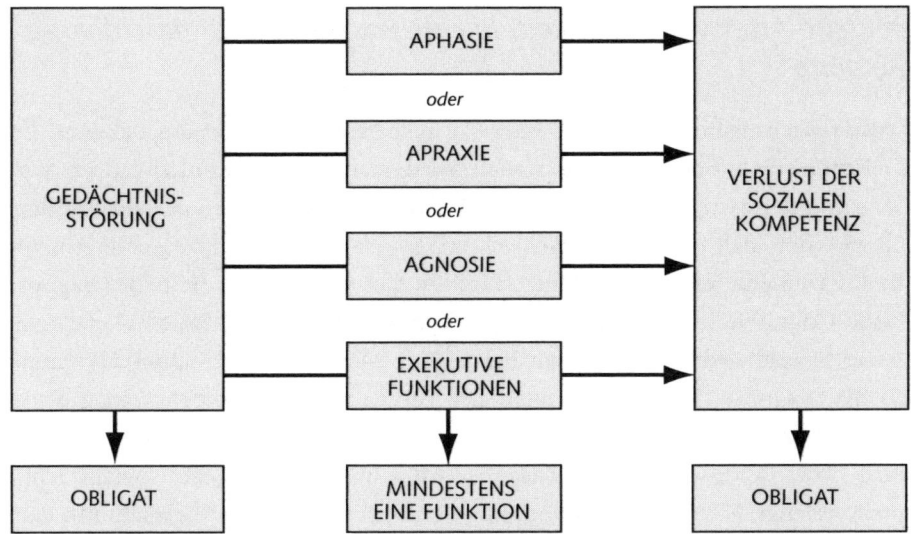

Abb. 12.5 Schematische Darstellung der geforderten Störungskombination zur Diagnostik einer Demenz (modifiziert nach Pasquale Calabrese).

Abb. 12.6 Kognitive und behaviorale Veränderungen bei der Altersdemenz (insbesondere Morbus Alzheimer), unterteilt entsprechend der Global Deterioration Scale von Barry Reisberg (modifiziert nach Pasquale Calabrese).

Stufe 7 sehr schwer	Verlust der Sprache, der Motorik, des Bewußtseins; Tod
Stufe 6 schwer	Voll pflegebedürftig; Pflegeheim
Stufe 6 schwer	Kann nicht mehr für sich selber sorgen; inkontinent, depressiv
Stufe 5 mittelschwer	Kommt ohne fremde Hilfe nicht mehr zurecht; agitiert, hilfsbedürftig
Stufe 4 mittel	Familie und Freunde nehmen Defizite wahr
Stufe 3 leicht	Leichte Defizite, »vergeßlich«
Stufe 2 sehr leicht	Keine wahrnehmbare kognitive Beeinträchtigung
Stufe 1 erscheint normal	Normal

Benigne Altersvergeßlichkeit, leichte kognitive Beeinträchtigung, Demenz

Daß Gedächtnisfunktionen im Alter zurückgehen, ist jedermann bekannt. Da Gedächtniseinbußen andererseits auch bei dementiellen Erkrankungen im Vordergrund der Symptomatik stehen, befürchten viele Menschen, daß ihr mit dem Älterwerden sich eventuell verschlechterndes Namensgedächtnis schon ein Indiz für Demenz sein könnte. Hinzu kommt, daß gegenwärtig die neue Diagnose »Mild Cognitive Impairment« (MCI) Eingang in eine Klassifikation alterskorrelierter Krankheitsbilder gefunden hat (vgl. S. 246 in diesem Kapitel). Während für die Diagnose einer Altersdemenz der Verlust sozialer Kompetenzen, Störungen im Gedächtnisbereich und in einem weiteren kognitiven Bereich gefordert wird (Abb. 12.5), wird für die Diagnose MCI nur eine Gedächtnisbeeinträchtigung verlangt. Petersen und Mitarbeiter (1999; 2001), die sich vor allem mit dem MCI beschäftigten, unterteilten es allerdings in drei Unterformen: (1) MCI mit Gedächtnisbeeinträchtigungen, (2) MCI mit leichter Beeinträchtigung multipler Domänen und (3) MCI mit Beeinträchtigungen einer nichtmnestischen Domäne. Die Tragweite einer MCI-Diagnose wird deutlich, wenn man sich vor Augen führt, daß rund 10% der als Patienten mit MCI diagnostizierten Menschen nach schon einem Jahr hin zur Diagnose »Demenz« konvertierten. Andere Autoren berichten von 40% innerhalb von zwei Jahren (K. A. Johnson et al., 1998), 20% (Wolf et al., 1998) bzw. 30% (Black, 1999) oder sogar 53% (McKelvey et al., 1999) innerhalb von drei Jahren, und Krasuski et al. (1998) gehen von 100% innerhalb von vier bis fünf Jahren aus.

Neben einer Reihe einfacher (Kessler, Denzler & Markowitsch, 1990) und komplexer neuropsychologischer Testinstrumente (Kessler, Markowitsch & Denzler, 1999) zur Abklärung altersbedingter kognitiver Änderungen kommt der Bildgebung – und insbesondere der funktionellen Bildgebung – eine immer größere Bedeutung zu. Daneben ist die Obduktion und Sezierung des Gehirns unabdingbar, um eine zu 100% sichere Diagnose (»*post mortem*-Diagnose«) stellen zu können.

Auf der *post mortem*-Ebene finden sich allgemeine Größen- und Gewichtsreduktionen des Gehirns, die teilweise durch eine Wasserreduktion bedingt sind (Überblick in Kemper, 1994). Die Hirnkammern (Ventrikel) erweitern sich zunehmend, dendritische Verzweigungen und axonale und synaptische Verästelungen gehen (wenngleich regional unterschiedlich) zurück (vgl. Abb. 4.17, S. 92).

Gedächtnis im Alter 257

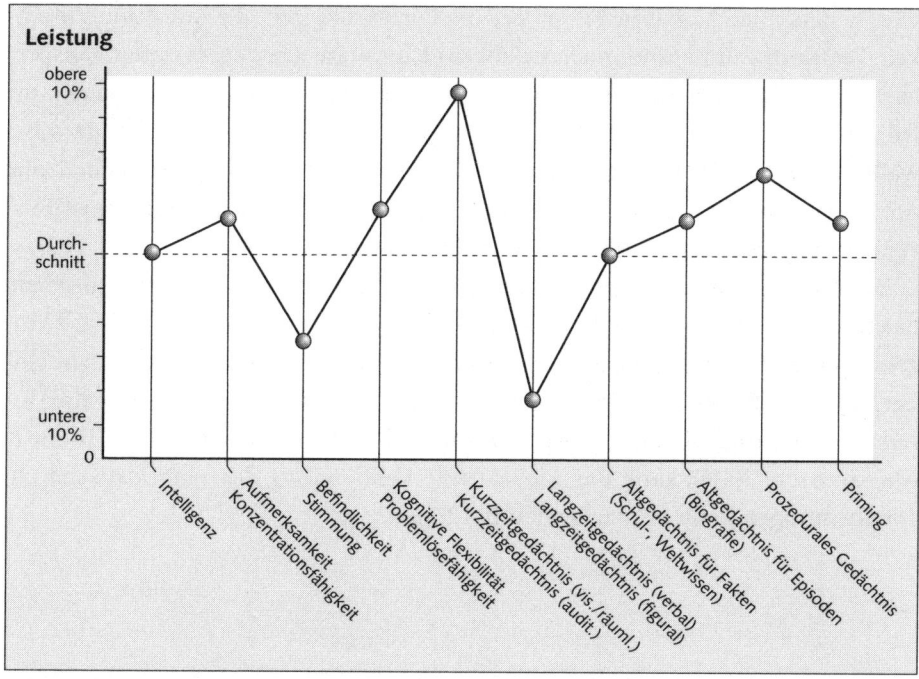

Abb. 12.7 Schematische Darstellung eines individuellen Profils intellektueller Funktionen, das sowohl Leistungsbereiche zeigt, die über dem Schnitt liegen, als auch solche, die darunter sind.

Der cerebrale Stoffwechsel und Blutfluß nimmt ab, Fremdeiweiße in und um Nervenzellen nehmen zu (Neurofibrillenbündel, Amyloid-Plaques). Hierbei gibt es insbesondere beim Morbus Alzheimer eine gerichtete, vorhersagbare Entwicklung, bei der erst Regionen im Schläfenlappen, die um den Hippocampus gelegen sind, absterben, dann der Hippocampus selbst, dann weitere Cortexgebiete im Schläfen- und Scheitellappen und im präfrontalen Cortex (vgl. Abb. 4.1, S. 65, und Abb. 4.27, S. 115) (Braak & Braak, 1996, 1997). Umgekehrt bleiben die (primären) sensorischen und motorischen Cortexareale bis in die Spätstadien der Krankheit erhalten (dies sind die schwarzen, bei Geburt schon voll ausgebildeten Regionen in Abb. 4.18, S. 95). Wie auf Verhaltensebene, wo man in Stadien der Regression einteilt (s. Abb. 12.6), finden sich entsprechende Stadien also auch auf hirnanatomischer Ebene. Man kann konstatieren: Der Mensch kehrt vom erwachsenen, in seiner Blüte stehenden Individuum wieder zurück in Richtung seines Ursprungs-, seines Embryonalstadiums.

Dies bedeutet auch, daß insbesondere die Hirnstrukturen, die mit Aufmerksamkeit, Gedächtnis und Emotionen befaßt sind, am stärksten degenerieren. Entsprechend braucht das Gehirn mehr Ressourcen, um Leistungen zu vollbringen, die früher mit geringem Aufwand und mit Rekrutierung nur weniger Strukturen bewältigbar waren. Beide Hirnhälften werden aktiv, wo zuvor im wesentlichen eine notwendig war, die regionalen Netzwerke verbreitern sich und die Informationsverarbeitung wird unpräziser, lückenhafter und kurzatmiger.

Dennoch ist – aus neuropsychologischer Perspektive – der Alterungsprozeß ein facettenreiches Phänomen, das mit einer Reihe von Defiziten, aber auch mit einzelnen erhaltenen oder sogar gesteigerten kognitiv-mnestischen Funktionen einhergeht. Nur die Bildung eines kognitiven Leistungsprofils, wie wir es für die Untersuchung hirngeschädigter Patienten empfehlen (Markowitsch, 2003b; Thöne & Markowitsch, 2004), kann die intellektuelle Veränderung des alten Menschen in alle Richtungen sichtbar machen (Abb. 12.7).

13 Das autobiographische Gedächtnis: ein biokulturelles Relais zwischen Individuum und Umwelt

Mit neurowissenschaftlichen Mitteln läßt sich ein autobiographisches Gedächtnissystem nicht vom episodischen differenzieren[1]; entwicklungspsychologisch läßt sich aber beschreiben, daß das autobiographische Gedächtnis erst nach dem episodischen entsteht. Dieser auf den ersten Blick widersprüchliche Befund ist damit zu erklären, daß neuronal das, was das episodische Gedächtnis bereitstellt, völlig ausreichend ist, um ein autobiographisches Gedächtnis auszubilden. Jedenfalls dann, wenn eine co-evolutionäre Entwicklungsumwelt vorhanden ist, die die unterschiedlichen Anforderungen von Sozialität und Individualität, von ontogenetischer und phylogenetischer Entwicklung zu integrieren hat, wenn sie funktionieren soll. Eine Spezies, die eine solche Entwicklungsumwelt nutzt, braucht ein Relais, das seine Mitglieder für sich erweiternde und diversifizierende soziale Gruppen anschlußfähig, »soziabel« macht. Das autobiographische Gedächtnis ist ein solches Relais, eine psychosoziale Instanz, die subjektiv Kohärenz und Kontinuität sichert, obwohl die sozialen Umwelten und mit ihnen die auf das Individuum gerichteten Anforderungen fluktuieren. Genau diese Relaisfunktion erklärt auch, weshalb wir sowohl historisch verschiedene Niveaus der Autobiographisierung verzeichnen können als auch in interkultureller Perspektive unterschiedliche Altersstufen verzeichnen, in denen ontogenetisch die Autobiographisierung und mithin die Entstehung eines kontinuierlichen Selbst einsetzt. Das autobiographi-

---

[1] Das autobiographische Gedächtnissystem wird manchmal nicht nur von den anderen Gedächtnissystemen (prozeduralem Gedächtnis, Priming, perzeptuellem Gedächtnis, semantischem Gedächtnis/Wissenssystem; vgl. Abb. 4.11, S. 82) abgegrenzt, sondern auch vom episodischen Gedächtnis (Conway, 2001; Conway & Pleydell-Pearce, 2000), obwohl es für eine derartige Abgrenzung weder eindeutige Belege auf Hirnebene gibt, wie unterschiedliche involvierte Strukturen, noch unterschiedliche Aktivierungsmuster, was die funktionelle Bildgebung betrifft. Man kann höchstens auf der Basis von entsprechenden Studien (Fink et al., 1996) spekulieren, daß autobiographischer Abruf stärker emotionale Regionen (z. B. die Amygdala) aktiviert als »neutraler« episodischer Abruf.

sche Gedächtnis ist also kein weiteres Gedächtnissystem, sondern eine bio-psycho-soziale Instanz, die das Relais zwischen Individuum und Umwelt, zwischen Subjekt und Kultur stellt.

Deshalb verläuft die Entwicklung des autobiographischen Gedächtnisses parallel zur immer paßgenaueren Synchronisierung des sich entwickelnden Individuums mit seiner sozialen Umwelt – die Ontogenese bildet in diesem Sinne zugleich auch die Soziogenese des Menschen.

Das autobiographische Gedächtnis erlaubt nicht nur, Erinnerungen als *unsere* Erinnerungen zu markieren, es bildet auch die temporale Feedback-Matrix unseres Selbst, mit der wir ermessen können, wo und wie wir uns verändert haben und wo und wie wir uns gleichgeblieben sind. Und es bietet eine Abgleichmatrix zu den Zuschreibungen, Einschätzungen und Beurteilungen unserer Person, die unser soziales Umfeld unablässig praktisch vornimmt – und wer empfände nicht eine leichte oder auch schwere Verunsicherung, wenn jemand überrascht ausruft: »Du hast Dich aber verändert!« Der Wunsch nach Kontinuität ist nicht nur ein individueller; ohne Kontinuität der Identität ihrer Mitglieder könnte eine soziale Gruppe, eine Gesellschaft nicht funktionieren, weil Kooperation – die zentrale Kategorie menschlicher Daseinstechnik – nur dann gewährleistet ist, wenn Menschen verläßlich heute dieselben sind, die sie gestern waren und morgen noch sein werden.

Es ist bereits in der Einleitung gesagt worden, daß das autobiographische Gedächtnis der sozialen Synchronisierung dient, und je komplexer Gesellschaften werden und je länger ihre Handlungs- und Vermittlungsketten werden, desto länger brauchen ihre Mitglieder für die Ausbildung einer Autobiographie, und eine desto komplexere Leistung stellt das individuelle autobiographische Gedächtnis dar.

Ein zentrales Problem der disziplinären neurowissenschaftlichen Perspektive auf Gedächtnis besteht darin, daß sie auf das Individuum fokussiert. Diese individualistische Perspektive kann nicht erfassen, daß sich das Gedächtnis in einem *sozialen Vorgang* ausbildet und strukturiert – was das spezifisch Humane am Menschen ist und dafür sorgt, daß aus Information etwas viel Komplexeres wird: Erinnerung.

In einem sehr weitgehenden Sinn gilt das aber auch für die sozialwissenschaftliche Betrachtungsweise, wenn man eine interaktionistisch orientierte Entwicklungspsychologie und Sozialisationsforschung dazu zählen möchte. Denn auch hier wird implizit davon ausgegangen, daß Individuum und Sozialität zwei verschiedene Entitäten seien, und entsprechend richtet sich dann die Kardinalfrage aller Sozialwissenschaften darauf, wie aus einem asozialen Wesen ein gesellschaftliches wird, oder, andersherum, wie eine Gesellschaft, die aus lauter Individuen besteht, mehr sein kann als die bloße Addition handelnder Menschen. Wie zahlreiche Wissenschaftler vor uns auf unterschiedlichste Weise herausgearbeitet haben, ist diese Perspektive so hinderlich wie die Vorstellung, das autobiographische Gedächtnis sei etwas substantiell Individuelles. So hat etwa der Soziologe Norbert Elias schon vor einem Dreivierteljahrhundert darauf hingewiesen, daß wir die Psycho- und Soziogenese des Menschen nur dann zureichend verstehen können, wenn wir den zugrunde liegenden Prozeß als einen begreifen, der sich grundsätzlich innerhalb einer Figuration von Menschen abspielt, die *vor* dem sich entwickelnden Kind da war, dessen gesamte Entwicklung nach der Geburt also von den kulturellen und sozialen Handlungen und Techniken abhängt, die diese Figuration co-evolutionär entwickelt hat.

Diese Perspektive ist auch von so unterschiedlichen Entwicklungspsychologen wie Lev Wygotsky, Daniel Stern und Michael Tomasello eingenommen worden, die zeigen, daß Menschen nichts »verinnerlichen«, wenn sie sich entwickeln, sondern daß sie im Zusammensein mit anderen (Stern) praktisch lernen, was sie brauchen, um in einer gegebenen Sozialität zu funktionieren und zu einem vollwertigen Mitglied dieser jeweiligen Sozialität zu werden. Daß in diesem Vorgang die sich heranbildenden Menschen zu höchst spezifischen Individuen werden, indem aus interpersonalen Beziehungen intrapersonale psychische Formationen werden, ist etwas, das wir an der Entwicklung des autobiographischen Gedächtnisses besonders klar sehen können.

Die Gedächtnisentwicklung verläuft vom Sozialen zum Individuellen – vom Säugling und Kleinkind, das ohne episodisches Gedächtnis in einem Universum des So-Seins existiert und die Quellen von Erinnerungen nicht unterscheidet, zum Vorschulkind, das über wachsende temporale Differenzierungen eine Situierung seines Selbst in der Zeit gewinnt und schließlich über den Spracherwerb und ein kognitives Selbst ein autobiographisches Ich gewinnt, das die früheren und künftigen Erfahrungen in einer Lebensgeschichte integriert, die sozial und individuell zugleich ist.

Literatur

Abu-Akel, A. (2003). A neurobiological mapping of theory of mind. *Brain Research Reviews, 43,* 29–40.

Ackerman, P. L. (2000). Domain-specific knowledge as the »dark matter« of adult intelligence: Gf/Gc, personality and interest correlates. *Journal of Gerontology: Psychological Sciences, 55B,* P69–P84.

Adair, J. C., Schwartz, R. L., Na, D. L., Fennell, E., Gilmore, R. L. & Heilman, K. M. (1997). Anosognosia: examining the disconnection hypothesis. *Journal of Neurology, Neurosurgery, and Psychiatry, 63,* 798–800.

Aldenhoff, J. (1997). Überlegungen zur Psychobiologie der Depression. *Nervenarzt 68,* 379–389.

Allaire, J. C. & Marsiske, M. (1999). Everyday cognition: Age and intellectual ability correlates. *Psychology and Aging, 14,* 627–644.

Anderson, B. & Rutledge, V. (1996). Age and hemisphere effects on dendritic structure. *Brain, 119,* 1983–1990.

Anderson, J. R. (1976). *Language, memory, and thought.* Hillsdale, NJ: Erlbaum.

Anderson, N. D., Iidaka, T., Cabeza, R., Kapur, S., McIntosh, R. & Craik, F. I. M. (2000). The effects of divided attention on encoding- and retrieval-related brain activity: A PET study of younger and older adults. *Journal of Cognitive Neuroscience, 12,* 775–792.

Anderson, N. D. & Craik, F. I. M. (2000). Memory in the aging brain. In: E. Tulving & F. I. M. Craik (Hrsg.), *The Oxford handbook of memory* (S. 411–426). New York: Oxford University Press.

Andy, O. J. & Stephan, H. (1976). Septum development in primates. In: J. F. Defrance (Hrsg.), *The septal nuclei,* Vol. 20 (S. 3–36). New York: Plenum Press.

Anton, G. & Zingerle, H. (1902). *Bau, Leistung und Erkrankung des menschlichen Stirnhirnes.* Graz: Leuschner und Lubensky.

Aram, D. M., Ekelman, B. L., Rose, D. F. & Whitaker, H. A. (1985). Verbal and cognitive sequelae of unilateral lesions acquired in early childhood. *Journal of Clinical and Experimental Neuropsychology: Official Journal of the International Neuropsychological Society, 7,* 55–78.

Armstrong, E. & Falk, D. (Hrsg.) (1982). *Primate brain evolution. Methods and concepts.* New York: Plenum Press.

Armstrong, E. (1982). Mosaic evolution in the primate brain: Differences and similarities in the hominoid thalamus. In: E. Armstrong & D. Falk (Hrsg.), *Primate brain evolution* (S. 131–161). New York: Plenum Press.

Armstrong, E. (1986). Enlarged limbic structures in the human brain: the anterior thalamus and medial mamillary body. *Brain Research, 362*, 394–397.
Arnold, S. E. & Trojanowski, J. Q. (1996). Human fetal hippocampal development: 1. Cytoarchitecture, myeloarchitecture and morphologic features. *Journal of Comparative Neurology, 376*, 274–292.
Assmann, A. (2001). Wie wahr sind Erinnerungen? In: H. Welzer (Hrsg.), *Das soziale Gedächtnis. Geschichte, Erinnerung, Tradierung* (S. 103–122). Hamburg: Hamburger Edition.
Atkinson, R. C. & Shiffrin, R. M. (1968). Human memory: a proposed system and its control processes. In: K. W. Spence & J. T. Spence (Hrsg.), *The psychology of learning and motivation: Advances in research in theory*, Vol. 2 (S. 89–195). New York: Academic Press.
Awh, E. & Jonides, J. (2001). Overlapping mechanisms of attention and spatial working memory. *Trends in Cognitive Sciences, 5*, 119–126.
Bachevalier, J. (1990). Ontogenetic development of habit and memory formation in primates. In: A. Diamond (Hrsg.), *The development and neural bases of higher cognitive functions. Annals of the New York Academy of Sciences* (Vol. 608) (S. 457–477). New York: New York Academy of Sciences Press.
Bäckman, L. & Larsson, M. (1992). Recall of organizable words and objects in adulthood: Influences of instructions, retention interval, and retrieval cues. *Journals of Gerontology, 47*, P273–P278.
Bäckman, L. & Nilsson, L.-G. (1996). Semantic memory functioning across the adult life span. *European Psychologist, 1*, 27–33.
Bäckman, L., Almkvist, O., Andersson, J. L. R., Nordberg, A., Winblad, B., Reineck, R. & Langström, B. (1997). Brain activation in young and older adults during implicit and explicit retrieval. *Journal of Cognitive Neuroscience, 9*, 378–391.
Bäckman, L., Mäntylä, T. & Herlitz, A. (1990). The optimization of episodic remembering in old age. In: P. B. Baltes & M. M. Baltes (Hrsg.), *Successful aging: Perspectives from the behavioral sciences* (S. 118–163). New York: Cambridge University Press.
Bäckman, L., Small, B. J. & Wahlin, A. (2001). Aging and memory. In: J. E. Birren & K. W. Shaie (Hrsg.), *The psychology of aging* (S. 349–377). San Diego: Academic Press.
Baddeley, A. (2000a). Short-term and working memory. In: E. Tulving & F. I. M. Craik (Hrsg.), *The Oxford handbook of memory* (S. 77–92). New York: Oxford University Press.
Baddeley, A. (2000b). The episodic buffer: a new component of working memory? *Trends in Cognitive Sciences, 4*, 417–423.
Baddeley, A. D. (1986). *Working memory*. Oxford: University Press.
Baddeley, A. D. (1992). Working memory. *Science, 255*, 556–559.
Baddeley, A. D. (1998). *Human memory: theory and practice* (rev. Aufl.). Boston: Allyn and Bacon.
Baddeley, A. D. (1998). Recent developments in working memory. *Current Opinion in Neurobiology, 8*, 234–238.
Baddeley, A. D. (2002). Is working memory still working? *European Psychologist, 7*, 85–97.

Baddeley, A. D. & Hitch, G. (1974). Working memory. In: G. H. Bower (Hrsg.), *The psychology of learning and motivation* (S.47–89). New York: Academic Press.

Balota, D. A., Cortese, M. J., Duchek, J. M., Adams, D., Roediger, H. L. I., McDermott, K. B. & Yerys, B. E. (1999). Veridical and false memories in healthy older adults and in dementia of the Alzheimer's type. *Cognitive Neuropsychology, 16*, 361–384.

Baltes, M. M., Lang, F. R. & Wilms, H.-U. (1998). Selektive Optimierung mit Kompensation: Erfolgreiches Altern in der Alltagsgestaltung. In: A. Kruse (Hrsg.), *Psychosoziale Gerontologie. Band 1: Grundlagen* (S. 188–202). Göttingen: Hogrefe.

Baltes, P. B. (1998). Theoretical propositions of life-span developmental psychology: On the dynamics between growth and decline. In: M. P. Lawton & T. A. Salthouse (Hrsg.), *Essential papers on the psychology of aging* (S. 86–123). New York: New York University Press.

Baltes, P. B. & Lindenberger, U. (1997). Emergence of a powerful connection between sensory and cognitive functions across the adult life span: A new window to the study of cognitive aging? *Psychology and Aging, 12*, 12–21.

Baltes, P. B. & Smith, J. (1997). A systemic-holistic view of psychological functioning in very old age: Introduction to a collection of articles from the Berlin Aging Study. *Psychology and Aging, 12*, 395–409.

Baltes, P. B. (1997). Die unvollendete Architektur der menschlichen Ontogenese: Implikationen für die Zukunft des vierten Lebensalters. *Psychologische Rundschau 48*, 191–210.

Barrera, M. E. & Maurer, D. (1981a). The perception of facial expression by the three-month-old. *Child Development, 52*, 203–206.

Barrera, M. E. & Maurer, D. (1981b). Discrimination of strangers by the three-month-old. *Child Development, 52*, 558–563.

Bartlett, F. C. (1997 [1932]): *Remembering: a study in experimental and social psychology*. London: Cambridge University Press.

Bartzokis, G., Beckson, M., Lu, P. H., Nuechterlein, K. H., Edwards, N. & Mintz, J. (2001). Age-related changes in frontal and temporal lobe volumes in men. *Archives of General Psychiatry, 58*, 461–465.

Bartzokis, G., Cummings, J. L., Sultzer, D., Henderson, V. W., Nuechterlein, K. H. & Mintz, J. (2003). White matter structural integrity in healthy aging adults and patients with Alzheimer Disease. *Archives of Neurology, 60*, 393–398.

Bateson, P., Barker, D., Clutton-Brock, T., Deb, D., D'Udine, B., Foley, R. A., Gluckman, P., Godfrey, K., Kirkwood, T., Mirazón Lahr, M., McNamara, J., Metcalfe, N. B., Monaghan, P., Spencer, H. G. & Sultan, S. E. (2004). Developmental plasticity and human health. *Nature, 430*, 419–421.

Bauer, J. (2002). *Das Gedächtnis des Körpers. Wie Beziehungen und Lebensstile unsere Gene steuern*. Frankfurt am Main: Eichborn.

Bauer, P. J. & Wewerka, S. S. (1995). One-to two-year-olds' recall of events: The more expressed, the more impressed. *Journal of Experimental Child Psychology, 59*, 475–496.

Bauer, P. J., Hertsgaard, L. A. & Dow, G. A. (1994). After 8 months have passed: Long-term recall of events by 1- to 2-year old children. *Memory, 2*, 353–382.

Becker, A. M. & Sternbach, I. (1953). Über Zeitsinnstörung bei Thalamusherden. *Wiener Zeitschrift für Nervenheilkunde 7*, 62–67.

Bednar, J. A. & Miikulainen, R. (2003). Learning innate face preferences. *Neural Computation, 15*, 1525–1557.

Benes, F. M. (1994). Development of the corticolimbic system. In: G. Dawson & K. W. Fischer (Hrsg.), *Human behavior and the developing brain* (S. 176–206). New York: The Guilford Press.

Benes, F. M. (2001). The development of prefrontal cortex: the maturation of neurotransmitter systems and their interactions. In: C. A. Nelson & M. Luciana (Hrsg.), *Handbook of developmental cognitive neuroscience* (S. 79–92). Cambridge, MA: MIT Press.

Berger, H. (1923). Klinische Beiträge zur Pathologie des Grosshirns. I. Mitteilung: Herderkrankungen der Präfrontalregion. *Archiv für Psychiatrie und Nervenkrankheiten 69*, 1–46.

Beringer, K. (1927). *Der Meskalinrausch* (Monographien aus dem Gesamtgebiete der Neurologie und Psychiatrie, No. 49). Berlin: Springer.

Bernasconi, A., Bernasconi, N., Lassonde, M., Toussaint, P.-J., Meyer, E., Reutens, D. C., Gotman, J., Andermann, F. & Villemure, J.-G. (2000). Sensorimotor organization in patients who have undergone hemispherectomy: a study with ^{15}O-water PET and somatosensory evoked potentials. *NeuroReport, 11*, 3085–3090.

Bertenthal, B. I. & Fischer, K. W. (1978). Development of self-recognition in the infant. *Developmental Psychology, 14*, 44–50.

Bickerton, D. (1995): *Language and human behavior*. Seattle, WA: University of Washington Press.

Bigelow, H. J. (1850). Dr. Harlow's case of recovery from the passage of an iron bar through the head. *American Journal of the Medical Sciences, 39*, 13–22 (und 1 Tafel).

Bird, C. M., Castelli, F., Malik, O., Frith, U. & Husain, M. (2004). The impact of extensive medial frontal lobe damage on »Theory of mind« and cognition. *Brain, 127*, 914–928.

Birren, J. E. & Fisher, L. M. (1995). Aging and speed of behavior: Possible consequences for psychological functioning. *Annual Review of Psychology, 46*, 329–353.

Birren, J. E. (1960). Behavioral theories of aging. In: N. W. Shock (Hrsg.), *Aging: Some social and biological aspects* (S. 69–81). Washington, DC: American Association for the Advancement of Science.

Black, S. E. (1999). Can SPECT predict the future for mild cognitive impairment? *Canadian Journal of Neurological Sciences, 26*, 4–6.

Blair, R. J. R. (2004). The roles of orbital frontal cortex in the modulation of antisocial behavior. *Brain and Cognition, 55*, 198–208.

Bloom, P. (2000). *How children learn the meanings of words*. Cambridge, MA: MIT Press.

Bloom, P. (2001). Précis of »How children learn the meanings of words«. *Behavioral and Brain Sciences, 24*, 1095–1103.

Boksa, P. & El-Khodor, B. F. (2003). Birth insult interacts with stress at adulthood to alter dopaminergic function in animal models: possible implications for schizophrenia and other disorders. *Neuroscience and Biobehavioral Reviews, 27*, 91–101.

Bonhoeffer, K. (1901). *Die akuten Geisteskrankheiten der Gewohnheitstrinker*. Jena: Fischer.
Bonin, G. von & Bailey, P. (1961). Pattern of the cerebral isocortex. In: H. Hofer, A. H. Schulz & D. Starck (Hrsg.), *Primatologia II (2. Lieferung)* (S. 1–42). Basel: Karger.
Botwinick, J. (1977). Intellectual abilities. In: J. E. Birren & K. W. Schaie (Hrsg.), *Handbook of the psychology of aging* (S. 580–605). New York: Van Nostrand Reinhold.
Bourgeois, J.-P., Goldman-Rakic, P. S. & Rakic, P. (2000). Formation, elimination, and stabilization of synapses in the primate cerebral cortex. In: M. S. Gazzaniga (Hrsg.), *The new cognitive neurosciences* (2. Ausg.; S. 45–53). Cambridge, MA: MIT Press.
Bowles, N. L. & Poon, L. W. (1985). Aging and retrieval of words in semantic memory. *Journal of Gerontology, 40*, 71–77.
Bozoki, A., Giordani, B., Heidebrink, J. L., Berent, S. & Foster, N. L. (2001). Mild cognitive impairments predict dementia in nondemented elderly patients with memory loss. *Archives of Neurology, 58*, 411–416.
Braak, H. & Braak, E. (1996). Evolution of the neuropathology of Alzheimer's disease. *Acta Neurologica Scandinavica, 165*, 3–12.
Braak, H. & Braak, E. (1997). Frequency of stages of Alzheimer-related lesions in different age categories. *Neurobiology of Aging, 18*, 351–357.
Braak, H., del Tredici, K. & Braak, E. (2003). Spectrum of pathology. In: R. C. Peterson (Hrsg.), *Mild cognitive impairment. Aging to Alzheimer's disease* (S. 149–189). Oxford: Oxford University Press.
Brand, M. & Markowitsch, H. J. (2003). The bottleneck structures implicated in memory processing. In: R. H. Kluwe, G. Lüer & F. Rösler (Hrsg.), *Learning and memory* (S. 171–184). Basel: Birkhäuser.
Brand, M., Fujiwara, E., Kalbe, E., Steingass, H.-P., Kessler, J. & Markowitsch, H. J. (2003). Cognitive estimation and affective judgments in alcoholic Korsakoff patients. *Journal of Clinical and Experimental Neuropsychology, 25*, 324–334.
Brandimonte, M., Einstein, G. O. & McDaniel, M. A. (Hrsg.) (1996). *Prospective memory: Theory and applications*. Hillsdale: Erlbaum.
Braun, K. & Bock, J. (2003). Die Narben der Kindheit. *Gehirn & Geist, 1*, 50–53.
Brébion, G., Ehrlich, M.-F. & Tardieu, H. (1995). Working memory in older subjects: Dealing with ongoing and stored information in language comprehension. *Psychological Research, 58*, 225–232.
Brennan, M., Welsh, M. C. & Fischer, C. B. (1997). Aging and executive function skills – an examination of a community-dwelling older adult population. *Perceptual and Motor Skills, 84*, 1187–1197.
Brodmann, K. (1909). *Vergleichende Lokalisationslehre der Grosshirnrinde in ihren Prinzipien dargestellt auf Grund des Zellenbaues*. Leipzig: Barth.
Brodmann, K. (1912). Ergebnisse über die vergleichende histologische Lokalisation der Grosshirnrinde mit besonderer Berücksichtigung des Stirnhirns. *Anatomischer Anzeiger (Suppl.), 41*, 157–216.
Brody, B. A., Kinney, H. C., Kloman, A. S. & Gilles, F. H. (1987). Sequence of central nervous system myelination in human infancy. 1. An autopsy study of myelination. *Journal of Neuropathology and Experimental Neurology, 46*, 283–301.

Buonomano, D. V. & Merzenich M. M. (1998). Cortical plasticity: From synapses to maps. *Annual Review of Neuroscience, 21*, 149–186.

Burke, D. M. (1997). Language, aging and inhibitory deficits: Evaluation of a theory. *Journal of Gerontology: Psychological Sciences, 52B*, P254–P264.

Burke, D. M., MacKay, D. G. & James, L. E. (2000). Theoretical approaches to language and aging. In T. J. Perfect & E. A. Maylor (Hrsg.), *Models of cognitive aging* (S. 204–237). Oxford: Oxford University Press.

Burns, J. M. & Swerdlow, R. H. (2003). Right orbitofrontal tumor with pedophilia symptom and constructional apraxia sign. *Archives of Neurology, 60*, 437–440.

Bushnell, I. W. R., Sai, F. & Mullin, J. T. (1989). Neonatal recognition of the mother's face. *British Journal of Developmental Psychology, 7*, 3–15.

Busse, A., Bischkopf, J., Riedel-Heller, S. G. & Angermeyer, M. C. (2003). Mild cognitive impairment: prevalence and incidence according to different diagnostic criteria. *British Journal of Psychiatry, 182*, 449–454.

Butters, N., Pandya, D., Stein, D. & Rosen, J. (1972). A search for the spatial engram within the frontal lobes of monkeys. *Acta Neurobiologiae Experimentalis, 32*, 305–329.

Cabeza, R. & Nyberg, L. (2000). Imaging cognition II: An empirical review of 275 PET and fMRI studies. *Journal of Cognitive Neuroscience, 12*, 1–47.

Cabeza, R., McIntosh, A. R., Tulving, E., Nyberg, C. & Grady, C. L. (1997). Age-related differences in effective neural connectivity during encoding and recall. *NeuroReport, 8*, 3479–3483.

Cahill, L., Babinsky, R., Markowitsch, H. J. & McGaugh, J. L. (1995). Involvement of the amygdaloid complex in emotional memory. *Nature, 377*, 295–296.

Calabrese, P., Fink, G. R., Markowitsch, H. J., Kessler, J., Durwen, H., Liess, J., Haupts, M. & Gehlen, W. (1994). Left hemispheric neuronal heterotopia. A PET, MRI, EEG, and neuropsychological investigation of a university student. *Neurology, 44*, 302–305.

Calarge, C., Andreasen, N. C. & O'Leary, D. S. (2003). Visualizing how one brain understands another: a PET study of theory of mind. *American Journal of Psychiatry, 160*, 1954–1964.

Callaway, C. W., Lydic, R., Baghdoyan, H. A. & Hobson, J. A. (1987). Pontogeniculooccipital waves: spontaneous visual system activity during rapid eye movement sleep. *Cellular and Molecular Neurobiology, 7*, 105–149.

Calvin, W. H. (2004a). *Wie denkt das Gehirn*. Heidelberg: Elsevier.

Calvin, W. H. (2004b). *Evolving intellect during the last 1 % of ape-to-human evolution*. Vortrag auf dem Neuro2004-Kongreß, Düsseldorf (17.11.2004).

Canli, T., Desmond, J. E., Zhao, Z. & Gabrieli, J. D. E. (2002). Sex differences in the neural basis of emotional memories. *Proceedings of the National Acadamy of Sciences of the USA, 99*, 10789–10794.

Cappa, S. F., Binetti, G., Pezzini, A., Padovani, A., Rozzini, L. & Trabucchi, M. (1998). Object and action naming in Alzheimer's disease and frontotemporal dementia. *Neurology, 50*, 351–355.

Carpendale, J. I. M. & Lewis, C. (2004). Constructing an understanding of mind: The development of children's social understanding within social interaction. *Behavioral and Brain Sciences, 27*, 79–151.

Carpenter, M., Nagell, K. & Tomasello, M. (1998). *Social cognition, joint action and communicative competence at 15 months of age.* Chicago: University of Chicago Press.

Carpenter, P. A., Just, M. A. & Reichle, E. D. (2000). Working memory and executive function: Evidence from neuroimaging. *Current Opinion in Neurobiology, 10,* 195–199.

Carstensen, L. L., Pasupathi, M., Mayr, U. & Nesselrode, J. R. (2000). Emotional experience in everyday life across the adult life span. *Journal of Personality & Social Psychology, 79,* 644–655.

Cartwright, J. (2000). *Evolution and human behaviour.* New York: Palgrave.

Case, R. (1992). The role of the frontal lobes in the regulation of cognitive development. *Brain and Cognition, 20,* 51–73.

Cattell, R. B. (1963). Theory of fluid and cristallized intelligence: A critical experiment. *Journal of Educational Psychology, 54,* 1–22.

Cattell, R. B. (1987). *Intelligence: Its structure, growth and action.* Amsterdam: North Holland.

Cerella, J. (1990). Aging and information-processing rate. In: J. E. Birren & K. W. Schaie (Hrsg.), *Handbook of the psychology of aging* (3. Ausg.; S. 201–221). San Diego, CA: Academic Press.

Channon, S. & Crawford, S. (2000). The effects of anterior lesions on performance on a story comprehension test: left anterior impairment on a theory of mind-type task. *Neuropsychologia, 38,* 1006–1017.

Cherry, K. E. & Pierre, C. S. T. (1998). Age-related differences in pictorial implicit memory: Role of perceptual and conceptual processes. *Experimental Aging Research, 24,* 53–62.

Chiron, C., Jambaque, I., Mabbout, R., Lounes, R., Dulac, O. & Syrota, A. (1997). The right brain hemisphere is dominant in human infants. *Brain, 120,* 1057–1066.

Chomsky, N. (1998). *Reflexionen über die Sprache.* Frankfurt am Main: Suhrkamp.

Chow, K. L. (1967). Effects of ablation. In: G. C. Quarton, T. Melnechuk & F. O. Schmitt (Hrsg.), *The neurosciences* (S. 705–713). New York: Rockefeller Univ. Press.

Chugani, H. T. (1994). Development of regional brain glucose metabolism in relation to behavior and plasticity. In: G. Dawson & K. W. Fischer (Hrsg.), *Human behavior and the developing brain* (S. 153–175). New York: The Guilford Press.

Chugani, H. T. & Phelps, M. E. (1986). Maturational changes in cerebral function in infants determined by 18 fDG positron emission tomography. *Science, 231,* 840–843.

Chugani, H. T., Phelps, M. E. & Mazziotta, J. C. (1987). Positron emission tomography study of human brain functional development. *Annals of Neurology, 22,* 487–497.

Cirulli, F., Berry, A. & Alleva, E. (2003). Early disruption of the mother-infant relationship: effects on brain plasticity and implications for psychopathology. *Neuroscience and Biobehavioral Reviews, 27,* 73–82.

Connelly, S. L. & Hasher, L. (1993). Aging and inhibition of spatial location. *Journal of Experimental Psychology: Human Perception and Performance, 19,* 1238–1250.

Conway, M. & Ross, M. (1984): Getting what you want by revising what you had. *Journal of Personality and Social Psychology, 47,* 738–748.

Conway, M. A. & Pleydell-Pearce, C. W. (2000). The construction of autobiographical memories in the self-memory system. *Psychological Review, 107,* 261–288.

Conway, M. A. (2001). Sensory-perceptual episodic memory and its context: autobiographical memory. *Philosophical Transactions of the Royal Society of London; B; Biological, Sciences, 356,* 1375–1384.
Conway, M. A., Pleydell-Pearce, C. W. & Whitecross, S. E. (2001). The neuroanatomy of autobiographical memory: A slow cortical potential study of autobiographical memory retrieval. *Journal of Memory and Language, 45,* 493–524.
Corey-Bloom, J., Wiederholt, W. C., Edelstein, S., Salmon, D. P., Cahn, D. & Barett-Connor, E. (1996). Cognitive and functional status of the oldest old. *Journal of the American Geriatrics Society, 44,* 671–674.
Corkin, S. (2002). What's new with the amnesic patient H. M.? *Nature Neuroscience, 3,* 153–160.
Corkin, S., Rosen, J., Sullivan, E. V. & Clegg, R. A. (1989). Penetrating head injury in young adulthood exacerbates cognitive decline in later years. *Journal of Neuroscience, 9,* 3876–3883.
Cowan, N. (2000). The magical number 4 in short-term memory: a reconsideration of mental storage capacity. *Behavioral and Brain Sciences, 24,* 87–185.
Craik, F. I. M. & Byrd, M. (1982). Aging and cognitive deficits: The role of attentional resources. In: F. I. M. Craik & S. Trehub (Hrsg.), *Aging and cognitive processes* (S. 191–211). New York: Plenum.
Craik, F. I. M. (1977). Age differences in human memory. In: J. E. Birren & K. W. Schaie (Hrsg.), *Handbook of the psychology of aging* (S. 384–420). New York: Van Nostrand Reinhold.
Cramon, D. Y. von, Markowitsch, H. J. & Schuri, U. (1993). The possible contribution of the septal region to memory. *Neuropsychologia, 31,* 1159–1180.
Cramon, D. Y. von & Markowitsch, H. J. (2000). The septum and human memory. In: R. Numan (Hrsg.), *The behavioral neuroscience of the septal region* (S. 380–413). Berlin: Springer.
Creutzfeldt, O. D. (1995). *Cortex cerebri: Performance, structural and functional organization of the cortex.* Oxford: Oxford University Press.
D'Esposito, M. & Grossmann, M. (1998). The physiological basis of executive function and working memory. *The Neuroscientist, 2,* 345–352.
Dahl, F. (1922). *Vergleichende Psychologie oder die Lehre von dem Seelenleben des Menschen und der Tiere.* Jena: Gustav Fischer.
Davatzikos, C. & Resnick, S. M. (1998). Sex differences in anatomic measures of interhemispheric connectivity: Correlations with cognition in women but not men. *Cerebral Cortex, 8,* 635–640.
Daw, M. (1996). *Visual development.* New York: Plenum Press.
Dawson, G., Panagiotides, H., Klinger, L. G. & Hill, D. (1992). The role of frontal lobe functioning in the development of infant self-regulatory behavior. *Brain and Cognition, 20,* 152–175.
De Bellis, M. D. & Thomas, L. A. (2003b). Biologic findings of post-traumatic stress disorder and child maltreatment. *Current Psychiatry Reports, 5,* 108–117.
De Bellis, M. D. & Keshavan, M. S. (2003a). Sex differences in brain maturation in mal-

treatment-related pediatric posttraumatic stress disorder. *Neuroscience and Biobehavioral Reviews, 27*, 103–117.
De Keyser, J., De Backer, J. P., Vauquelin, G. & Ebinger, G. (1990). The effect of aging on the D1 dopamine receptors in human frontal cortex. *Brain Research, 528*, 308–310.
De Keyser, J., De Backer, J. P., Vauquelin, G. & Ebinger, G. (1991). D1 and D2 dopamine receptors in human substantia nigra: localization and the effect of aging. *Journal of Neurochemistry, 56*, 1130–1133.
De Volder, A. G., Bol, A., Blin, J., Robert, A., Arno, P., Grandin, C., Michel, C. & Veraart, C. (1997). Brain energy metabolism in early blind subjects: neural activity in the visual cortex. *Brain Research, 750*, 235–244.
DeCasper, A. J. & Fifer, W. P. (1980). Of human bonding: Newborns prefer their mothers' voices. *Science, 208*, 1174–1176.
DeCasper, A. J. & Spence, M. J. (1986). Prenatal maternal speech influences newborns' perception of speech sounds. *Infant Behavior and Development, 9*, 133–150.
DeCasper, A. J., Lecanut, J.-P., Busnel, M.-C., Garnier-Deferre, C. & Maugeais, R. (1994). Fetal reactions to recurrent maternal speech. *Infant Behavior and Development, 17*, 159–164.
Deese, J. (1959). On the prediction of occurence of particular verbal intrusions in immediate recall. *Journal of Experimental Psychology, 58*, 17–22.
Dehaene, S. (2003). Zum Lesen geboren. *Gehirn und Geist, 6*, 70–73.
DeLoache, J. S., Uttal, D. H. & Rosengren, K. S. (2004). Scale errors offer evidence for a perception-action dissociation early in life. *Science, 304*, 1027–1029.
Dennis, M. (1991). Frontal lobe function in childhood and adolescence: A heuristic for assessing attention regulation, executive control, and the intentional states important for social discourse. *Developmental Neuropsychology, 7*, 327–358.
Diamond, A. (1990). The development and neural bases of memory functions as indexed by the AB and DR tasks in human infants and infant monkeys. In: A. Diamond (Hrsg.), *The development and neural bases of higher cognitive functions* (Vol. 608) (S. 267–309). *Annals of the New York Academy of Sciences*. New York: New York Academy of Sciences.
Dilling, H., Mombour, W. & Schmidt, M. H. (Hrsg.) (1999). *Internationale Klassifikation psychischer Störungen (ICD 10)* (3. Aufl.). Bern: Huber.
Dittmann, J. (2002). *Der Spracherwerb des Kindes. Verlauf und Störungen*. München: C. H. Beck.
Dolan, R. J. & Fletcher, P. C. (1999). Encoding and retrieval in human medial temporal lobes: an empirical investigation using functional magnetic resonance imaging (MRI). *Hippocampus, 9*, 25–34.
Dolcos, F., Rice, H. J. & Cabeza, R. (2002). Hemispheric asymmetry and aging: right hemisphere decline or asymmetry reduction. *Neuroscience and Biobehavioral Reviews, 26*, 819–825.
Dolman, R., Roy, E. A., Dimeck, P. T. & Hall, C. R. (2000). Age, gesture span and dissociations among component subsystems of working memory. *Brain and Cognition, 43*, 164–168.

Donald, M. (2001). *A mind so rare. The evolution of human consciousness.* New York: Norton.
Dong, Y., Fukuyama, H., Honda, M., Okada, T., Hanakawa, T., Nakamura, K., Nagahama, Y., Nagamine, T., Konishi, J. & Shibasaki, H. (2000). Essential role of the right superior parietal cortex in Japanese *kana* mirror reading. An fMRI study. *Brain, 123,* 790–799.
Dornes, M. (1993): *Der kompetente Säugling.* Frankfurt am Main: Fischer.
Duchowny, M. (2004). Hemispherectomy for epilepsy. When is one half better than two. *Neurology, 62,* 1664–1665.
Earles, J. L., Connor, L. T., Frieske, D., Park, D. C., Smith, A. D. & Zwahr, M. (1997). Age differences in inhibition: Possible causes and consequences. *Aging, Neuropsychology, and Cognition, 4,* 45–57.
Eccles, J. C., Ito, M. & Szentagothai, J. (1967). *The cerebellum as a neuronal machine.* New York: Springer.
Edelman, G. M. & Tononi, G. (2002). *Gehirn und Geist. Wie aus Materie Bewußtsein entsteht.* München: C. H. Beck.
Einstein, G. O. & McDaniel, M. A. (1990). Normal aging and prospective memory. *Journal of Experimental Psychology: Learning, Memory, and Cognition, 16,* 717–726.
Eisenberg, A. R. (1985). Learning to describe past experiences in conversation. *Discourse Processes, 8,* 177–204.
Elias, N. (1969). *Über den Prozeß der Zivilisation.* Frankfurt am Main.: Suhrkamp.
Eliot, L. (2001). *Was geht da drinnen vor? Die Gehirnentwicklung in den ersten fünf Lebensjahren.* Berlin: Berlin Verlag.
Empelen, R. van, Jennekens-Schinkel, A., Buskens, E., Helders, P. J. M. & Nieuwenhuizen, O. van (2004). Functional consequences of hemispherectomy. *Brain, 127,* 2071–2079.
Engel, A. K., Fries, P., König, P., Brecht, M. & Singer, W. (1999). Does time help to understand consciousness? *Consciousness and Cognition, 8,* 260–268.
Esiri, M. (1994). Dementia and normal aging: Neuropathology. In: F. A. Huppert, C. Brayne & D. W. O'Connor (Hrsg.), *Dementia and normal aging* (S. 385–436). Cambridge: Cambridge University Press.
Eslinger, P. J. & Grattan L. M. (1991). Perspectives on the developmental consequences of early frontal lobe damage: introduction. *Developmental Neuropsychology, 7,* 257–260.
Eslinger, P. J., Flaherty-Craig, C. V. & Benton, A. L. (2004). Developmental outcomes after early prefrontal cortex damage. *Brain and Cognition, 55,* 84–103.
Eslinger, P. J., Grattan, L. M., Damasio, H. & Damasio, A. R. (1992). Developmental consequences of childhood frontal lobe damage. *Archives of Neurology, 49,* 764–769.
Fabiani, M. & Wee, E. (2001). Age-related changes in working memory and frontal lobe function: a review. In C. A. Nelson & M. Luciana (Hrsg.), *Handbook of developmental cognitive neuroscience* (S. 473–488). Cambridge, MA: The MIT Press.
Ferguson, S. A., Hashtroudi, S. & Johnson, M. K. (1992). Age differences in using source-relevant cues. *Psychology and Aging, 7,* 443–452.
Field, T. M., Woodson, R., Greenberg, R. & Cohen, D. (1982). Discrimination and imitation of facial expressions by term and preterm neonates. *Infant Behavior and Development, 6,* 485–489.

Fifer, W. P. & Moon, C. M. (1995). The effects of fetal experience with sound. In: J. P. Lecanut, N. A. Krasnegor, W. P. Fifer & W. P. Smotherman (Hrsg.), *Fetal development: A psychobiological perspective* (S. 351–366). Hillsdale, NJ: Erlbaum.

Fine, C., Lumsden, J. & Blair, R. J. R. (2001). Dissociation between »theory of mind« and executive functions in a patient with early left amygdala damage. *Brain, 124,* 287–298.

Finger, S. & Almli, C. R. (Hrsg.) (1984). *Early brain damage.* (Vol. 2: Neurobiology and behavior). Orlando, FL: Academic Press.

Finger, S. & Stein, D. G. (1982). *Brain damage and recovery. Research and clinical perspectives.* New York: Academic Press.

Fink, G. R., Markowitsch, H. J., Reinkemeier, M., Bruckbauer, T., Kessler, J. & Heiss W.-D. (1996). Cerebral representation of one's own past: Neural networks involved in autobiographical memory. *Journal of Neuroscience, 16,* 4275–4282.

Fischer, R. (1946). Selbstbeobachtungen im Mezkalin-Rausch. *Schweizer Zeitschrift für Psychologie, 5,* 308–313.

Fisher, D. C., Ledbetter, M. F., Cohen, N. J., Marmor, D. & Tulsky, D. S. (2000). WAIS-III and WMS-III profiles of mildly to severely brain injured patients. *Applied Neuropsychology, 7,* 126–132.

Fisk, J. E. & Warr, P. (1996). Age and working memory: The role of perceptual speed, the central executive, and the phonological loop. *Psychology and Aging, 11,* 316–323.

Fivush, R. & Fromhoff, F. A. (1988). Style and structure in mother-child conversations about the past. *Discourse Processes, 11,* 337–355.

Fivush, R., Gray, J. T. & Fromhoff, F. A. (1987). Two year olds' talk about the past. *Cognitive Development, 3,* 393–409.

Flechsig, P. (1896a). *Die Lokalisation der geistigen Vorgänge, insbesondere der Sinnesempfindungen des Menschen.* Leipzig: Veit & Comp.

Flechsig, P. (1896b). *Gehirn und Seele.* Leipzig: Veit & Comp.

Fletcher, P. C. & Henson, R. N. A. (2001). Frontal lobes and human memory: insights from functional neuroimaging. *Brain, 124,* 849–881.

Foster, J. K., Behrmann, M. & Stuss, D. T. (1995). Aging and visual search: Generalized cognitive slowing or selective deficit in attention? *Aging and Cognition, 2,* 279–299.

Fozard, J. L. (1990). Vision and hearing in aging. In: J. E. Birren & K. W. Schaie (Hrsg.), *Handbook of the psychology of aging* (3. Ausg.; S. 150–170). San Diego, CA: Academic Press.

Fraisse, P. (1985). *Psychologie der Zeit. Konditionierung, Wahrnehmung, Kontrolle, Zeitschätzung, Zeitbegriff.* München: E. Reinhardt.

Frank, M. G., Issa, N. P. & Stryker, M. P. (2001). Sleep enhances plasticity in the developing visual cortex. *Neuron, 30,* 275–287.

Freedman, M., Knoefel, J., Naeser, M. & Levine, H. (1984). Computerized axial tomography in aging. In: M. L. Albert (Hrsg.), *Clinical neurology of aging* (S. 139–148). New York: Oxford University Press.

Freud, S. (1919). Das Unheimliche. *Imago, 5,* 297–324.

Fried, J. (2004). *Der Schleier der Erinnerung. Grundzüge einer historischen Memorik.* München: C. H. Beck.

Friedman, A. & Pines, A. (1991). Sex differences in gender-related childhood memories. *Sex Roles, 25*, 25–32.
Fristoe, N. M., Salthouse, T. A. & Woodard, J. L. (1997). Examination of age-related deficits on the Wisconsin Card Sorting Test. *Neuropsychology, 11*, 428–436.
Fujiwara, E. & Markowitsch, H. J. (2003). Das mnestische Blockadesyndrom: Hirnphysiologische Korrelate von Angst und Stress. In: G. Schiepek (Hrsg.), *Neurobiologie der Psychotherapie* (S. 186–212). Stuttgart: Schattauer.
Fujiwara, E. & Markowitsch, H. J. (2004). Autobiographical disorders. *Brain and Cognition, 54*, 135–136.
Fujiwara, E., Brand, M. & Markowitsch, H. J. (2002). Emotionale Bewertung und Gedächtnis bei Patienten mit alkoholbedingtem Korsakow-Syndrom. *Praxis Klinische Verhaltensmedizin und Rehabilitation 60*, 275–281.
Fujiwara, E., Brand, M., Kracht, L., Kessler, J., Diebel, A., Netz, J. & Markowitsch, H. J. (im Druck). Memory and emotion in functional retrograde amnesia. *Cortex.*
Fuster, J. M. (1997a). Network memory. *Trends in Neurosciences, 20*, 451–459.
Fuster, J. M. (1997b). *The prefrontal cortex* (3. Ausg.). Philadelphia, PA: Lippincott-Raven.
Gabrieli, J. D. E., McGlinchey-Berroth, R., Carrillo, M. C., Gluck, M. A., Cermak, L. S. & Disterhoft, J. F. (1995). Intact delay-eyeblink classical conditioning in amnesia. *Behavioral Neuroscience, 109*, 819–827.
Gabrieli, J. D. E., Vaidya, C. J., Stone, M., Francis, W. S., Thompson-Schill, S. L., Fleischman, D. A., Tinklenberg, J. R., Yesavage, J. A. & Wilson, R. S. (1999). Convergent behavioral and neuropsychological evidence for a distinction between identification and production forms of repetition priming. *Journal of Experimental Psychology: General, 128*, 479–498.
Gagnon, R., Hunse, C., Carmichael, L., Fellows, F. & Patrick, J. (1986). Effects of vibratory acoustic stimulation on human fetal breathing and gross body movements near term. *American Journal of Obstetrics and Gynecology, 155*, 1227–1230.
Galaburda, A. M. & Pandya, D. N. (1982). Role of architectonics and connections in the study of primate brain evolution. In: E. Armstrong & D. Falk (Hrsg.), *Primate brain evolution* (S. 203–216). New York: Plenum Press.
Galaburda, A. M., LeMay, M., Kemper, T. L. & Geschwind, N. (1978). Right-left asymmetries in the brain. *Science, 199*, 852–856.
Galasko, D., Bennett, D., Sano, M., Ernesto, C., Thomas, R., Grundman, M. & Ferris, S. (1997). Alzheimer's Disease Cooperative Study. An inventory to assess activities of daily living for clinical trials in Alzheimer's disease. *Alzheimer Disease and Associated Disorders, 11*, 33–39.
Galvin, J. E., Palmer, J. L. & Morris J. C. (2003). Mild cognitive impairment represents early Alzheimer's disease. *Research and Practice in Alzheimer's Disease, 6*, 38–42.
Ganis, G., Kosslyn, S. M., Stose, S., Thompson, W. L. & Yurgelun-Todd, D. A. (2003). Neural correlates of different types of deception: an fMRI investigation. *Cerebral Cortex, 13*, 830–843.
Gannon, P. J., Holloway, R. L., Broadfield, D. C. & Braun, A. R. (1998). Asymmetry of

chimpanzee planum temporale: Humanlike pattern of Wernicke's brain language area homolog. *Science, 279,* 220-222.

Garde, E., Mortensen, E. L., Krabbe, K., Rostrup, E. & Larsson, H. B. (2000). Relation between age-related decline in intelligence and cerebral white-matter hyperintensities in healthy octogenarians: A longitudinal study. *Lancet, 19,* 628-634.

Geinisman, Y., Detoledo-Morrell, L., Morrell, F. & Heller, R. E. (1995). Hippocampal markers of age-related memory dysfunction: behavioral, electrophysiological and morphological perspectives. *Progress in Neurobiology, 45,* 223-252.

Gelman, R. & Gallistel, C. R. (2004). Language and the origin of numerical concepts. *Science, 306,* 441-443.

Gelman, S. A. (2004). Psychological essentialism in children. *Trends in Cognitive Sciences, 8,* 404-409.

Geschwind, N. & Galaburda, A. M. (1982). *Cerebral lateralization.* Cambridge, MA: MIT Press.

Giambra, L. M. (1993). Sustained attention in older adults: Performance and processes. In: J. Cerella, J. Rybash, W. Hoyer & M. L. Commons (Hrsg.), *Adult information processing: Limits on loss* (S. 259-272). San Diego, CA: Academic Press.

Gibson, K. R. (1991). Myelination and behavioral development: A comparative perspective of neoteny, altriciality and intelligence. In: K. R. Gibson & A. C. Peterson (Hrsg.), *Brain maturation and cognitive development: Comparative and cross-cultural perspectives* (S. 29-63). New York: de Gruyter.

Gilbert, P. E., Kesner, R. P. & DeCoteau, W. E. (1998). Memory for spatial location: Role of the hippocampus in mediating spatial pattern separation. *Journal of Neuroscience, 18,* 804-810.

Gilinsky, A. S. & Judd, B. B. (1994). Working memory and bias in reasoning across the adult life span. *Psychology and Aging, 9,* 356-371.

Gilles, J. (2004). Change of mind. *Nature, 430,* 14.

Glaser, B. G. & Strauss, A. L. (1998). *Grounded theory. Strategien qualitativer Forschung.* Bern: Huber.

Glezer, I. I., Jacobs, M. S. & Morgane, P. J. (1988). Implications of the »initial brain« concept for brain evolution in Cetacea. *Behavioral and Brain Sciences, 11,* 75-116.

Glover, S. (2004). What causes scale errors in children? *Trends in Cognitive Sciences, 8,* 440-442.

Goldman, P. S. & Galkin, T. W. (1978). Prenatal removal of frontal association cortex in the fetal rhesus monkey: Anatomical and functional consequences in postnatal life. *Brain Research, 152,* 451-485.

Goldman-Rakic, P. S. (1987). Development of cortical circuitry and cognitive function. *Child Development, 58,* 601-622.

Gordon, P. (2004). Numerical cognition without words: Evidence from Amazonia. *Science, 306,* 496-499.

Götz, M. (2003). Brain development: glial cells generate neurons – implications for neuropsychiatric disorders. In: M. A. Ron & T. W. Robbins (Hrsg.), *Disorders of brain and mind 2* (S. 59-73). Cambridge: Cambridge University Press.

Grafman, J. (1999). Experimental assessment of adult frontal lobe function. In: B. L. Miller & J. L. Cummings (Hrsg.), *The human frontal lobes: Functions and disorders* (S. 321–344). New York: Guilford Press.
Grattan, L. M. & Eslinger, P. J. (1991). Frontal lobe damage in children and adults: a comparative review. *Developmental Neuropsychology, 7*, 283–326.
Grattan, L. M. & Eslinger, P. J. (1992). Long-term psychological consequences of childhood. Frontal lobe lesion in patient D T. *Brain and Cognition, 20*, 185–195.
Gregoire, J. & Van der Linden, M. (1997). Effects of age on forward and backward digit span. *Aging, Neuropsychology, and Cognition, 4*, 140–149.
Gregory, C., Lough, S., Stone, V., Erzinclioglu, S. & Martin, L. (2002). Theory of mind in patients with frontal variant frontotemporal dementia and Alzheimer's disease: theoretical and practical implications. *Brain, 125*, 752–764.
Grimm, H. & Weinert, S. (2002). Sprachentwicklung. In: R. Oerter & L. Montada (Hrsg.), *Entwicklungspsychologie*. Weinheim: Beltz.
Gross, J. J., Carstensen, L. L., Pasupathi, M., Tsai, J., Götestam Skorpen, C. & Hsu, A. Y. C. (1997). Emotion and aging. *Psychology and Aging, 12*, 590–599.
Grünthal, E. (1932). Die erworbenen Verblödungen (II: Klinik und Anatomie). *Fortschritte der Neurologie und Psychiatrie, 4*, 306–320.
Grünthal, E. (1939). Ueber das Corpus mamillare und den Korsakowschen Symptomenkomplex. *Confinia Neurologica, 2*, 64–95.
Grüsser, O.-J. (1988). Die phylogenetische Hirnentwicklung und die funktionelle Lateralisation der menschlichen Großhirnrinde. In: G. Oepen (Hrsg.), *Psychiatrie des rechten und linken Gehirns: Neuropsychologische Ansätze zum Verständnis von «Persönlichkeit«, «Depression« und «Schizophrenie«* (S. 34–50). Köln: Deutscher Ärzte-Verlag.
Gunning-Dixon, F. M. & Raz, N. (2000). The cognitive correlates of white matter abnormalities in normal aging: A quantitative review. *Neuropsychology, 14*, 224–232.
Gur, R. C., Gunning-Dixon, F., Bilker, W. B. & Gur, R. E. (2002). Sex differences in temporo-limbic and frontal brain volumes of healthy adults. *Cerebral Cortex, 12*, 998–1003.
Gur, R. C., Turetsky, B. I., Matsui, M., Yan, M., Bilker, W., Hughett, P. & Gur, R. E. (1999). Sex differences in brain gray and white matter in healthy young adults: correlations with cognitive performance. *Journal of Neuroscience, 19*, 4065–4072.
Habermas, T. & Bluck, S. (2000): Getting a life: The development of the life story in adolescence. *Psychological Bulletin, 126*, 748–769.
Habib, R., Nyberg, L. & Tulving, E. (2003). Hemispheric asymmetries of memory: the HERA model revisited. *Trends in Cognitive Sciences, 7*, 241–245.
Haist, F., Bowden Gore, J. & Mao, H. (2001). Consolidation of human memory over decades revealed by functional magnetic resonance imaging. *Nature Neuroscience, 4*, 1139–1145.
Harley, K. & Reese, E. (1999). Origins of autobiographical memory. *Developmental Psychology, 35*, 1338–1348.
Harlow, H. F. & Zimmerman, R. R. (1959). Affectional responses in the infant monkey. *Science, 130*, 421–432.
Harlow, J. M. (1848). Passage of an iron rod through the head. *Boston Medical and Surgical Journal, 39*, 389–393.

Harlow, J. M. (1869). *Recovery from the passage of an iron bar through the head.* Boston: D. Clapp and Son.

Härting, C. & Markowitsch, H. J. (1996). Different degrees of impairment in recall/recognition and anterograde/retrograde memory performance in a transient global amnesic case. *Neurocase, 2,* 45–49.

Hartley, A. A. (1993). Evidence for the selective preservation of spatial selective attention in old age. *Psychology and Aging, 3,* 371–379.

Hasegawa, M., Houdou, S., Mito, T., Takashima, S., Asanuma, K. & Ohno, T. (1992). Development of myelination in the human fetal and infant cerebrum: A myelin basic protein immunohistochemical study. *Brain & Development, 14,* 1–6.

Hasher, L. & Zacks, R. T. (1988). Working memory, comprehension, and aging: A review and a new view. In: G. H. Bower (Hrsg.), *The psychology of learning and motivation,* Vol. 22 (S. 193–225). Orlando, FL: Academic Press.

Hashtroudi, S., Parker, E. S., Luis, J. D. & Reisen, C. A. (1989). Generation and elaboration in older adults. *Experimental Aging Research, 15,* 73–78.

Hawkins, H. L., Kramer, A. F. & Capaldi, D. (1992). Aging, exercise, and attention. *Psychology and Aging, 7,* 643–653.

Heinsen, H., Henn, R., Eisenmenger, W., Gotz, M., Bohl, J., Bethke, B., Lockemann, U. & Puschel, K. (1994). Quantitative investigations on the human entorhinal area: Left-right asymmetry and age-related changes. *Anatomy and Embryology, 190,* 181–194.

Hell, W. (1998). Gedächtnistäuschungen. Fehlleistungen des Erinnerns im Experiment und im Alltag. In E. P. Fischer (Hrsg.), *Gedächtnis und Erinnerung* (S. 233–277). München: Piper.

Heller, W. (1993). Gender differences in depression: perspectives from neuropsychology. *Journal of Affective Disorders, 29,* 129–143.

Hellige, J. B. & Yamauchi, M. (1999). Quantitative and qualitative hemispheric asymmetry for processing Japanese Kana. *Brain and Cognition, 40,* 453–463.

Hepper, P. G. & Shahidullah, S. B. (1994). Development of fetal hearing. *Archives of Disease in Childhood, 71,* 81–87.

Hepper, P. G. (1992). Fetal psychology: An embryonic science. In: J. G. Nijhuis (Hrsg.), *Fetal behavior: developmental and perinatal aspects* (S. 129–155). Oxford: Oxford University Press.

Hering, E. (1870). Ueber das Gedächtnis als eine allgemeine Funktion der organisierten Materie. Vortrag gehalten in der feierlichen Sitzung der Kaiserlichen Akademie der Wissenschaften in Wien am XXX. Mai MDCCCLXX. Leipzig: Akademische Verlagsgesellschaft.

Hertz-Pannier, L., Chiron, C., Jambaqué, I., Renaux-Kieffer, V., Van der Moortele, P.-F., Delalande, O., Fohlen, M., Brunelle, F. & Le Bihan, D. (2002). Late plasticity for language in a child's non-dominant hemisphere. A pre- and post-surgery fMRI study. *Brain, 125,* 361–372.

Hodges, J. R., Patterson, K., Graham, N. & Dawson, K. (1996). Naming and knowing in dementia of Alzheimer's type. *Brain and Language, 54,* 302–325.

Hodos, W. (1988). Comparative neuroanatomy and the evolution of intelligence. In: H. J.

Jerison & I. Jerison (Hrsg.), *Intelligence and evolutionary biology* (S. 93–107). Berlin: Springer.

Hof, P. R., Vogt, B. A., Bouras, C. & Morrison, J. H. (1997). Atypical form of Alzheimer's disease with prominent posterior cortical atrophy: A review of lesion distribution and circuit disconnection in cortical visual pathways. *Vision Research, 37*, 3609–3625.

Hoff, H. & Pötzl, O. (1938). Anatomischer Befund eines Falles mit Zeitrafferphänomen. *Deutsche Zeitschrift für Nervenheilkunde, 145*, 150–178.

Hogan, D. B. & McKeith, I. G. (2001). Of MCI and dementia: Improving diagnosis and treatment. *Neurology, 2001, 56*, 1131–1132.

Hollup, S. A., Molden, S., Donnett, J. G., Moser, M.-B. & Moser, E. I. (2001). Place fields of rat hippocampal pyramidal cells and spatial learning in the watermaze. *European Journal of Neuroscience, 13*, 1197–1208.

Hopf, A. (1956). Volumetrische Untersuchungen zur vergleichenden Anatomie des Thalamus. *Journal für Hirnforschung, 8*, 25–38.

Hopkins, W. D., Marino, L., Rilling, J. K. & MacGregor, L. A. (1998). Planum temporale asymmetries in great apes as revealed by magnetic resonance imaging (MRI). *NeuroReport, 9*, 2913–2918.

Hopkins, W. D., Wesley, M. J., Izard, M. K. & Hook, M. (2004). Chimpanzees (*Pan troglodytes*) are predominantly right-handed: replication in three populations of apes. *Behavioral Neuroscience, 11*, 659–663.

Horn, J. L. (1982). The theory of fluid and cristallized intelligence in relation to concepts of cognitive psychology and aging in adulthood. In: F. I. M. Craik & S. Trehub (Hrsg.), *Aging and cognitive processes* (S.237–278). New York: Plenum Press.

Howe, M. L. (2000). *The fate of early memories*. Washington: APA.

Howe, M. L. & Courage, M. L. (1993). On resolving the enigma of infantile amnesia. *Psychological Bulletin, 113*, 305–326.

Howe, M. L. & Courage, M. L. (1997). The emergence and early development of autobiographical memory. *Psychological Review, 104*, 499–523.

Howe, M. L., Courage, M. L. & Edison, S. (2003). When autobiographical memory begins. *Developmental Review, 23*, 471–494.

Howes, M., Siegel, M. & Brown, F. (1993). Early childhood memories: Accuracy and affect. *Cognition, 47*, 95–115.

Howieson, D. B., Holm, L. A., Kaye, J. A., Oken, B. S. & Howieson, J. (1993). Neurologic function in the optimally healthy oldest old: Neuropsychological evaluation. *Neurology, 43*, 1882–1886.

Hudson, R. (1985). Do newborn rabbits learn the odor stimuli releasing nipple-suckling behavior? *Developmental Psychobiology, 18*, 575–585.

Huether, G., Adler, L. & Rüther, E. (1999). Die neurobiologische Verankerung psychosozialer Erfahrungen. *Zeitschrift für psychosomatische Medizin, 45*, 2–17.

Humphrey, D. G. & Kramer, A. F. (1997). Age differences in visual search for feature, conjunction, and triple-conjunction targets. *Psychology and Aging, 12*, 704–717.

Huschke, E. (1854). *Schaedel, Hirn und Seele des Menschen und der Thiere nach Alter, Geschlecht und Race*. Jena: F. Mauke.

Huttenlocher, P. R. & deCourten, C. (1987). The development of synapses in striate cortex of man. *Human Neurobiology, 6*, 1-9.
Huttenlocher, P. R. (1979). Synaptic density in human frontal cortex: Developmental changes and effects of aging. *Brain Research, 163*, 195-205.
Huttenlocher, P. R. (1990). Morphometric study of human cerebral cortex development. *Neuropsychologia, 28*, 517-527.
Huttenlocher, P. R. (1994). Synaptogenesis in human cerebral cortex. In: G. Dawson & K. W. Fischer (Hrsg.), *Human behavior and the developing brain* (S. 137-152). New York: Guilford Press.
Huttenlocher, P. R. (1996). Morphometric study of human cerebral cortex development. In: M. Johnson (Hrsg.), *Brain development and cognition: A reader* (S. 112-124). Cambridge, MA: Blackwell.
Huttenlocher, P. R. & Dabholkar, A. S. (1997). Regional differences in synaptogenesis in human cerebral cortex. *The Journal of Comparative Neurology, 387*, 167-178.
Huttenlocher, P. R., deCourten, C., Garey, L. G. & Van der Loos, H. (1982). Synaptogenesis in human visual cortex: Evidence for synapse elimination during normal development. *Neuroscience Letters, 33*, 247-252.
Huxley, J. (1953). *Evolution in Action. Based on the Patten Foundation Lectures delivered at Indiana University in 1951*. London: Chatto & Windus.
Hyman, I. E., Husband, T. H. & Billigs, F. J. (1995). False memories of childhood experiences. *Applied Cognitive Psychology, 9*, 181-197.
Insausti, R., Juottonen, K., Soininen, H., Insausti, A. M., Partanen, K., Vainio, P., Laakso, M. P. & Pitkanen, A. (1998). MR volumetric analysis of the human entorhinal, perirhinal, and temporopolar cortices. *American Journal of Neuroradiology, 19*, 659-671.
Irle, E. & Markowitsch, H. J. (1982). Connections of the hippocampal formation, mamillary bodies, anterior thalamus and cingulate cortex. A retrograde study using horseradish peroxidase in the cat. *Experimental Brain Research, 47*, 79-94.
Irle, E. & Markowitsch, H. J. (1987). Basal-forebrain lesioned monkeys are severely impaired in tasks of associative and recognition memory. *Annals of Neurology, 22*, 735-743.
Isaacowitz, D. M., Turk Charles, S. & Carstensen, L. L. (2000). Emotion and cognition. In: F. I. M. Craik & T. A. Salthause (Hrsg.), *The handbook of aging and cognition* (S. 593-631). Mahwah, NJ: Lawrence Erlbaum Associates.
Isaacson, R. L. (1975). The myth of recovery from early brain damage. In: N. R. Ellis (Hrsg.), *Aberrant development in infancy* (S. 1-25). Hillsdale, N. J.: LEA.
Isaacson, R. L. (1988). Brain lesion studies related to memory: A critique of strategies and interpretations. In: H. J. Markowitsch (Hrsg.), *Information processing by the brain* (S. 87-106). Toronto: Huber.
Isingrini, M. & Vazou, F. (1997). Relation between fluid intelligence and frontal lobe functioning in older adults. *International Journal of Aging and Human Development, 45*, 99-109.
Jacobsen, C. F. & Nissen, H. W. (1937). Studies of cerebral function in primates: IV. The effects of frontal lobe lesions on the delayed alternation habit in monkeys. *Journal of Comparative and Physiological Psychology, 23*, 101-112.

James, W. (1890). *Principles of psychology*. New York: Dover.
Jenkins, L., Myerson, J., Hale, S. & Fry, A. F. (1999). Life span developmental differences in interference with verbal and spatial working memory. *Psychonomic Bulletin & Review*, 6, 28–40.
Jerison, H. J. (1973). *The evolution of the brain and intelligence*. New York: Academic Press.
Jin, K., Peel, A. L., Mao, X. O., Xie, L., Cottrell, B. A., Henshall, D. C. & Greenberg, D. A. (2004). Increased hippocampal neurogenesis in Alzheimer's disease. *Proceedings of the National Acadamy of Sciences of the USA, 101*, 343–347.
Johansson, B. & Berg, S. (1989). The robustness of the terminal decline phenomenon: Longitudinal data from the digit-span memory test. *Journal of Gerontology; Psychological Sciences, 44*, 184–186.
Johnson, K. A., Jones, K., Holman, B. L., Becker, J. A., Spiers, P. A., Satlin, A. & Albert, M. S. (1998). Preclinical prediction of Alzheimer's disease using SPECT. *Neurology, 50*, 1563–1571.
Johnson, M. H. (2001). Functional brain development in humans. *Nature Reviews Neuroscience, 2*, 475–483.
Johnson, M. H. (2003). Development of human brain functions. *Biological Psychiatry, 54*, 1312–1316.
Johnson, M. K., Hashtroudi, S. & Lindsay, D. S. (1993). Source monitoring. *Psychological Bulletin, 114*, 3–28.
Johnson, S. C., Baxter, L. C., Wilder, L. S., Pipe, J. G., Heiserman, J. E. & Prigatano, G. P. (2002). Neural correlates of self-reflection. *Brain, 125*, 1808–1814.
Johnson, S. P. (2003). The nature of cognitive development. *Trends in Cognitive Sciences, 7*, 102–104.
Kaasinen, V., Nagren, K., Hietala, J., Farde, L. & Rinne, J. O. (2001). Sex differences in extrastriatal dopamine D2-like receptors in the human brain. *American Journal of Psychiatry, 158*, 308–311.
Kamada, K., Kober, H., Saguer, M., Möller, M., Kaltenhäuser, M. & Vieth, J. (1998). Responses to silent Kanji reading of the native Japanese and German in task subtraction magnetencephalography. *Cognitive Brain Research, 7*, 89–98.
Kaminski, J., Call, J. & Fischer, J. (2004). Word learning in a domestic dog: evidence for »fast mapping«. *Science, 304*, 1682–1683.
Kandel, E. R., Kupfermann, I. & Iversen, S. (2000). Learning and memory. In: E. R. Kandel, J. H. Schwartz & T. M. Jessell (Hrsg.), *Principles of neural science* (S. 1227–1245). Amsterdam: Elsevier.
Kawano, M., Ichimiya, A., Ogomori, K., Kuwabara, Y., Sasaki, M., Yoshida, T. & Tashiro, N. (2001). Relationship between both IQ and Mini-Mental State Examination and the regional cerebral glucose metabolism in clinically diagnosed Alzheimer's disease: A PET study. *Dementia and Geriatric Cognitive Disorders, 12*, 171–176.
Keenan, J. P., McCutcheon, B., Sanders, G., Freund, S., Gallup Jr., G. G. & Pascual-Leone, A. (1999). Left hand advantage in a self-face recognition task. *Neuropsychologia, 37*, 1421–1425.

Keenan, J. P., Wheeler, M., Gallup Jr., G. G. & Pascual-Leone, A. (2000). Self-recognition and the right prefrontal cortex. *Trends in Cognitive Sciences, 4*, 338-344.

Kemper, S. (1986). Imitation of complex syntactic constructions by elderly adults. *Applied Psycholinguistics, 7*, 277-288.

Kemper, S. (1987a). Life span changes in syntactic complexity. *Journal of Gerontology, 42*, 323-328.

Kemper, S. (1987b). Syntactic complexity and elderly adults' prose recall. *Experimental Aging Research, 13*, 47-52.

Kemper, T. L. (1994). Neuroanatomical and neuropathological changes during aging and in dementia. In: M. L. Albert & E. J. E. Knoepfel (Hrsg.), *Clinical neurology of aging* (S. 3-67). New York: Oxford University Press.

Kemtes, K. A. & Kemper, S. (1997). Younger and older adults' on-line processing of syntactically ambiguous sentences. *Psychology and Aging, 12*, 362-371.

Kennard, M. A. (1938). Reorganization of motor function in the cerebral cortex of monkeys deprived of motor and premotor areas in infancy. *Journal of Neurophysiology, 1*, 477-496.

Kennard, M. A. (1940). Relation of age to motor impairment in man and sub-human primates. A. M. A. *Archives of Neurology and Psychiatry, 44*, 377-397.

Kennard, M. A. (1942). Cortical reorganization of motor function: Studies on a series of monkeys of various ages from infancy to maturity. A. M. A. *Archives of Neurology and Psychiatry, 48*, 227-240.

Kessels, R. P. C., de Haan, E. H. F., Kappelle, L. J. & Postma, A. (2001). Varieties of human spatial memory: a meta-analysis on the effects of hippocampal lesions. *Brain Research Reviews, 35*, 295-303.

Kessler, J. & Kalbe, E. (1997). Gedächtnisstörungen im Alter: Prodrom einer Demenz? In: S. Weis & G. Weber (Hrsg.), *Handbuch Morbus Alzheimer*. Weinheim: Psychologie Verlags Union.

Kessler, J., Denzler, P. & Markowitsch, H. J. (1999). *Altersprofil-Test*. Göttingen: Hogrefe.

Kessler, J., Irle, E. & Markowitsch, H. J. (1986). Korsakoff and alcoholic subjects are severely impaired in animal tasks of association memory. *Neuropsychologia, 24*, 671-680.

Kessler, J., Markowitsch, H. J. & Bast-Kessler, C. (1987). Memory of alcoholic patients, including Korsakoff's, tested with a Brown-Peterson paradigm. *Archives of Psychology, 101*, 115-132.

Kessler, J., Markowitsch, H. J. & Denzler, P. (1990). *Der Mini-Mental-Status Test*. Weinheim: Beltz-Test-Verlag.

Kessler, J., Markowitsch, H. J., Guldin, W., Riess, R., Pritzel, M., Streicher, M. & Kerriou, M. (1980). Comparative analysis of delayed alternation learning in cats, mice, and guinea pigs. *Animal Learning and Behavior, 8*, 457-464.

Kihlstrom, J. F. & Harackiewicz, J. M. (1982). The earliest recollection: A new survey. *Journal of Personality, 50*, 134-148.

Kim, J. J. & Thompson, R. F. (1997). Cerebellar circuits and synaptic mechanisms involved in classical eyeblink conditioning. *Trends in Neurosciences, 20*, 177-181.

Kimberg, D. Y., D'Esposito, M. & Farah, M. J. (1998). Cognitive functions in the prefrontal cortex – working memory and executive control. *Current Directions in Psychological Science, 6*, 185–192.

Klein, M. (1997). *Cognitive aging, attention, and mild traumatic brain injury.* Maastricht, NL: Neuropsych Publishers.

Kliegel, M., Moor, C. & Rott, C. (2004). Cognitive status and development in the oldest old: a longitudinal analysis from the Heidelberg Centenarian Study. *Archives of Gerontology and Geriatrics, 39*, 143–156.

Kliegel, M., Ramuschkat, G. & Martin, M. (2003). Exekutive Funktionen und prospektive Gedächtnisleistung im Alter. *Zeitschrift für Gerontologie und Geriatrie, 36*, 35–41.

Klingberg, T., Vaidya, C. J., Gabrieli, J. D. E., Moseley, M. E. & Hedehus, M. (1999). Myelination and organization of the frontal white matter in children: A diffusion tensor MRI study. *NeuroReport, 10*, 2817–2821.

Knecht, S., Henningsen, H., Höhling, C., Elbert, T., Flor, H., Pantev, C. & Taub, E. (1998). Plasticity of plasticity? Changes in the pattern of perceptual correlates of reorganization after amputation. *Brain, 121*, 717–724.

Koch, G. (2001). Affekt oder Effekt. Was haben Bilder, was Worte nicht haben. In: H. Welzer (Hrsg.), *Das soziale Gedächtnis. Geschichte, Erinnerung, Tradierung* (S. 123–133). Hamburg: Hamburger Edition.

Kolb, B. (1989). Brain development, plasticity, and behavior. *American Psychologist, 44*, 1203–1212.

Kolb, B. & Whishaw, I. Q. (1998). *Neuropsychologie.* Heidelberg: Spektrum.

Kolb, B., Wilson, B. & Taylor, L. (1992). Developmental changes in the recognition and comprehension of facial expression: Implications for frontal lobe function. *Brain and Cognition, 20*, 74–84.

Konner, M. (1991). Universals of behavioral development in relation to brain myelination. In: K. R. Gibson & A. Petersen (Hrsg.), *Brain maturation and cognitive development* (S. 181–222). New York: de Gruyter.

Kossoff, E. H., Buck, C. & Freeman, J. M. (2002). Outcomes of 32 hemispherectomies for Sturge-Weber syndrome worldwide. *Neurology, 59*, 1735–1738.

Kotary, L. & Hoyer, W. (1995). Age and the ability to inhibit distractor information in visual selective attention. *Experimental Aging Research, 21*, 159–171.

Koutstaal, W., Schacter, D. L., Galluccio, L. & Stofer, K. A. (1999). Reducing gist-based false recognition in older adults: Encoding and retrieval manipulations. *Psychology and Aging, 14*, 220–237.

Kozel, F. A. & Padgett, T. M. (2004). A replication study of the neural correlates of deception. *Behavioral Neuroscience, 118*, 852–856.

Kramer, A. F., Hahn, S. & Gopher, D. (1999a). Task coordination and aging: Explorations of executive control processes in the task switching paradigm. *Acta Psychologica, 101*, 339–378.

Kramer, A. F., Larish, J. F., Weber, T. A. & Bardell, L. (1999b). Training for executive control: Task coordination strategies and aging. In: D. Gopher & A. Koriat (Hrsg.), *Attention and performance: XVII* (S. 617–652). Cambridge, MA: MIT Press.

Krasuski, J. S., Alexander, G. E., Horwitz, B., Daly, E. M., Murphy, D. G., Rapoport, S. I.

& Schapiro, M. B. (1998). Volumes of medial temporal lobe structures in patients with Alzheimer's disease and mild cognitive impairment (and in healthy controls). *Biological Psychiatry, 43*, 60–68.

Krauss, S. (1930). Untersuchungen über Aufbau und Störungen der menschlichen Handlung. I. Teil: Die Korsakowsche Störung. *Archiv für die gesamte Psychologie, 77*, 649–692.

Kroll, N., Markowitsch, H. J., Knight, R. & von Cramon, D. Y. (1997). Retrieval of old memories – the temporo-frontal hypothesis. *Brain, 120*, 1377–1399.

Kuhl, P. K. & Meltzoff, A. N. (1982). The bimodal perception of speech in infancy. *Science, 218*, 1138–1141.

La Voie, D. & Light, L. L. (1994). Adult age differences in repetition priming: A meta-analysis. *Psychology and Aging, 9*, 539–553.

Laine, M., Vuorinen, E. & Rinne, J. O. (1997). Picture naming deficits in vascular dementia and Alzheimer's disease. *Journal of Clinical and Experimental Neuropsychology, 19*, 126–140.

Larsson, M. & Bäckman, L. (1998). Modality memory across the adult life span: Evidence for selective olfactory deficits. *Experimental Aging Research, 24*, 63–82.

Laver, G. D. & Burke, D. M. (1993). Why do semantic priming effects increase in old age? A meta-analysis. *Psychology and Aging, 8*, 34–43.

Lawrence, B., Myerson, J. & Hale, S. (1998). Differential decline of verbal and visuospatial processing speed across the adult life span. *Aging, Neuropsychology, and Cognition, 5*, 129–146.

Lawton, M. P. & Brody, E. M. (1969). Assessment of older people: self-maintaining and instrumental activities of daily living. *Gerontologist, 9*, 179–186.

Lawton, M. P., Kleban, M. H., Rajagopal, D. & Dean, J. (1992). Dimensions of affective experience in three age groups. *Psychology and Aging, 7*, 171–184.

Leiner, H. C., Leiner, A. L. & Dow, R. S. (1991). The human cerebro-cerebellar system: its computing, cognitive, and language skills. *Behavioural Brain Research, 44*, 113–128.

Leiner, H. C., Leiner, A. L. & Dow, R. S. (1993). Cognitive and language functions of the human cerebellum. *Trends in Neurosciences, 16*, 444–447.

LeMay, M. (1976). Morphological cerebral asymmetries of modern man, fossil man, and nonhuman primate. *Annals of the New York Academy of Sciences, 280*, 349–366.

Leonhardt, G., Bingel, U., Spiekermann, G., Kurthen, M., Müller, S. & Hufnagel, A. (2001). Cortical activation in patients with functional hemispherectomy. *Journal of Neurology, 248*, 881–888.

Lepage, M., Habib, R. & Tulving, E. (1998). Hippocampal PET activations of memory encoding and retrieval: the HIPER model. *Hippocampus, 8*, 313–322.

Levenson, R. W., Carstensen, L. L., Friesen, W. V. & Ekman, P. (1991). Emotion, physiology, and expression in old age. *Psychology and Aging, 6*, 28–35.

Levine, B., Black, S. E., Cabeza, R., Sinden, M., McIntosh, A. R., Toth, J. P., Tulving, E. & Stuss, D. T. (1998). Episodic memory and the self in a case of isolated retrograde amnesia. *Brain, 121*, 1951–1973.

Levine, B., Stuss, D. T. & Milberg, W. P. (1995). Concept generation: validation of a test of

executive functioning in a normal aging population. *Journal of Clinical and Experimental Neuropsychology, 17*, 740–758.
Lhermitte, F. (1983). »Utilization behaviour« and its relation to lesions of the frontal lobes. *Brain, 106*, 237–255.
Li, S.-C. (2003). Biocultural orchestration of developmental plasticity across levels: the interplay of biology and culture in shaping the mind and behavior across the lifespan. *Psychological Bulletin, 129*, 171–194.
Libet, B., Pearl, D., Morledge, D. E., Gleason, C. A., Hosobuchi, Y. & Barbaro, N. M. (1991). Control of the transition from sensory detection to sensory awareness in man by the duration of thalamic stimulus: The cerebral »time-on« factor. *Brain, 114*, 1731–1757.
Liégeois, F., Connelly, A., Cross, J. H., Boyd, S. G., Gadian, D. G., Vargha-Khadem, F. & Baldeweg, T. (2004). Language reorganization in children with early-onset of the left hemisphere: an fMRI study. *Brain, 127*, 1229–1236.
Light, L. L. & Albertson, S. A. (1989). Direct and indirect tests of memory for category exemplars in young and older adults. *Psychology and Aging, 4*, 487–492.
Light, L. L. & Capps, J. L. (1986). Comprehension of pronouns in young and older adults. *Developmental Psychology, 22*, 580–585.
Light, L. L. (1991). Memory and aging: Four hypotheses in search of data. *Annual Review of Psychology, 42*, 333–376.
Light, L. L. (1997). Memory and aging. In: E. L. Björk & R. A. Björk (Hrsg.), *Memory* (443–490). San Diego, CA: Academic Press.
Lindenberger, U. & Baltes, P. B. (1997). Intellectual functioning in old and very old age: Cross-sectional results from the Berlin Aging Study. *Psychology and Aging, 12*, 410–432.
Lindenberger, U., Mayr, U. & Kliegl, R. (1993). Speed and intelligence in old age. *Psychology and Aging, 8*, 207–220.
Liotti, M., Ryder, K. & Woldorff, M. G. (1998). Auditory attention in the congenitally blind: Where, when and what gets reorganized? *NeuroReport, 9*, 1007–1012.
Lipsitt, L. P. (1990). Learning processes in the human newborn: Sensitization, habituation and classical conditioning. In: A. Diamond (Hrsg.), *Development and neural bases of higher cognitive functions* (S. 113–127). New York: New York Academy of Sciences Press.
Loftus, E. F. & Pickrell, J. E. (1995). The formation of false memories. *Psychiatric Annals, 25*, 720–725.
Loftus, E. F., Feldman, J. & Dashiell, R. (1995). The reality of illusory memories. In: D. L. Schacter (Hrsg.), *Memory distortion: How minds, brains and societies reconstruct the past* (S. 47–68). Cambridge: Cambridge University Press.
Lorente de No, R. (1934). Studies on the structure of the cerebral cortex. II. Continuation of the study of the ammonic system. *Journal für Psychologie und Neurologie, 46*, 114–177.
Lowe, C. & Rabbitt, P. (1997). Cognitive models of aging and frontal lobe deficits. In: P. Rabbitt (Hrsg.), *Methodology of frontal and executive function* (S. 39–59). Hove, UK: Psychology Press.
Lupien, S. J. & Wan, N. (2004). Successful aging: from cell to self. *Philosophical Transactions of the Royal Society London, B359*, 1413–1426.

Lurija, A. R. (1991). *Der Mann, dessen Welt in Scherben ging.* Reinbek: Rowohlt.

Luzzi, S., Pucci, E., Di Bella, P. & Piccirilli, M. (2000). Topographical disorientation consequent to amnesia of spatial location in a patient with right parahippocampal damage. *Cortex, 36,* 427–434.

MacLean, P. D. (1970). The triune brain, emotion, and the scientific bias. In: F. O. Schmitt (Hrsg.), *The neurosciences: Second study program* (S. 336–349). New York: Rockefeller University Press.

Madden, D. J., Pierce, T. W. & Allen, P. A. (1996). Adult age differences in the use of distractor homogeneity during visual research. *Psychology and Aging, 11,* 454–474.

Madden, D. J., Turkington, T. G., Provenzale, J. M., Hawk, T. C., Hoffman, J. M. & Coleman, R. E. (1997). Selective and divided visual attention: Age-related changes in regional cerebral blood flow measured by H2 15O PET. *Human Brain Mapping, 5,* 389–409.

Maguire, E. A., Gadian, D. G., Johnsrude, I. S., Good, C. D., Ashburner, J., Frackowiak, R. S. J. & Frith, C. D. (2000). Navigation-related structural change in the hippocampi of taxi drivers. *Proceedings of the National Academy of Sciences of the USA, 97,* 4398–4403.

Mähler, C. (1999). Naive Theorien im kindlichen Denken. *Zeitschrift für Entwicklungspsychologie und Pädagogische Psychologie, 31,* 53–66.

Makin, J. W. & Porter, R. H. (1989). Attractiveness of lactating females' breast odors to neonates. *Child Development, 60,* 803–810.

Malloch, S. (1999). Mothers and infants and communicative musicality. *Musicae Scientiae, Special Issue*: »*Rythms, Musical Narrative, and the Origins of Human Communication*«. European Society for the Cognitive Sciences of Music, Liège, 13–28.

Mäntylä, T. (1994). Remembering to remember: Adult age differences in prospective memory. *Journal of Gerontology: Psychological Sciences, 49,* 276–282.

Markman, E. M. & Abelev, M. (2004): Word learning in dogs? *Trends in Cognitive Sciences, 8,* 479–481.

Markowitsch, H J. & Borsutzky, S. (2004). Gedächtnis und Hippocampus des Menschen. In: C. G. Lipinski & D. F. Braus (Hrsg.), *Hippocampus. Klinisch relevante Schlüsselfunktionen* (S. 73–100). Bad Honnef: Hippocampus Verlag.

Markowitsch, H. J. & Kessler, J. (2000). Massive impairment in executive functions with partial preservation of other cognitive functions: the case of a young patient with severe degeneration of the prefrontal cortex. *Experimental Brain Research, 133,* 94–102.

Markowitsch, H. J. & Pritzel, M. (1979). The prefrontal cortex: Projection area of the thalamic mediodorsal nucleus? *Physiological Psychology, 7,* 1–6.

Markowitsch, H. J. (1985). Der Fall H. M. im Dienste der Hirnforschung. *Naturwissenschaftliche Rundschau, 38,* 410–416.

Markowitsch, H. J. (1995). Which brain regions are critically involved in retrieval of old episodic memory? *Brain Research Brain Research Reviews, 21,* 117–127.

Markowitsch, H. J. (1998/99). Differential contribution of the right and left amygdala to affective information processing. *Behavioural Neurology, 11,* 233–244.

Markowitsch, H. J. (1999a). *Gedächtnisstörungen.* Stuttgart: Kohlhammer.

Markowitsch, H. J. (1999b). Functional neuroimaging correlates of functional amnesia. *Memory, 7,* 561–583.

Markowitsch, H. J. (2000a). Amnésie psychogène et autres troubles dissociatifs. In : M. Van der Linden, J.-M. Danion & A. Agniel (Hrsg.), *La psychopathologie: une approche cognitive et neuropsychologique* (S. 265-280). Paris: Editions Solal.
Markowitsch, H. J. (2000b). Memory and amnesia. In: M.-M. Mesulam (Hrsg.), *Principles of behavioral and cognitive neurology* (S. 257-293). New York: Oxford University Press.
Markowitsch, H. J. (2001a). Mnestische Blockaden als Stress- und Traumafolgen. *Zeitschrift für Klinische Psychologie und Psychotherapie, 30*, 204-211.
Markowitsch, H. J. (2001b). Die Erinnerung von Zeitzeugen aus der Sicht der Gedächtnisforschung. *BIOS: Zeitschrift für Biographieforschung und Oral History, 13*, 30-50.
Markowitsch, H. J. (2002a). *Dem Gedächtnis auf der Spur: Vom Erinnern und Vergessen.* Darmstadt: Wissenschaftliche Buchgesellschaft und Primus-Verlag.
Markowitsch, H. J. (2002b). Autobiographisches Gedächtnis aus neurowissenschaftlicher Sicht. *BIOS: Zeitschrift für Biographieforschung und Oral History 15*, 187-201.
Markowitsch, H. J. (2003a). Autonoetic consciousness. In: A. S. David & T. Kircher (Hrsg.), *The self in neuroscience and psychiatry* (S. 180-196). Cambridge: Cambridge University Press.
Markowitsch, H. J. (2003b). Memory: Disturbances and therapy. In: T. Brandt, L. Caplan, J. Dichgans, H. C. Diener & C. Kennard (Hrsg.), *Neurological disorders; Course and treatment* (2. Ausg.; S. 287-302). San Diego: Academic Press.
Markowitsch, H. J. (2004a). Das Bewußtsein – Formen, Modelle, Beschreibungsmöglichkeiten. *Anästhesiologie & Intensivmedizin, 39*, 627-633.
Markowitsch, H. J. (2004c). Gehirn und Bewußtsein: Der Mensch als Maschine? In: G. Kaiser (Hrsg.), *Wissenschaftszentrum Nordrhein-Westfalen Jahrbuch 2003/2004* (S. 44-50). Düsseldorf: Wissenschaftszentrum NRW.
Markowitsch, H. J. (2005). The neuroanatomy of memory. In: P. Halligan & P. Wade (Hrsg.), *The effectiveness of rehabilitation for cognitive deficits* (im Druck). Oxford: Oxford University Press.
Markowitsch, H. J., Kalbe, E., Kessler, J., von Stockhausen H.-M., Ghaemi, M. & Heiss, W.-D. (1999a). Short-term memory deficit after focal parietal damage. *Journal of Clinical and Experimental Neuropsychology, 21*, 784-796.
Markowitsch, H. J., Calabrese, P., Fink, G. R., Durwen, H. F., Kessler, J., Härting, C., König, M., Mirzaian, E. B., Heiss, W.-D., Heuser, L. & Gehlen, W. (1997a). Impaired episodic memory retrieval in a case of probable psychogenic amnesia. *Psychiatry Research: Neuroimaging Section, 74*, 119-126.
Markowitsch, H. J., Calabrese, P., Neufeld, H., Gehlen, W. & Durwen, H. F. (1999). Retrograde amnesia for famous events and faces after left fronto-temporal brain damage. *Cortex, 35*, 243-252.
Markowitsch, H. J., Fink, G. R., Thöne, A. I. M., Kessler, J. & Heiss, W.-D. (1997b). Persistent psychogenic amnesia with a PET-proven organic basis. *Cognitive Neuropsychiatry, 2*, 135-158.
Markowitsch, H. J., Kessler, J. & Denzler, P. (1986). Recognition memory and psychophysiological responses towards stimuli with neutral and emotional content. A study of

Korsakoff patients and recently detoxified and longterm abstinent alcoholics. *International Journal of Neuroscience, 29*, 1–35.

Markowitsch, H. J., Kessler, J., Russ, M. O., Frölich, L., Schneider, B. & Maurer, K. (1999b). Mnestic block syndrome. *Cortex, 35*, 219–230.

Markowitsch, H. J., Kessler, J., Van der Ven, C., Weber-Luxenburger, G. & Heiss, W.-D. (1998). Psychic trauma causing grossly reduced brain metabolism and cognitive deterioration. *Neuropsychologia, 36*, 77–82.

Markowitsch, H. J., Kessler, J., Weber-Luxenburger, G., Van der Ven, C. & Heiss, W.-D. (2000). Neuroimaging and behavioral correlates of recovery from »mnestic block syndrome« and other cognitive deteriorations. *Neuropsychiatry, Neuropsychology, and Behavioral Neurology, 13*, 60–66.

Markowitsch, H. J., von Cramon, D. Y. & Schuri, U. (1993). Mnestic performance profile of a bilateral diencephalic infarct patient with preserved intelligence and severe amnesic disturbances. *Journal of Clinical and Experimental Neuropsychology, 15*, 627–652.

Markowitsch, H. J. (1992). *Intellectual functions and the brain. An historical perspective.* Toronto: Hogrefe & Huber Publ.

Markowitsch, H. J. (2004b). Warum wir keinen freien Willen haben. Der sogenannte freie Wille aus Sicht der Hrinforschung. *Psychologische Rundschau, 55*, 162–168.

Marlowe, W. B. (1992). The impact of a right prefrontal lesion on the developing brain. *Brain and Cognition, 20*, 205–213.

Marshall, J. C. (2000). Planum of the apes: a case study. *Brain and Language, 71*, 145–148.

Martin, W. R., Ye, F. Q. & Allen, P. S. (1998). Increasing striatal iron content associated with normal aging. *Movement Disorders, 13*, 281–286.

Matano, S., Baron, G., Stephan, H. & Frahm, H. D. (1985). Volume comparisons in the cerebellar complex of primates. II. Cerebellar nuclei. *Folia Primatologia, 44*, 182–203.

Matsuo, K., Nakai, T., Kato, C., Moriya, T., Isoda, H., Takehara, Y. & Sakahara, H. (2000). Dissociation of writing processes: functional magnetic resonance imaging during writing of Japanese ideographic characters. *Cognitive Brain Research, 9*, 281–286.

Matthes-von Cramon, G. & von Cramon, D. Y. (2000). Störungen exekutiver Funktionen. In: W. Sturm, M. Herrmann & C.-W. Wallesch (Hrsg.), *Lehrbuch der Klinischen Neuropsychologie* (S. 392–410). Lisse, NL: Swets & Zeitlinger.

Matura, S. (2002). Die Entwicklung des autobiographischen Gedächtnisses auf Hirnebene. *BIOS 15, 2*, 202–212.

Maylor, E. A. (1993). Aging and forgetting in prospective and retrospective memory tasks. *Psychology and Aging, 8*, 420–428.

McDowd, J. M. & Craik, F. J. M. (1988). Effects of aging and task difficulty on divided attention performance. *Journal of Experimental Psychology: Human Percpetion and Performance, 14*, 267–280.

McDowd, J. M. (1997). Inhibition in attention and aging. *Journal of Gerontology: Psychological Sciences, 52B*, P265–P273.

McGlinchey-Berroth, R., Brawn, C. & Disterhoft, J. F. (1999). Temporal discrimination learning in severe amnesic patients reveals an alteration in the timing of eyeblink conditioned responses. *Behavioral Neuroscience, 113*, 10–18.

McGlinchey-Berroth, R., Carrillo, M. C., Gabrieli, J. D. E., Brawn, C. M. & Disterhoft, J. F. (1997). Impaired trace eyeblink conditioning in bilateral, medial-temporal lobe amnesia. *Behavioral Neuroscience, 111*, 873–882.
McGlinchey-Berroth, R., Cermak, L. S., Carrillo, M. C., Armfield, S., Gabrieli, S. & Disterhoft, J. F. (1995). Impaired delay eyeblink conditioning in amnesic Korsakoff's patients and recovered alcoholics. *Alcoholism: Clinical and Experimental Research, 19*, 1127–1132.
McKee, R. D. & Squire, L. R. (1993). On the development of declarative memory. *Journal of Experimental Psychology: Learning, Memory and Cognition, 19*, 397–404.
McKelvey, R., Bergman, H., Stern, J., Rush, C., Zahirney, G. & Chertkow, H. (1999). Lack of prognostic significance of SPECT abnormalities in non-demented elderly subjects with memory loss. *Canadian Journal of Neurological Sciences, 26*, 23–28.
Mehler, J., Juscyk, P. W., Lambertz, G., Halsted, G., Bertoncini, J. & Amiel-Tison, C. (1988). A precursor of language acquisition in young infants. *Cognition, 29*, 143–178.
Meltzoff, A. N. (1988). Infant imitation and memory: Nine-month-olds in immediate and deferred tests. *Child Development, 59*, 217–225.
Meltzoff, A. N. (1995). What infant memory tells us abut infantile amnesia: Long-term recall and deferred imitation. *Journal of Experimental Child Psychology, 59*, 497–515.
Meltzoff, A. N. (1999). Origins of theory of mind, cognition and communication. *Journal of Communication Disorders, 32*, 251–269.
Meltzoff, A. N. & Moore, M. H. (1977). Imitation of facial and manual gestures by human neonates. *Science, 198*, 75–78.
Menzel, R. & Giurfa, M. (2001). Cognitive architecture of a mini-brain: the honeybee. *Trends in Cognitive Sciences, 5*, 62–71.
Menzel, R., Brandt, R., Gumbert, A., Komischke, B. & Kunze, J. (2000). Two spatial memories for honeybee navigation. *Proceedings of the Royal Society of London, B, 267*, 961–968.
Merlin, D. (2001). *A mind so rare. The evolution of human consciousness.* New York: Norton.
Meyer, K. U. & Baltes, P. B. (1996). *Die Berliner Altersstudie*. Berlin: Akademie Verlag.
Miller, B. L., Seeley, W. W., Mychack, P., Rosen, H. J., Mena, I. & Boone, K. (2001). Neuroanatomy of the self. Evidence from patients with frontotemporal dementia. *Neurology, 57*, 817–821.
Mills, D. L., Coffey-Corina, S. A. & Neville, H. J. (1991). Variability in cerebral organization during primary language acquisition. In: G. Dawson & K. W. Fischer (Hrsg.), *Human behavior and the developing brain* (S. 427–455). New York: The Guilford Press.
Mirescu, C., Peters, J. D. & Gould, E. (2004). Early life experience alters response of adult neurogenesis to stress. *Nature Neuroscience, 7*, 841–846.
Mishkin, M. (1957). Effects of small frontal lesions on delayed alternation in monkeys. *Journal of Neurophysiology, 20*, 615–622.
Montanes, P., Goldblum, M. C. & Boller, F. (1995). The naming impairment of living and nonliving items in Alzheimer's disease. *Journal of the International Neuropsychological Society, 1*, 39–48.

Morris, J. C., Storandt, M., Miller, P., McKeel, D. W., Price, J. L., Rubin, E. H. & Berg, L. (2001). Mild cognitive impairment represents early-stage Alzheimer disease. *Archives of Neurology, 58*, 397–405.

Moscovitch, M. & Winocur, G. (1995). Frontal lobes, memory, and aging. *Annals of the New York Academy of Sciences, 769*, 119–150.

Moscovitch, M., Winocur, G. & McLachlan, D. (1986). Memory as assessed by recognition and reading time in normal and memory-impaired people with Alzheimer's disease and other neurological disorders. *Journal of Experimental Psychology: General, 115*, 331–347.

Mullen, M. K. (1994). Earliest recollections of childhood: A demographic analysis. *Cognition, 52*, 55–79.

Murphy, D. G., DeCarli, C., McIntosh, A. R., Daly, E., Mentis, M. J., Pietrini, P., Szczepanik, J., Schapiro, M. B., Grady, C. L., Horwitz, B. & Rapoport, S. I. (1996). Sex differences in human brain morphometry and metabolism: an in vivo quantitative magnetic resonance imaging and positron emission tomography study on the effect of aging. *Archives of General Psychiatry, 53*, 585–594.

Musso, M., Weiller, C., Kiebel, S., Müller, S. P., Bülau, P. & Rijntjes, M. (1999). Training-induced brain plasticity in aphasia. *Brain, 122*, 1781–1790.

Nadel, L. & Zola-Morgan, S. (1984). Infantile amnesia: A neurobiological perspective. In: M. Moscovitch (Hrsg.), *Infant memory* (S. 145–172). New York: Plenum Press.

Nagy, Z., Westerberg, H. & Klingberg, T. (2004). Maturation of white matter is associated with the development of cognitive functions during childhood. *Journal of Cognitive Neuroscience, 16*, 1227–1233.

Nauta, W. J. H. (1979). Expanding borders of the limbic system concept. In: T. Rasmussen & R. Marino (Hrsg.), *Functional neurosurgery* (S. 7–23). New York: Raven Press.

Naveh-Benjamin, M. & Craik, F. I. M. (1995). Memory for context and its use in item memory: Comparisons of younger and older persons. *Psychology and Aging, 10*, 284–293.

Nebes, R. D. & Brady, C. B. (1989). Focused and divided attention in Alzheimer's disease. *Cortex, 25*, 305–315.

Neisser, U. (1982). John Dean's memory: a case study. *Cognition, 9*, 1–22.

Neisser, U. (1991). Two perceptually given aspects of the self and their development. *Developmental Review, 11*, 197–209.

Nelson, C. A., Monk, C. S., Lin, J. & Carver, L. J. (2000). Functional neuroanatomy of spatial working memory in children. *Developmental Psychology, 36*, 109–116.

Nelson, H. E. (1976). A modified card sorting test sensitive to frontal lobe defects. *Cortex, 12*, 313–324.

Nelson, K. (1973). Structure and strategy in learning to talk. *Monographs of the Society for Research in Child Development, 38, (whole issue)*.

Nelson, K. (1974). Concept, word and sentence: Interrelations in acquisition and development. *Psychological Review, 81*, 267–285.

Nelson, K. (1989). *Narratives from the crib.* Cambridge, MA: Harvard University Press.

Nelson, K. (1993). The psychological and social origins of autobiographical memory. *Psychological Science, 4*, 7–14.

Nelson, K. (1995). The ontogeny of human memory: A cognitive neuroscience perspective. *Developmental Psychology, 31*, 723–738.
Nelson, K. (1996). *Language in cognitive development*. Cambridge: Cambridge University Press.
Nelson, K. (2002). Entering a community of minds: An experimental approach to »Theory of Mind«. *Human Development, 191*, 1–23.
Nelson, K. (2002). Erzählung und Selbst, Mythos und Erinnerung: Die Entwicklung des autobiographischen Gedächtnisses und des kulturellen Selbst. *BIOS, 15*, 2, 241–263.
Nelson, K. (2003). Self and social functions: Individual autobiographical memory and collective narrative. *Memory, 11*, 125–136.
Nelson, K. & Fivush, R. (2001). Socialization of memory. In: E. Tulving & F. I. M. Craik (Hrsg.), *The Oxford handbook of memory* (S. 283–295). Oxford: Oxford University Press.
Nelson, K. & Fivush, R. (2004). The emergence of autobiographical memory: A social cultural developmental theory. *Psychological Review, 111*, 486–511.
Neumann, O. (1996). Theories of attention. In: O. Neumann & A. F. Sanders (Hrsg.), *Handbook of perception and action*, Vol.3 (S. 389–446). New York: Academic Press.
Neville, H. J. & Bavelier, D. (2000). Specificity and plasticity in neurocognitive development in humans. In: M. S. Gazzaniga (Hrsg.), *The new cognitive neurosciences*, (2. Ausg.; S. 83–98). Cambridge, MA: MIT Press.
Newport, E. L. (1990). Maturational constraints on language learning. *Cognitive Science, 14*, 11–28.
Nicholas, M., Obler, L. K., Au, R. & Albert, M. L. (1996). On the nature of naming errors in aging and dementia: a study of semantic relatedness. *Brain and Language, 54*, 184–195.
Nieuwenhuys, R. (1996). The greater limbic system, the emotional motor system and the brain. In: G. Holstege, R. Bandler & C. B. Saper (Hrsg.), *The emotional motor system* (Progress in Brain Research, Vol. 107, S. 551–580). Amsterdam: Elsevier.
Nilsson, L.-G., Bäckman, L., Erngrund, K., Nyberg, L., Adolfsson, R., Bucht, G., Karlsson, S., Widing, M. & Winblad, B. (1997). The Betula prospective cohort study: Memory, health, and aging. *Aging, Neuropsychology, and Cognition, 4*, 1–32.
Njiokiktjien, C., de Sonnevill, L. & Vaal, J. (1994). Callosal size in children with learning disabilities. *Behavioural Brain Research, 64*, 213–218.
Nobre, A. C. & Plunkett, K. (1997). The neural system of language: Structure and development. *Current Opinion in Neurobiology, 7*, 262–268.
Norman, D. A. & Shallice, T. (1986). Attention to action: Willed and automatic control of behavior. In: R. J. Davidson, G. E. Schwartz & D. Shapiro (Hrsg.), *Consciousness and self-regulation: Advances in research and theory* (S. 1–18). New York: Plenum Press.
Norman, S., Kemper, S. & Kynette, D. (1992). Adults' reading comprehension: Effects of syntactic complexity and working memory. *Journal of Gerontology: Psychological Sciences, 47*, P258–P265.
Nottebohm, F. (1981). Origins and mechanisms in the establishment of cerebral dominance. In: M. S. Gazzaniga (Hrsg.), *Handbook of behavioral neurology*, Vol. 2: Neuropsychology (S. 295–344). New York: Plenum Press.

Ojemann, G. A. (1998). Neurology of language. In: G. Adelman & B. Smith (Hrsg.), *The encyclopedia of neuroscience* (2. Ausg.; S. 1009–1013). Amsterdam: Elsevier.
Olton, D. S., Branch, M. & Best, P. J. (1978). Spatial correlates of hippocampal unit activity. *Experimental Neurology, 58*, 387–409.
Ovtscharoff, W. & Braun, K. (2001). Maternal separation and social isolation modulate the postnatal development of synaptic composition in the infralimbic cortex of Octodon degus. *Neuroscience, 104*, 33–40.
Owsley, C., Ball, K., Sloane, M. E., Roenker, D. L. & Bruni, J. R. (1991). Visual/cognitive correlates of vehicle accidents in older drivers. *Psychology and Aging, 6*, 403–415.
Owsley, C., Berry, B., Sloane, M., Stalvey, B. & Wells, J. (1998). Improved vision enhances explicit memory capabilities in older adults. Poster session presented at the Cognitive Aging Conference, Atlanta, GA.
Palombo, S. R. (1978). *Dreaming and memory. A new information-processing model.* New York: Basic Books.
Pantev, C. & Lütkenhöner, B. (2000). Magnetencephalographic studies of functional organization and plasticity of the human auditory cortex. *Journal of Clinical Neurophysiology, 17*, 130–142.
Papathanasiou, I. (2003). Nervous system mechanisms of recovery and plasticity following injury. *Acta Neuropsychologica, 1*, 345–354.
Papousek, M. (1994). Melodies in caregiver's speech: A specific guidance towards language. *Early Development and Parenting, 3*, 5–17.
Papousek, M., Papousek, H. & Symmes, D. (1991). The meanings and melodies in motherese in tone and stress languages. *Infant Behavior and Development, 14*, 415–440.
Park, D. C. & Gutchess, A. H. (2002). Aging, cognition, and culture: a neuroscientific perspective. *Neuroscience and Biobehavioral Reviews, 26*, 859–867.
Park, D. C. & Puglisi, J. T. (1985). Older adults' memory for the color of pictures and words. *Journal of Gerontology, 40*, 198–204.
Parkin, A. J. & Java, R. L. (1999). Deterioration of frontal lobe function in normal aging: Influences of fluid intelligence versus perceptual speed. *Neuropsychology, 13*, 539–545.
Parkin, A. J. (1997). Normal age-related memory loss and its relation to frontal lobe dysfunction. In: P. Rabbitt (Hrsg.), *Methodology of frontal and executive function* (S. 177–190). Hove: Psychology Press.
Pascalis, O. & de Schonen, S. (1994). Recognition memory in 3–4-year old human neonates. *NeuroReport, 5*, 1721–1724.
Pawlow, I. P. (1953). *Sämtliche Werke.* Berlin: Akademie-Verlag.
Perner, J. & Dienes, Z. (2003). Developmental aspects of consciousness: how much theory of mind do you need to be consciously aware? *Consciousness and Cognition, 12*, 63–82.
Perner, J. (2000). Memory and theory of mind. In: E. Tulving & F. I. M. Craik (Hrsg.), *The Oxford handbook of memory* (S. 297–314). New York: Oxford University Press.
Perner, J., Lang, B. & Kloo, D. (2002). Theory of mind and self-control: more than a common problem of inhibition. *Child Development, 73*, 752–767.

Petersen, R. C., Doody, R., Kurz, A., Mohs, R. C., Morris, J. C., Rabins, P. V., Ritchie, K., Rossor, M., Thal, L. & Winblad, B. (2001). Current concepts in mild cognitive impairment. *Archives of Neurology, 58*, 1985–1992.

Petersen, R. C., Smith, G. E., Waring, S. C., Ivnik, R. J., Tangalos, E. G. & Kokmen, E. (1999). Mild cognitive impairment: Clinical characterization and outcome. *Archives of Neurology, 56*, 303–308.

Petrides, M. & Pandya, D. N. (1994). Comparative architectonic analysis of the human and the macaque frontal cortex. In: F. Boller & J. Grafman (Hrsg.), *Handbook of neuropsychology*, Vol. 9 (S. 17–58). Amsterdam: Elsevier.

Piaget, J. (1926). *Language and thought of the child*. New York: Harcourt, Brace.

Piaget, J. (1962). *Play, dreams, and imitation in childhood*. New York: Norton.

Piaget, J. (1972). Intellectual evolution from adolescence to adulthood. *Human Development, 15*, 1–12.

Piaget, J. (1981). Time perception in children. In: J. T. Fraser (Hrsg.), *The voices of time* (S. 202–216). Cambridge, MA: Massachusetts Press.

Pillemer, D. B. (1992): Remembering personal circumstances. A functional analysis. In: E. Winograd & U. Neisser (Hrsg.), *Affect and accuracy in recall. Studies of »flashbulb« memories* (S. 236–264). New York: Cambridge University Press.

Pillow, B.-H. (1989). Early Understanding of Perception as a Source of Knowledge. *Journal of Experimental Child Psychology, 47*, 116–129.

Plude, D. J. & Hoyer, W. J. (1985). Attention and performance: Identifying and localizing age deficits. In: N. Charness (Hrsg.), *Aging and performance* (S. 47–99). New York: Wiley.

Poeggel, G., Helmeke, C., Abraham, A., Schwabe, T., Friedrich, P. & Braun, K. (2003). Juvenile emotional experience alters synaptic composition in the rodent cortex, hippocampus, and lateral amygdala. *Proceedings of the National Acadamy of Sciences of the USA, 100*, 16137–16142.

Pontius, A. A. & Yudowitz, B. S. (1980). Frontal lobe system dysfunction in some criminal actions as shown in the narratives test. *Journal of Nervous and Mental Disease, 168*, 111–117.

Posner, M. I. & Rafal, R. D. (1987). Cognitive theories of attention and the rehabilitation of attentional deficits. In: R. J. Meier, A. C. Benton & L. Diller (Hrsg.), *Neuropsychological rehabilitation* (S. 182–201). Edinburgh: Churchill Livingstone.

Pratt, M. W. & Robbins, S. L. (1991). That's the way it was: Age differences in the structure and quality of adults' personal narratives. *Discourse Processes, 14*, 73–85.

Preuss, T. M. & Kaas, J. H. (1999). Human brain evolution. In: M. J. Zigmond, F. E. Bloom, S. C. Landis, J. L. Roberts & L. R. Squire (Hrsg.), *Fundamental neuroscience* (S. 1283–1311). San Diego, CA: Academic Press.

Preuss, T. M. (1995). The argument from animals to humans in cognitive neuroscience. In: M. S. Gazzaniga (Hrsg.), *The cognitive neurosciences* (S. 1227–1241). Cambridge, MA: MIT Press.

Pribram, K. H. & Tubbs, W. E. (1967). Short-term memory, parsing and the primate frontal cortex. *Science, 156*, 1765–1767.

Price, B. H., Daffner, K. R., Stowe, R. M. & Mesulam, M. M. (1990). The comportmental learning disabilities of early frontal lobe damage. *Brain, 113*, 1383–1393.
Price, J. L. & Morris, J. C. (1999). Tangles and plaques in nondemented aging and »preclinical« Alzheimer's disease. *Annals of Neurology, 45*, 358–368.
Pritzel, M. & Markowitsch, H. J. (1997). Sexueller Dimorphismus: Inwieweit bedingen Unterschiede im Aufbau des Gehirns zwischen Mann und Frau auch Unterschiede im Verhalten? *Psychologische Rundschau, 48*, 16–31.
Pritzel, M., Brand, M. & Markowitsch, H. J. (2003). *Gehirn und Verhalten*. Heidelberg: Spektrum Akad. Verlagsanstalt.
Prull, M. W., Gabrieli, J. D. E. & Bunge, S. A. (2000). Age-related changes in Memory: A cognitive neuroscience perspective. In F. I. M. Craik & T. A. Salthouse (Hrsg.), *The handbook of aging and cognition* (2. Ausg.; S. 91–153). Mahwah, NJ: LEA.
Pushkar, D., Arbuckle, T., Conway, M., Chaikelson, J. & Maag, U. (1997). Everyday activity parameters and competence in older adults. *Psychology and Aging, 12*, 600–609.
Qin, Y., Carter, C. S., Silk, E. M., Stenger, V. A., Fissell, K., Goode, A. & Anderson, J. R. (2004). The change of the brain activation patterns as children learn algebra equation solving. *Proceedings of the National Acadamy of Sciences of the USA, 101*, 5686–5691.
Quine, W. (1969). *Set theory and its logic*. Cambridge: Belknap.
Rabbitt, P. (Hrsg.) (1997). *Methodology of frontal and executive function*. Hove: Psychology.
Raine, A., Lencz, T., Bihrle, S., LaCasse, L. & Colletti, P. (2000). Reduced prefrontal gray matter volume and reduced autonomic activity in antisocial personality disorder. *Archives of General Psychiatry, 57*, 119–127.
Raine, A., Lencz, T., Taylor, K., Hellige, J. B., Bihrle, S., Lacasse, L., Lee, M., Ishikawa, S. & Colletti, P. (2003). Corpus callosum abnormalities in psychopathic antisocial individuals. *Archives of General Psychiatry, 60*, 1134–1142.
Raine, A., Meloy, J. R., Bihrle, S., Stoddard, J., LaCasse, L. & Buchsbaum, M. S. (1998a). Reduced prefrontal and increased subcortical brain functioning assessed using positron emission tomography in predatory and affective murderers. *Behavioral Sciences and the Law, 16*, 319–332.
Raine, A., Stoddard, J., Bihrle, S. & Buchsbaum, M. (1998b). Prefrontal glucose in murderers lacking psychosocial deprivation. *Neuropsychiatry, Neuropsychology, and Behavioral Neurology, 11*, 1–7.
Rakic, P. & Yakovlev, P. I. (1968). Development of the corpus callosum and cavum septi in man. *Journal of Comparative Neurology, 132*, 45–72.
Rakic, P. (2002a). Neurogenesis in adult primate neocortex: an evaluation of the evidence. *Nature Reviews Neuroscience, 3*, 65–71.
Rakic, P. (2002b). Adult neurogenesis in mammals: an identity crisis. *The Journal of Neuroscience, 22*, 614–618.
Rakic, S. & Zecevic, N. (2000). Programmed cell death in the developing human telencephalon. *European Journal of Neuroscience, 12*, 2721–2734.
Rapoport, S. I. (1990). Integrated phylogeny of the primate brain, with special reference to humans and their diseases. *Brain Research Reviews, 15*, 267–294.

Raz, N. (1996). Neuroanatomy of aging brain: Evidence from structural MRI. In: E. D. Bigler (Hrsg.), *Neuroimaging II: Clinical applications* (S. 153–182). New York: Academic Press.
Raz, N. (2000). Aging of the brain and its impact on cognitive performance: Integration of structural and functional findings. In: F. I. M. Craik & T. A. Salthouse (Hrsg.), *The handbook of aging and cognition* (S. 1–90). Mahwah, NJ: Lawrence Erlbaum Associates.
Raz, N., Gunning, F. M., Head, D., Dupuis, J. H., McQuain, J. M., Briggs, S. D., Thornton, A. E., Loken, W. J. & Acker, J. D. (1997). Selective aging of human cerebral cortex observed in vivo: Differential vulnerability of the prefrontal gray matter. *Cerebral Cortex, 7,* 268–282.
Reese, E. (2002). Social factors in the development of autobiographical memory: The state of the art. *Social Development, 11,* 124–142.
Reese, R. & Fivush, R. (1993). Parental styles of talking about the past. *Developmental Psychology, 29,* 596–606.
Roberts, T. P. L., Disbrow, E. A., Roberts, H. C. & Rowley, H. A. (2000). Quantification and reproducibility of tracking cortical extent of activation by use of functional MR imaging and magnetencephalography. *American Journal of Neuroradiology, 21,* 1377–1387.
Rochat, P., Querido, J.-G. & Striano, T. (1999). Emerging sensitivity to the timing and structure of protoconversation in early infancy. *Developmental Psychology, 35,* 950–957.
Rochat, P. (2001). Origins of self-concept. In: G. Brenner & A. Fogel (Hrsg.), *Blackwell handbook of infant development* (S. 191–212). Melden, MA: Blackwell.
Röder, B., Teder-Sälejärvi, W., Sterr, A., Rösler, F., Hillyard, S. A. & Neville, H. J. (1999). Improved auditory spatial tuning in blind humans. *Nature, 400,* 162–166.
Roediger, H. L. I. & McDermott, K. B. (1995). Creating false memories: Remembering words not presented in lists. *Journal of Experimental Psychology: Learning, Memory, and Cognition, 21,* 803–814.
Rogers, W. A. (2000). Attention and aging. In: D. Park & N. Schwarz (Hrsg.), *Cognitive aging: A primer* (S. 57–73). Philadelphia, PA: Psychology Press.
Rolls, E. T., Stringer, S. M. & Trappenberg, T. P. (2002). A unified model of spatial and episodic memory. *Proceedings of The Royal Society of London, B, 269,* 1087–1093.
Romeo, R. D., Richardson, H. N. & Sisk, C. L. (2002). Puberty and the maturation of the male brain and sexual behavior: recasting a behavioral potential. *Neuroscience and Biobehavioral Reviews, 26,* 381–391.
Rose, J. E. & Woolsey, C. N. (1948). The orbitofrontal cortex and its connections with the mediodorsal nucleus in rabbit, sheep, and cat. In: J. F. Fulton, C. D. Aring & S. B. Wortis (Hrsg.), *Research publications for research in nervous and mental disease: The frontal lobes,* Vol. 27 (S. 210–232). Baltimore: Williams & Wilkins.
Rose, S. (Hrsg.) (1998). *Gehirn, Gedächtnis, Bewußtsein. Eine Reise zum Mittelpunkt des Menschseins.* Bergisch Gladbach: Bastei Lübbe.
Rosen, J. T. (1990). »Age-associated memory impairment«: A critique. *European Journal of Cognitive Psychology, 2,* 275–287.
Rosenkilde, C. (1978). Delayed alternation behavior following ablations of the medial or dorsal prefrontal cortex in dogs. *Physiology and Behavior, 20,* 397–402.

Rosenzweig, M. R. & Bennett, E. L. (1996). Psychobiology of plasticity: effects of training and experience on brain and behavior. *Behavioural Brain Research, 78*, 57–65.

Rosenzweig, M. R., Bennett, E. L. & Diamond, M. C. (1972). Brain changes in response to experience. *Scientific American, 26*, 21–29.

Ross, M. & Holmberg, D. (1990). Recounting the past: Gender differences in the recall of events in the history of close relationships. *The Ontario Symposium: Self-inference Processes, 6*, 135–152.

Rovee-Collier, C. & Hartshorn, K. (1999). Long-term memory in human infants: lessons in psychobiology. *Advances in the Study of Behavior, 28*, 175–245.

Rovee-Collier, C. & Hayne, H. (1987). Reactivation of infant memory: Implications for cognitive development. In: H. W. Reese (Hrsg.), *Advances in Child Development and Behavior, 20* (S. 185–238). New York: Academic Press.

Rovee-Collier, C. & Hayne, H. (2001). Memory in infancy and early childhood. In: E. Tulving & F. I. M. Craik (Hrsg.), *The Oxford handbook of memory* (S. 267–282). New York: Oxford University Press.

Rovee-Collier, C. (1997). Dissociations in infant memory: Rethinking the development of implicit and explicit memory. *Psychological Review, 104*, 467–498.

Rovee-Collier, C. (1999). The development of infant memory. *Current Directions in Psychological Science, 8*, 80–85.

Rovee-Collier, C., Hayne, H. & Colombo, M. (2000). *The development of implicit and explicit memory.* (Advances in consciousness research, Vol. 24). Amsterdam: John Benjamins.

Rowe, A. D., Bullock, P. R., Polkey, C. E. & Morris, R. G. (2001). »Theory of mind« impairments and their relationship to executive functioning following frontal lobe excisions. *Brain, 124*, 600–616.

Rubens, A. B. (1977). Asymmetries of human cerebral cortex. In: S. Harnad, R. W. Doty, L. Goldstein, J. Jaynes & G. Krauthamer (Hrsg.), *Lateralization in the nervous system* (S. 503–516). New York: Academic Press.

Rudinger, G. & Rietz, C. (1995). Intelligenz – Neuere Ergebnisse aus der Bonner Längsschnittstudie des Alterns (BOLSA). In: A. Kruse & R. Schmitz-Scherzer (Hrsg.), *Psychologie der Lebensalter* (S. 185–199). Darmstadt: Steinkopff.

Salat, D. H., Kaye, J. A. & Janowsky, J. S. (1999). Prefrontal gray and white matter volumes in healthy aging and Alzheimer disease. *Archives of Neurology, 56*, 338–344.

Salk, L. (1962). Mothers' heartbeat as an imprinting stimulus. *Transactions of the New York Academy of Sciences, 24*, 753–763.

Salthouse, T. A. & Babcock, R. L. (1991). Decomposing adult age differences in working memory. *Developmental Psychology, 27*, 763–776.

Salthouse, T. A. (1994a). The aging of working memory. *Neuropsychology, 8*, 535–543.

Salthouse, T. A. (1994b). How many causes are there of age-related decrements in cognitive functioning? *Developmental Review, 14*, 413–437.

Salthouse, T. A. (1996a). Constraints on theories of cognitive aging. *Psychonomic Bulletin & Review, 3*, 287–299.

Salthouse, T. A. (1996b). The processing-speed theory of adult age differences in cognition. *Psychological Review, 103*, 403–428.

Salthouse, T. A. (1998). Independence of age-related influences on cognitive abilities across the life span. *Developmental Psychology, 34,* 851–864.
Salthouse, T. A. (2000). Steps toward the explanation of adult age differences in cognition. In: T. J. Perfect & E. A. Maylor (Hrsg.), *Models of cognitive aging* (S. 19–49). New York: Oxford University Press.
Salthouse, T. A., Fristoe, N., McGuthry, K. E. & Hambrick, D. Z. (1998). Relation of task switching to speed, age, and fluid intelligence. *Psychology and Aging, 13,* 445–461.
Saß, H., Wittchen, H.-U. & Zaudig, M. (1996). *Diagnostisches und statistisches Manual psychischer Störungen (DSM-IV).* Göttingen: Hogrefe.
Saxe, R., Carey, S. & Kanwisher, N. (2004). Understanding other minds: linking developmental psychology and functional neuroimaging. *Annual Review of Psychology, 55,* 87–124.
Schaal, B. & Orgeur, P. (1992). Olfaction in utero: can the rodent model be generalized? *Quarterly Journal of Experimental Psychology, B44,* 345–378.
Schacter, D. L. & Moscovitch, M. (1984). Infants, amnesiacs and dissociable memory systems. In: M. Moscovitch (Hrsg.), *Infant memory: Its relation to normal and pathological memory in humans and other animals* (S. 173–216). New York: Plenum Press.
Schacter, D. L. (1996). *Searching for memory. The brain, the mind, and the past.* New York: Basic Books.
Schacter, D. L. (1999). The seven sins of memory. *American Psychologist, 54,* 182–201.
Schaie, K. W. (1990). Intellectual development in adulthood. In: J. E. Birren & K. W. Schaie (Hrsg.), *Handbook of the psychology of aging* (3. Ausg.; S. 291–309). San Diego: Academic Press.
Schaie, K. W. (1996). *Intellectual development in adulthood: The Seattle Longitudinal Study.* Cambridge, MA: Cambridge University Press.
Schlaug, G., Jäncke, L., Huang, Y., Staiger, J. & Steinmetz, H. (1995). Increased corpus callosum size in musicians. *Neuropsychologia, 33,* 1047–1055.
Schneider, B. A. & Pichora-Fuller, M. K. (2000). Implications of perceptual deterioration for cognitive aging research. In: F. I. M. Craik & T. A. Salthouse (Hrsg.), *The handbook of aging and cognition* (2. Ausg.; S. 155–219). Mahwah, NJ: LEA.
Schneider, G. E. (1979). Is it really better to have your brain lesion early? A revision of the »Kennard principle«. *Neuropsychologia, 17,* 557–583.
Schore, A. (2001). The effects of a secure attachment relationship on right brain development, affect regulation and infant mental health. *Infant Mental Health Journal, 22,* 1–66.
Schretlen, D., Pearlson, G. D., Anthony, J. C., Aylward, E. H., Augustine, A. M., Davis, A. & Barta, P. (2000). Elucidating the contributions of processing speed, executive ability, and frontal lobe volume to normal age-related differences in fluid intelligence. *Journal of the International Neuropsychological Society, 6,* 52–61.
Schugens, M. M. & Daum, I. (1999). Long-term retention of classical eyeblink conditioning in amnesia. *NeuroReport, 10,* 149–152.
Schugens, M. M., Daum, I., Spindler, M. & Birbaumer, N. (1997). Differential effects of aging on explicit and implicit memory. *Aging, Neuropsychology, and Cognition, 4,* 33–44.

Sekuler, A. B., Bennett, P. J. & Mamelak, M. (2000). Effects of aging on the useful field of view. *Experimental Aging Research, 26,* 103–120.
Serres, L. (2001). Morphological changes of the human hippocampal formation from midgestation to early childhood. In: C. A. Nelson & M. Luciana (Hrsg.), *Handbook of developmental cognitive neuroscience* (S. 45–58). Cambridge, MA: The MIT Press.
Shallice, T. & Burgess, P. (1993). Supervisory control of action and thought selection. In: A. Baddeley & L. Weiskrantz (Hrsg.), *Attention: Selection, awareness and control* (S. 171–187). New York: Oxford University Press.
Shallice, T. (1982). Specific impairments of planning. *Philosophical Transactions of the Royal Society of London, B, 298,* 199–209.
Shallice, T. (2001). »Theory of mind« and the prefrontal cortex. *Brain, 124,* 247–248.
Shallice, T., Burgess, P. W., Schon, F. & Baxter, D. M. (1989). The origins of utilization behaviour. *Brain, 112,* 1587–1598.
Shastri, L. (2002). Episodic memory and cortico-hippocampal interactions. *Trends in Cognitive Sciences, 6,* 162–168.
Shaw, P., Lawrence, E. J., Radbourne, C., Bramham, J., Polkey, C. E. & David, A. S. (2004). The impact of early and late damage to the human amygdala on »theory of mind« reasoning. *Brain, 127,* 1535–1548.
Shors, T. J., Miesegaes, G., Beylin, A., Zhao, M., Rydel, T. & Gould, E. (2001). Neurogenesis in the adults is involved in the formation of trace memories. *Nature, 410,* 372-376.
Siebert, M., Markowitsch, H. J. & Bartel, P. (2003). Amygdala, affect, and cognition: Evidence from ten patients with Urbach-Wiethe disease. *Brain, 126,* 2627–2637.
Siegal, M. & Varley, R. (2002). Neural systems involved in »theory of mind«. *Nature Reviews Neuroscience, 3,* 463–471.
Siegler, I. C. (1975). The terminal drop hypothesis: fact or artifact? *Experimental Aging Research, 1,* 169–185.
Simic, G., Kostovic, I., Winblad, B. & Bogdanovic, N. (1997). Volume and number of neurons of the human hippocampal formation in normal aging and Alzheimer's disease. *Journal of Comparative Neurology, 379,* 482–494.
Simons, D. J. & Levin, D. T. (1998). Failure to detect changes to people during a real-world interaction. *Psychonomic Bulletin and Review, 5,* 644–649.
Singer, W. (1999). Time as coding space? *Current Opinion in Neurobiology, 9,* 189–194.
Singer, W. (2002). *Der Beobachter im Gehirn.* Frankfurt am Main: Suhrkamp.
Sinz, R. (1979). *Neurobiologie und Gedächtnis.* Stuttgart: Gustav Fischer.
Sliwinski, M., Lipton, R. B., Buschke, H. & Stewart, W. (1996). The effects of preclinical dementia on estimates of normal cognitive functioning in aging. *Journals of Gerontology: Series B. Psychological Sciences and Socal Sciences, 51 B,* 217–225.
Small, S. A. (2001). Age-related memory decline. *Archives of Neurology, 58,* 360–364.
Spearman, C. (1904). »General intelligence«: Objectively determined and measured. *American Journal of Psychology, 15,* 201–292.
Spence, C., Shore, D. I., Gazzaniga, M. S., Soto-Faraco, S. E. & Kingstone, A. (2001). Failure to remap visuotactile space across the midline in the split-brain. *Canadian Journal of Experimental Psychology, 55,* 133–141.

Spiro, R. J. (1980): Constructive processes in prose comprehension and recall. In: R. J. Spiro, B. C. Bruce & W. F. Brewer (Hrsg.), *Theoretical issues in reading comprehension: Perspectives from cognitive psychology, linguistics, artificial intelligence, and education.* Hillsdale, NY: Erlbaum, S. 245–278.

Springer, S. & Deutsch, G. (1989). *Left brain, right brain* (3. Ausg.). New York: W. H. Freeman.

Stein, D. G., Rosen, J. J. & Butters, N. (Hrsg.) (1974). *Plasticity and recovery of function in the nervous system.* New York: Academic Press.

Stephan, H. (1975). *Allocortex. Handbuch der mikroskopischen Anatomie des Menschen* (Bd. 4, Teil 9). Berlin: Springer.

Stern, D. N. (1985). *The interpersonal world of the infant. A view from psychanalysis and developmental psychology.* New York: Basic Books, dt.: *Die Lebenserfahrung des Säuglings.* Stuttgart (2003): Klett-Cotta, 8. Auflage.

Stern, D. N. (1998). *Die Mutterschaftskonstellation. Eine vergleichende Darstellung verschiedener Formen der Mutter-Kind-Psychotherapie.* Stuttgart: Klett-Cotta.

Stern, D. N. (1999). Vitality contours: The temporal contour of feelings as a basic unit for constructing the infant's social experience. In: P. Rochat (Hrsg.), *Understanding others in the first months of life.* New York: Erlbaum.

Stern, D. N. (2002). *Geburt einer Mutter.* München: Piper.

Stone, V. E., Baron-Cohen, S. & Knight, R. T. (1998). Frontal lobe contributions to theory of mind. *Journal of Cognitive Neuroscience, 10,* 640–656.

Stone, V. E., Baron-Cohen, S., Calder, A., Keane, J. & Young, A. (2003). Acquired theory of mind impairments in individuals with bilateral amygdala lesions. *Neuropsychologia, 41,* 209–220.

Strouse, A., Ashmead, D. H., Ohde, R. N. & Grantham, D. W. (1998). Temporal processing in the aging auditory system. *Journal of the Acoustical Society of America, 104,* 2385–2399.

Sturm, W. & Zimmermann, P. (2000). Aufmerksamkeitsstörungen. In: W. Sturm, M. Herrmann & C.-W. Wallesch (Hrsg.), *Lehrbuch der Klinischen Neuropsychologie* (S. 345–365). Lisse, NL: Swets & Zeitlinger.

Stuss, D. T., Gallup Jr., G. G. & Alexander, M. P. (2001). The frontal lobes are necessary for »theory of mind«. *Brain, 124,* 279–286.

Tanapat, P., Hastings, N. B. & Gould, E. (2001). Adult neurogenesis in the hippocampal formation. In: C. A. Nelson & M. Luciana (Hrsg.), *Handbook of developmental cognitive neuroscience* (S. 93–105). Cambridge, MA: MIT Press.

Thierry, G., Vihman, M. & Roberts, M. (2003). Familiar words capture the attention of 11-month-olds in less than 250 ms. *NeuroReport, 14,* 2307–2310.

Thompson, E. P. (1987). *Die Entstehung der englischen Arbeiterklasse.* Frankfurt am Main: Suhrkamp.

Thöne-Otto, A. I. M. & Markowitsch, H. J. (2004). *Gedächtnisstörungen nach Hirnschäden. Serie Klinische Neuropsychologie.* Göttingen: Hogrefe.

Thorndike, E. L. & Woodworth, R. S. (1901). Influence of improvement in one mental function upon the efficiency of other mental functions. *Psychological Review, 8,* 247–261, 384–395, 553–564.

Thurstone, L. L. (1938). *Primary mental abilities.* Chicago: University of Chicago Press.
Tisserand, D. J., Bosma, H., Van Boxtel, M. P. J. & Jolles, J. (2001). Head size and cognitive ability in nondemented older adults are related. *Neurology, 56,* 969–971.
Tomasello, M. (2002). *Die kulturelle Entwicklung des menschlichen Denkens.* Frankfurt am Main: Suhrkamp.
Tomasello, M. (2003). *Constructing a language: a usage-based theory of language acquisition.* Cambridge, MA: Harvard University Press.
Trevarthen, C. (1998). Language development: Mechanisms in the brain. In: G. Adelman & B. Smith (Hrsg.), *Encyclopedia of neuroscience* (2. Ausg.; S. 1018–1026). Amsterdam: Elsevier.
Trevarthen, C. (2002). Frühe Kommunikation und autobiographisches Gedächtnis. *BIOS, 15, 2,* 213–240.
Tsang, P. S. & Shaner, T. L. (1998). Age, attention, expertise, and time-sharing performance. *Psychology and Aging, 13,* 323–347.
Tulving, E. & Markowitsch, H. J. (1994). Why should animal models of memory model human memory? (Commentary). *Behavioral and Brain Sciences, 17,* 498–499.
Tulving, E. & Markowitsch, H. J. (1997). Memory beyond hippocampus. *Current Opinion in Neurobiology, 7,* 209–216.
Tulving, E. & Markowitsch, H. J. (1998). Episodic and declarative memory: role of the hippocampus. *Hippocampus, 8,* 198–204.
Tulving, E. (1983). *Elements of episodic memory.* Oxford: Clarendon Press.
Tulving, E. (1995). Organization of memory: Quo vadis. In: M. S. Gazzaniga (Hrsg.), *The cognitive neurosciences* (S. 839–847). Cambridge, MA: MIT Press.
Tulving, E. (1999). Study of memory: Processes and systems. In: J. K. Foster & M. Jelicic (Hrsg.), *Memory: Systems, process, or function? Debates in psychology* (S. 11–30). New York: Oxford University Press.
Tulving, E. (2002). Episodic memory: from mind to brain. *Annual Review of Psychology, 53,* 1–25.
Tulving, E. (2005). Episodic memory and autonoesis: Uniquely human? In: H. Terrace & J. Metcalfe (Hrsg.), *The missing link in cognition: Evolution of self-knowing consciousness.* New York: Oxford University Press.
Tulving, E., Kapur, S., Craik, F. I. M., Moscovitch, M. & Houle, S. (1994). Hemispheric encoding/retrieval asymmetry in episodic memory: Positron emission tomography findings. *Proceedings of the National Academy of Sciences of the USA, 91,* 2016–2020.
Tun, P. A. & Wingfield, A. (1995). Does dividing attention become harder with age? Findings from the Divided Attention Questionnaire. *Aging and Cognition, 2,* 39–66.
Usher, J. A. & Neisser, U. (1993). Childhood amnesia and the beginnings of memory for four early life events. *Journal of Experimental Psychology: General, 122,* 155–165.
Van der Horst, L. (1928). Over de psychologie van het syndroom van Korsakow. *Psychiatric en Neurologic Bladen, 32* (Wiersam-Festschrift), 59–77.
Van der Horst, L. (1932). Über die Psychologie des Korsakowsyndroms. *Monatsschrift für Psychiatrie, 83,* 65–84.

van Wolffelaar, P., Brouwer, W. H. & van Zoemeren, A. H. (1990). Driving ability 5 to 10 years after severe head injury. In: T. Benjamin (Hrsg.), *Driving behaviour in a social context* (S. 564–574). Caen: Paradigme.
van Zoemeren, A. H. & Brouwer, W. H. (1994). *Clinical neuropsychology of attention.* New York: Oxford University Press.
Vargha-Khadem, F., Isaacs, E. B., Papaleoudi, H., Polkey, C. E. & Wilson, J. (1991). Development of language in 6 hemispherectomized patients. *Brain, 114,* 473–495.
Vargha-Khadem, F., Salmond, C. H., Watkins, K. E., Friston, K. J., Gadian, D. G. & Mishkin, M. (2003). Developmental amnesia: effect of age at injury. *Proceedings of the National Acadamy of Sciences of the USA, 100,* 10055–10060.
Walton, G. E., Armstrong, E. S. & Bower, T. G. R. (1997). Faces as forms in the world of the newborn. *Infant Behavior and Development, 20,* 537–543.
Wang, G. J., Volkow, N. D., Logan, J., Fowler, J. S., Schlyer, D., MacGregor, R. R., Hitzemann, R. J., Gur, R. C. & Wolf, A. P. (1995). Evaluation of age-related changes in serotonin 5-HT2 and dopamine D2 receptor availability in healthy human subjects. *Life Sciences, 56,* 249–253.
Watson, L. (2001). *Der Duft der Verführung. Das unbewusste Riechen und die Macht der Lockstoffe.* Frankfurt am Main: Fischer.
Webb, S. J., Monk, C. S. & Nelson, C. A. (2001). Mechanisms of postnatal neurobiological development: Implications for human development. *Developmental Psychology, 19,* 147–171.
Wechsler, D. (1981). *Wechsler Adult Intelligence Scale – Revised (WAIS-R).* New York: Psychological Corporation.
Welford, A. T. (1965). Performance, biological mechanisms and age: A theoretical sketch. In: A. T. Welford & J. E. Birren (Hrsg.), *Behavior, aging and the nervous system.* Springfield, IL: Charles C. Thomas.
Welzer, H. & Markowitsch, H. J. (2001). Umrisse einer interdisziplinären Gedächtnisforschung. *Psychologische Rundschau, 4, 52,* 205–214.
Welzer, H., Moller, S. & Tschuggnall, K. (2002). *»Opa war kein Nazi.« Nationalsozialismus und Holocaust im Familiengedächtnis.* Frankfurt am Main: Fischer.
Welzer, H. & Markowitsch, H. J. (Hrsg.) (2002). *Die Entwicklung des autobiographischen Gedächtnisses.* BIOS Schwerpunktheft *15, 2.*
Welzer, H. & Markowitsch, H. J. (2005). Towards a bio-psycho-social model of autobiographical memory. *Memory, 13,* 63–78.
Welzer, H. (2002). *Das kommunikative Gedächtnis. Eine Theorie der Erinnerung.* München: C. H. Beck.
Werker, J. F. & Tees, R. C. (1992). The organization and recognition of human speech perception. *Annual Review of Neuroscience, 15,* 377–402.
West, M. J. (1993). Regionally specific loss of neurons in the aging human hippocampus. *Neurobiology of Aging, 14,* 287–293.
West, R. & Baylis, G. C. (1998). Effects of increased response dominance and contextual disintegration on the Stroop interference effect in older adults. *Psychology and Aging, 13,* 206–217.

West, R. (1996). An application of prefrontal cortex function theory to cognitive aging. *Psychological Bulletin, 120*, 272–292.

West, R., Jakubek, K. & Wymbs, N. (2002). Age-related declines in prospective memory: behavioral and electrophysiological evidence. *Neuroscience and Biobehavioral Reviews, 26*, 827–833.

Wheeler, M. A., Stuss, D. T. & Tulving E. (1997). Toward a theory of episodic memory: The frontal lobes and autonoetic consciousness. *Psychological Bulletin, 121*, 331–354.

Wiegersma, S., Scheer, E. van der & Hijman, R. (1990). Subjective ordering, short term memory, and the frontal lobes. *Neuropsychologia, 28*, 95–98.

Williams, D. & Mateer, C. A. (1992). Developmental impact of frontal lobe injury in middle childhood. *Brain and Cognition, 20*, 196–204.

Williams, M. & Zangwill, O. L. (1950). Disorders of temporal judgement associated with amnesic states. *Journal of Mental Science, 96*, 484–493.

Wimmer, H. & Perner, J. (1983). Beliefs about beliefs: Representation and constraining function of wrong beliefs in young children's understanding of deception. *Cognition, 13*, 103–128.

Wingfield, A. & Stine-Morrow, E. A. L. (2000). Language and Speech. In: F. I. M. Craik & T. A. Salthause (Hrsg.), *Handbook of aging and cognition* (S. 359–416). Mahwah, NJ: Lawrence Erlbaum Associates.

Winkler, I., Kushnerenko, E., Horváth, J., Čeponiene, R., Fellman, V., Huotilainen, M., Näätänen, R. & Sussman, E. (2003). Newborn infants can organize the auditory world. *Proceedings of the National Acadamy of Sciences of the USA, 100*, 11812–11815.

Winocur, G., Moscovitch, M. & Stuss, D. T. (1996). Explicit and implicit memory in the elderly: evidence for double dissociation involving medial temporal- and frontal-lobe functions. *Neuropsychology, 10*, 57–65.

Wolf, H., Grunwald, M., Ecke, G. M., Zedlick, D., Bettin, S., Dannenberg, C., Dietrich, J., Eschrich, K., Arendt, T. & Gertz, H. J. (1998). The prognosis of mild cognitive impairment in the elderly. *Journal of Neural Transmission. Supplementum, 54*, 31–50.

Woodrow, H. (1914). The measurement of attention. *The Psychological Monographs, XVII* (whole No. 76).

Woodruff-Pak, D. S. & Papka, M. (1999). Theories of neuropsychology and aging. In: V. L. Bengtson & K. W. Schaie (Hrsg.), *Handbook of theories of aging* (S. 113–132). New York: Springer.

Woodruff-Pak, D. S. (1997). *The neuropsychology of aging*. Malden, MA: Blackwell Publishers.

Woodruff-Pak, D. S., Romano, S. & Papka, M. (1996). Training to criterion in eyeblink classical conditioning in Alzheimer's disease, Down's syndrome with Alzheimer's disease, and healthy elderly. *Behavioral Neuroscience, 110*, 22–29.

Yakovlev, P. & Lecours, A. (1967). The myelinogenetic cycles of regional maturation of the brain. In: A. Minkowski (Hrsg.), *Regional development of the brain* (S. 3–70). Oxford: Blackwell.

Yamaguchi, S., Tsuchiya, H. & Kobayashi, S. (1995). Electrophysiologic correlates of age effects on visuospatial attention shift. *Cognitive Brain Research, 3*, 41–49.

Yantis, S. & Jonides, J. (1990). Abrupt visual onsets and selective attention: Voluntary versus automatic allocation. *Journal of Experimental Psychology: Human Perception and Performance, 16,* 121–134.

Ylikoski, R., Salonen, O., Mäntylä, R., Ylikoski, A., Keskivaara, P. & Erkinjuntti, T. (2000). Hippocampal and temporal lobe atrophy and age-related decline in memory. *Acta Neurologica Scandinavica, 101,* 273–278.

Yuodelis, C. & Hendrickson A. (1986). A qualitative and quantitative analysis of human fovea during development. *Vision Research, 26,* 847–855.

Zacks, R. T., Hasher, L. & Li, K. Z. H. (2000). Human memory. In: F. I. M. Craik & T. A. Salthouse (Hrsg.), *The handbook of aging and cognition* (2. Ausg.; S. 293–357). Mahwah, NJ: LEA.

Zacks. R. T. & Hasher, L. (1997). Cognitive gerontology and attentional inhibition: A reply to Burke (1997) and McDowd (1997). *Journal of Gerontology: Psychological Sciences, 52B,* P274–P283.

Zaidel, E. (1989). Hemispheric independence and interaction in word recognition. In: C. von Euler, J. Lundberg & G. Lennerstand (Hrsg.), *Brain and reading* (Wenner-Gren International Symposium Series 54) (S. 77–79). New York: M. Stockton Press.

Zelazo, P. D. (2004). The development of conscious control in childhood. *Trends in Cognitive Sciences, 8,* 12–17.

Zelinski, E. M. & Burnight, K. P. (1997). Sixteen-year longitudinal and time lag changes in memory and cognition in older adults. *Psychology and Aging, 12,* 503–513.

Zilles, K., Kawashima, R., Dabringhaus, A., Fukuda, H. & Schormann, T. (2001). Hemispheric shape of European and Japanese brains: 3D MRI analysis of intersubject variability, ethnical, and gender differences. *NeuroImage, 13,* 262–271.

Zimprich, D. (1998). Geschwindigkeit der Informationsverarbeitung und fluide Intelligenz im höheren Erwachsenenalter. Eine Sekundäranalyse des Datenmaterials der Bonner Längsschnittstudie des Alterns anhand von »Latent Growth Curve Models«. *Zeitschrift für Gerontologie und Geriatrie, 31,* 89–96.

Zuccarello, M., Facco, E., Zampieri, P., Zanardi, L. & Andrioli, G. C. (1985). Severe head injury in children: early prognosis and outcome. *Child's Nervous System, 1,* 158–162.

Zulley, J. & Geisler, P. (2004). Der Schlaf – Ruhe und Aktivität. *Anästhesiologie & Intensivmedizin, 45,* 634–641.

Danksagung

Dieses Buch ist im Zusammenhang unserer gemeinsamen Arbeit im interdisziplinären Forschungsprojekt »Erinnerung und Gedächtnis« entstanden, das von der Volkswagenstiftung gefördert wurde, der wir hiermit ganz herzlich danken – unser persönlicher Dank gilt dabei Frau Dr. Vera Szoelloesi-Brenig und Prof. Dr. Axel Horstmann. Das Kulturwissenschaftliche Institut Essen, das dieses Projekt beheimatete, hat uns in hervorragender Weise unterstützt; wir möchten dafür seinem Präsidenten, Prof. Dr. Jörn Rüsen, seinem Geschäftsführer, Dr. Norbert Jegelka, und seinem Verwaltungsleiter, Harald Watermann, besonders danken.

Ohne die Arbeit unserer Mitarbeiterinnen und Mitarbeiter Dr. Anja Lemke, Dr. Olaf Jensen, Silvia Oddo und Anne Schwab wäre dieses Buch nicht zustande gekommen. Silke Matura hat die Studie zur Fotobefragung kleiner Kinder durchgeführt und zusammen mit Dr. Karoline Tschuggnall einige Textentwürfe zu pränatalem, transnatalem und frühem Gedächtnis erstellt – wir danken sehr. Herzlichen Dank an Eva Böcker, die für die Erstellung vieler Abbildungen ebenso zuständig war wie für sorgfältiges Korrekturlesen, und an Oliver Eller für die gründliche Durchsicht des Manuskripts. Und nicht zuletzt sei dem Lektor dieses Werkes, Dr. Heinz Beyer, für seine äußerst kompetente und umfassende Betreuung herzlich gedankt.

Erinnerung von Wirklichkeiten.
Psychoanalyse und Neurowissenschaften im Dialog
Herausgegeben von Martha Koukkou, Marianne Leuzinger-Bohleber und Wolfgang Mertens

Band 1: Bestandsaufnahme
597 Seiten, Leinen, ISBN 3-608-91954-6

Band 2: Folgerungen für die psychoanalytische Praxis
328 Seiten, Leinen, ISBN 3-608-91955-4

Der lange vernachlässigte Dialog zwischen der Psychoanalyse und den Neurowissenschaften hat Freuds Wissenschaft vom Unbewußten in eine gefährliche Isolation geführt. Die Beiträge dieses Buches zeigen deutlich, was die Psychoanalyse zu gewinnen hat, wenn sie sich ohne Vorbehalte auf diesen Dialog einläßt. Sie zeigen aber auch, daß die Neurowissenschaften umgekehrt gut beraten sind, den spezifischen Dialog der Psychoanalyse zur Erkenntnis des Unbewußten ernst zu nehmen.

Karen Kaplan-Solms / Mark Solms:
Neuro-Psychoanalyse
Eine Einführung mit Fallstudien
Geleitwort von Arnold Z. Pfeffer. Glossar von Oliver Turnbull.
Aus dem Englischen von Ricarda Kranz.
320 Seiten, 1 Farbtafel und 36 s/w-Abbildungen, gebunden,
ISBN 3-608-95989-0

Anhand von erstaunlichen Fallbeispielen gelingt es diesen beiden weltweit führenden Wissenschaftlern, Psychoanalyse und Neurowissenschaften auf faszinierende Weise zu verbinden.
»Es ist schwer zu sagen, wer mehr von diesem Buch profitieren wird: die Psychoanalytiker oder die Neurowissenschaftler. Auf jeden Fall wird jede der beiden Gruppen dieses Buch faszinierend finden...«
Steven J. Ellman

Klett-Cotta

Affektregulierung, Mentalisierung und die Entwicklung des Selbst

Von Peter Fonagy, György Gergely, Elliot L. Jurist und Mary Target
Aus dem Englischen von Elisabeth Vorspohl
572 Seiten, gebunden, ISBN 3-608-94384-6

Dieses Buch ist eine großangelegte Synthese, in der es um das spannungsreiche Gegen- und Miteinander von Psychoanalyse, Entwicklungspsychologie und Bindungstheorie geht. Es schlägt eine Brücke zwischen den Disziplinen, indem die Autoren das Bindungskonzept neu beleuchten. Es geht nicht mehr nur um die Herstellung von Bindung an sich, sondern darum, das Kind durch sichere Beziehungen so auszustatten, daß es das Verstehen mentaler Zustände im Anderen und im Selbst entwickeln kann. Das Konzept der Mentalisierung wird damit zum zentralen Punkt für das menschliche Funktionieren im sozialen Umfeld.

Harold L. Klawans:
Die Höhlenfrau, die Sprache und wir
13 merkwürdige Geschichten über das menschliche Gehirn
Aus dem Amerikanischen von Friedrich Griese
255 Seiten, gebunden, ISBN 3-608-94042-1

Wie unser Gehirn arbeitet, erforscht man am besten nicht am Gehirn Albert Einsteins. Denn das Funktionieren des menschlichen Gehirns wird am besten beschrieben, wenn man sein Nichtfunktionieren oder seine Störungen untersucht.
Im Verlauf der 13 verblüffenden Fälle skizziert Harold L. Klawans nebenbei die Geschichte der Evolution des menschlichen Gehirns. Dabei macht er klar, daß wir mit dem Neandertaler genetisch nichts mehr gemeinsam haben. Geschichten über das Geschenk der Sprache, über das Lesen und die Musik...

Klett-Cotta